D1731125

100 Jahre Bayerische Staatszeitung

1912 – 2012

Kooperationspartner:

Bayerisches Hauptstaatsarchiv
Bayerische Staatsbibliothek

Mit freundlicher Unterstützung von:

Bayerisches Wirtschaftsarchiv
Getty Images Deutschland
Stadtarchiv München
Süddeutsche Zeitung Photo

© 2012 Erich Weiß Verlag, Bamberg
Verlag Bayerische Staatszeitung GmbH, München
Alle Rechte vorbehalten

Redaktion, Layout: Karin Dütsch
Umschlaggestaltung: Uwe Kielas

Druck: Beltz Bad Langensalza
Printed in Germany
ISBN 978-3-940821-21-8

www.bayerische-staatszeitung.de
www.erich-weiss-verlag.de

100 Jahre Bayerische Staatszeitung

1912 – 2012

Herausgegeben von
Karin Dütsch

erich weiß verlag

BSZ Bayerische Staatszeitung
und Bayerischer Staatsanzeiger

Inhalt

Vorwort

> Die Staatszeitung erwartet sich weder Dank noch Anerkennung. Bei Hochhaltung der dargelegten Grundsätze erhofft sie jedoch für eine spätere Zukunft eine gerechte und ruhige Würdigung. Ihrerseits wird sie bestrebt sein, volle Objektivität gegenüber allen zu beobachten, die es mit Bayern und dem Reiche, wenn auch jeder auf seine Weise, gut meinen.

BSZ vom 1. 1. 1913

Gleich in der ersten Ausgabe der *Bayerischen Staatszeitung* von 1913 schickt die Redaktion voraus, dass sie weder Dank noch Anerkennung erwartet. Ein Kokettieren, das fast schon anmaßend klingt: Dank – von wem und wofür denn? Von den Abonnenten, die für das Blatt doch zahlen mussten und von denen viele sogar (gerichtlich) gezwungen waren, die Zeitung zu beziehen? Vom Lizenzgeber, der zwar an der Zeitung mitverdiente und dem man das Podium bereitete zur Selbstdarstellung – ohne den die *Bayerische Staatszeitung* aber nie in Druck gegangen wäre? Dank – dazu wäre doch eigentlich die Zeitung verpflichtet gewesen.

Waren die Zeilen zum Start der neuen Zeitung also trotzige Ironie? Der Grund dafür könnte in den Monaten vorher liegen, als seit der Vertragsunterzeichnung im November 1912 allein schon die Ankündigung des Projekts und die Personaldebatte Wellen schlugen und man von mehreren Seiten zu hören bekam, dass man gar nicht erwünscht war. Ahnte die Redaktion etwas von den Prügeln, die sie von anderen Blättern in den Folgetagen einstecken musste? Gut, die Häme konnte noch ignoriert werden. Aber es dauerte nicht lange, und die anderen Zeitungen schlossen sich zusammen, um mit einer Stimme gegen die Staatszeitung und ihre Privilegien vorzugehen. Und das zielte dann doch massiv auf die wirtschaftliche Lebensfähigkeit.

Der einzigartige Schulterschluss zwischen bayerischer Regierung und einem privaten Verlag provozierte die Öffentlichkeit. Die Ambivalenz war nicht einfach zu vermitteln: dass es eine Publikation gibt, die *Bayerische Staatszeitung* heißt, aber nicht dem Staat gehört. Dass sie Nachrichten aus erster Hand und vorab bekommen soll, manches sogar exklusiv abdrucken darf – wahlweise auch muss. Das schafft in vielerlei Hinsicht eine Unentbehrlichkeit – barem Kapital vergleichbar.

Auch der Inhalt machte stutzig: O-Töne von Regierungsvertretern zwischen redaktionellen Kommentaren, die der Regierungslinie auch zuwiderlaufen konnten. Da wanderten geharnischte Depeschen zwischen München und Berlin, zwischen Regierungsstellen und Verlagsleitung bzw. Redaktion hin und her. Die Redaktionsarbeit glich oft einem Drahtseilakt. Zwar gab es keine offizielle Verpflichtung, aber musste man als Journalist der Staatszeitung die vertragsmäßige Bindung an die Regierung nicht doch als Abverlangen eines vorauseilenden Treueeids verstehen? Aber die Regierungen wechselten. Und da konnte, was an einem Tag Beifall fand, an Tagen danach als Verfehlung angesehen werden. Auch das sollte schließlich nach Übernahme der Regierung durch die Nationalsozialisten zum Ende der *Bayerischen Staatszeitung* führen, so sehr sich die Redaktion auch bemühte, es den braunen Herren doch noch recht zu machen.

Gerade die Neugestaltung des Staatswesens nach dem Zweiten Weltkrieg ließ die Regierung schnell erkennen, dass sie wieder eine eigene Plattform braucht – nicht nur, um politische Vorstellungen auch im Sinne der Erziehung zur Demokratie zu transportieren, sondern als zentrale Veröffentlichungsbühne für Gesetze, Verordnungen und Regelungen des öffentlichen Lebens. Sie gab ab 1946 selbst den *Bayerischen Staatsanzeiger* heraus, suchte aber schon nach wenigen Jahren erneut die Kooperation mit privater Verlegerschaft. 1950 wurde der Verlag Bayerische Staatszeitung GmbH wiederbegründet – in vergleichbarem Miteinander wie 1913, diesmal mit dem Münchner Richard-Pflaum-Verlag. Bis heute ist der Freistaat Bayern Lizenzgeber der *Bayerischen Staatszeitung*.

Auch wenn sich der Schulterschluss zwischen Staat und Verlag von 1912 bis heute als Konstante erwiesen hat: Die Bedingungen der *Bayerischen Staatszeitung* in der Presselandschaft haben sich in den vergangenen 100 Jahren erheblich verändert. Freilich würde sich die Verlagsgemeinschaft (seit 1955) aus Süddeutschem Verlag und Münchner Zeitungsverlag auch heute noch sehr über Zwangsabonnements als verlässliche Wirtschaftsgrundlage freuen. Inzwischen muss die *Bayerische Staatszeitung* aber wie jede andere Zeitung mit ihrem Angebot Leser und Inserenten überzeugen. Kein Automatismus nährt mehr das Geschäft mit den Ausschreibungen: Es gibt keine gesetzliche Verpflichtung, Konkurse genauso wie Ausschreibungen im *Bayerischen Staatsanzeiger* zu veröffentlichen; in der Soll-Vorschrift einschlägiger Antikorruptionsrichtlinien ist der Staatsanzeiger als eine von mehreren Plattformen lediglich empfohlen. Zudem wird dieses Geschäftsfeld zunehmend online abgewickelt – auch da muss sich der Verlag Bayerische Staatszeitung der Konkurrenz stellen. Nach wie vor besteht allerdings die Pflicht, amtliche Bekanntmachungen abzudrucken – kostenlos. Dass die Staatszeitung noch immer einen recht umfangreichen gedruckten Staatsanzeiger ummantelt, hat sicher mit dem geänderten redaktionellen Umfeld zu tun: Die Nutzer des Staatsanzeigers finden in der Staatszeitung heute eine speziell auf sie zugeschnittene Themenvielfalt.

Der Wandel auch in den klassischen Ressorts: Vom vertraglichen Recht, Namensbeiträge zu platzieren, machen die Kabinettsmitglieder wohlweislich keinen Gebrauch mehr. Vorab- und Hintergrundinformationen müssen ebenso wie in den Redaktionen anderer Zeitungen durch persönliches Knowhow und Engagement erarbeitet werden – es findet kein privilegierter Informationsfluss statt.

Das redaktionelle Selbstverständnis richtet sich nach dem Pressekodex. Inzwischen steht programmatisch unter dem Titel „Unabhängige Wochenzeitung für Politik, Wirtschaft, Kommunales und Kultur". Kritische Berichterstattung führt zwar gelegentlich noch immer zu „Depeschen", heute in Form von Mails, Telefonaten oder Blogbeiträgen – sehr oft allerdings mit lobender Anerkennung verbunden: „Zum Schluss möchte ich mein Erstaunen, aber auch meine Freude zum Ausdruck bringen, mit welcher Freiheit und Offenheit seit einiger Zeit in der *Bayerischen Staatszeitung* und den angegliederten Organen berichtet und kommentiert wird. Endlich: Liberalitas Bavariae!", endet beispielhaft ein Leserbrief.[1] Wie anders erging es da noch den Kollegen vor 94 Jahren: Der damalige Chefredakteur Max Scharre fühlte sich in der revolutionären Stimmung gar so bedroht, dass er mit einem Erschießungskommando rechnete, wie er in seinen Erinnerungen notierte.[2]

Auch wenn 1913 nicht erwartet: Anerkennung hat sich die *Bayerische Staatszeitung* reichlich verdient, sonst hätte sie sich kein Jahrhundert lang behaupten können. Eine „gerechte und ruhige Würdigung" in „späterer Zeit" hatte sich die Redaktion in ihrer ersten Ausgabe erhofft: Als eine solche Würdigung soll diese Festschrift verstanden werden. Im Zentrum geht es um die Frage, ob ein Blatt mit dem Titel Staatszeitung nicht automatisch ein Instrument der Politik ist.

Das Konzept zu dieser Festschrift entstand in engem Austausch mit den renommierten Autoren – ihren intensiven Forschungsarbeiten verdanken Redaktion und Verlag viel erstaunliches und bislang unbekanntes Wissen über die eigene Geschichte.

Als Herausgeberin danke ich dem Autorenteam besonders auch für die mentale Unterstützung, für geduldiges Zuhören und aufmunternden Zuspruch, wenn zum Beispiel Layoutfragen den langen Atem an dem Projekt ins Stocken geraten lassen wollten. Eine gar nicht hoch genug zu schätzende Hilfe war die intensive Recherche von Petra Raschke. Mit seinen aufmerksamen Korrekturanmerkungen hat Christian Muggenthaler zum Schluss noch manchen Fehler entdecken helfen. Mit Unterstützung der Bayerischen Staatsbibliothek, von Süddeutsche Zeitung Photo, Getty Images Deutschland und dem Bayerischen Wirtschaftsarchiv war es möglich, diese Geschichte der *Bayerischen Staatszeitung* in ihrem zeitgeschichtlichen Kontext reichlich (freilich nur punktuell) zu bebildern.

100 Jahre *Bayerische Staatszeitung*: Dieser Leistung sind sich Verlag und Redaktion heute stolz bewusst. Und was den Dank angeht: Den spricht die Zeitung an dieser Stelle explizit ihren freien Mitarbeitern, Lesern, Abonnenten und Anzeigenkunden aus.

Karin Dütsch,
Herausgeberin

Vorläufer der Staatszeitung

Von Christoph Bachmann

Die Verbreitung normativer und administrativer Anweisungen durch die Verwaltung, also das Erlangen von Öffentlichkeit der Anordnungen und damit deren Nachweis- und Durchsetzbarkeit, stellte in der von geringer Schriftlichkeit geprägten mittelalterlichen und frühneuzeitlichen Gesellschaft ein kaum zu lösendes Hindernis dar. Die Verwaltung behalf sich damit, dass die Anordnungen öffentlich – meist von der Kirchenkanzel herab – verlesen wurden, wie auch Urkunden sich an alle richteten, die diese „hörend oder sehend lesen“. Erst die Erfindung des Buchdrucks, der die massenhafte Verbreitung schriftlich fixierter Mitteilungen ermöglichte, wurde von den Verwaltungsinstitutionen genutzt, um Anordnungen nunmehr in zahlreichen gedruckten Mandaten schnell und leicht zu verbreiten und durch Aushang zu veröffentlichen.

Die Idee, Gesetze und Verordnungen laufend zu publizieren, um die drei grundlegenden Probleme der Gesetzespublikation,[1] nämlich Authentizität, Öffentlichkeit und Vollständigkeit[2] zu lösen, nahm erst 1793 im revolutionären Frankreich mit dem *Bulletin des Lois*[3] Gestalt an. In Bayern beginnt die Reihe der Gesetzes- und Verordnungsblätter im Jahr 1800 mit dem *Churpfalz-baierischen Regierungs- und Intelligenz-Blatt*, das ab 1802 als *Churpfalz-baierisches Regierungsblatt*, 1806 als *Königlich-Baierisches Regierungsblatt* und ab 1817 als *Gesetzblatt für das Königreich Baiern* erschien.

Münchener
Intelligenzblätter,
verarbeitet
aus inn = und ausländischen Produkten,
zum Behuf
der vaterländischen Finanz, Polizey, und Handlung.
Für das Jahr 1790.

Ich geniesse und lerne von euren Gefahren und Unruhen
Mit Churfürstl. allergnädigster Freyheit.
München, gedruckt mit Hübschmannschen Schriften.

Bei dieser rechtsdogmatischen Sichtweise wird leicht übersehen, dass die Reihe der Gesetzespublikationen in periodisch erscheinenden Blättern bereits Vorläufer in den Intelligenz- und Anzeigenblättern des 18. Jahrhunderts hatte, die neben erbaulichen und nützlichen Inhalten auch Gesetze und Verordnungen brachten. Im Frankreich der ersten Hälfte des 17. Jahrhunderts entstanden, hatte das Intelligenzblatt im deutschsprachigen Raum seit den 1720er Jahren Einzug gehalten und rasch weite Verbreitung gefunden. Schätzungen gehen von mehr als 220 Gründungen im Laufe des 18. Jahrhunderts aus.[4] Mit seiner Mischung aus landesherrlichen Verordnungen, privaten und gewerblichen Anzeigen, Handelsnachrichten und praktisch-belehrenden Ar-

Max Emanuels machtpolitischer Ehrgeiz im Spanischen Erbfolgekrieg geht ins Leere und treibt Bayern an den Rand des Ruins: Der Blaue Kurfürst (1662 bis 1726) muss ins Exil – sein Land gerät unter Kuratel der kaiserlich-habsburgischen Truppen. 1715 kehrt er zurück nach München. Priorität hat nun, die Wirtschaft zu beleben. Das Intelligenzblatt spielt dabei eine wichtige Rolle.

tikeln eignete es sich als obrigkeitliches Instrument zur Durchsetzung landesherrlicher Rechtsnormen und wirtschaftspolitischer Vorstellungen ebenso wie als Organ einer auf die Erziehung des „gemeinen Mannes“ zielenden Volksaufklärung.[5]

In Bayern erfolgte, wie in anderen deutschen Territorien auch, die Gründung eines derartigen Organs auf staatliche Initiative hin. Um dem Kurfürstentum, das nach den geplatzten Großmachtträumen der beiden Regenten Max Emanuel und Karl Albrecht darniederlag, zu wirtschaftlichem Aufschwung zu verhelfen, legte im Jahr 1762 der Hofkammerrat Franz Xaver Anton von Stubenrauch den Plan eines vollkommen neuen Zollsystems vor.[6] Dieser Entwurf bildete die Grundlage für die im Jahr 1765 erlassene Maut- und Accisordnung, die in den Artikeln 20 und 21 festlegte, dass bestimmte landeseigene Produkte „ohne unsere besondere Bewilligung von niemand außer Lands gebracht oder verkauft werden dörffen, … da Unsere Unterthanen und Landesgewerbe sothaner Feilschaften selbst bedürftig und an vielen Orten darmit nicht zu Genügen versehen“. Um aber den Handel mit derartigen Produkten nicht abzuwürgen, das heißt, den produzierenden Gewerben nicht die Exportchancen und damit Expansionsmöglichkeiten zu nehmen, sollte der Weg geöffnet werden, durch eine Anzeige in „jenem Intelligenz- und Commerciencommunicationsblatt, so … von der Einführung gegenwärtiger Mauthordnung an, hier in München monatlich in Druck erscheinen soll“, die Waren öffentlich anzubieten und nach Ablauf eines Monats, wenn kein Käufer gefunden werden konnte, die Ausfuhr zu beantragen.[7]

Um nun das Blatt nicht ausschließlich auf die Publikation von „Feilschaften“ zu fokussieren, sollte das Blatt auch die Veröffentlichung von landesherrlichen Verordnungen zu Gewerbe, Handel und Handwerk übernehmen, ferner Verkaufsanzeigen von Gütern und Liegenschaften, synoptische Tabellen zu den Preisen bestimmter Güter und Dienstleistungen (Frachtkosten) aus dem In- und Ausland, Tabellen mit den Getreide- und Lebensmittelpreisen aus den bayerischen Getreideschrannen sowie Sterbe-, Tauf- und Heiratslisten enthalten. Darüber hinaus sollte das Blatt zur Bekanntgabe akademischer Preisfragen, zur Rezension von Büchern und zu Meldungen über neue Erfindungen und Techniken dienen, die für Handwerker und Bauern von Interesse sein konnten.[8] Verwirklicht wurde dieses Periodikum zunächst in Zusammenarbeit mit der Akademie der Wissenschaften. Als das *Intelligenz- oder Commercien-Communications-Blatt der Churbaierischen Lande* unter der Redaktion des Direktors der Philosophischen Klasse, Peter von Osterwald, Anfang 1765 er-

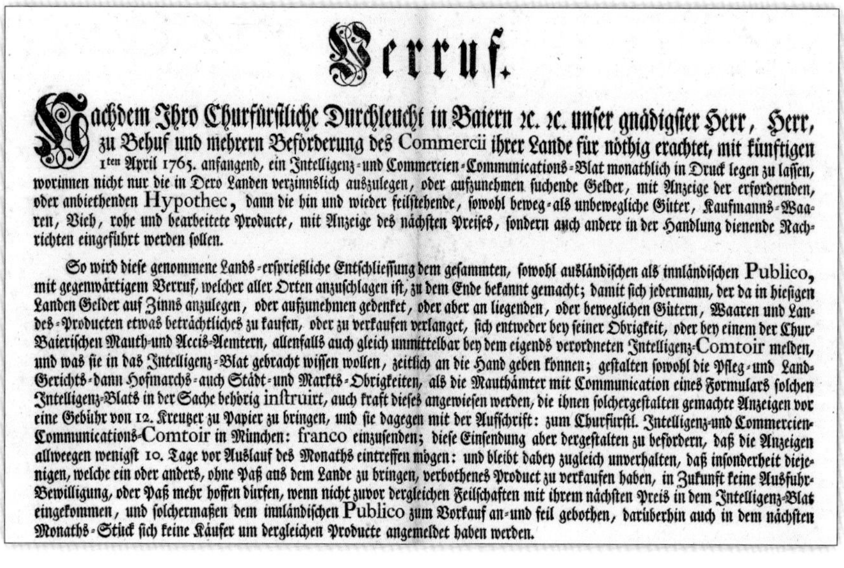

Verruf.

Nachdem Ihro Churfürstliche Durchleucht in Baiern ꝛc. ꝛc. unser gnädigster Herr, Herr, zu Behuf und mehrern Beförderung des Commercii ihrer Lande für nöthig erachtet, mit künftigen 1ten April 1765. anfangend, ein Intelligenz-und Commercien-Communications-Blat monathlich in Druck legen zu lassen, worinnen nicht nur die in Dero Landen verzinnslich auszulegen, oder aufzunehmen suchende Gelder, mit Anzeige der erfordernden, oder anbiethenden Hypothec, dann die hin und wieder feilstehende, sowohl beweg-als unbewegliche Güter, Kaufmanns-Waaren, Vieh, rohe und bearbeitete Producte, mit Anzeige des nächsten Preises, sondern auch andere in der Handlung dienende Nachrichten eingeführt werden sollen.

So wird diese genommene Lands-erspießliche Entschliessung dem gesammten, sowohl ausländischen als innländischen Publico, mit gegenwärtigem Verruf, welcher aller Orten anzuschlagen ist, zu dem Ende bekannt gemacht; damit sich jedermann, der da in hiesigen Landen Gelder auf Zinns anzulegen, oder aufzunehmen gedenket, oder aber an liegenden, oder beweglichen Gütern, Waaren und Landes-Producten etwas beträchtliches zu kaufen, oder zu verkaufen verlanget, sich entweder bey seiner Obrigkeit, oder bey einem der Chur-Baierischen Mauth-und Accis-Aemtern, allenfalls auch gleich unmittelbar bey dem eigends verordneten Intelligenz-Comtoir melden, und was sie in das Intelligenz-Blat gebracht wissen wollen, zeitlich an die Hand geben können; gestalten sowohl die Pfleg-und Land-Gerichts-dann Hofmarchs-auch Städt-und Markts-Obrigkeiten, als die Mauthämter mit Communication eines Formulars solchen Intelligenz-Blats in der Sache behörig instruirt, auch kraft dieses angewiesen werden, die ihnen solchergestalten gemachte Anzeigen vor eine Gebühr von 12. Kreutzer zu Papier zu bringen, und sie dagegen mit der Aufschrift: zum Churfürstl. Intelligenz-und Commercien-Communications-Comtoir in München: franco einzusenden; diese Einsendung aber dergestalten zu befördern, daß die Anzeigen allweegen wenigst 10. Tage vor Auslauf des Monaths eintreffen mögen: und bleibt dabey zugleich unverhalten, daß insonderheit diejenigen, welche ein oder anders, ohne Paß aus dem Lande zu bringen, verbothenes Product zu verkaufen haben, in Zukunft keine Ausfuhr-Bewilligung, oder Paß mehr hoffen dürfen, wenn nicht zuvor dergleichen Feilschaften mit ihrem nächsten Preis in dem Intelligenz-Blat eingekommen, und solchermaßen dem innländischen Publico zum Vorkauf an-und feil gebothen, darüberhin auch in dem nächsten Monaths-Stück sich keine Käufer um dergleichen Producte angemeldet haben werden.

270

Und damit sich nach Unser gegenwärtig gnädigsten General-Ausschreibung des Hauptfalls jeder Lehen-Unterthann gehorsamst achten, und mit einer Unwissenheit nicht entschuldigen, auch sich von Unsrer höchsten Ungnad und Schaden hüten könne;

So haben Wir die Verfügung getroffen, daß selbe jedgehörigen Orts affigirt, und publicirt, dann dem Intelligenz - und Zeitungsblatt einverleibt werde. Gegeben in Unser Haupt- und Residenz-Stadt München den 1. Julii 1778.

Ex Commissione Serenissimi Dom. Dom. Ducis & Elect. speciali. (L.S.)

Carl Freyherr von Aretin.

Artic. IV. a) Schrannenpreis in München den 1ten August 1778.

	Vom Besten.		Mittern.		Geringern.		Verkauf.
Schäffel.	fl.	kr.	fl.	kr.	fl.	kr.	Schäf.
Weitzen.	12	30	11	30	10	—	655
Korn.	7	—	6	30	6	—	325
Gerste.	6	—	5	30	5	—	85
Haber.	4	—	3	30	3	20	125

b) Brodsatz in München vom 29ten bis 5ten August 1778.

Eine Kreuzer-Semmel muß	tt.	Loth.	Qtl.
wägen	—	7	2
Ein Spitzwecken um 1. kr.	—	7	2
Ein Paar Röggel von Roggenmehl um 1. kr.	—	11	2
Ein Groschen-Wecken von Weitz.	—	22	2
Ein deto von Röggeltaig	—	34	2
Ein 4. kr. Laib Roggenbrod	2	11	2
Ein 8. kr. Laib	4	23	—
Ein 16. kr. Laib.	9	14	—

c) Mehlsatz allda vom 29ten bis 5ten August 1778.

das Viertel.	fl.	kr.	pf.
Mundmehl	1	32	2
Semmelmehl	1	8	2
Ord. Waitzenmehl	—	52	2
Einbrennmehl	—	36	2
Riemisch	—	40	2
Roggen- oder Backmehl	—	34	2
Nachmehl	—	12	2
Gries, feiner	2	8	—
Gries, ordinare	1	36	—

Wie bares Geld
war für den Verleger des Intelligenzblattes das Privileg, die wöchentlichen Schrannenpreise zu veröffentlichen. Wegen der relativ aktuellen Bekanntgabe der Preise war das Blatt vor allem bei Abonnenten aus dem Handelssektor begehrt. Der Zeitschrift sicherte dies längerfristig das Überleben.

schien, enthielt es lediglich kommerzielle Anzeigen, zu denen in den nächsten Ausgaben noch einige wenige amtliche Verlautbarungen hinzukamen.

Bereits mit der vierten Ausgabe musste das Intelligenzblatt im August 1765 sein Erscheinen wieder einstellen, da es im Vergleich zu Konkurrenzunternehmungen wie der *Münchner Zeitung* wenig Neues bot.[9] Im Januar 1766 erfolgte ein zweiter Versuch, diesmal jedoch mit dem Maut- und Kommerzien- sowie späteren Hofkammerrat Franz Seraph von Kohlbrenner als Herausgeber,[10] der das nunmehrige *Churbaierische Intelligenzblatt* auf eigene Rechnung verlegen sollte – jedoch eine nicht unerhebliche finanzielle Unterstützung durch die Zentralregierung erhielt, nämlich eine Anordnung zur Pflichtabonnierung des Intelligenzblattes für die staatlichen Stellen.[11] Kohlbrenner beschränkte das Blatt nicht nur auf den Abdruck staatlicher Verlautbarungen und Statistiken, sondern bediente publizistisch auch die Landwirtschaft, das Manufakturwesen, die Pädagogik, die Hauswirtschaft und die allgemeine Neugier. Auch Fragen der Kirchenpolitik, zum Armenwesen[12] sowie zur gesamten Innenpolitik fanden ihren Platz, ebenso Buchrezensionen.

Das von Kohlbrenner gewählte Konzept mit einer Mischung aus offiziellem Publikationsorgan mit aufklärerischen und belehrenden Artikeln zur gesamten Lebenswirklichkeit der damaligen Bevölkerung und für den akademisch gebildeten Teil der Leser, dem Abdruck der europaweit öffentlich ausgelobten Preisfragen der Akademien der Wissenschaften, trug Früchte. Bereits seit 1767 erschien das Blatt nicht mehr monatlich, sondern ungefähr zweiwöchentlich,[13] seit Mitte der 1770er Jahre sogar (fast) wöchentlich.[14] Der Erfolg schlug sich auch in den Auflagenzahlen nieder. Diese betrugen 1772 noch 477 und 1783 bereits 1068 Exemplare.[15] Die Auflage steigerte besonders die Veröffentlichung der Münchner Schrannenpreise für Getreide – ein Privileg, das das *Churbaierische Intelligenzblatt* seit seiner Gründung genoss. Das Angebot wurde erweitert auf die Preisangaben anderer Getreideschrannen, aber auch allgemein von Lebensmitteln. Damit war es Kohlbrenner bis zu seinem Tod am 4. Juni 1783 gelungen, die Intelligenzblätter als das am umfassendsten informierende Organ der bayerischen Aufklärung zu etablieren.[16]

Wissenschaftliches wie das Fluggerät der Brüder Montgolfier, die baierische Kirchengeschichte des 15. Jahrhunderts, sittlich-gelehrte Beiträge: Was im Intelligenzblatt ab 1783 zu lesen ist, entspricht vor allem dem persönlichen Interesse seines Besitzers Peter Paul Finauer, einem Sekretär im geistlichen Rat.

Bereits am 28. Juni 1783[17] erhielt Peter Paul Finauer,[18] Sekretär im geistlichen Rat, das Privileg Kohlbrenners.[19] Er begann sofort, das Intelligenzblatt überwiegend seinen persönlichen literarischen und historischen Neigungen folgend zu verändern, indem er vor allem Beiträge mit belehrenden, sittlichen und volksbildnerischen Inhalten aufnahm. Schon das erste Heft des Jahres 1784 zeigt deutlich seine erzieherische Handschrift: Er reduzierte die praktischen Beiträge, die zur Beliebtheit des Blattes beigetragen hatten, zugunsten sittlich-gelehrter oder rein akademischer Artikel. Die Tendenz setzte sich in den folgenden Ausgaben fort: Er veröffentlichte Beiträge zur Erziehung der Jugend auf dem Land, zur Geschichte des Erstflugs der Brüder Montgolfier, zur baierischen Kirchengeschichte des 15. Jahrhunderts, zur Schönheit der evangelischen Sittenlehre usw. Die landwirtschaftlichen Themen, die unter Kohlbrenner den umfangreichsten Anteil am Blatt hatten, wurden zwar nicht ganz ausgeblendet, traten jedoch in Häufigkeit und Umfang im Vergleich zu den Vorjahren deutlich zurück. Zur Ergänzung seines Angebots verlegte Finauer eine Beilage, denn er beabsichtigte, „manche nützliche Materien weitläuftiger ausführen zu können, als es in dem Intelligenzblatte nach ... der Einschränkung des Raumes möglich ist“.[20]

Die Umgestaltung der Intelligenzblätter im volksbildnerischen und sittlich-belehrenden Sinn zerstörte jedoch den Charakter einer derartigen Einrichtung, zumal sich auch der Erscheinungsrhythmus gravierend änderte. Es lässt sich zwar der Versuch beobachten, die Ausgaben am 5., 10., 15., 20., 25. und am Letzten eines Monats erscheinen zu lassen,[21] allerdings ist ein starker Hang zur Irregularität des Ausgabedatums nicht zu übersehen. Das geänderte Erscheinungsbild machte sich auch in der rückläufigen Verbreitung des Blattes bemerkbar, und als Finauer am 20. November 1788 starb,[22] hätte ein erbitterter Streit um die Zeitung beinahe das vorzeitige Aus für die Intelligenzblätter gebracht. Dieser entzündete sich vor allem an der Abnahmegarantie für die 375 Exemplare, die jährlich mit 937 Gulden (fl) zu Buche schlug.[23] Nach längeren behördeninternen Diskussionen erließ der Geheime Rat am 7. August 1789 ein Reskript, worin stand, dass „Seine Churfürstliche Durchlaucht ... das Intelligenzblat für eine ganz unnöthige und umso leichter zu entbehrende Schrift“ ansehe, „als die Artikl derselben, welche zu wissen nöthig oder nuzlich sind, dem Publico theils durch die Zeitungs Blätter theils durch das Wochen Blat mitgetheilt werden können“.[24]

Nach diesem Beschluss hätte das Intelligenzblatt sein Erscheinen einstellen müssen, wenn nicht Louise Finauer mehrfach gegen diese Entscheidung interveniert hätte, was letztendlich dazu führte, dass ihr am 10. November 1789 zugestanden wurde, das Privileg ihres verstorbenen Mannes zu übernehmen – jedoch ohne die bisherige Abnahmegarantie.[25] Dieser Herausforderung stellte sich der von den Finauer'schen Erben angestellte Redakteur Joseph Burgholzer,[26] der den bisherigen volksbildnerischen Pfad verließ und sich wieder mehr von den gefragten praktischen Gesichtspunkten des Blattes unter Kohlbrenner leiten ließ. Dazu diente neben einer neuen inhaltlichen Gliederung die Abschaffung der Literaturkunde sowie der narrativen und erbaulichen „Anecdoten“, die neuerliche Hinwendung zu landwirtschaftlichen Themen, eine ausführlichere Darstellung und Wiedergabe der wichtigen Schrannenpreise, der Abdruck von Beiträgen zu öffentlichen Gesundheitsfragen[27] und mehr volkswirtschaftlich und volkskundlich orientierten Artikeln. So fehlten in keinem Jahresband detaillierte Angaben zu Geburten und Todesfällen in den wichtigsten europäischen Metropolen. Ferner wurde das Blatt durch eine völlig neue Rubrik ergänzt, die „Deutschen Staats=Rechts=Nachrichten“ mit Informationen über Adelserhebungen und bedeutende Todesfälle. Im Fokus stand nun nicht mehr lokal Begrenztes – dieses wurde vielmehr eingebettet in eine umfassende Gesamtsicht.

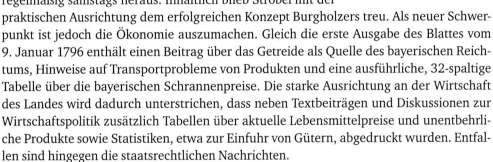

Karl Theodor erbt 1777 das Kurfürstentum Bayern – und verlegt ein Jahr später seinen Hof von Mannheim nach München. Dass der Kurfürst aus der wittelsbachischen Pfalzlinie versucht, Bayern gegen die Österreichischen Niederlande einzutauschen, verzeihen ihm seine Landeskinder nicht so schnell: Bis heute spricht man nicht vom „Karlsplatz“ mit dem Karlstor, sondern vom „Stachus“, benannt nach einem ehemaligen Gasthaus, dessen Wirt Eustachius hieß. Auch für das Intelligenzblatt hat der Kurfürst nichts übrig: Er hält es für überflüssig.

Am 27. Mai 1795 verkaufte Louise Finauer ihr Privileg an den Münchner Buchhändler Johann Baptist Strobel,[28] der unmittelbar nach Übernahme des Blattes einige gravierende Veränderungen in dessen Erscheinungsbild vornahm: Die Zählung erfolgte nicht mehr nach Seiten, sondern nach Spalten; den Getreidepreisen wurde noch mehr Aufmerksamkeit gewidmet, denn in der fortan wöchentlich erscheinenden einseitigen Tabelle wurden die Schrannenpreise von 32 bayerischen Städten aufgeführt. Strobel ging auch zum stringenten Erscheinungsrhythmus für das Blatt über: Es kam regelmäßig samstags heraus. Inhaltlich blieb Strobel mit der praktischen Ausrichtung dem erfolgreichen Konzept Burgholzers treu. Als neuer Schwerpunkt ist jedoch die Ökonomie auszumachen. Gleich die erste Ausgabe des Blattes vom 9. Januar 1796 enthält einen Beitrag über das Getreide als Quelle des bayerischen Reichtums, Hinweise auf Transportprobleme von Produkten und eine ausführliche, 32-spaltige Tabelle über die bayerischen Schrannenpreise. Die starke Ausrichtung an der Wirtschaft des Landes wird dadurch unterstrichen, dass neben Textbeiträgen und Diskussionen zur Wirtschaftspolitik zusätzlich Tabellen über aktuelle Lebensmittelpreise und unentbehrliche Produkte sowie Statistiken, etwa zur Einfuhr von Gütern, abgedruckt wurden. Entfallen sind hingegen die staatsrechtlichen Nachrichten.

Nach dem Tod Kurfürst Karl Theodors am 16. Februar 1799 und dem Regierungsantritt von Maximilian IV. Joseph änderten sich erneut die Voraussetzungen für das Intelligenzblatt, denn die neue frankophile Regierung stellte sich die Frage, wie die landesfürstlichen Verlautbarungen gemäß dem französischen Vorbild authentisch veröffentlicht werden könnten. Ein Gutachten der Landesdirektion beschrieb zwei Möglichkeiten: Entweder werde das bereits bestehende Intelligenzblatt hierfür verwendet oder es müsse ein neues und offizielles Blatt geschaffen werden. Da die Obere Landesregierung jedoch kein eigenes Gesetz- und Verordnungsblatt schaffen wollte, erschien im Jahr 1800 das Intelligenzblatt unter dem neuen Titel *Churfürstlich Pfalzbaierisches Regierungs- und Intelligenz-Blatt*. Mit der Aufwertung des Blattes zum offiziellen Publikationsorgan des Kurfürstentums Bayern ändert sich auch dessen Aufmachung. Die Verordnungen und „Kundmachungen“ –

nunmehr mit amtlichem Charakter – nehmen den größten Teil des Blattes ein, gefolgt von den wieder ausführlicher publizierten Getreidepreisen. Es wurden zudem Bevölkerungs- und Begüterungsübersichten eingestreut und nach anfänglichem Schweigen erschienen erneut die praktischen, haus-, volks- und landwirtschaftlichen Beiträge.

Das Vermischen offizieller Verlautbarungen mit allgemeinen Artikeln stieß offenbar nicht auf ungeteilte Zustimmung, denn im Herbst 1801 führte dieses Problem zu Überlegungen, das Regierungsblatt vom Intelligenzblatt zu trennen. Demzufolge sollte ab 1. Januar 1802 ein eigenes Regierungsblatt herausgegeben werden, das ausschließlich die landesherrlichen Verordnungen, Gesetze, Bekanntmachungen der Regierungen und amtlichen Statistiken enthalten sollte.[29] Da Strobel auch das Regierungsblatt verlegte, das ihm durch die Abnahmegarantie regelmäßige Einkünfte sicherte, konnte er es sich leisten, das Intelligenzblatt weiter erscheinen zu lassen – diesmal unter der Prämisse, ein „wahres Nationalblatt“ daraus zu formen. Dieses sollte die neuesten Erfindungen vorstellen, die aktuellen Transport- und Schrannenpreise publizieren, ebenso Vorladungen und Feilbietungen. Darüber hinaus wurden Beiträge zur Verbesserung der Landwirtschaft, der „Künste und Handwerker“ – worunter die Verbreitung mathematischer, philosophischer und chemischer Kenntnisse zur Weiterentwicklung von Maschinen verstanden wurde – sowie des „Commerzes“ angekündigt.[30]

Johann Baptist Strobel starb am 10. Juli 1805. Sein ehemaliger Buchhalter Ernst August Fleischmann erwarb am 20. März 1806 den Verlag samt Buchhandel für 10 000 fl und das Blatt für 2000 fl.[31] Wie aus späteren Aufzeichnungen Fleischmanns hervorgeht, dürfte das Intelligenzblatt bereits zu diesem Zeitpunkt nicht unerhebliche Absatzschwierigkeiten gehabt haben. Grund dafür waren die gravierenden territorialen und verwaltungsmäßigen Umbrüche vom Kurfürstentum zum Königreich Bayern der Jahre 1803 bis 1806, die dazu geführt hatten, dass das Intelligenzblatt viele seiner bisherigen staatlichen Abonnenten verlor und damit finanzielle Einbußen hinnehmen musste. Für weiter sinkende Auflagenzahlen sorgte aber auch das Regierungsblatt aus dem eigenen Verlag: Die verpflichtende Abnahme galt nur für Gemeinden und Pfarreien, und ein ähnlich geartetes Blatt zu abonnieren wurde aus Kostengründen nicht für nötig erachtet.[32]

1806 wird Bayern Königreich und Max I. Joseph erster König. Er macht sich an die Umgestaltung Bayerns nach französischem Vorbild – Graf Montgelas (unten) ist der entscheidende Denker und Berater an seiner Seite. Das Intelligenzblatt spielt in dieser Zeit, in der es um den Aufbau eines modernen Verwaltungsstaates geht, eine wichtigere Rolle als je zuvor und wird offizielles Regierungsblatt.

Deshalb und weil das Intelligenzblatt nur für den altbayerischen Teil des Königreichs konzipiert war, wandte sich Fleischmann mehrmals an das Generalkreiskommissariat des Isarkreises mit der Bitte, das Blatt in „Königlicher Reichsanzeiger“ umbenennen zu dürfen, um ein publizistisches Dach für Gesamtbayern schaffen und das konzeptionell veraltete Blatt auf eine neue Grundlage stellen zu können – was aber immer negativ beschieden wurde.[33]

Die Schwierigkeiten des Intelligenzblatts spiegeln sich im Inhalt wider: Hatte es seit der Einrichtung eines eigenen Regierungsblatts die dort publizierten Verordnungen noch im Auszug, anfangs in der Regel wörtlich gebracht, beschränkte sich Fleischmann auf die Wiedergabe des Gesetzes- oder Verordnungstitels, ohne den Inhalt zusammenfassend oder gar wörtlich abzudrucken. Ab 1811 verzichtete er darauf, die Verordnungen überhaupt zu erwähnen. Ebenso verlagerte sich der inhaltliche Schwerpunkt von der mehr praktischen Orientierung hin zum vaterländisch-patriotischen Tenor. So verschwinden land- und hauswirtschaftliche Themen allmählich zugunsten von Beiträgen, die die Liebe zur bayerischen und deutschen Heimat, zur Geschichte und zum bairischen Sprachschatz fördern sollten. Kaum oder nicht mehr vertreten sind Beiträge zur Geografie und Länderkunde, zur Landwirtschaft, zur praktischen Haushaltshilfe und Haushaltsführung, zur Wirtschaft, zum Handwerk, zu neuen Erfindungen; ebenso fehlen Vorladungen, Feilbietungen, teilweise auch die Schrannenpreise, denen kaum mehr Aufmerksamkeit geschenkt wurde. Dagegen findet erstmals die Musik größere Beachtung,[34] wie auch wiederholt ältere Reisebeschreibungen abgedruckt sind.

Sitzung des Deutschen Bundestages anno 1817. Der Deutsche Bund ist Ergebnis der Verhandlungen beim Wiener Kongress (1814/15): Das föderative Prinzip verbindet die unabhängigen deutschen Staaten.

Die Zielrichtung war klar vorgegeben: Die Retrospektive, die Hinwendung zum beispielhaften Handeln der Vorfahren, wurde Ausgangspunkt für einen romantisierenden Heimat- und Vaterlandsbegriff, der als Folie komparatistisch über das gegenwärtige Handeln gelegt wurde und zur Handlungsanleitung geriet. Der Jahrgang 1813 lässt sich nurmehr als Sammelsurium von Beiträgen aller möglichen Themen definieren; man liest vor allem ethnologische Beschreibungen fremder Völker. Die Beiträge sind ungegliedert aneinandergereiht. Ein klares Programm ist nicht mehr zu erkennen.

Das Intelligenzblatt war in den Jahren nach der Übernahme durch Fleischmann in ernsthafte Absatzschwierigkeiten gekommen, die der Herausgeber durch eine Neukonzeption abfangen wollte. Als diese abgelehnt wurde, versuchte er wenigstens, mit einer ausgewogenen und abwechslungsreichen Berichterstattung möglichst viele Leser anzusprechen. Dieser Weg war jedoch nicht erfolgreich, da offensichtlich nicht ausreichend attraktive Beiträge einliefen. Als dann am 7. März 1814 im Innenministerium die Entscheidung fiel, in jedem Kreis des Königreichs ein eigenes Intelligenzblatt einzurichten,[35] war dies der Todesstoß für Fleischmanns Blatt. Am 28. Juli 1814 erschien die letzte Ausgabe des Intelligenzblattes, das dann an das Generalkreiskommissariat des Isarkreises überging und dort als *Kreisamtsblatt* bis 1922 erhalten blieb.

Der Niedergang des Blattes hatte somit vielfache Ursachen: Sicherlich schmerzlich war der Wegfall des Privilegs auf die Publikation der amtlichen Verlautbarungen durch die Etablierung eines eigenen Regierungsblattes. Damit war auch der feste Kundenstamm weggebrochen, der dieses unabhängig vom Inhalt des Blattes zu abonnieren hatte. Darüber hinaus lässt sich eine eindeutige inhaltliche Akzentverschiebung feststellen, nämlich der Wegfall der Themen zur Land- und Hauswirtschaft, zu Handel und Wirtschaft zugunsten patriotisch-vaterländischer Fragen und dann eines bunten Allerleis, das die

Interessen der anspruchsvollen Leser nicht mehr traf. Ein weiteres Problem für das Blatt bestand sicherlich darin, dass Expertenartikel zu speziellen Themen nicht mehr den Weg in ein Intelligenzblatt mit übergreifendem Informationsangebot fanden, sondern sich die einschlägigen Diskussionen immer mehr in die nun reihenweise erscheinenden Fachzeitschriften verlagerten. Schließlich gab es keine Nische mehr, die das Blatt hätte ausfüllen können. Fleischmann hatte das Problem zwar erkannt und versucht, dieses abzuwenden, jedoch war die staatliche Obrigkeit nicht bereit, Abhilfe zu schaffen, zumal es in der Zwischenzeit eine Reihe von regionalen Kreis-Intelligenzblättern gab. Diese Schriften hatten allerdings außer dem Namen nichts mit dem kurbayerischen Intelligenzblatt gemein, denn in ihnen fanden keine Beiträge zur alltäglichen Lebenswelt der Menschen Platz. Sie dienten ausschließlich der Veröffentlichung amtlicher Erlasse, Verordnungen und Gesetze. Die Notwendigkeit, wieder ein dem Intelligenzblatt ähnliches Periodikum ins Leben zu rufen, war offensichtlich erst im Jahr 1912 gegeben – als die *Bayerische Staatszeitung* gegründet wurde.

Stürmischer Beginn

Von Gerhard Hetzer

In einer der frühen Ausgaben der Beilage *Unser Bayern*, die seit Herbst 1952 die 1950 wiederbegründete *Bayerische Staatszeitung* begleitet, beschäftigte sich Ernst Deuerlein, Mitarbeiter in der Presseabteilung der bayerischen Staatskanzlei, mit der Geschichte dieser Zeitung vor ihrer Einstellung 1934. In seinem Rückblick kam der nachmalige Universitätsprofessor zu dem Schluss, die Staatszeitung sei „zeitweise ein hervorragendes Instrument bayerischer Politik" gewesen. „Sie wurde in den europäischen Hauptstädten gelesen und zitiert. Sie ist für die bayerische Geschichtsschreibung des Zeitabschnittes 1912 – 1934 eine unentbehrliche Quelle." [1]

Die Staatszeitung[2] entstand 1912 in einem Jahr, das die Menschen im Königreich Bayern als Jahr des Umbruchs verstanden: Im Februar wurde mit Georg von Hertling der bisherige Vorsitzende der katholischen Zentrumsfraktion im deutschen Reichstag zum Vorsitzenden des bayerischen Ministerrats berufen. Er war ein Politiker, dem der greise Prinzregent Luitpold und dessen Berater zutrauten, besser als seine aus der Verwaltung stammenden Vorgänger mit den Mehrheitsverhältnissen in der Kammer der Abgeordneten in München zurechtzukommen. Wenn Hertling auch nicht, wie von Vielen erhofft oder befürchtet, zum Motor der Parlamentarisierung wurde, so war sein Amtsantritt doch ein Schritt in Richtung Parteienstaat.

Diese letzten Friedensjahre vor dem Ersten Weltkrieg waren voller politischer Bewegung, mit vielen Versammlungen sowie mit Neugründungen von Verbänden und Vereinen und von oft auch kurzlebigen Zeitungen. Im Dezember 1912 folgte auf Luitpold dessen Sohn Ludwig als Regent des Königreichs, der im nächsten Jahr förmlich zum König proklamiert wurde. Der neue Monarch galt als interessiert an Reichs- und Landespolitik und neigte, was die Parteien anbelangte, ebenfalls zum Zentrum.

Schon seit den 1890er Jahren war das Projekt eines bayerischen Staatsanzeigers nach dem Vorbild anderer deutscher Bundesstaaten immer wieder in Anregung gebracht worden, 1897 auch von Rudolf August von Oldenbourg, dem älteren Bruder von Hans und Paul

Der Prinzregent geruht das Projekt *Bayerische Staatszeitung* „allergnädigst zu genehmigen", erlebt aber die erste Ausgabe nicht mehr. Am 12. Dezember 1912 stirbt Luitpold. Im gleichen Jahr wird Georg von Hertling (unten links) Vorsitzender des Ministerrats in Bayern – an seiner Seite Innenminister Maximilian von Soden-Fraunhofen.

Überflieger: 1912 ist die Geburtsstunde des 1. Königlich Bayerischen Fliegerbataillons, das in Oberschleißheim seinen Flugplatz samt Flugschule hat. Man übt mit Doppeldeckern der Münchner Flugmaschinenwerke Gustav Otto – ein Nachbau dieses Fluggeräts wird 2012 zum Jubiläum aufs Flugfeld gerollt. Übrigens: Von dort aus machen sich die königlichen Flieger im Ersten Weltkrieg auf die Reise bis nach Palästina. 1919 wird die Fliegertruppe infolge der Versailler Verträge aufgelöst, den Flugplatz gibt es noch immer.

Oldenbourg, die dann 1912 maßgeblich die Gründung des Staatszeitungsverlages vorantrieben. In Oldenbourgs Vorschlägen tauchte bereits das später so umstrittene Zwangsabonnement für Ämter und Gemeinden auf.

Im April 1904 war der Antrag des Bauernbund-Politikers Anton Memminger, einen Staatsanzeiger zu schaffen, in dem die Ministerialamtsblätter aufgehen sollten, von der bayerischen Abgeordnetenkammer abgelehnt worden.[3] Memminger hatte das Fehlen eines Organs beklagt, mit dem die Staatsregierung „jederzeit vor das Volk treten und sagen könne: das ist meine Meinung". Dies sei besser, als das bisherige Benützen von „Kuckucksnestern", „wo die Regierung quasi bei den verschiedenen Redaktionen hausieren gehen muss, um ihre Artikel unterzubringen".[4]

Zu diesem Szenario gehörten die dauernden Klagen in der Zentrums- und sozialdemokratischen Presse über die Begünstigung liberaler Blätter bei der Vergabe von Anzeigen und bei den Pflichtabonnements für Behörden und Gerichte. Die seit dem Jahreswechsel 1912/13 erscheinende Staatszeitung sollte dann ihrerseits ein beliebtes Thema im Parlament abgeben, vom im Nebensatz gegen die Staatsregierung geführten Seitenhieb bis zur viele Stunden währenden Generaldebatte. Wohl konnte Hertling als Kabinettschef an sich mit einer Mehrheit unter den Abgeordneten rechnen – doch zeigte sich auch die Zentrumspartei nicht geschlossen, wenn es um die Staatszeitung ging.

Der Münchner Geschichtsprofessor Hermann Grauert, ein bekannter Vertreter der von Hertling mit ins Leben gerufenen Görres-Gesellschaft zur Pflege der katholischen Wissenschaften, bemerkte nicht ohne Spott: Man könne „in einer Art von Vision fast meinen, kritisch veranlagte Zentrumsabgeordnete, aber auch Abgeordnete anderer Parteien bei der eifrigen Lektüre der *Bayerischen Staatszeitung* beschäftigt zu sehen, wie sie einzelne Äußerungen hie und da mit dem Blaustifte anmerken und für spätere Parlamentsverhandlungen zurücklegen".[5]

Im Mai 1912 wurde im bayerischen Ministerrat die Gründung eines Staatsanzeigers besprochen, es folgten vertrauliche Erkundigungen über regierungsamtliche und offiziöse Zeitungen in anderen deutschen Bundesstaaten.[6] Viel Material wurde über den *Staatsanzeiger für Württemberg* beigebracht, der allerdings ebenso wie das *Dresdner Journal* (seit 1914 *Sächsische Staatszeitung*) vom Fiskus unterhalten wurde und somit parlamentarischer Kontrolle unterlag – ein Weg, den Hertling nicht gehen wollte. Im Hochsommer 1912 mehrten sich Anregungen und Gesprächskontakte zur Schaffung einer „fortlaufenden und konsequent offiziösen Publizistik" als Stütze der Regierung. Ein Ideengeber für die Stärkung der regierungsnahen Presse war der Schriftsteller Victor Naumann, damals bekannt vor allem unter seinem Pseudonym „Pilatus" mit Veröffentlichungen in der *Augsburger Postzeitung*, später in den Kriegsjahren ein wichtiger informeller Verhandler und Sendbote für Hertling.[7] Einen weiteren Anstoß für Hertling und seinen Innenminister Maximilian von Soden-Fraunhofen dürfte die Verärgerung über die Berichterstattung in der Zentrum-nahen Presse bei einigen Kontroversen gewesen sein, in denen die neue Regierung weltanschauliche Akzente hatte setzen wollen. Dies betraf zum Beispiel den in München erscheinenden *Bayerischen Kurier*. Das Echo auf die Rede des Grafen Törring-Jettenbach in der Kammer der Reichsräte Ende Juli 1912 zum so genannten Jesuiten-Erlass, der die seit 1872 wirksame Verbannung dieses Ordens aus Bayern beenden wollte, hatte die publizistische Schwäche der Regierung neuerlich offenbart.

Als der bayerische Ministerrat am 23. September 1912 im Prinzip die Gründung eines Staatsanzeigers beschloss, lagen Hertling bereits ein Angebot und ein Vertragsentwurf der Firma Oldenbourg vor. Deren Modell sah eine Zeitungsgründung auf privat finanzierter Grundlage vor, der allerdings die Vorteile eines amtlichen Organs zuteil werden sollten. Neben eigenem Kapitaleinsatz hatten die Verleger Hans und Paul Oldenbourg an Geldgebern einige Angehörige der Reichsrätekammer zur Seite: außer dem Großaktionär der Maschinenfabrik Augsburg-Nürnberg und Schlossherrn Theodor von Cramer-Klett jun. verschiedene adelige Grundbesitzer,[8] die sowohl die katholische Konfession als auch die Abneigung gegen einen plebejischen Grundzug einte, den sie auf dem linken Zentrumsflügel vorherrschen sahen.

Presseangelegenheiten waren an sich eine Aufgabe des Innenministeriums, das traditionell die „Polizeisachen" verwaltete. Hertling gab die Zeitungsgründung jedoch nicht aus der Hand, er nutzte die Fähigkeiten seines umtriebigen Pressereferenten und Redenschrei-

Voll in Fahrt schafft die neue S3/6 der Serien d und e, 1912 von Maffei gebaut, über 120 Stundenkilometer. Die Lok ist gedacht für schnellere Verbindungen zwischen München und Nürnberg bzw. zwischen München und Würzburg. Eine dieser Dampfloks steht heute im Verkehrszentrum des Deutschen Museums.

Bayerische Staatszeitung
Kgl. Bayerischer Staatsanzeiger

Dieses Blatt erscheint täglich mit Ausnahme der Sonn- und Festtage. – Der Bezugspreis beträgt vierteljährlich 1 Mark 58 Pfennig, frei ins Haus gebracht 2 Mark. Bestellungen nehmen sämtliche Postanstalten und Briefträger, unsere Geschäftsstelle, sowie Vertreter und Boten jederzeit entgegen.

Anzeigen, welche im Kreise Sulingen nebst Amtsbezirk Uchte weiteste Verbreitung finden, kosten die fünfgespaltene Korpuszeile oder deren Raum 15 Pfg., Reklamezeile 30 Pfg. Bei größeren Aufträgen wird hoher Rabatt gewährt. – Telegramm-Adresse: Nachrichten-Sulingen. – Fernsprecher Nummer 52.

Donnerstag, 2. Januar 1913 | Monachia-Verlag · München, Glückstr. 8 | Erster Jahrgang · Nummer 2

Velox 28 C.m. lang, 3 Abzüge.

Dem Kopf des neuen Blattes gibt Otto Hupp das Gesicht: Mit seinen Initialen hat sich die Koryphäe unter den Wappenzeichnern im ersten Titel der *Bayerischen Staatszeitung* verewigt. Im Entwurf steht noch der Monachia Verlag. Wo später das Impressum platziert ist, hat Hupp mit Platzhaltertexten gearbeitet.

bers, Legationsrat Franz von Stockhammern, um die private Vertragslösung trotz matten Widerstandes des Innenministers voranzutreiben und erreichte Ende Oktober die Zustimmung auch der übrigen Ressortministerien. Stockhammern übernahm dann die Leitung des Anfang Dezember 1912 in Hertlings Staatsministerium des Kgl. Hauses und des Äußern eingerichteten Pressebüros, dem im bayerischen Rahmen wohl ähnliche Aufgaben wie der Presseabteilung im Berliner Auswärtigen Amt zugedacht waren, vor allem aber die Aufsicht über das neue Organ.[9]

Ein Anfang mit Hindernissen

Mitte November 1912 erschienen in der Presse erste Mutmaßungen über eine beabsichtigte „konservative" Zeitungsgründung. Ab 20. November mehrten sich die Hinweise, auch wurde bereits der Name Oldenbourg genannt. Am 25. November gab die halbamtliche Korrespondenz Hoffmann die Grundzüge des Vertrags für eine „Staatszeitung" bekannt – am gleichen Tag kündigte eine königliche Verordnung das Erscheinen eines Staatsanzeigers ab kommendem Neujahr an.[10]

Der vom 26. November 1912 datierende „Vertrag betreffend Gründung eines K. Bayer. Staatsanzeigers" zwischen den sechs Zivilstaatsministerien und dem Kriegsministerium einerseits und der Monachia-Verlagsgesellschaft mbH als Vorform der „Bayerischen Staatszeitungs-Verlags GmbH" andererseits[11] umfasst 19 Paragrafen. Das Verlagsunternehmen verpflichtete sich darin zunächst, sechs Mal pro Woche die *Bayerische Staatszeitung* mit dem Untertitel *K. Bayerischer Staatsanzeiger* herauszugeben. Die unter dem bayerischen Staatswappen erscheinende Zeitung – eine Vorlage hierzu lieferte der bekannte Wappenzeichner Otto Hupp – hatte kostenlos amtliche Bekanntmachungen der Staatsregierung und der Hofstellen sowie Dienstnachrichten aufzunehmen und in der Regel zwei Spalten pro Ausgabe für sogenannte offiziöse Mitteilungen zur Verfügung zu stellen. Im Gegenzug sollte die Staatsregierung alle Bekanntmachungen und Anzeigen, die bisher gegen Bezahlung an die Tagespresse gegeben wurden, der Staatszeitung zuwenden, allerdings zu einem reduzierten Satz. Behörden, Gerichte, Notariate, Gemeinden und Pfarrkir-

Bayerische Staatszeitung
Kgl. Bayerischer Staatsanzeiger

Verantwortlicher Redakteur: Dr. Josef Kessler. – Druck u. Verlag „Bayerischer Staatszeitungs-Verlag G. m. b. H." in München, Frauenstr. 7, Tel. 3295 u. 3296. – Die Bayerische Staatszeitung mit Kgl. Bayer. Staatsanzeiger erscheint tägl. mit Ausnahme der Sonn- u. Feiertage. – Bezugspreis durch die Post f. d. Vierteljahr M. 3.–, für d. Monat M. 1.–. Einzelnummer 5 Pf., unter Kreuzband 10 Pf.

Amtliche Anzeigen sind direkt an die Expedition der Bayerischen Staatszeitung, Kgl. Bayer. Staatsanzeiger, München, Frauenstr. 7, zu senden u. werden nach mir'st. Anordnung berechnet. Geschäftsanzeigen werden nur durch die Annoncen-Expedition Rudolf Mosse entgegengenommen. Preise: die 7spalt. Nonpareille-Zeile 30 Pf., die 90 mm breite Zeile im Reklameteil M. 1.20.

Nr. 1. München, Mittwoch, 1. Januar 1913 1. Jahrgang.

chenstiftungen sollten angewiesen werden, die neue Zeitung zu beziehen. Der staatliche Einfluss war durch einen Regierungskommissär sicherzustellen, dem die Bürstenabzüge jeder Ausgabe zur Prüfung zuzuleiten waren. Dieser Beamte hatte auch die Bestellung der Redakteure zu genehmigen, die Person des Chefredakteurs hingegen war von der Zustimmung des Ministerratsvorsitzenden abhängig. Weitere Bestimmungen regelten Veränderungen unter den Gesellschaftern, die Abschöpfung von Gewinnanteilen zugunsten gemeinnütziger Zwecke und Kündigungsmöglichkeiten bei massiven Verlusten des von den Gesellschaftern gezeichneten Kapitals (380 000 Mark). Grundsätzlich war der Vertrag auf 30 Jahre geschlossen, also bis 1942. Hierauf sollte später rekurriert werden, wenn es um Veränderungen bei der Staatszeitung ging – so etwa im Juni 1923, als im Landtag über den Antrag eines schwäbischen Bauernbündlers zur Aufhebung des Pflichtabonnements für Gemeinden debattiert wurde: Nach der unter Verweis auf die Abmachungen von 1912 erfolgten Ablehnung sollte sich der Antragsteller brummend mit der Feststellung bescheiden, dass ein derartiger „Ewigkeitsvertrag" schon ein starkes Stück sei.

Wenige Tage, nachdem die neue Zeitung angekündigt worden war, wurden die Mitglieder der Redaktion bekannt. Dabei hatte das Projekt bereits einen personellen Fehlstart hinter sich, der noch in die Zeit der vertraulichen Vorbereitungen fiel: Der ursprünglich als Chefredakteur ins Auge gefasste Richard Oberwinder, freier Mitarbeiter verschiedener Zeitungen und an einer Nachrichtenagentur beteiligt, hatte zeitweilig auch zu den Berliner Informanten der päpstlichen Nuntiatur in München gehört. Er erwies sich als konzeptionell wenig überzeugend und vor allem als unzuverlässig. Für ihn blieb dann ein Vertrag, um die „politische Vertretung" der Staatszeitung in Berlin zu übernehmen – was nicht lange gut gehen sollte. An Oberwinders Stelle in München trat mit Philipp Frick ein bislang als politischer Redakteur für den *Bayerischen Kurier* tätiger Berufsjournalist. Der gebürtige Pfälzer hatte eine Laufbahn mit etlichen Stationen im Dienst der katholischen Presse hinter sich.[12] In der örtlichen Zeitungsszene als zwar gesinnungstüchtiger, freilich nicht sehr begabter Schreiber angesehen, wurde er von der sozialdemokratischen und liberalen Presse mit Gespött („Heiliger Philippus") empfangen. Dass ihm als Stellvertreter mit Hans Huber ein bisheriger Mitarbeiter der *München-Augsburger Abendzeitung* – präsentiert als „Paradeliberaler"– zur Seite gestellt wurde, legte man als Verschleierung der

Zwei Katastrophen machen 1912 Schlagzeilen: In der Nacht zum 15. April sinkt das damals größte Passagierschiff der Welt, die Titanic – rund 1500 Menschen sterben. Der Luxusliner ist bei seiner Jungfernfahrt von Southampton nach New York mit einem Eisberg kollidiert. Aus der eisigen Antarktis kehrt das Expeditionsteam von Robert Falcon Scott (rechts stehend) nicht mehr zurück – die fünf Männer verhungern oder erfrieren auf dem Rückweg vom Südpol, den sie am 18. Januar, vier Wochen nach Roald Amundsen, erreicht haben. Erfolg dagegen für Gerhart Hauptmann: Er wird 1912 mit dem Nobelpreis für Literatur geehrt. In dem Jahr steht auch die Altertumsforschung Kopf: Die Deutsche Orient-Gesellschaft entdeckt die Büste der Nofretete – und bringt sie nach Berlin, wo sie bis heute ist.

politischen Tendenzen aus. Im Impressum der neuen Zeitung tauchte Frick nicht auf. Als verantwortlicher Redakteur wurde zunächst Josef Kessler geführt, ein jüngerer Akademiker aus der Görres-Gesellschaft, der erst vor Kurzem über einen altgriechischen Philosophen und Rhetoriker promoviert hatte. Auf Kessler sollte nach dessen Einrücken zum Kriegsdienst (gefallen 1916) Mitte August 1914 mit Erich Ricklinger der Feuilletonist der Staatszeitung folgen. Ricklinger war Germanist, er hatte seinen Doktorhut mit einer Arbeit über die Tierfabeln von Hans Sachs erworben.

Neuling im Blätterwald: gefürchtet und verspottet

In München traf die *Bayerische Staatszeitung* auf eine vielgestaltige Presselandschaft, in der es alteingeführte Vorreiterrollen und Gewohnheitsrechte gab. Zum Klima in den Wochen des Jahres 1912, in denen die Gründungsverhandlungen gelaufen waren, gehörte, dass das *Neue Münchener Tagblatt* eine Artikelserie, die in der Jesuitenfrage den *Münchner Neuesten Nachrichten* (*MNN*) antworten sollte, als eine vom Katholischen Presseverein finanzierte Broschüre an gut 100 000 Münchner Haushalte verteilen ließ.

Allerdings hatten Hertling und seine Berater bei Gründung der Staatszeitung bewusst Abstand zum Zentrum gehalten – sie hatten den überparteilichen Charakter des Unternehmens wahren wollen, um nicht vorzeitig Widerspruch zu provozieren. Der Landtag war nicht mit der Angelegenheit befasst worden. Noch wenige Tage vor Vertragsabschluss hatte der Zentrumsabgeordnete Heinrich Held, Mitinhaber und Chefredakteur des *Regensburger Anzeigers*, nachmals bayerischer Ministerpräsident, den Innenminister beschworen, jener Zeitungsgründung nicht näher zu treten, von der inzwischen in der Presse gemunkelt wurde. Er beschwerte sich darüber, dass seine Fraktion nicht beteiligt worden sei. Es seien offenbar Kreise am Werk, bei denen wenig Verständnis für „die christlich gesinnten, aber bis auf die Knochen königstreuen Arbeiter und Bauern mit ihren volkstümlichen und in diesem Sinne auch demokratischen Tendenzen" zu erwarten sei – ein Schaden für die gemeinsame katholische Sache.[13] Es ist nicht auszuschließen, dass Hertlings Entscheidung für Frick als Chefredakteur den Vorwürfen den Wind aus den Segeln nehmen sollte, hier werde mit dem „stockprotestantischen" Oldenbourg-Verlag zusammengearbeitet und der Parlamentskorrespondenz des Zentrums das Wasser abgegraben.

Unangefochten an Verbreitungsgrad und überregionalem Einfluss waren die *Münchner Neuesten Nachrichten* (*MNN*). Sie erschienen mit rund 120 000 Exemplaren in zwei Ausgaben pro Tag und hatten unter den bisherigen Tageszeitungen vor Ort auch die

Jugend vom 7. 1. 1913

längste Tradition (gegründet 1848). An nächster Stelle in der Auflagenziffer kamen mit der *Münchner Zeitung* (*MZ*) und der *Bayerischen Zeitung* zwei Blätter, die seit 1898 bzw. 1905 in der Landeshauptstadt den auf rasche Lektüre gerichteten Typus des Generalanzeigers vertraten. Die altehrwürdige *München-Augsburger Abendzeitung* (*MAAZ*) nahm ihren Hauptsitz erst Ende 1912 in München, ihre Tagesauflage betrug annähernd 50 000. Die *MNN* und die *MAAZ* waren dem politischen Liberalismus in dessen historisch gewachsenen Spielarten verpflichtet. Ihre Meinungsführerschaft hatte in den letzten Jahrzehnten das Regieren der Beamtenkabinette abgefedert, die, auf das Vertrauen des Regenten gestützt, im politischen Alltag zunehmend auf die Zentrums-Mehrheit im Abgeordnetenhaus Rücksicht hatten nehmen müssen. Aus den Anfangszeiten der Zusammenarbeit von Staatsregierung und liberaler Fortschrittspartei, nämlich vom Jahr 1867 her, rührte die Tätigkeit der Korrespondenz Hoffmann, über die, nunmehr zum Verbund des Wolff'schen Telegraphen-Bureaus (WTB) gehörig, ein Großteil der amtlichen Verlautbarungen an die Presse gelangte. Die Ziele der erstarkenden Sozialdemokratie vertrat die *Münchener Post* (*MP*; gegründet 1888), während der *Bayerische Kurier* (*BK*; gegründet 1856), *Das Bayerische Vaterland* (seit 1869) und das *Neue Münchener Tagblatt* (seit 1877) dem Zentrum, dabei allerdings verschiedenen Flügeln und Milieus, nahestanden.

Wenn Heinrich Held Nachteile für die großstädtische Zentrumspresse vorausgesagt hatte, während die liberalen Blätter weiter genügend Informationen aus den Behörden und Anzeigenkunden finden würden, so illustriert dies auch die zum Teil unglücklichen Versuche, für die neue Zeitung Nachrichtengeber in der Verwal-

A. Schmidhammer

Freundestreue

Hertling: „Und wenn mich alles verläßt, lieber guter Bethmann, Du abonnierst bestimmt auf den – Bayerischen Staatsanzeiger!"

Jugend vom 14. 1. 1913

München, 13. Januar 1913 Preis 30 Pfg. 17. Jahrgang Nr. 42

SIMPLICISSIMUS

Abonnement vierteljährlich 3 Mk. 60 Pfg.
Alle Rechte vorbehalten

Begründet von Albert Langen und Th. Th. Heine

In Oesterreich-Ungarn vierteljährlich K 4.40
Copyright 1913 by Simplicissimus-Verlag G. m. b. H., München

Die bayerische Staatszeitung

(Zeichnung von O. Gulbransson)

Wir glauben nicht, daß es dem Reptil gelingen wird, den bayrischen Löwen umzubringen. Vorläufig ist ihm nur schlecht geworden.

Simplicissimus vom 13. 1. 1913

Kgl. bayrisches Jesuitenjournal

(Zeichnung von Th. Th. Heine)

Ich finde, das ist wohl getan,
Der Staat nimmt sich der Sache an,
Dem Lande Mist zu spenden.
Und weil ja der Regierungsmist
Ganz überreich vorhanden ist,
So kann man ihn verschwenden.

Der Jesuit kutschiert, und so
Bleibt man in Bayern herzensfroh
Bei einem alten Brauche.
Die Ochsen sind schon eingespannt,
Bald trieft das alte schöne Land
Von fetter Pfaffenjauche.

— 708 —

Simplicissimus vom 13. 1. 1913

Allgemeine Abonnementspflicht

Es ist die Pflicht jedes Untertanen, dem Staatswohl zu dienen, und dieser allgemeinen Dienstpflicht entspricht der Zwang für alle Behörden, die neue „Bayerische Staatsztg." zu halten.

Aber das genügt nicht. Das Ministerium Hertling muß und wird eine allgemeine Inserationspflicht für Bayern einführen. Jede standesamtlich geschlossene Ehe, die nicht in der „Bayerischen Staatsztg." angekündigt wird, ist gesetzlich ein Konkubinat. Jedes Kind, dessen Geburt nicht in der „Bayerischen Staatsztg." angezeigt wird, ist unehelich. Jede Dame, die sich verlobt, ohne die Verlobungsanzeige in die „Bayerische Staatsztg." einzurücken, wird unter sittenpolizeiliche Kontrolle gestellt. Jeder Kaufmann, der Waren verkauft, ohne vorher in der „Bayerischen Staatsztg." annonciert zu haben, wird als Hehler bestraft. — Außerdem ist jeder Bayer verpflichtet, von dem Quartalsersten vor seiner Geburt bis zum Quartalsletzten nach seinem Tode auf die „Bayerische Staatsztg." zu abonnieren.

Frido

*

Weißblaue Befürchtung Richard Rost (München)

„Bal i wieder 'mal königli' bayrischer Staatsgefangener bin, nacha werd i in der Zeit wohl aa auf'n Staatsanzeiger abonniern müss'n!"

Jugend vom 11. und 14. 2. 1913

tung oder in der bayerischen Diplomatie zu finden. Für den Anzeigenteil hatten die Verleger einen Vertrag mit dem Berliner Annoncen-Expediteur und Zeitungsmogul Rudolf Mosse geschlossen, wobei einige von dessen Blättern pikanterweise zu den grimmigsten Gegnern Hertlings zählten. Mitten in die groß angelegte Werbekampagne mit Zeitungsinseraten, Prospekten und dem Versand von Probenummern platzte kurz vor dem Jahreswechsel 1912/13 die Veröffentlichung eines aus der Feder Fricks stammenden internen Arbeitspapiers, das zur Vorlage an Hertling gedacht war. Dieses Memorandum, nach späterer Lesart des Autors „Referat", wurde den Redaktionen der *MP* und der *MNN* zugespielt. Es enthielt mehr oder weniger die Erwartung eines Monopols der Staatszeitung für amtliche Mitteilungen, für deren zeitlichen Vorrang bei der Landtagsberichterstattung und für eine regelmäßige Mitarbeit der bayerischen Gesandtschaften an auswärtigen Höfen. Angesichts der losbrechenden Entrüstungswelle in der Öffentlichkeit lehnte die Staatsregierung über die Korrespondenz Hoffmann den amtlichen Charakter dieses Schriftstücks ab, der Chefredakteur musste gegenüber den Konkurrenten einen Rückzieher machen, noch bevor die erste Nummer der Staatszeitung erschienen war. Mit Behagen, allerdings nicht ganz richtig, zitierten die *MNN* aus dem Bericht des Berliner Korrespondenten der *Times*, der die Frick'sche Ausarbeitung als „erstaunlichstes Dokument seiner Art seit … den Memoiren des späten Dr. Busch" bezeichnet hatte.[14]

Nach den ersten Ausgaben der *Bayerischen Staatszeitung* lief nicht nur die Tagespresse Sturm. Auch Wochenblätter empfingen den Neuling mit bissigen Kommentaren, etwa die *Jugend*, die in der zweiten Januarwoche den „Koeniglich neubayrischen Staats-Anzeiger" satirisch vorstellte und in „Kleinen Anzeigen" um Mitarbeiter für ihn warb.[15]

Die alleinige Annahme von Inseraten u. Beilagen geschäftlicher Natur für die
„Bayerische Staatszeitung"
ist der
Annoncen-Expedition
Rudolf Mosse
München Theatinerstr. 8 — Nürnberg Karolinenstr. 23
Berlin, Breslau, Dresden, Düsseldorf, Frankfurt a. M., Hamburg, Köln a. Rh., Leipzig, Magdeburg, Mannheim, Prag, Strassburg i. E., Stuttgart, Wien, Zürich übertragen worden. In allen Geschäftsstellen und Agenturen der Firma Rudolf Mosse
werden Inserate u. Beilagen für das Blatt angenommen und zu Originalpreisen berechnet.

BSZ vom 7. 3. 1913

Abonnier' oder stirb! (Zeichnung von Wilhelm Schulz)

Am 6. Juli 1913 fiel Ritter Georg von Hertling mit starker Truppenmacht in Württemberg ein und zwang die Bevölkerung am Bodensee, die bayerische Staatszeitung zu abonnieren.

Simplicissimus vom 13. 1. 1913

Von linksliberaler Seite wurde der Staatszeitung nach rund vierwöchigem Erscheinen in der literarischen Wochenschrift *März* – dort hatte neben württembergischen Volksparteilern auch Ludwig Thoma Einfluss – unter der kurzlebigen Redaktionsleitung des Schriftstellers Wilhelm Herzog bescheinigt, „Öde" und „Idiotie" zu verbreiten, von der „Gähnkrämpfe" ausgingen.[16]

Das Wehen im bayerischen Pressewald erreichte um die Jahreswende die Reichshauptstadt. Dort sorgten nicht nur die Zitate aus Fricks Memorandum, sondern auch einige Beiträge in den frühen Ausgaben der Staatszeitung für Irritationen. Der bayerische Gesandte in Berlin, Graf Lerchenfeld, sah sich gezwungen, bei Reichskanzler Bethmann Hollweg Bedenken zu zerstreuen, hier sei ein Instrument Hertlings entstanden, um sich in Zuständigkeiten des Reiches, etwa in die Außenpolitik, einzumischen. Im Reichstag lag Mitte Januar 1913 eine entsprechende Anfrage des nationalliberalen Abgeordneten Friedrich

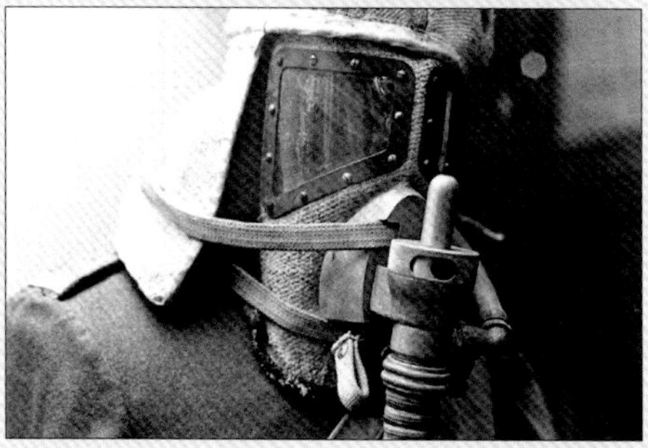

Eine Materialschlacht bis dahin ungeahnten Ausmaßes liefern sich die Gegner im Ersten Weltkrieg zu See, Feld und Luft. Am Skagerrak kostet das Kräftemessen mit einem gigantischen Aufgebot an Großkampfschiffen zwischen britischer und deutscher Marine über 8600 Menschen das Leben (31. Mai./1. Juni 1916). Im Krieg zu Land hat die Kavallerie keine Chance mehr: England rückt mit dem Mark I an, dem ersten Kriegspanzer. Die Vernichtungsmaschinerie wird um chemische Waffen erweitert: Chlorgas, Phosgen, Senfgas ... Insgesamt sind es bis 1917 rund 112 000 Tonnen Giftgas, die eingesetzt werden. Der Luftkrieg wandelt sich ebenfalls: Flugzeuge dienen nicht mehr nur zur Aufklärung – mit Maschinengewehren bestückt, sind sie nun Jagdflugzeuge, aus denen zunehmend Bomben abgeworfen werden. Umgekehrt entwickelt man Strategien zur Flugabwehr.

Thoma vor, der den Wahlkreis Immenstadt vertrat, und beschäftigte das Auswärtige Amt. Währenddessen machte Oberwinder als Berliner Vertreter der Staatszeitung in verschiedenen Büros seine Aufwartung und entwarf dort weitreichende, allerdings etwas nebulöse Ziele. Nach einigen vom Auswärtigen Amt als störend empfundenen Meldungen aus unsicherer Quelle sah sich Hertling gezwungen, noch in einer Januar-Ausgabe der Staatszeitung eine Klarstellung zu veranlassen, was an Beiträgen als halbamtlich anzusehen sei und was allein in die Verantwortung der Redaktion falle. Im Übrigen drängte er beim Verlag darauf, sich von Oberwinder zu trennen, dem dann alsbald gekündigt wurde. Bei diesem ungünstigen Auftakt empfahl Lerchenfeld möglichst Zurückhaltung („Je langweiliger die Staatszeitung in der nächsten Zeit ist, desto besser für ihr Gedeihen.“).[17]

Inzwischen hatten sich die anderen Zeitungsverlage zusammengetan: Die Gründungsversammlung des Vereins Bayerischer Zeitungsverleger beschäftigte sich im Januar 1913 in Nürnberg mit dem Abonnentenwesen und mit Anzeigenpreisen. Ein Beschluss hierzu enthielt Selbstverpflichtungen der Mitglieder.[18] Nicht vertreten war der Staatszeitungsverlag, doch präsent war er allemal: Die Versammlung legte förmlich Verwahrung ein gegen die Maßnahmen der Staatsregierung zum Gewinnen von Abonnenten für die Staatszeitung, gegen das hierbei offenbarte „gewerbefeindliche Verhalten“ und den „unlauteren Wettbewerb“ durch Preisdrückerei und Monopolisierung.

Auch aus anderen Bereichen kamen Beschwerden. Die Vertreter der bayerischen Buchhändler klagten über einen Rückgang bei den Bestellungen von Fachzeitschriften durch staatliche Behörden, Gemeinden und Kirchenstiftungen.[19] Als „ganz und gar hinausgeworfenes Geld“ wurde der Bezug der Staatszeitung durch die rund 350 bayerischen Notariate dargestellt, eine als Ausgleich eingeräumte Befreiung vom Bezug des Finanzministerialblattes galt als indirekte Bezuschussung der Staatszeitung zu Lasten der Staatskasse.[20]

Das Zwangsabonnement, zumal für Gemeinden und Kirchenstiftungen, blieb strittig und beschäftigte schließlich, als die zuständigen Staatsministerien über die Dienstaufsicht den Bezug der Staatszeitung durchsetzen wollten, in verschiedenen Verfahren den Bayerischen Verwaltungsgerichtshof.[21] Eine der beschwerdeführenden Gemeinden war der von Karl Gandorfer, einem bekannten Politiker des Bauernbundes, als Bürgermeister vertretene Markt Pfaffenberg in Niederbayern. Die Abweisung dieser Beschwerde wurde sofort nach Bekanntwerden zum Gegenstand massiver Kritik in der bayerischen wie außerbayerischen Presse. Die Entscheidung des Verwaltungsgerichtshofs wurde mit dem Ruhestandsgesuch eines Senatspräsidenten in Verbindung gebracht, der noch wenige Wochen zuvor einen Beschluss zugunsten der von der Staatsregierung befehdeten Feuerbestattung verantwortet hatte. Die liberale und sozialdemokratische Presse sah hier die richterliche Unabhängigkeit angetastet. Besonders ernst waren die Angriffe in den *MNN* zu nehmen, wo Ludwig Thoma den Innenminister hart anging; noch schärfer reagierte die viel gelesene *Tägliche Rundschau* in Berlin.[22]

Der Plenarsaal des Bayerischen Landtags in der Prannerstraße. Die Pressetribüne wird für die Kollegen der Staatszeitung erweitert.

Ihrer Leserstruktur nach musste die *MAAZ* die Staatszeitung als gefährliche Wettbewerberin ansehen, die sie eventuell als bayerisches „Beamtenevangelium" ablösen konnte.[23] Der Schlussabsatz der im Frühjahr 1914 erschienenen Jubiläumsschrift der *MAAZ* dürfte somit auch einen Hieb auf die Staatszeitung enthalten haben: Zum einen stritt man für sich selbst ein „Offiziosentum" ab, zum anderen wurde beteuert, die Abendzeitung sei „allzeit frei und unabhängig gewesen nach allen Seiten hin. Weder der Regierung noch politischen Parteien stand jemals irgend eine Einflussnahme auf sie zu."[24] Hervorgehoben wurde im Übrigen die in den späten 1870er Jahren aufgenommene besondere Landtagsberichterstattung.

Vor Beginn der Landtagssaison im Herbst 1913 hatte der Staatszeitungsverlag mit Erfolg die Zuweisung von Plätzen auf der Journalistentribüne im Parlamentsgebäude in der Prannerstraße beantragt, die hierfür auch erweitert wurde. Zudem sollte es der Position der *MAAZ* bei der Parlamentsberichterstattung ans Leder gehen, indem die Staatszeitung zunächst deren bisherigen Arbeitsraum ebenso beanspruchte wie einen Teil von deren Arbeitsplätzen im allgemeinen Pressezimmer. Der Verlag der Staatszeitung sah sich hier ebenso vertraglich im Recht wie bei dem Ansinnen, die unkorrigierten Redemanuskripte vor dem Absegnen durch die Redner zu erhalten. Hier stieß die Zeitung allerdings auf Granit: Trotz gelinder Unterstützung durch den Innenminister Maximilian von Soden-Fraunhofen wies das Direktorium der Kammer dies zurück, da man dem Blatt keine Vergünstigung vor den übrigen Presseleuten einräumen könne[25] – eine Haltung, der sich das Direktorium der Reichsräte anschloss. Der Staatszeitung blieb vorläufig nur die Möglichkeit, sich wie die anderen Presseorgane von den unkorrigierten Stenogrammen Abschriften anfertigen zu lassen. Einem neuerlichen Vorstoß des Verlags vor Beginn der Landtagsverhandlungen im September 1915 sollte dann auch der Innenminister seine Unterstützung glatt verweigern, nicht zuletzt, weil er Bedenken gegen Veröffentlichungen aus den noch ungeglätteten Redetexten von Regierungsvertretern hatte. Allerdings sollte der Ministerrat am 26. September 1915 auf Vorschlag Hertlings einstimmig beschließen, für die Kriegsdauer auf den kostspieligen Abdruck der Verhandlungen in einer besonderen Landtagsbeilage der Staatszeitung zu verzichten und sich, wie in den anderen Blättern, mit Auszügen zu begnügen.

Ende Oktober 1913 debattierte die bayerische Abgeordnetenkammer über zwei Tage hinweg in Sachen *Bayerische Staatszeitung*. Anlass hierzu war eine Anfrage (Interpellation), die von zwei liberalen Abgeordneten eingebracht worden war – darunter von dem bereits erprobten Gegner Friedrich Thoma, einem Augsburger Rechtsanwalt, der für den Wahlkreis Lindau im Landtag saß und enge Beziehungen zur *MAAZ* unterhielt.[26] Den Sprechern aller Fraktionen, von der Liberalen Vereinigung über den Bauernbund und das Zentrum bis hin zu den Sozialdemokraten und zur konservativen Freien Vereinigung, antworteten seitens des Kabinetts sowohl Hertling als auch Soden. Nach rund zehn Monaten Erscheinen der Staatszeitung konnten sie das Projekt nur mit gemischtem Ergebnis verteidigen. Es ging um die Genese des Unternehmens, um das Zwangsabonnement und das Verfahren vor dem Verwaltungsgerichtshof, die Inseratenwerbung samt der Verbindung zum Anzeigen-Großunternehmer Mosse, auch um inhaltliche Defizite, die sich aus der Scheu der Redaktion ergaben, Anstoß zu erregen. Die bedeutsameren Redebeiträge monierten das gewählte Geburtsverfahren ohne Beteiligung des Landtags und ohne Budget, selbst der Zentrumsredner Franz Seraph Pichler wollte eine künftige Überleitung in einen staatlichen Verlag nicht ausschließen.

Bereits vorher hatte der insgesamt enttäuschend verlaufene Auftakt des Unternehmens, für das auch eine defizitäre Jahresbilanz in unerwarteter Höhe absehbar wurde, den Verlegern Anlass gegeben, die Frage des ungeliebten Chefredakteurs aufzuwerfen. Für eine mit Hertling vertraulich geführte Besprechung im Frühherbst 1913 hatte Hans Oldenbourg verschiedene Punkte aufgelistet, die gegen Frick sprächen. Dazu gehöre das geringe Ansehen, das der Redakteur in der eigenen Partei genieße und das den Widerstand im Zentrum gegen die Staatszeitung mit erkläre, ebenso wie Fricks „literarische Unfähigkeit" und dessen Unordnung und Nachlässigkeit am Redaktionstisch – daher das „Redigieren in der Setzerei" samt dem Übersehen von peinlichen Fehlern und Stilblüten. Hinzu komme ein Mangel an Kollegialität und das Unvermögen, eine gesellschaftliche Stellung einzunehmen, die dem Schriftleiter die für sein Amt wichtigen Beziehungen, vor allem zu Ministern und Ministerialbeamten, ermöglichen würde: „Sein ganzer Verkehr beschränkt sich auf Kaffeehaus und Hofbräuhaus im Kreise von Parteigenossen." Diesen Parteimann könne er eben nicht abstreifen.[27] Hertling zögerte, denn immerhin war Frick auf seinen dringenden Wunsch dorthin gelangt, wo er jetzt weg sollte. Im Sommer des folgenden Jahres war der Ministerratsvorsitzende dann offenbar bereit, für den zu kündigenden Frick dessen Stellvertreter Huber aufrücken zu lassen. Als dieser bei Kriegsausbruch im August 1914 als Reserveoffizier ins Feld zog und alsbald in Gefangenschaft geriet, blieb Frick noch eine Frist, um sich unter den Bedingungen von Zensur und gedrosselter Innenpolitik auf seinem Posten zu halten.

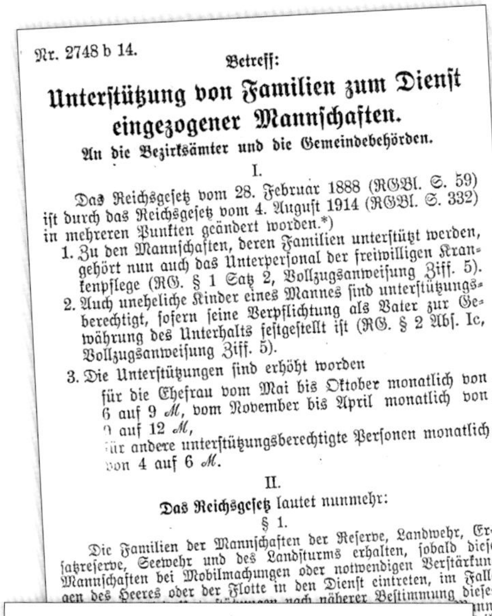
Nr. 2748 b 14.
Betreff:
Unterstützung von Familien zum Dienst eingezogener Mannschaften.
An die Bezirksämter und die Gemeindebehörden.
I.
Das Reichsgesetz vom 28. Februar 1888 (RGBl. S. 59) ist durch das Reichsgesetz vom 4. August 1914 (RGBl. S. 332) in mehreren Punkten geändert worden.*)
1. Zu den Mannschaften, deren Familien unterstützt werden, gehört nun auch das Unterpersonal der freiwilligen Krankenpflege (RG. § 1 Satz 2, Vollzugsanweisung Ziff. 5).
2. Auch uneheliche Kinder eines Mannes sind unterstützungsberechtigt, sofern seine Verpflichtung als Vater zur Gewährung des Unterhalts festgestellt ist (RG. § 2 Abs. Ic, Vollzugsanweisung Ziff. 5).
3. Die Unterstützungen sind erhöht worden
für die Ehefrau vom Mai bis Oktober monatlich von 6 auf 9 M, vom November bis April monatlich von 9 auf 12 M,
für andere unterstützungsberechtigte Personen monatlich von 4 auf 6 M.
II.
Das Reichsgesetz lautet nunmehr:
§ 1.
Die Familien der Mannschaften der Reserve, Landwehr, Ersatzreserve, Seewehr und des Landsturms erhalten, sobald diese Mannschaften bei Mobilmachungen oder notwendigen Verstärkungen des Heeres oder der Flotte in den Dienst eintreten, im Falle …

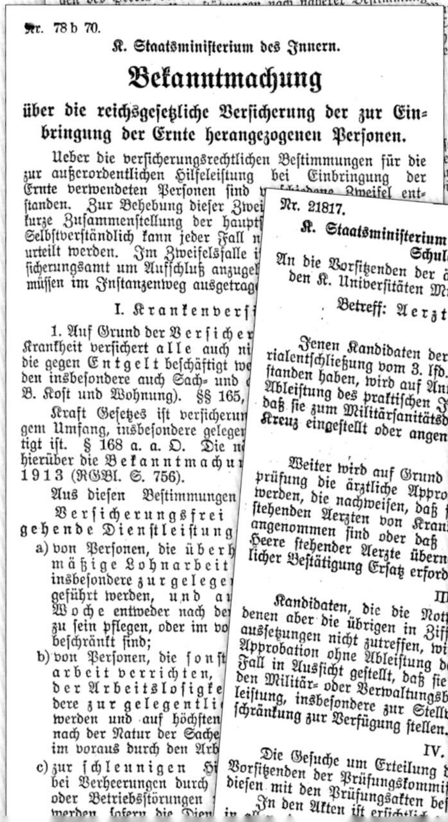
Nr. 78 b 70.
K. Staatsministerium des Innern.
Bekanntmachung
über die reichsgesetzliche Versicherung der zur Einbringung der Ernte herangezogenen Personen.
Ueber die versicherungsrechtlichen Bestimmungen für die zur außerordentlichen Hilfeleistung bei Einbringung der Ernte verwendeten Personen sind …
I. Krankenversi…

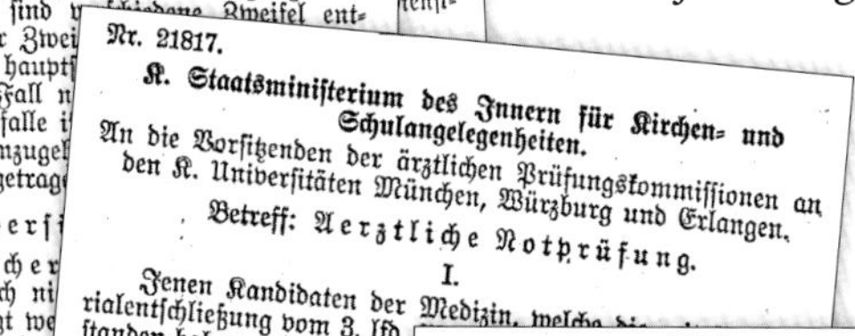
Nr. 21817.
K. Staatsministerium des Innern für Kirchen- und Schulangelegenheiten.
An die Vorsitzenden der ärztlichen Prüfungskommissionen an den K. Universitäten München, Würzburg und Erlangen.
Betreff: Aerztliche Notprüfung.
I.
Jenen Kandidaten der Medizin, welche …

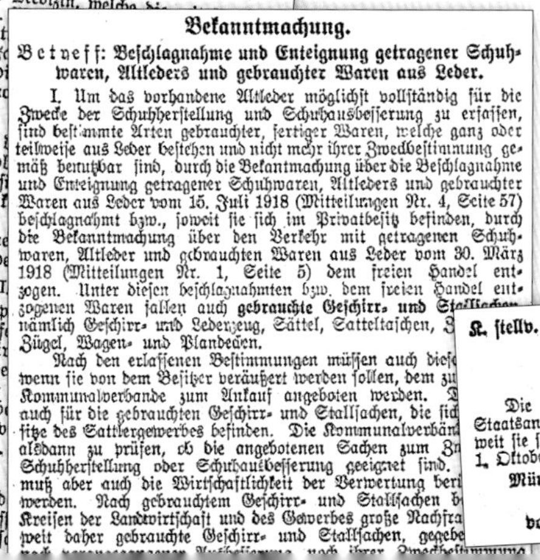
Bekanntmachung.
Betreff: Beschlagnahme und Enteignung getragener Schuhwaren, Altleders und gebrauchter Waren aus Leder.
I. Um das vorhandene Altleder möglichst vollständig für die Zwecke der Schuhherstellung und Schuhausbesserung zu erfassen, sind bestimmte Arten gebrauchter, fertiger Waren, welche ganz oder teilweise aus Leder bestehen und nicht mehr ihrer Zweckbestimmung gemäß benutzbar sind, durch die Bekantmachung über die Beschlagnahme und Enteignung getragener Schuhwaren, Altleders und gebrauchter Waren aus Leder vom 15. Juli 1918 (Mitteilungen Nr. 4, Seite 57) beschlagnahmt bzw., soweit sie sich im Privatbesitz befinden, durch die Bekanntmachung über den Verkehr mit getragenen Schuhwaren, Altleder und gebrauchten Waren aus Leder vom 30. März 1918 (Mitteilungen Nr. 1, Seite 5) dem freien Handel entzogen. …

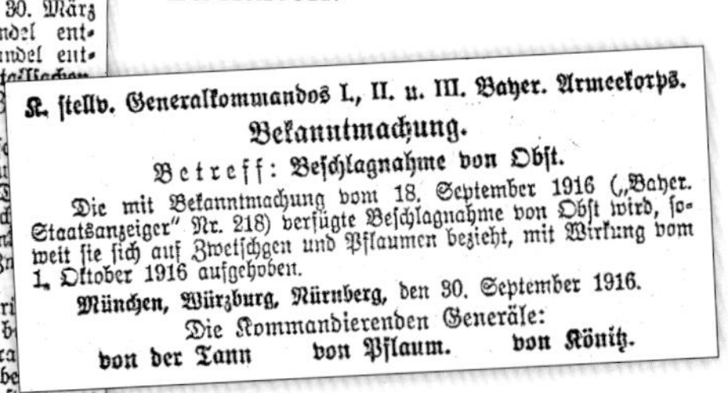
K. stellv. Generalkommandos I., II. u. III. Bayer. Armeekorps.
Bekanntmachung.
Betreff: Beschlagnahme von Obst.
Die mit Bekanntmachung vom 18. September 1916 („Bayer. Staatsanzeiger" Nr. 218) verfügte Beschlagnahme von Obst wird, soweit sie sich auf Zwetschgen und Pflaumen bezieht, mit Wirkung vom 1. Oktober 1916 aufgehoben.
München, Würzburg, Nürnberg, den 30. September 1916.
Die Kommandierenden Generäle:
von der Tann von Pflaum. von Könitz.

Sowohl als auch: Amtsblatt und politisches Sprachrohr

In der Parlamentsdebatte vom Oktober 1913 hatte auch Franz von Stockhammern als einer der Vertreter der Staatsregierung gesprochen. In der oppositionellen Presse als „Oberkontrolleur" der Staatszeitung apostrophiert, hatte ihn Adolf Müller, der Chefredakteur der *MP*, in der Abgeordnetenkammer als Urheber jener Idee ins Auge gefasst, die durch Berichte von bayerischen Diplomaten die Auslandsberichterstattung der *Bayerischen Staatszeitung* hatte in Schwung bringen wollen.

Stockhammern blieb erster Regierungskommissar der Staatszeitung, bevor er im September 1914 an die bayerische Gesandtschaft beim Quirinal abgeordnet wurde, um in der italienischen Hauptstadt an der Beeinflussung von Politik und Presse im dreibundfreundlichen Sinne mitzuarbeiten. Das Wirken dieser schillernden Persönlichkeit zwischen München, Rom, der Schweiz und Berlin in den gut 20 Jahren nach ihrem Eintritt in die Dienste des Staatsministeriums am Münchner Promenadeplatz (1907) würde eine Gesamtdarstellung verdienen.[28] 1919 sollte Stockhammern in den nun von Matthias Erzberger geleiteten Reichsfinanzdienst eintreten, während seines Ruhestandes dann die Herausgabe der 1930/31 erschienenen *Denkwürdigkeiten* des ehemaligen Reichskanzlers Bernhard von Bülow vorbereiten. Stockhammerns Aufgabe wurde im Herbst 1914 von dem Legationssekretär Paul Freiherr von Stengel übernommen, der mit Hans Oldenbourg auf vertrautem Fuß stand und für den größten Teil der Kriegszeit als Kommissär der Staatszeitung fungieren sollte. Nachdem Hertling im November 1917 das Amt des deutschen Reichskanzlers und alsbald auch das des preußischen Ministerpräsidenten übernommen hatte, ließ er Stengel für einige Monate zu seiner Verfügung nach Berlin beurlauben. Zu Stengels Vertretung wurde der Legationssekretär Ludwig Zu Rhein vom Kriegsdienst reklamiert.[29] Zu Rhein stand der Staatszeitung kritischer als Stengel gegenüber, was im Übrigen der Meinung seines Ressortministers Otto von Dandl als Nachfolger Hertlings in München entsprach. Dies beeinflusste das Arbeitsklima im letzten Kriegsjahr, da Zu Rhein auch nach Stengels Rückkehr als Pressereferent des Außenministeriums Funktionen eines Regierungskommissars ausübte.

Nach Kriegsausbruch 1914 bemühte sich die Redaktion der Staatszeitung, in ihrem Sinne ein Zeichen des Burgfriedens zu setzen, indem sie den „Bauerndoktor" Georg Heim, Führer der Zentrum-nahen christlichen Bauernbewegung und Mitglied im Aufsichtsrat des *BK*, und den sozialdemokratischen Ge-

Der Krieg.

Westlicher Kriegsschauplatz.

WTB. Großes Hauptquartier, 30. Sept., vorm.

Heeresgruppe des Kronprinzen Rupprecht von Bayern

Wie am vorhergehenden Tage griffen die Engländer auch gestern mit starken Kräften zwischen der Ancre und Courcelette an. Nach wechselvollem Nahkampf sind sie abgeschlagen.

Sonst nur kleine Teilvorstöße und Artilleriekampf, der sich nördlich der Somme und in einzelnen Abschnitten südlich des Flusses nachmittags verschärfte.

Der erste Generalquartiermeister: Ludendorff.

Die Sommeschlacht.

tu. Berlin, 30. Sept. Der Kriegsberichterstatter Georg Wegener meldet aus dem Großen Hauptquartier unterm 29. September an den „Berliner Lokal-Anzeiger":

Ich kehre soeben von dem Besuche des Korps Freiherrn von Marschalls zurück, ...

Oestlicher und südöstlicher, südlicher Kriegsschauplatz.

WTB. Großes Hauptquartier, 30. Sept., vorm.

Oestlicher Kriegsschauplatz.

Front des Generalfeldmarschalls Prinzen Leopold von Bayern

An der Stochodfront machte eine Kompagnie der ...

See-, Luft- und Kolonialkrieg.

Schiffskatastrophen.

W. Berlin, 3. Okt. In der Zeit vom 20. bis 29. September sind in der Nordsee und im Englischen Kanal außer den bereits bekanntgegebenen elf englischen Fischdampfern und vier belgischen Seeleichtern noch 35 feindliche Fahrzeuge mit rund 14 600 Tonnen (darunter 27 Fischerfahrzeuge) durch unsere Unterseeboote versenkt und 31 Gefangene eingebracht worden.

W. London, 2. Okt. Lloyds meldet: Der norwegische Dampfer „Sinsen" (1925 Tonnen) ist versenkt worden.

ht. Christiania, 3. Okt. Drei weitere norwegische Dampfer werden als versenkt gemeldet. Der Dampfer „Tekla" aus Bergen, 950 Tonnen, 1907 erbaut, mit 720 000 Kronen kriegsversichert. ...

Bayerische Verlustlisten.

Die vom K. Bayer. Kriegsministerium veröffentlichte Verlustliste Nr. 304 umfaßt folgende Truppenteile: Infanterie usw.: Infanterie-Leib-Regiment, 1., 3., 5., 6., 7., 8., 10., 11., 12., 13., 17., 18., 19., 21., 23., 24., 25., 27., 28. Regiment; Gebirgs-Maschinengewehr-Abteilung 209; Maschinengewehr-Scharfschützen-Trupp Nr. 137; Jäger-Regiment Nr. 3; Reserve-Regiment Nr. 3, 7, 8, 11, 13, 14, 15, 18, 19, 20, 23; Landwehr-Regiment Nr. 1, 2, 3, 4, 5, 6, 8, 10, 15; Ersatz-Regiment Nr. 1, 2, 3, 4; Landsturm-Bataillon: Hammelburg, Landshut, Mindelheim, Mittelfranken, München III, Wasserburg; ...

Bayerische Ehrentafel.

Kr. A. Der Infanterist Eduard Brenner der Maschinengewehr-Kompagnie 12. Infanterie-Regiments aus Unterdolden, BA ... hatte sich am 30. Oktober 1915 freiwillig zu dem eben geschilderten Angriffe gemeldet. Im unmittelbaren Anschlusse an das Vordringen der Sturmtruppen wurde das Gewehr, dem er als Patronenträger zugehörte, in den vorderen feindlichen Graben geschafft ...

Die feindlichen Generalstabsberichte.

Französische Berichte.

WTB. Paris, 2. Okt. Amtlicher Abendbericht: Nördlich der Somme erzielten wir im Laufe des Tages einige Fortschritte im Handgranatenkampf, östlich von Bouchavesnes. Etwa 40 Gefangene und 6 Maschinengewehre blieben in unserer Hand. In derselben Gegend wurde eine deutsche Abteilung, die in der Gegend von Epine—Malassise unter Feuer genommen wurde, zersprengt und ließ etwa 50 Mann auf dem Gelände zurück. Südlich der Somme wurde ein unbedeutender deutscher Angriff gegen einen unserer Gräben südlich von Vermandovillers abgeschlagen. Das schlechte Wetter behinderte die Unternehmungen an der ganzen Sommefront. An der übrigen Front zeitweiliges Geschützfeuer.

Flugwesen: Es bestätigt sich, daß Sergeant Vialet sein fünftes deutsches Flugzeug in der Sommegegend abgeschossen hat.

WTB. Paris, 3. Okt. Französischer Bericht vom 2. Oktober, nachmittags: Nördlich der Somme gestattete eine Einzelkampfhandlung der Franzosen, einen deutschen Graben östlich Bouchavesnes zu nehmen und Gefangene zu machen. Die Nacht war sonst überall ruhig.

Flugwesen: Feldwebel Bloch schoß östlich Bapaume einen deutschen Fesselballon ab, der fünfte der von ihm abgeschossenen Fesselballons.

Letzte Telegramme

Deutschlands Lebensmittelversorgung.

ht. Berlin, 30. Sept. Die dem Reichstag zugegangene „Denkschrift über wirtschaftliche Maßnahmen aus Anlaß des Krieges" umfaßt die Zeit seit Anfang März bis gegen Mitte September 1916, also mehr als ein volles Halbjahr schwerer Kriegszeit. Die „Vossische Zeitung" entnimmt der Denkschrift die nachfolgenden Ausführungen: Die nunmehr eingebrachte gute Ernte des Jahres 1916 sichert die Lebens- und namentlich auch die Futtermittelversorgung Deutschlands und besiegelt das Scheitern des feindlichen Aushungerungsplanes.

Ungeachtet dieses sehr befriedigenden Ergebnisses wäre es verfehlt von einer Rekordernte zu sprechen und daran die Forderung des Fallens der Schranken der Lebensmittelzuteilung zu knüpfen. Es wird nach wie vor einer planvollen Verteilung der vorhandenen und anfallenden Vorräte unter Begrenzung jedes Einzelanteiles bedürfen, um bei allen wichtigen Lebensmitteln den volkswirtschaftlichen und sozialpolitischen gerechten Ausgleich zu den Ansprüchen aller Kreise der Verbraucher zu erreichen. Unter der Voraussetzung einer solchen Regelung aber kann mit voller Sicherheit nicht nur die Versorgung für das ...

Papst Pius X. stirbt am 20. August 1914 – man sagt, aus Schmerz über den soeben ausgebrochenen Krieg. 1951 wird er selig- und 1954 heiliggesprochen. Auf den Stuhl Petri folgt ihm Benedikt XV., der „Friedenspapst": Er organisiert humanitäre Hilfe, wendet sich immer wieder in deutlichen Worten an die Kriegsparteien, schlägt Friedensverhandlungen vor – allerdings ohne großen Erfolg.

werkschaftssekretär und Abgeordneten Johannes Timm für eine Mitarbeit zu gewinnen suchte. Heim und Timm sollten ihre Ansichten über die Wirtschaftslage, Ernteverhältnisse oder die Arbeitslosigkeit verbreiten. Angesichts der Vorschriftenflut, die der Kriegszustand und die Bewirtschaftung von Verbrauchsgütern vor allem ab 1915 hervorbrachten, erwies sich die Staatszeitung in ihrer Funktion als Staatsanzeiger als probates Medium, über das die Zentralbehörden in München die Außenämter zeitnah erreichten. Für die Weisungen, die im Rahmen des Kriegszustandes von den Ministerien, den zentralen Wirtschaftsstellen mit ihren hoheitlichen Befugnissen und den stellvertretenden Generalkommandos erlassen und in der Staatszeitung veröffentlicht wurden, erschien sogar ein alphabetischer Fundstellennachweis, der vor allem den Justizbehörden helfen sollte, den zahlreichen Verstößen im Vorschriftendickicht nachzugehen.[30]

Ausstreuungen gegen den Vatikan.

W. **Köln,** 3. Okt. Die „Köln. Zeitung" meldet aus Bern: Das italienische Nachrichtenbureau Agenzia Nazionale verbreitet aus angeblich vatikanischer Quelle die Nachricht, Papst Benedikt habe gelegentlich der Abberufung des Pronuntius Scapinelli in Wien an Kaiser Franz Josef ein Schreiben gerichtet, worin er den Kaiser ermahnt habe, zur Rettung seiner Seele und seines Thrones an Frieden zu denken, da er die Verantwortung für den Ausbruch des Weltkrieges trage. — Von zuständiger Seite, die wir zu befragen in der Lage waren, wird dieses angebliche Schreiben ebenso in das Reich der Fabeln und freien Erfindungen verwiesen, wie die von derselben Seite stammenden früheren Nachrichten über angebliche Schritte Pius X. bei Kaiser Franz Josef zur Verhinderung des Krieges im letzten Augenblick und Unterschlagung eines diesbezüglichen Telegramms zwischen Wien und dem Papst. Richtig ist dagegen, daß Ohrenzeugen vorhanden sind, die den Ausspruch Pius X. bekunden: „Wenn je ein Krieg gerecht ist, dann ist es dieser, den Oesterreich gezwungen führen muß". — Die Agenzia Nazionale verbreitet im Anschluß an obige Falschmeldung noch die Nachricht, daß im Vatikan sich eine Neuorientierung der kirchlichen Politik gegenüber Frankreich anbahne, der auch eine Ansprache des Papstes in dem zu Ende des Monats November erwarteten Konsistorium Ausdruck geben werde. Nun berichtet aber die Pariser katholische „Croix" unter dem 28. September aus Rom u. a., daß der ganze Rest von Nachrichten, wie sie gewöhnlich aus Anlaß des nächsten Konsistoriums auftauchen, in das Gebiet der Vermutungen oder Erfindungen gehört.

BSZ vom 14. 10. 1916

Mitte Oktober 1914 wurde der Redaktionsschluss um eine Stunde auf 5 Uhr nachmittags verschoben; ab 6 Uhr abends wurde die Zeitung ausgegeben, womit die vom Hauptbahnhof abgehenden Fernzüge erreicht wurden. In München wurde noch am Abend ausgetragen. Daher warb der Verlag bei den örtlichen Beziehern für eine Bestellung bei der Staatszeitungs-Expedition und nicht über die Post.

Die im Vertrag vom November 1912 ausgesprochene Absicht, die *Bayerische Staatszeitung* bevorzugt vor der übrigen Presse mit amtlichen Bekanntmachungen und Personalnachrichten zu versorgen, war in der Praxis auch jetzt nur schwer durchzusetzen. Es zeigte sich, dass „von einzelnen hohen Stellen in ängstlichster Weise" weiter auf die Gleichstellung mit den anderen Zeitungen geachtet wurde.[31] Dies schloss offenbar das königliche Kabinettsministerium unter seinem Chef Otto von Dandl ein. So konnte in den ersten Januartagen 1915 die Staatszeitung bei der Veröffentlichung der Kundgebung des Königs zu dessen 70. Geburtstag nur durch das Eingreifen Hertlings über eine Sondernummer einen Vorsprung wahren.

Im März 1915 beantragte der Verlag die Genehmigung für eine laufende Sonntagsausgabe, was mit den zahlreichen seit August 1914 erschienenen Extraausgaben und Sondernummern mit amtlichen Bekanntmachungen – bislang als Montagsblatt bezeichnet – begründet wurde. Die gewerberechtliche Genehmigung wurde von der Regierung von Oberbayern auf Kriegsdauer erteilt, was übrigens keinen Vorzug vor anderen Blättern darstellte: Die *MNN* waren bereits 1912 zu sonntäglichem Erscheinen übergegangen, weitere Blätter folgten während des Krieges, die *MP* noch 1917. Die ohnehin großen Tageszeitungen konnten ihre Auflagen in den Kriegsjahren erheblich steigern. 1917/18 setzten die *MNN* 170 000 und die *MAAZ* 60 000 Exemplare ab. Die Auflage der Staatszeitung lag um diese Zeit bei gut 20 000. Die Schwierigkeiten beim Beschaffen von Druckpapier und Druckfarbe sowie der Schwund beim erfahrenen Fachpersonal trafen alle Zeitungen gleichermaßen.[32] Immerhin versuchte der Staatszeitungsverlag, unter Verweis auf die kriegswichtigen Aufgaben seines Blattes, Erleichterungen zu erreichen. So wurde, als Ende Oktober 1917 wegen Kohlenmangels die weitere Belieferung durch den Papierhersteller bedroht war, der Stellvertreter im Außenministerium bei der Kriegsamtstelle München und beim Reichskohlenkommissar in Berlin vorstellig.

Nachdem im Januar 1917 der Ältestenrat der Abgeordnetenkammer eine weitere amtliche Berichterstattung über deren Ausschusssitzungen abgelehnt hatte, waren der Staatszeitung kurzgefasste Berichte zugesagt worden: Sie sollten von den „Landtagskommissären" der einzelnen Ministerien geliefert werden, die die Aussprachen verfolgten. Hier kehrte man zu einer Regelung zurück, die nach Aufnahme der Parlamentsberichterstattung im November 1913 getroffen worden war. Vor Wiederbeginn der Sitzungsperiode in der Abgeordnetenkammer erreichte der Verlag im Oktober 1917 die Zustimmung der Staatsministerien zu einer noch knapperen Wiedergabe der Ausschussverhandlungen, sowohl im Interesse einer rascheren Berichterstattung als auch zur Papierersparnis.

Bereits im Frühherbst 1915 hatten die anstehenden Landtagsverhandlungen Anlass gegeben, beim Kriegsministerium die befürchtete Einberufung der Mehrheit des technischen Personals, vor allem der Maschinensetzer, zur Sprache zu bringen, da die Parlamentsberichterstattung gefährdet sei. Einige Monate später trat der nachmalige Staatsminister Wilhelm Karl von Meinel als einer der Referenten im Außenministerium „mit Rücksicht auf die hohe politische, militärische und wirtschaftliche Bedeutung, die dem gesicherten und regelmäßigen Erscheinen einer Zeitung wie die (sic) *Bayerische Staatszeitung* besonders während der Kriegszeit" zukomme,[33] dafür ein, einen Papierroller und einen Maschinensetzer zurückzustellen – übrigens nur mit geteiltem Erfolg.

Das Verhältnis der Staatszeitung zur höchsten militärischen Kommandobehörde und besonders zur dortigen Pressestelle gestaltete sich ungünstig. Seit August 1914 unterlag die Presselandschaft der Kontrolle des als zentraler Zensurstelle tätigen Pressereferats bei der Armeeabteilung des Kriegsministeriums und – außerhalb Münchens – entsprechender Pressestellen bei den Stellvertretenden Generalkommandos in Würzburg und Nürnberg. Die Praxis der Steuerung von Information durch Vor- und Nachzensur musste 1914/15 erst Routine entwickeln. Die Zensurerfahrung war auch für die Staatszeitungsredaktion neu. In der Vorkriegszeit hatte sie den einschlägigen Ministerien lediglich die Berichte zu den Landtagsverhandlungen über den Militäretat oder Beiträge mit außenpolitischen Bezügen im Bürstenabzug vorgelegt.

Es konnte nicht ausbleiben, dass auch Beiträge in der Staatszeitung Anstoß erregten. Einige Beispiele: Keine Bedenken gab es Anfang November 1914 gegen den vom Verkehrsministerium veranlassten Abdruck der Berichte von Feldpostbeamten – wenige Wochen später wurde hingegen ein bereits veröffentlichter Bericht über den Vortrag eines Regierungsrates aus dem Verkehrsministerium vor dem Architekten- und Ingenieurverein in München über „Die Eisenbahnen im Kriege" kritisiert: In Anwesenheit des Verkehrsministers hatte der Referent dargelegt, bei den Transporten der Mobilmachung mitgearbeitet zu haben und sich weiter mit der Logistik von Nachschüben zu beschäftigen. Bedenken oder

Feldpost verbindet mit der Heimat, beeinflusst die mentale Verfassung der Soldaten. Ihre Organisation wird gleich mit der Mobilmachung geregelt und unterliegt deshalb auch der Geheimhaltung. Aus diesem Grund wird immer wieder zensiert und werden Postsperren verhängt.

auch Anlass zum Einschreiten riefen 1915/16 Texte zu Themen hervor wie „Kriegsgegner in England“, „Zur Psychologie des englischen Nationalcharakters“ und „Russisch Polen in deutscher Verwaltung“, im letzten Kriegsjahr dann Mitteilungen zu „Neuen Nutzungsmöglichkeiten der bayerischen Forste“, zum Auftreten der Grippe, über „Große Fliegererfolge an der Westfront“ und rund sieben Wochen vor dem Waffenstillstand ein Beitrag zur neunten Kriegsanleihe.[34]

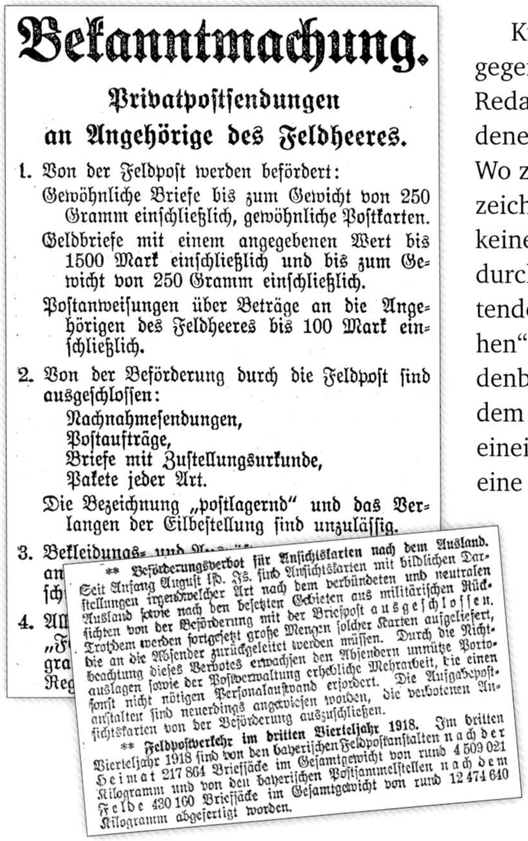

Bekanntmachung.

Privatpostsendungen an Angehörige des Feldheeres.

1. Von der Feldpost werden befördert:
   Gewöhnliche Briefe bis zum Gewicht von 250 Gramm einschließlich, gewöhnliche Postkarten.
   Geldbriefe mit einem angegebenen Wert bis 1500 Mark einschließlich und bis zum Gewicht von 250 Gramm einschließlich.
   Postanweisungen über Beträge an die Angehörigen des Feldheeres bis 100 Mark einschließlich.
2. Von der Beförderung durch die Feldpost sind ausgeschlossen:
   Nachnahmesendungen,
   Postaufträge,
   Briefe mit Zustellungsurkunde,
   Pakete jeder Art.
   Die Bezeichnung „postlagernd“ und das Verlangen der Eilbestellung sind unzulässig.
3. Bekleidungs- und ...
   an ...
   sch ...
4. All ...
   „F ...
   gra ...
   Reg ...

** **Beförderungsverbot für Ansichtskarten nach dem Ausland.** Seit Anfang August lfd. Js. sind Ansichtskarten mit bildlichen Darstellungen irgendwelcher Art nach dem verbündeten und neutralen Ausland sowie nach den besetzten Gebieten aus militärischen Rücksichten von der Beförderung mit der Briefpost ausgeschlossen. Trotzdem werden fortgesetzt große Mengen solcher Karten aufgeliefert, die an die Absender zurückgeleitet werden müssen. Durch die Nichtbeachtung dieses Verbotes erwachsen den Absendern unnütze Portoauslagen sowie der Postverwaltung erhebliche Mehrarbeit, die einen sonst nicht nötigen Personalaufwand erfordert. Die Aufgabepostanstalten sind neuerdings angewiesen worden, die verbotenen Ansichtskarten von der Beförderung auszuschließen.

** **Feldpostverkehr im dritten Vierteljahr 1918.** Im dritten Vierteljahr 1918 sind von den bayerischen Feldpostanstalten nach der Heimat 217 864 Briefsäcke im Gesamtgewicht von rund 4 509 021 Kilogramm und von den bayerischen Postsammelstellen nach dem Felde 430 160 Briefsäcke im Gesamtgewicht von rund 12 474 640 Kilogramm abgefertigt worden.

BSZ vom 15. 8. 1914 und 9. 11. 1918

Kurz nach der Jahreswende 1914/15 rügte die Armeeabteilung gegenüber dem Staatszeitungsverlag einen nachlässigen Umgang der Redaktion mit den Zensurvorschriften. Fälle wurden aufgeführt, in denen einschlägige Artikel dem Pressereferat nicht vorgelegen hätten. Wo zensiert worden sei, hätten zum Teil die entsprechenden Zensurzeichen – „z“ oder „m“ – gefehlt. Für die Staatszeitung könne es hier keine Ausnahme geben, sie habe vielmehr „eine besondere Pflicht …, durch genaueste Befolgung der … während des Kriegszustandes geltenden Regeln … der übrigen Presse mit gutem Beispiel voranzugehen“[35] – eine in der Folgezeit wiederkehrende Vorhaltung. Hans Oldenbourg antwortete begütigend. Er fügte diesen Vorgang allerdings dem Negativkonto Fricks zu und hielt ihn dem Chefredakteur rund eineinhalb Jahre später noch einmal vor, zumal sich im Oktober 1915 eine ähnliche Klage wiederholte. Ein weiterer Rüffel im Herbst 1916 ließ deutlich werden, dass sich im Kriegsministerium gegen die Staatszeitung Groll aufgestaut hatte, das den Beschwerden anderer Zeitungen zunehmend Gehör verlieh.[36]

Einige Ursachen hierfür lagen wohl schon in den ersten Kriegsmonaten. Wenige Wochen nach Kriegsausbruch hatte verärgert, dass die Staatszeitung als einzige Münchner Tageszeitung den Abdruck eines Aufrufs des Kriegsministers Otto Kreß von Kressenstein an die Einwohnerschaft abgelehnt hatte, in dem vor Gerüchtemacherei zur militärischen Lage gewarnt wurde. Als Grund für diese Haltung wurde vermutet, dass der Text vom Ministerium an die Korrespondenz Hoffmann zur gleichzeitigen Verbreitung an alle Zeitungen und nicht vorab unmittelbar an die Staatszeitung gegeben worden war.[37] In der Folgezeit gab es immer wieder wechselseitige Klagen: Der Verlag konstatierte das Nicht-Einhalten der bevorzugten Belieferung mit amtlichen Verlautbarungen, das Kriegsministerium beschwerte sich über das Geschäftsgebaren der Firma Mosse bei der Einwerbung von Anzeigen. Nach Verlegung des Ausgabetermins der Staatszeitung im Oktober 1914 beharrte die Pressestelle auf der gleichzeitigen Belieferung aller Zeitungen mit Bekanntmachungen des Kriegsministeriums, die auf schnellstem Wege und umfassend verbreitet werden müssten, da im Kriegszustand auch für die Presse ein Ausnahmezustand gelte,[38] und erreichte einen entsprechenden Zusatz in der internen Weisung des Ministers.

Im Dezember 1914 ließ das Kriegsministerium einen Beitrag von Friedrich Wilhelm Foerster in der Staatszeitung über die Behandlung der Kriegsgefangenen in Deutschland, der wegen seiner moralisierenden Tendenz einigen Unwillen hervorrief, über die Korrespondenz Hoffmann förmlich zurückweisen. Der bereits angezählte Frick rechtfertigte sich Hertling gegenüber mit dem Ansehen Foersters und damit, dass die Zeitung der Bewegungsfreiheit bedürfe, „soweit sie bei einem Regierungsorgan nur irgend möglich ist". Er erinnerte den Ministerratsvorsitzenden daran, dass ihn jener seinerzeit als Chefredakteur in der Gewissheit genommen habe, dass dann in der Staatszeitung nur stehe, was er – Hertling – wolle.[39] Im Pressereferat des Kriegsministeriums wurde für die Staatszeitung eine „Tatsachenmeldung" vorbereitet, um der „krankhaft anmutenden Anregung der Sammlung für Kriegsgefangene" entgegenzutreten. Im Übrigen glaubte Frick eine gegenüber der Staatszeitung voreingenommene, hingegen den *MNN* günstige Haltung der zuständigen Offiziere zu erkennen. In der Frage einer finanziellen Vergütung für die Mehrleistungen, die durch Aufnahme der militärischen Bekanntmachungen erbracht würden, beharrten etwa die entsprechenden Stellen im Kriegsministerium darauf, dass hier eine Entschädigung unangebracht sei. Für die Konkurrenz wurde dort Verständnis gezeigt. Die Pressestelle verwies auf „die in gewisser Beziehung begreifliche Erregung" über die amtliche „Begünstigung" eines privaten Unternehmens, wobei die in der sonstigen Presse wahrnehmbare „passive Resistenz" gegenüber behördlichen Veröffentlichungswünschen durch eine Vergütung für die Staatszeitung nur gesteigert würde.[40]

Wächter mit Argusaugen: Im Kriegsministerium in der Münchner Schönfeldstraße befindet sich die Zensurstelle – und deren Mitarbeiter sind nicht immer gut auf die *Bayerische Staatszeitung* zu sprechen.

Der Leiter der Pressestelle, Oberstleutnant Alfons Falkner von Sonnenburg,[41] stand für die im März 1916 vom Kriegsministerium eingeschlagene Linie, bei der Veröffentlichung der Bekanntmachungen militärischer Stellen in anderen Tageszeitungen nicht mehr auf dem Hinweis zu beharren, dass die Bekanntgabe bereits in der Staatszeitung erfolgt sei. Bei Sonnenburg verbanden sich tatsächlich Sympathien für die politischen Tendenzen der linksliberalen und sozialdemokratischen Organe – etwa bei den Kriegszielen und in Verfassungsfragen – mit der Abneigung gegenüber einer Zeitung, die aus seiner Sicht eine Sonderrolle gegenüber seinen Weisungen einnehmen zu können glaubte. Als er kurz vor Weihnachten 1918 von dem revolutionären Ministerpräsidenten Kurt Eisner als neuer Regierungskommissar für die Staatszeitung eingesetzt wurde, war er offenbar gerüstet, harte Hand anzulegen. Zu Rhein, der mit Sonnenburg in den Monaten davor recht gut zusammengearbeitet hatte, in diesen Umbruchzeiten freilich als Mann des alten Regiments galt, scheint von der Bestellung seines Nachfolgers einigermaßen überrascht worden zu sein.

Die Regierungskommissare waren in aller Regel auch die Autoren der offiziösen, mit drei Sternen gekennzeichneten Beiträge. Ihre Verhandlungspartner bei wichtigen Fragen waren die Verleger, die zum Kreis der Mitarbeiter Vorschläge vorlegten oder auch zu Empfehlungen, nach Rücksprache mit den Redakteuren, Stellung bezogen. Ein guter Kontakt zum Regierungskommissar war für die Redaktion Gold wert, zumal die sonstigen Drähte in die Ministerien spärlich waren. Die Gesellschafter mischten sich nicht ins Tagesgeschäft ein, von ihnen kam nur in Einzelfällen Kritik an Beiträgen, etwa, wenn Cramer-Klett eine zu positive Darstellung der Freimaurerei kritisierte. Grundsätzlicher war die Frage einer direkten Weisungskette beim nichtamtlichen Teil, die von anderen Regierungsstellen ausging. So versuchte Gustav von Kahr, Staatsrat im Innenministerium und dort 1912 an den Vorbereitungen für die Gründung der Staatszeitung beteiligt, im Februar 1916 in „Form eines Befehls" den Abdruck einer Buchbesprechung durchzusetzen, die ein Beamter seines Ministeriums verfasst hatte, obwohl bereits eine Rezension von anderer Seite vorlag.[42]

Wie sich die im eigentlichen Sinn politische Aufgabe der Staatszeitung auswirkte, nämlich ein Werkzeug der Staatsregierung zu sein, lässt sich an einigen Beispielen verständlich machen. Die Ende November 1914 vom französischen Außenministerium veröffentlichten Dokumente zum Kriegsausbruch („Livre Jaune") hatten eine Äußerung Hertlings so wiedergegeben, dass aus ihr eine Kenntnis des bayerischen Ministerratsvorsitzenden vom Ultimatum Österreich-Ungarns an Serbien vor dessen offizieller Überreichung am 23. Juli 1914 entnommen werden musste. Die in Absprache mit dem bayerischen Gesandten in Berlin daraufhin in der Staatszeitung veröffentlichte Stellungnahme Hertlings sollte hier keine Widersprüche zu den bisherigen Erklärungen der Reichsregierung aufkommen lassen – eine hochpolitische Angelegenheit, die ab 1918 zusammen mit einigen Aktenstücken der bayerischen Diplomatie in der dokumentarischen Aufarbeitung der Kriegsursachen und dem entsprechenden juristischen Wellenschlag eine Rolle spielen sollte.[43]

Auch in der Debatte über Kriegsziele und im Agieren der Staatsregierung in der Reichspolitik war die Staatszeitung Instrument – selten mit dem Anspruch der Meinungsführerschaft, eher als Korrektiv in einem präsenten Meinungsbild. So diente sie dazu, eine zurückhaltendere Fassung für den vom *WTB* und den *MNN* wiedergegebenen Wortlaut einer Rede König Ludwigs III. nachzuschieben.[44] Der Monarch war ein langjähriger Verfechter des Main-Donau-Kanals und einer durchgängigen Wasserstraße von der Nordsee bis zum Schwarzen Meer. Am 6. Juni 1915 hatte er vor den in Fürth zur Hauptversammlung erschienenen Mitgliedern des „Vereins für Hebung der Fluss- und Kanalschiffahrt in Bayern" (kurz und bündig, schließlich auch satzungsmäßig: Bayerischer Kanalverein) seine seit August 1914 gesprächsweise erhobene Forderung nach einem weiteren Zugang Deutschlands zum Meer und zwar über die Rheinmündung öffentlich wiederholt. Reichskanzler Bethmann Hollweg hatte noch am Tage der Veröffentlichung über Lerchenfeld Bedenken wegen des zu erwartenden Aufsehens vor allem in den Niederlanden angemeldet.[45] Die sogenannte Kanalrede gab in den folgenden Monaten und auch Jahren Anlass zu Erörterungen und gelegentlichen Spitzen in der bayerischen Abgeordnetenkammer.

Der scharfe Wind, der den Alldeutschen und deren Kriegszielforderungen in München seitens der militärischen Zensurbehörde entgegenblies, war nicht nur in der Tagespresse spürbar. So wurde im Januar 1915 eine Denkschrift des Vorsitzenden des Alldeutschen Verbandes, Heinrich Claß, mit Beschlag belegt und der Firma Oldenbourg, wo der Text gedruckt worden war, auferlegt, den Drucksatz zu zerlegen. Es gab aber auch Fälle, in denen der Macht der Zensoren im Kriegsministerium Grenzen aufgezeigt wurden: Im Februar 1916 genehmigten sie für die Staatszeitung die Aufnahme einer kritischen Besprechung des österreichischen Rechtsgelehrten und Politikers Heinrich Lammasch, eines

Grünes Licht vom Kongress bekommt Präsident Woodrow Wilson, so dass die Vereinigten Staaten im April 1917 dem Deutschen Reich den Krieg erklären. Bis dahin hat sich Amerika relativ neutral verhalten – es half der Entente jedoch mit Wirtschaftsgütern und Militärmaterial. Nun werben Plakate im eigenen Land für den Krieg gegen die „Hunnen". 1918 kämpfen rund zwei Millionen US-Soldaten an der Westfront.

Förderers pazifistischer Bestrebungen, zu Friedrich Naumanns im Vorjahr erschienenem „Mitteleuropa"-Buch. Nach Rücksprache im eigenen Ministerium verhinderte dann Stengel den Abdruck. Hingegen gelangten über das Außenministerium Beiträge des Rechtshistorikers Konrad Beyerle, eines Mitglieds der Görres-Gesellschaft, zur Zukunft Belgiens und zu einer deutsch-flämischen Zusammenarbeit in die Staatszeitung.

Insgesamt diente die *Bayerische Staatszeitung* in den Jahren 1915 bis 1917 der Unterstützung Hertlings für Reichskanzler Bethmann Hollweg gegen dessen zahlreiche innenpolitische Gegner. Wenn Ernst Deuerleins eingangs zitierte Einschätzung sich der Wirklichkeit annäherte, dann galt dies für diesen Zeitraum, als die polykratischen Verhältnisse auf Reichsebene den deutschen Bundesstaaten eine stärkere Verantwortung bei der künftigen Gestaltung der Reichsverfassung und mehr Einfluss in der auswärtigen Politik einräumten. Zeitweilig befand sich die *Bayerische Staatszeitung* hierbei in einem Lager mit den *MNN*, die zwar in der Regel zuerst den Ball spielten, gelegentlich aber auch offiziöse Beiträge aus der Staatszeitung übernahmen.[46] Auf der Titelseite der Ausgabe vom 29. Juli 1916 (Nr. 174) wurde der Telegramm-Wechsel zwischen dem bayerischen König und dem Kaiser nach einem Flottenbesuch Ludwigs in Wilhelmshaven zum Anlass genommen, um – dem Tenor eines Berichts der *MNN* folgend, aber in verschärftem Tonfall – ein „vermeintliches Besserwissen und eingebildetes Besserkönnen" eines Personenkreises anzuprangern, der gegen „unsere führenden Männer" Misstrauen säe und inneren Unfrieden stifte. Durch die Vorwürfe der Verbreitung von „Verleumdungen und Verdächtigungen niedrigster Art", von „Machenschaften" mit verborgenen Motiven und „Intrigen", deren Erfolg von den äußeren Feinden bereits freudig erwartet werde, fühlten sich die Gegner des Reichskanzlers getroffen. Ihre Organe reagierten entsprechend heftig.[47] Wenige Tage später wurde eine Delegation des soeben in München gegründeten „Volksausschusses für die rasche Niederkämpfung Englands" vom König empfangen. Diese überreichte eine Eingabe, in der über eine mit unterschiedlichen Maßstäben messende Zensurpolitik geklagt und verlangt wurde, „dass versteckte Angriffe der *Bayerischen Staatszeitung* auf die Ehrenhaftigkeit von dem Königtum ergebenen Männern unterbleiben".[48]

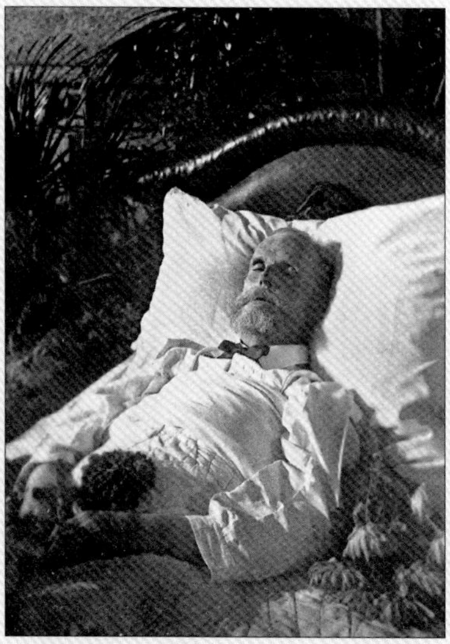

König ohne Thron: Otto ist als Bruder legitimer Nachfolger von Ludwig II. – weil ihm aber psychiatrische Gutachten Geisteskrankheit attestieren, ist er regierungsunfähig. Er lebt isoliert in Schloss Fürstenfeld und stirbt im Oktober 1916. Weitere prominente Tote des Jahres sind der Maler Franz Marc (unten links), der vor Verdun fällt. An Herzversagen stirbt der Komponist und Dirigent Max Reger, der „Accordarbeiter", wie er sich selbst einmal charakterisierte. Frauenschwarm Rasputin, den vor allem Zarin Alexandra als Wunderheiler, ja als Heiligen verehrt, wird ermordet – Angehörige der Zarenfamilie sind daran maßgeblich beteiligt.

Vom gleichen Tag datiert übrigens eine aus der Feder Sonnenburgs stammende und für Hertling bestimmte Denkschrift über die Aktivitäten der Kanzlersturzbewegung, in der auch auf die Zensurmaßnahmen eingegangen wurde. Den Eindruck des warmen Empfangs, den der König der Delegation aus Kanzlergegnern bereitete, versuchte Hertling in den folgenden Tagen über die Staatszeitung zu verwischen.[49] Flaggschiff einer Meinungsführerschaft waren und blieben freilich auch in den folgenden Monaten die *MNN*. Die Staatsregierung trug dem Rechnung, wenn die Staatszeitung im Geleit mitfuhr oder auch den einen oder anderen gewünschten Akzent setzen konnte, sei es nun beim Wechsel in der Obersten Heeresleitung zu Hindenburg und Ludendorff, der stürmisch begrüßt wurde, oder eben zur weiter andauernden Stützung für die Politik des Reichskanzlers,[50] der dann im Juli 1917, zwischen der Obersten Heeresleitung und einer Mehrheit der Reichstagsfraktionen zerrieben, seinen Rücktritt erklärte.

Am 5. Mai 1917 brachte die *Bayerische Staatszeitung* auf der ersten Seite einen Beitrag („Von besonderer Seite wird uns geschrieben"), der „Die Frage der Kriegsentschädigung" aufgriff und einer Politik des „Maß haltens" und der „goldenen Mittelstraße" bei den finanziellen Forderungen an die Kriegsgegner das Wort redete. Der *BK* und die *MAAZ* nahmen sich sofort der Sache an, andere Blätter stimmten ein gegen Vorleistungen, die der deutschen Verhandlungsposition schädlich seien. Münchner Lokalkolorit legte der *BK* mit der Frage auf, ob denn „der Weltkrieg ausgehen solle wie ein Prozess in der Au: die gegenseitigen Beleidigungen werden mit dem Ausdruck des Bedauerns zurückgenommen, jeder Teil trägt die auf ihn fallenden Kosten?" In der Berliner *Deutschen Tageszeitung* witterte mit dem völkischen Schriftsteller Ernst Graf zu Reventlow ein wachsamer Beobachter aller „Flaumacherei" bei dieser „offiziösen Verzichtpropaganda" eine Wirkung von Verhandlungen, die Hertling im Vormonat in Wien mit dem österreichischen Außenminister Ottokar Czernin in Sachen eines Friedensschrittes gegenüber Russland geführt hatte. Reventlow wähnte die Staatszeitung bereits auf dem Weg zur Friedenskonferenz der Sozialistischen Internationalen, die für Juni 1917 in Stockholm anberaumt war. Andere vermuteten einen Einfluss des Auswärtigen Amtes oder einen Zusammenhang mit der auf 8./9. Mai 1917 anberaumten Sitzung des Bundesratsausschusses für auswärtige Angelegenheiten, in dem Bayern den Vorsitz führte. Verhaltenen Beifall gab es von der sozialdemokratischen Presse, die *Fränkische Tagespost* glaubte in Hertling „nicht den schlechtesten Nachfolger des zum Friedenschließen höchst untauglichen" Reichskanzlers zu erkennen. Hertling ließ den Beitrag nach einigen Tagen zu einer Meinungsäußerung von privater Seite erklären. Der Vermutung, seine Zustimmung zur außenpolitischen Linie des Reichskanzlers erkläre sich aus den bayerischen Erwerbsabsichten in Elsaß-Lothringen, habe also „selbstsüchtige Motive", wirkte er ebenfalls in der Staatszeitung entgegen.[51]

Morphium R. Hesse

„Jessas, Herr Huber, jetzt is a scho wieder bei der Bayerischen Staatszeitung eing'schlafen!"

Jugend vom 21. 10. 1913

Neue Redakteure, alte Gegner

Die *Bayerische Staatszeitung* war politischer geworden. Dies hatte auch personelle Gründe. Jener Artikel vom 29. Juli 1916, der noch neun Monate später in Erinnerung haftete,[52] war ein Zeichen für den Wechsel in der redaktionellen Leitung gewesen – auch wenn der bisherige Chefredakteur Philipp Frick noch im Amt war und angeblich nichts von seiner Ablösung ahnte.[53]

Anfang April 1916 hatte nach längeren Vorbereitungen eine Besprechung von Vertretern der Staatsministerien mit den Verlegern stattgefunden, um Wege aus der ungünstigen wirtschaftlichen Entwicklung zu finden. Das Defizit der Staatszeitung hatte sich seit 1913 auf rund 150 000 Mark summiert. Allerdings hatten sich die Verluste zuletzt deutlich verringert, ein gewisser Zuwachs an Abonnenten war aber durch den kriegsbedingten Rückgang der Einnahmen aus dem Anzeigengeschäft überlagert worden. Festgelegt wurde nochmals eine zeitlich bevorzugte Belieferung der Staatszeitung mit amtlichen Bekanntmachungen und offiziösen Mitteilungen. Für die Weitergabe halbamtlicher Nachrichten, denen eben bewusst kein offizieller Charakter verliehen werden sollte, einigte man sich auf einen etwas schwammigen Modus der Versorgung auch anderer Zeitungen. Außerdem stimmte man grundsätzlich einer Erhöhung des Bezugspreises zu.

Vor dem Hintergrund der wirtschaftlichen Entwicklung, aber auch der seit Jahren prekären Stellung des Chefredakteurs, wurde schließlich ein Personalwechsel vorgenommen. Am 30. Juli 1916 erhielt Philipp Frick seine Kündigung mit Drei-Monats-Frist. Am Tag zuvor hatte Hans Oldenbourg einen dreijährigen Vertrag für Fricks Nachfolger unterschrieben, nachdem wenige Stunden vorher eine entsprechende Genehmigung Hertlings beim Verlag eingetroffen war. Bereits im Februar 1916 waren auf einer Gesellschafterver-

Reichskanzler – nein, dem gestürzten Theobald von Bethmann Hollweg will Georg von Hertling (Bild) nicht folgen. Georg Michaelis übernimmt – scheitert aber grandios und tritt nach dreieinhalb Monaten vom Amt zurück. Nun sagt Hertling doch Ja. Er hält die Fahne der Länder-Sonderrechte hoch.

Der neue Reichskanzler.

Telegrammwechsel zwischen dem Kaiser und dem König von Bayern.

Seiner Majestät dem König, München.

An Stelle des auf seinen Wunsch zurückgetretenen Reichskanzlers und Präsidenten meines Staatsministeriums Dr. Michaelis beabsichtige ich in die freiwerdenden Aemter den Vorsitzenden in Deinem Ministerrate Dr. Grafen von Hertling zu berufen. Ich weiß, welches Opfer es für Dich bedeutet, diesen erfahrenen und erprobten Staatsmann und treuen Diener zu entbehren. Wenn ich gleichwohl die Bitte an Dich richte, ihn freizugeben, so tue ich dies in der Zuversicht, daß Du die Notwendigkeiten des Reiches allen anderen Erwägungen voranstellen und meinem Wunsche entsprechen wirst. Wilhelm.

*

Seiner Majestät dem Kaiser, Berlin.

Soeben erhalte Ich Deine telegraphische Mitteilung, daß Du den Grafen Hertling auf die Stelle des Reichskanzlers und Präsidenten Deines Staatsministeriums berufen willst. So schwer es Mir fällt, auf die bewährte Kraft des Grafen Hertling für die bayerische Regierung verzichten zu müssen, kann ich doch der von Dir getroffenen Wahl nur aus vollem Herzen zustimmen. Unter Zurückstellung eigener Interessen entspreche Ich daher gerne Deinem Wunsch nach Freigabe des Grafen Hertling aus dem bayerischen Dienste. Möge der neue Kanzler, der sein Amt unter dem mächtigen Eindrucke der Siegesnachrichten aus dem Süden antritt, die großen Aufgaben der Zeit einer glücklichen Lösung zuführen, die dem Reiche und damit auch den Einzelstaaten eine kraftvolle Entwicklung und eine gesicherte Zukunft gewährleistet.

Ludwig.

König Ludwig von Bayern an den neuen Reichskanzler.

Zwischen Seiner Majestät dem König und dem Reichskanzler Dr. Grafen von Hertling hat folgender Telegrammwechsel stattgefunden:

Seiner Majestät dem König von Bayern, München.

Eurer Majestät beehre ich mich alleruntertänigst zu melden, daß ich mich soeben zu der mir von Seiner Majestät dem Deutschen Kaiser, König von Preußen, angetragenen Uebernahme der Stelle des Reichskanzlers und des preußischen Minister-Präsidenten, entsprechend der mir von Ew. Majestät Allerhöchst erteilten Ermächtigung bereit erklärt habe. Tiefbewegten Herzens muß ich in dieser für mich so bedeutungsvollen Stunde das hohe Amt, auf das mich das Vertrauen weiland Seiner Königlichen Hoheit des Prinzregenten Luitpold von Bayern berufen hat und das mit allen meinen Kräften zum Besten des geliebten Bayernlandes zu führen meine Freude und mein Stolz war, in die Hände Eurer Majestät zurücklegen. Eure Königliche Majestät bitte ich, be diesem Anlasse meinen tiefgefühltesten Dank für alle mir in überreichem Maße erwiesene Huld und Gnade zu Füßen legen zu dürfen. Mögs der allmächtige Gott Euer Königliche Majestät mit einer langen glückbringenden Regierung zum Wohle des Vaterlandes segnen und das Königliche Haus in seinen gnädigen Schutz nehmen.

Eurer Königlichen Majestät

alleruntertänigst treugehorsamster
Dr. Graf von Hertling.

*

Seiner Exzellenz dem Reichskanzler Dr. Grafen v. Hertling, Berlin.

Seine Majestät der Kaiser hat Mir gestern abend telegraphisch mitgeteilt, daß er sich entschlossen hat, Eure Exzellenz auf die Stelle des Reichskanzlers zu berufen. Eure Exzellenz wissen, wie schwer es Mir fällt, Mich gerade in dieser Zeit von Ihnen trennen zu müssen. Wenn Ich mich gleichwohl mit Ihrem Rücktritt aus dem Amte des bayerischen Staatsministers des Kgl. Hauses und des Aeußern einverstanden erkläre, so geschieht es, weil Ich mit Seiner Majestät dem Kaiser darin übereinstimme, daß Ihre Berufung auf den Posten des Kanzlers den Interessen des Reiches dient, denen gegenüber Ich Mein eigenes Interesse zurückstellen muß.

Meine innigen Wünsche begleiten Sie in Ihr neues hohes Amt. Gott gebe Ihnen die Kraft, die schwere Bürde zu tragen und das Steuer, das Sie ergreifen, mit sicherer Hand zu führen zum Wohle des Reiches und der Bundesstaaten. Als äußeres Zeichen Meines warm empfundenen, von Herzen kommenden Dankes für die hervorragenden Dienste, die Sie meinem Höchstseligen Herrn Vater, Mir und Meinem lieben Bayernlande in fast sechsjähriger Amtsführung geleistet haben, verleihe Ich Ihnen Meinen Hausritterorden vom heiligen Hubertus.

Ludwig.

BSZ vom 3. 11. 1917

sammlung personelle Veränderungen in der Redaktion für die Zeit nach dem Krieg angesprochen worden. Auch bestand der Plan, Professor Adolf Koch, der in den 1880er Jahren die Journalistenausbildung an der Universität Heidelberg etabliert hatte und bekannt war als Prozessgegner Max Webers im erst wenige Jahre zurückliegenden Heidelberger Professorenstreit, als Spiritus Rector für die innere Gestaltung der Zeitung zu gewinnen. Aus finanziellen Gründen nahm man von dieser Idee wieder Abstand. Schon früher hatte Mangel an guten Journalisten geherrscht, jetzt im Krieg standen noch weniger zur Verfügung. In der ersten Juliwoche 1916 konnte Oldenbourg allerdings den Gesellschaftern berichten, dass im Einvernehmen mit dem Regierungskommissar bzw. dem Vorsitzenden des Ministerrats eine Neubesetzung beabsichtigt und „mit einer sehr geeigneten Persönlichkeit deshalb in Verhandlung getreten worden sei“, wobei man noch keinen Vertrag abgeschlossen habe.[54] Am Vortag hatte der Berliner Redakteur der *Kölnischen Volkszeitung* bei Hertling Interesse an dem Posten angemeldet, er wollte bei einem München-Aufenthalt schon von einem bevorstehenden Wechsel erfahren haben. Tatsächlich hatte gut eine Woche zuvor eine Besprechung Oldenbourgs mit Max Scharre stattgefunden, der in der Vorkriegszeit zehn Jahre lang die Redaktion der *MZ* geleitet hatte, nach einem Intermezzo bei der *Neuen Hamburger Zeitung* aber seit Ende 1914 beim *Duisburger General-Anzeiger* beschäftigt war – Blätter, die sich als überparteilich bezeichneten.[55]

Ob Max Scharre tatsächlich, wie Oldenbourg gegenüber Hertling in seinem die Veränderung beantragenden Schreiben vom 19. Juli 1916 erklärte, ohne Wissen um die Absichten des Verlags seine Dienste angeboten hatte, mag dahingestellt bleiben.[56] In die wesentlichen Schritte eingeweiht war natürlich Stengel, der über Scharre Erkundigungen hinsichtlich etwaiger Vorstrafen und dessen politischer Gesinnung einholte. Der Bewerber unterbreitete auch schriftlich seine Vorstellungen von der künftigen Arbeit. Er wollte auf mehr Wettbewerbsfähigkeit durch journalistische Qualität und stärkere gesellschaftliche Präsenz setzen. Scharre verwies auf seine Leistungen bei der *MZ*, wobei er nach eigenem Bekunden schon damals gerne bei der Staatszeitung gearbeitet hätte,[57] betonte wohl auch seine Kenntnisse im alltäglichen Betrieb des Zeitungmachens, wie man sie eben bei Generalanzeigern erwerben konnte. Daneben erschienen in den ersten beiden Juliwochen in der Staatszeitung zwei Artikel Scharres, die offenbar sein schriftstellerisches Können belegen sollten. Dass bereits im Dezember 1914 ein Beitrag von ihm gebracht worden war, mag andeuten, dass der Gedanke, Frick durch Scharre zu ersetzen, nicht völlig neu war.

Das Schreiben des Verlags an Hertling, das den mit Scharre ausgehandelten Vertrag zur Genehmigung vorlegte, sprach jedenfalls davon, dass nun die Weichen für die Friedenszeit gestellt würden, für eine Pressearbeit mit neu belebter Innenpolitik. Im bayerischen Blätterwald knüpften sich an den Personalwechsel Mutmaßungen, die Ursachen vom Kommentar zum „Wilhelmshavener Telegramm" bis zu den bisherigen Geschäftsergebnissen der Staatszeitung sahen. In der dem Zentrum nahestehenden Presse wurde dem neuen Chefredakteur nicht nur seine „norddeutsche" – er war in der Nähe des Kyffhäuser im preußischen Regierungsbezirk Merseburg geboren – und protestantische Herkunft vorgehalten, sondern auch, dass er im Februar 1912 in der *MZ* die neu berufene Regierung Hertling als Unglück und als im Gegensatz zur Stimmung weiter Volkskreise stehend bezeichnet hatte. Den Gesellschaftern der Staatszeitung wurde Scharre als „Missgriff" präsentiert, Zentrumsblätter vom Niederrhein und aus Westfalen gaben Zuschriften wieder, die Scharre als einstigen Kulturkämpfer in Iserlohn anprangerten. Die *Augsburger Postzeitung* sah am Redaktionstisch der Staatszeitung nun durchweg liberal Gesonnene sitzen. Die sozialdemokratische Presse bestritt politische Hintergründe für den Wechsel – die *MP* gab sich hierbei großmütig: Es sei doch gleichgültig, wer „Botenmeister im Generalanzeiger" der Staatsregierung sei, ob ein Zentrumsmann oder ein Liberaler als Briefträger zwischen dem Promenadeplatz – dem Sitz des Außenministeriums und damit Hertlings – und der Setzerei der Staatszeitung diene.[58]

Während Scharre bereits seit August 1916 von Regierungskommissar Stengel von wichtigen Weisungen in Kenntnis gesetzt wurde, entschloss sich Frick, auch unter veränderten Bedingungen an Bord zu bleiben, es fehlte ihm wohl eine vernünftige Alternative. Nachdem er in einer ehrenwörtlichen Erklärung versichert hatte, sich „allen Anordnungen" des neuen Chefs zu fügen, nur die Interessen der Zeitung im Auge behalten und schließlich über Interna von Redaktion, Expedition und Verlag Verschwiegenheit bewahren zu wollen,[59] erhielt er im zeitlichen Anschluss einen neuen Vertrag als Spartenredakteur. Offenbar war Frick auch die Landtagsberichterstattung zugedacht, für die im Vorjahr zeitweise ein eigener Mitarbeiter eingestellt worden war.

Scharre, der unter wechselhaften politischen Zeitläuften bis September 1933 leitender Redakteur der Staatszeitung bleiben sollte, hat in unveröffentlicht gebliebenen Erinnerungen das Kesseltreiben gegen ihn als Angriffe gegen Hertling und letztlich gegen Bethmann Hollweg gedeutet.[60] Er nahm mit gewissem Recht für sich in Anspruch, die Redaktion verjüngt und auch von Korrespondenzen unabhängiger gemacht zu haben, wobei der

Schmalhans ist Küchenmeister:
Vor dem Ersten Weltkrieg stemmt Deutschland seine Nahrungsmittelversorgung zu 90 Prozent selbst – das wiegt in Sicherheit. Doch von Jahr zu Jahr werden die Lebensmittel knapper, die Mahlzeiten karger. Lange Menschenschlangen vor Geschäften prägen das Straßenbild. Ab Sommer 1915 gelten im ganzen Reich Brotrationierungen, die Kartoffelernte 1916 fällt miserabel aus, der Jahreswechsel 1916/17 entwickelt sich zum „Rüben- und Hungerwinter". Zugleich wird die Bevölkerung aufgefordert, Kriegsanleihen zu zeichnen: Damit werden rund 98 Milliarden Reichsmark erzielt, die gut 60 Prozent der deutschen Kriegskosten decken. Besonders ins Gewicht fällt der uneingeschränkte U-Boot-Krieg. Deutschland ruft ihn erstmals im Februar 1915 aus: Alle Handelsschiffe in den Gewässern rund um Großbritannien, egal ob von feindlichen oder neutralen Nationen, werden angegriffen, oft ohne Warnung versenkt. Das führt letztlich zum Kriegseintritt der Vereinigten Staaten von Amerika.

Revolution! Lenin kommt im Herbst 1917 mit deutscher Hilfe aus seinem Schweizer Exil zurück nach Russland – bald darauf haben die Bolschewiki mit ihm an der Spitze das Sagen in dem Riesenreich und bauen es zum kommunistischen Staat um. Die Bolschewiki sind ursprünglich eine Fraktion der Sozialdemokratischen Arbeiterpartei Russlands, ab 1925 nennen sie sich Kommunistische Partei der Sowjetunion.

Kreis der externen Mitarbeiter für den Politik-, Kultur- und Wirtschaftsteil erweitert wurde. In die Redaktion holte er Leute, die er von früheren Berufsstationen her kannte: im Frühjahr 1917 Max Zick, ehedem bei der *MZ*, der sich künftig mit Kommunalem, Lokalem und Sport beschäftigte, im Sommer 1917 mit Hans Marschall einen neuen Feuilletonisten und Vertreter als Hauptschriftleiter, der bei der *Saale-Zeitung* in Halle gearbeitet hatte. Marschall ersetzte den zur *MAAZ* abgewanderten Ricklinger, der bis Ende April 1917 als verantwortlicher Redakteur firmiert hatte. Seitdem wies das Impressum Scharre als Hauptschriftleiter und als gesamtverantwortlich für den Inhalt aus. Ansonsten bestand die Schriftleitung im letzten Kriegsjahr neben Scharre und Frick, dem die Auslands- und „kleinen" politischen Nachrichten sowie „Allgemeines" zugewiesen waren, aus dem bereits bejahrten Ludwig Wirschinger, einem pensionierten Bezirksamtmann, für den Wirtschaftsteil und für Provinznachrichten, dem Musikredakteur Richard Trunk und dem „Referenten" für Theateraufführungen Alfred von Mensi-Klarbach. Dieser war zusammen mit Frick noch ein Überbleibsel aus Gründungszeiten, während Trunk 1916 für einen ebenfalls zur besser honorierenden *MAAZ* gewechselten Kritiker eingestellt worden war. Frick sollte bis Jahresende 1922 bei der Staatszeitung bleiben. Eine weitere berufliche Station wurde dann für ihn die zentrale amtliche Pressestelle der bayerischen Staatsregierung, die 1921 im Staatsministerium des Äußern ihre Tätigkeit aufnahm und wo Frick auch Ricklinger wieder traf.[61]

Das Klima gestaltete sich jetzt noch rauer für die *Bayerische Staatszeitung*. Mit der Entlassung des Innenministers von Soden-Fraunhofen im Dezember 1916 hatte die Zeitung einen ihrer politischen Unterstützer aus den Anfangsjahren eingebüßt, wenngleich der von dem Grafen gewährte Rückhalt auch Kritik eingeschlossen hatte. Sodens Abtreten war Streit mit dem Kriegsminister in Fragen des Ausgleichs der Erzeuger- und Verbraucherinteressen in der Ernährungswirtschaft, in zweiter Linie auch in Sachen der Handhabung der militärischen Zensur vorausgegangen, und zwar hier gegenüber Zentrumsblättern. Sein Nachfolger versuchte seit Januar 1917, über eine aktivere Informationspolitik die ungünstige Haltung der Münchner Tagespresse zu den Maßnahmen der Lebensmittelversorgung einschließlich der Bekämpfung des Schleichhandels abzubauen. Auch in der Staatszeitung sollten Ministerialbeamte stärker an der Aufklärung über die Lage mitarbeiten, und nicht nur, wie bisher, der Zeitung nach Durchsicht der verschiedenen Amtsblätter

Geheimnisse: Den Kindern Lucia dos Santos, Jacinta und Francisco Marto erscheint 1917 im portugiesischen Fátima mehrmals die Gottesmutter. Sie erhalten Botschaften, von denen zwei 1942 veröffentlicht werden: In ihnen geht es um die Vision der Hölle, die Vorausschau auf den Zweiten Weltkrieg und die Bekehrung Russlands. Das erst im Jahr 2000 veröffentlichte dritte Geheimnis wird interpretiert in Zusammenhang mit dem Attentat auf Papst Johannes Paul II. (1981).

Showtalente: Der Bisonjäger William Frederick Cody alias Buffalo Bill ist erfolgreicher Wildwest-Unterhaltungskünstler, er war sogar in München. 1917 stirbt er – ebenso Margaretha Geertruida Zelle alias Mata Hari alias H21: Sie macht Schlagzeilen nicht nur als aufreizende Tänzerin, sondern auch als Spionin für den deutschen Geheimdienst. Sie wird in Frankreich hingerichtet.

jeweils mitteilen, was sie in ihren amtlichen Teil aufzunehmen hatte. Zu Ansätzen einer geregelten Pressearbeit der Staatsregierung insgesamt kam es im Übrigen erst im folgenden Jahr, nachdem der Ministerrat im April 1918 die Aufstellung von Pressereferenten in allen Ministerien beschlossen hatte.[62] Eine erste größere Besprechung dieser Referenten mit Redakteuren von Tageszeitungen und Korrespondenzbüros fand im Juli 1918 statt, mit der Zusage künftiger Regelmäßigkeit und der Ausgabe vertraulicher Mitteilungen.

All dies musste am Sonderstatus der *Bayerischen Staatszeitung* nagen, auch wenn sie weiter als hauptsächliche Plattform für amtliche Richtigstellungen vorgesehen war. Insgesamt zeichnete sich ab, dass die Verschärfung der innenpolitischen Lage die Staatsregierung zunehmend die Kooperation oder zumindest Koexistenz mit den nicht-offiziösen Organen suchen ließ. Der geringe meinungsbildende Einfluss der Staatszeitung spielte dabei natürlich eine Rolle.

Unter Scharre war die Staatszeitung allerdings professioneller und für die Konkurrenz herausfordernder geworden, sie hatte einiges vom Verkündblatt abgestreift, ohne doch ihrer Privilegien verlustig gegangen zu sein. Tatsächlich erzielte das Unternehmen 1917 erstmals einen Reingewinn. Zum journalistischen Biss gehörte der Ehrgeiz, bei Nachrichten als Erste auf der Matte zu stehen, und hier war Scharre von anderem Kaliber als Frick. Vor allem spielte er die Vorteile des Abendblatts aus: Die Meldung über die am Tag zuvor durch den König erfolgte Ernennung Michael von Faulhabers zum Erzbischof von München und Freising konnte die Staatszeitung gleich noch am Samstagabend vor den Pfingstfeiertagen 1917 bringen[63] – und damit vor den übrigen Blättern, die wegen der Weisung des Kriegsministeriums für das Ruhen des Zeitungsbetriebes während der Feiertage erst in ihren Ausgaben am folgenden Dienstag von der Berufung berichten konnten.

Bereits ein Vierteljahr zuvor hatte es einen bezeichnenden Streitfall gegeben, als die Staats-

Die Münchner Neuesten Nachrichten, 1848 gegründet (hier ihr 1906 fertiggestelltes neues Gebäude in der Sendlinger Straße), sind die führende Tageszeitung Münchens – nicht nur, was die Auflage (116 000 im Jahr 1911) angeht, sondern auch im Schutzverband der Münchner Presse, der gegen das Bevorzugen der *Bayerischen Staatszeitung* kämpft.

zeitung einen Aufsatz des bayerischen Kriegsministers einen Tag vor dem vom dortigen Ministerium festgelegten Erscheinungstermin veröffentlicht und sich hierbei auf eine telefonische Erlaubnis des Kriegspresseamtes Berlin berufen hatte. Etliche Zeitungen waren daraufhin nur mit Mühe und mit Rücksicht auf das ansonsten gute Verhältnis zur militärischen Zentralbehörde zum Abdruck des Textes zu bewegen. Die Staatszeitung handelte sich einen bösen Brief des Ministeriums ein,[64] konnte allerdings den Vorwurf einer Irreführung der Berliner Stelle entkräften. Freilich stieß im bayerischen Kriegsministerium sauer auf, dass die Staatszeitung den Kontakt zur Berliner Oberzensurstelle gesucht hatte. Im August 1916 hatte man die Verbindung der Zeitung zum k.u.k. Kriegspressequartier, die dem Erlangen des österreichischen Generalstabsberichts vor dem *WTB* diente, zugunsten einer direkten Anbindung der Korrespondenz Hoffmann und damit der gleichmäßigen Belieferung der bayerischen Presse abgestellt.

Was das Kriegsministerium im März 1917 als bereits bekannt voraussetzte, nämlich eine Absprache in der bayerischen Presse, grundsätzlich keine in der Staatszeitung bereits veröffentlichten Mitteilungen zu bringen, nahm jetzt feste Formen an: Gegen Ende März 1917 schlossen sich Verleger und Redakteure von Münchner Tageszeitungen zu einem „Schutzverband der Münchener Presse" zusammen, der sich die Bekämpfung der Staatszeitung auf das Panier geschrieben hatte.[65] Besonderes Ärgernis waren dabei jene amtlichen Bekanntmachungen, in denen als Beleg für das Inkrafttreten auf die erfolgte Veröffentlichung in der Staatszeitung hingewiesen wurde. Dies wurde als Werbung für die Konkurrenz interpretiert. Dass sich Zeitungsverlage weigerten, derartige Texte selbst gegen Bezahlung abzudrucken, wurde bei kriegswirtschaftlichen Bekanntmachungen des Stellvertretenden Generalkommandos des I. Armeekorps erstmals Anfang Mai 1917 wirksam. Die *MNN* – deren Verlagsleiter als Vorsitzender des Schutzverbandes fungierte – und die *MAAZ* gingen voran und brachten weitere Zeitungen auf Linie. Selbst Sonnenburg zeigte sich von dieser kompromisslosen Linie überrascht. Die Verlage blieben auch unter der Drohung eines strafrechtlichen Einschreitens nach dem Pressegesetz in der Sache hart. Ihr Vorschlag, amtliche Bekanntmachungen nur noch im *Gesetz- und Verordnungsblatt* zu veröffentlichen, hätte das Ende der Staatszeitung als Staatsanzeiger bedeutet. Die bereits 1916 eingeschlagene weiche Linie des Kriegsministeriums wurde vom Außen- wie vom Innenministerium in einer Haltung des Lavierens und Zeitgewinnens hingenommen. Auszug aus einem Schreiben des Kriegsministers Philipp von Hellingrath an das Innenministerium: „Die gegenwärtige Zeit, in der auf ein möglichst harmonisches Zusammenarbeiten zwischen Staatsregierung und Presse das allergrößte Gewicht gelegt werden muss, eignet sich nicht zur Herbeiführung eines Konflikts mit der Münchener Presse wegen ihrer unfreundlichen Politik gegenüber der Staatszeitung."[66] Die Lösung des Kriegsministeriums sah so aus, dass ein Hinweis auf die *Bayerische Staatszeitung* zu unterlassen und dafür der Tag des Inkrafttretens der Anordnung zu nennen sei.

Bei den Haushaltsberatungen in der Abgeordnetenkammer im Oktober 1917 reichten die Vorschläge hinsichtlich der Staatszeitung von der Umwandlung in ein „rein amtliches Organ" unter Verzicht auf die sonstigen behördlichen Mitteilungsblätter (Heinrich Held) bis hin zu deren „Beseitigung" (der Sprecher der Sozialdemokraten).[67] Kurz nach der Jahreswende 1917/18 dürfte ein Gespräch zwischen Scharre und Hertlings Nachfolger Otto von Dandl stattgefunden haben, bei dem der neue Vorsitzende des Ministerrats seine Auffassung nicht verschwieg, dass sich die Staatszeitung künftig ohne amtliche Unterstützung halten müsse und die Staatsregierung in diesen Zeiten auch die übrige Presse brauche.[68] Diese Linie wollte er auch von den Referenten und Expediteuren seines eigenen Ministeriums eingehalten wissen. In internen Weisungen wünschte Dandl eine enge Auslegung bei der bevorzugten Belieferung der Staatszeitung und eine Beschränkung auf amtliche Bekanntmachungen und Personalnachrichten. Zum Jahreswechsel 1917/18 hatte für Aufregung gesorgt, dass der Tagesbefehl des Königs zuerst in der Staatszeitung veröffentlicht worden war, anstatt via Korrespondenz Hoffmann allen Blättern gleichzeitig zuzugehen.

Das Rote Kreuz wird zum Sinnbild für Friedensarbeit mitten im Feld. Seine Mitarbeiter leisten gefährliche Sanitätsdienste, arbeiten in der Internationalen Zentralstelle für Kriegsgefangene und übermitteln Briefe, Pakete und Geldspenden an Kriegsgefangene, setzen sich für den Austausch von Kriegsgefangenen ein – und mahnen unablässig die Einhaltung der Genfer Konventionen an. 1917 wird das Internationale Komitee vom Roten Kreuz (IKRK) mit dem Friedensnobelpreis geehrt.

Am 15. Januar 1918 stellte der Präsident der Abgeordnetenkammer fest, dass die Staatszeitung am Vorabend einen Gesetzentwurf veröffentlicht habe, der dem Landtag noch nicht zur Beratung vorgelegen habe.[69] Etwa um die gleiche Uhrzeit kam den Hauptschriftleitern der Münchner Zeitungen eine Einladung ins Außenministerium zu, um an diesem Tag die Nachricht von der Entsendung des früheren Ministerpräsidenten Graf Podewils als bayerischer Vertreter zu den Friedensverhandlungen in Brest-Litowsk entgegenzunehmen. Offenbar auf Wunsch Dandls wurde für diese Mitteilung ein Termin am frühen Abend gewählt, der der Staatszeitung für die nächste Ausgabe keinen Vorsprung vor den anderen Blättern gewähren sollte. Scharre schaffte jedoch durch rasches Handeln die Aufnahme der Notiz unter seine „Letzten Meldungen" in jenem Teil der Auflage, der noch am gleichen Abend in München verbreitet wurde. Als hierauf in der Münchner und Augsburger Presse am folgenden Tag Vorwürfe wegen der Bevorzugung der Staatszeitung laut wurden, sah sich der Ministerratsvorsitzende veranlasst, per Telefon gegenüber der Redaktion der *MNN* seine loyalen Absichten zu beteuern.[70] Dort hatte man Indizien für eine „offiziöse Pressmache" samt der „künstlichen Speisung eines Moniteurs" gesehen und mit dem Nichterscheinen bei künftigen Presseterminen der Staatsregierung gedroht. An diesem 16. Januar wurde der Vorabdruck des Gesetzentwurfs durch die Staatszeitung, den das Justizministerium mit dem Versehen eines Amtsboten entschuldigte, im Ältestenrat der Abgeordnetenkammer von verschiedenen Seiten aufgegriffen und einstimmig missbilligt, der Ministerratsvorsitzende im Übrigen aufgefordert, „das Verhältnis zur Staatszeitung einer Remedur" unterziehen zu lassen. Die Vorwürfe aus anderen Bundesstaaten wegen der Entsendung eines eigenen Vertreters zu den Friedensverhandlungen mit Russland – Bayern nahm hier eine Sondervereinbarung mit Bismarck vom November 1870 in Anspruch – ließ die Staatsregierung Anfang Februar 1918 bezeichnenderweise in der *MAAZ* erwidern. Als die Staatszeitung Ende Januar 1918 vorabendlich den Wortlaut

An die Bevölkerung Bayerns.

Die Waffenstillstandsverhandlungen sind im Gang, sie werden baldigst zum Abschluß kommen.

Die Bevölkerung hat während des Kriegs Not, Entbehrung, Sorge und Leid starken Herzens in ruhiger Besonnenheit ertragen.

Jetzt gilt es erst recht, Ruhe und Ordnung zu wahren. Innere Unruhen anstiften, hieße den Krieg nochmal beginnen. Die Verluste, die uns der Krieg gekostet, würden sinnlos durch neue vermehrt. Ernsthafte Unruhen würden namentlich für unsere Städte die Lebensmittelversorgung trotz aller Bemühungen zum Stocken bringen, die Gefahr der Hungersnot wäre unabwendbar.

Solche Unruhen sind aber nicht möglich, wenn alle besonnenen Männer und Frauen Ruhe bewahren und in ihrem Kreise für Ruhe sorgen. Darin tue jeder seine Pflicht.

Die Bevölkerung darf überzeugt sein, daß sie gegen jegliche Willkür und Gewalttätigkeit den **ausreichenden Schutz** finden wird, den das ganze Volk von seiner Regierung erwartet.

München, den 6. November 1918.

Dr. von Brettreich,
K. Staatsminister des Innern.

An das deutsche Volk!

Präsident Wilson hat heute auf die deutsche Note geantwortet und mitgeteilt, daß seine Verbündeten den 14 Punkten, in denen er seine Friedensbedingungen im Januar dieses Jahres zusammengefaßt hatte, mit Ausnahme der Freiheit der Meere zugestimmt haben und daß die Waffenstillstandsbedingungen durch Marschall Foch mitgeteilt werden. **Damit ist die Voraussetzung für die Friedens- und Waffenstillstandsverhandlungen gleichzeitig geschaffen.** Um dem Blutvergießen ein Ende zu machen, ist eine deutsche Abordnung zum Abschluß eines Waffenstillstandes und zur Aufnahme von Friedensverhandlungen heute ernannt worden und nach dem Westen abgereist.

Die Verhandlungen werden durch Unruhen und disziplinloses Verhalten in ihrem erfolgreichen Verlauf ernstlich gefährdet.

Ueber vier Jahre hat das deutsche Volk in Einigkeit und Ruhe die schwersten Leiden und Opfer des Krieges getragen. Wenn in der entscheidenden Stunde, in der nur unbedingte Einigkeit des ganzen deutschen Volkes große Gefahren für seine Zukunft abwenden kann, die inneren Kräfte versagen, so sind die Folgen nicht abzusehen.

Die **Aufrechterhaltung** der bisher gewahrten Ordnung in freiwilliger Manneszucht **ist in dieser Entscheidungsstunde eine unerläßliche Forderung**, die jede Volksregierung stellen muß.

Mag jeder Staatsbürger sich der hohen Verantwortung bewußt sein, die er in Erfüllung dieser **Pflicht** seinem Volke gegenüber trägt.

Der Reichskanzler:
Max, Prinz von Baden."

BSZ vom 8. 11. 1918

der Depeschen veröffentlichte, die Ludwig III. und Wilhelm II. anlässlich des Kaisergeburtstags gewechselt hatten, verzichteten die *MNN* und die *MAAZ* auf einen Abdruck der Texte, der *BK* schloss sich wegen des dem „aufgepäppelten Staatsmoniteur" vermeintlich gewährten Vorteils an – ein für den Stand des monarchischen Bewusstseins in dieser Kriegsphase bemerkenswerter Vorgang.

Seit dem Chefredakteurswechsel hatten Blätter, die bekundeten, der katholischen Sache verpflichtet zu sein, die Staatszeitung auf konfessionsfeindliche Begriffe und Wendungen hin beobachtet und zwischendurch Alarm geschlagen. Vor allem der *BK* sah sich nun veranlasst, auf antikatholische Anklänge im Feuilleton der Staatszeitung zu achten,[71] die offenbar ihr Mäntelchen in den Zentrumfeindlichen Wind hänge. Franz Seraph Pichler, der Vorsitzende des Haushaltsausschusses in der Abgeordnetenkammer, der an sich zu den externen Mitarbeitern der Staatszeitung gehörte, stimmte in seiner Passauer *Donau-Zeitung* hier ein. Das *Neue Münchener Tagblatt* wiederum gab die Meinung von Lesern der *Deutschen Tageszeitung* kund, die schon seit Jahren die Staatszeitung belauerten und sich nun über einen Beitrag mit versöhnlichen Tönen gegenüber dem nachrevolutionären Russland erregt hatten.[72]

Die Vorgänge vom Januar 1918 gaben Zu Rhein Veranlassung, die Sonntagsausgabe der Staatszeitung auf den Prüfstand zu stellen. Er wusste sich hier eines Sinnes mit Sonnenburg und auch dem Pressereferenten des Innenministeriums. Was bei einer Besprechung zwischen Vertretern Münchner Zeitungsverlage und Offizieren des Kriegsministeriums im September 1917 bereits angedroht worden war, nämlich die Mobilisierung des Interessenverbands der gesamten bayerischen Presse,[73] trat dann Anfang Juni 1918 ein: Die Generalversammlung des Vereins Bayerischer Zeitungsverleger in Nürnberg fasste den einstimmigen Beschluss, die Staatsregierung zu bitten, die Staatszeitung „so bald wie angängig" als Privatunternehmen zu behandeln, das somit auch kein Zwangsabonnement oder andere Vergünstigungen – wie etwa die zeitlich bevorzugte Belieferung mit Nachrichten – in Anspruch nehmen könne.[74] Erst einen Monat später bei Dandl eingelaufen, wurde der Beschlusstext vom Außenministerium an das Innenministerium weitergereicht, um eine Äußerung einzuholen. Dort wurde zwar bis Anfang September an einer Vormerkung gearbeitet, was die Akten über eine Bevorzugung der Staatszeitung enthielten, das Ergebnis aber nicht mehr weitergeleitet. Seitens der königlichen Staatsregierung kam somit keine Antwort mehr. Dafür sollten der Verlegerverein und der Schutzverband der Münchener Presse im November 1918 auf ihre Forderungen gegenüber der revolutionären Regierung zurückkommen, gerade einmal eine Woche nach dem politischen Umsturz. Der Kampf gegen die Staatszeitung überdauerte den Wechsel der Staatsformen.

Ein Instrument der Politik?

Von Paul Hoser

Die Kriegslage im Herbst 1918 war hoffnungslos. Die Oberste Heeresleitung machte Druck auf den neuen deutschen Reichskanzler, Prinz Max von Baden. Dieser bat schließlich am 3. Oktober 1918 Amerikas Präsidenten Woodrow Wilson, Friedensverhandlungen einzuleiten und die Initiative zu einem sofortigen Waffenstillstand zu ergreifen. Doch Wilson ließ die Deutschen abblitzen und stellte Forderungen, die für Paul Hindenburg und die Konservativen im Reichstag unannehmbar waren. Die *Bayerische Staatszeitung* lag ganz auf dieser Linie, wenn sie die Situation schilderte: Wilson fordere, das deutsche Volk solle sich bedingungslos ergeben. Er habe es nicht vermocht, seinen Grundsätzen von einem gerechten und dauerhaften Frieden und vom Selbstbestimmungsrecht der Völker Geltung zu verschaffen. Das Verlangen der Ententemächte, deren Presse mit Wilsons Forderungen übereinstimme, sei ein „Gewaltfriede schlimmster Art“. Doch dürfe man die Hoffnung, zu einem Frieden zu gelangen, „der unsere nationale Ehre unangetastet lässt“, noch nicht völlig aufgeben: „den Nacken steif und den Kopf hoch halten“, sei jetzt die richtige Haltung.[1] Noch am 6. November 1918 forderte die Staatszeitung Vertrauen in die Fähigkeiten der Regierungen des Reichs und der Bundesstaaten, das Volk so schnell als möglich aus dem Krieg herauszuführen. Die Staatszeitung wandte sich gegen die „Treibereien politischer Phantasten und Volksbeglücker“ und gegen die, die glaubten, „in der Not des Vaterlandes ihre besonderen, auf die Beseitigung alles Bestehenden gerichteten Pläne verwirklichen zu können“.[2] Allerdings war in dem Blatt nun auch zu lesen, dass ein „unglücklicher Ausgang“ des Kriegs unverkennbar sei. Alles sollte sich jetzt dem

Rund 9 Millionen Menschen sterben im Ersten Weltkrieg. Sinnbild des kriegerischen Mordens wird die Schlacht von Verdun an der Westfront, wo Geschütze und Granaten die Landschaft in eine wahre Hölle verwandeln – vermutlich je 100 000 französische und deutsche Soldaten ließen dort ihr Leben.

Einstellung der Feindseligkeiten an der Westfront.

Die Waffenstillstands-Bedingungen angenommen. — Eine deutsche Note an Wilson.

Eine Kundgebung der Regierung des Volksstaates Bayern an Wilson und die Alliierten.

Die Bedingungen der Entente.

* München, 11. Nov.

Die Entscheidung der Reichsregierung über die gestern schon bekannt gegebenen Waffenstillstandsbedingungen der Entente ist in einer am Sonntag früh abgehaltenen Beratung der Staatssekretäre bereits gefallen; sie lautet: Annahme der Bedingungen! Daß die Regierung sich bei ihrem Beschluß der überaus großen Härte der Forderungen und dessen, was ihre Durchführung für das deutsche Volk bedeuten würde, vollkommen bewußt gewesen ist, bezeugt

eine Note an Wilson,

die in der verflossenen Nacht an den Staatssekretär Lansing nach Washington gefunkt wurde. Sie hat nachstehenden Wortlaut:

Herr Staatssekretär: Ueberzeugt von der Gemeinsamkeit der demokratischen Ziele und Ideale hat sich die deutsche Regierung

Front vom 11. November 11 Uhr vormittags (französischer Zeit) an eingestellt werden. Die alliierten Truppen dürfen, bis ein neuer Befehl eintrifft, die an diesem Tage und zu dieser Stunde erreichte Linie nicht überschreiten.

Bayern an die Entente.

In der Nacht vom 10. zum 11. November sandte die Regierung des Volksstaates Bayern nachstehende Kundgebung telegraphisch an den Bundesrat in Bern mit der Bitte um Uebermittlung an Wilson, die Regierungen Frankreichs, Englands und Italiens:

Bundesrat Bern.

Ich bitte Sie, die nachfolgende Kundgebung an den Präsidenten Wilson, die Regierungen Frankreichs, Englands und Italiens zu übermitteln und sie zugleich in der Schweizer Presse zu verbreiten:

Die neue Reichsregierung.

Berlin, 11. Nov.

Die neue Reichsregierung, die, wie verlautet, die Bezeichnung „Rat der Volksbeauftragten“ führen will, hat sich gestern gebildet, nachdem es gelungen war, zwischen den beiden sozialdemokratischen Gruppen eine Einigung herbeizuführen. Die neue Regierung besteht aus je drei Vertretern der sozialistischen Richtungen und zwar aus den Genossen Ebert, Haase, Scheidemann, Dittmann, Landsberg und Barth. Innerhalb der Regierung herrscht Gleichberechtigung. Den Vorsitz führen Ebert und Haase. Fachminister unterstehen der Leitung des Kabinetts. Den Fachministern wird je ein Beirat von jeder Richtung beigegeben.

Mit dieser Bildung und Geschäftsteilung ist im wesentlichen den Bedingungen entsprochen worden, die von der unabhängigen sozialdemokratischen Partei für ihren Eintritt

BSZ vom 12. 11. 1918

„Aufbau des Reiches auf freiheitlicher Grundlage“ widmen.

Dann diese Drohung: Die „Strafe des Erschießens“ wurde Chefredakteur Max Scharre angeblich in Aussicht gestellt, wenn die Staatszeitung am folgenden Tag herausgegeben werde. Es war der Revolutionsabend 1918, der 8. November.[3] Das Erschießungskommando ließ sich wohl nicht blicken – die Zeitung erschien. Allerdings mit verändertem Titel: Das „Kgl.“ fehlte. An diesem Tag druckte die Zeitung – kommentarlos – die Proklamation eines der, kurz vorher noch so titulierten, politischen „Phantasten und Volksbeglücker“. Im Namen des Rats der Arbeiter, Soldaten und Bauern verkündete Kurt Eisner: „Bayern ist fortan ein Freistaat.“[4]

Die Redaktion stellte sich sofort auf den Boden der Tatsachen und bekundete, im Interesse von Ruhe und Ordnung werde sie weiter der Regierung zur Verfügung stehen.[5] Am 13. November lobte sie, dass dank der „Besonnenheit der Dinge durch die Männer, in deren Händen die Führung der Volksbewegung liegt“, die Frage der vorläufigen Regierungsform für Bayern „dahin entschieden wurde, dass es eine Volksregierung sein soll, die an Stelle der bisherigen monarchischen Gewalt zu treten habe“. Die Männer, die jetzt in Bayern am Ruder seien, „führen die Regierung Seite an Seite mit gleichberechtigten und gleichgeachteten bürgerlichen Elementen und haben dadurch binnen wenigen Tagen bereits erreicht, dass das bayerische Volk Vertrauen zu ihnen gewinnen beginnt und sich wieder sicher fühlt“.[6] Bei aller Loyalität zur neuen Regierung verwahrte sich die *Bayerische Staatszeitung* jedoch gegen die Kritik Kurt Eisners an der Rolle der Presse im Krieg: „Die Presse soll mehr Schuld an der Katastrophe Deutschlands haben, als irgendeine andere Institution, sie soll sich ihrem heiligen Berufe schmählich entfremdet haben … Jedermann weiß, dass über der Presse bis vor kurzem noch ein Mächtigerer stand, der Zensor … Wie soll aber die Presse ihren Einfluss auf das Volk geltend machen können, wenn man sie in so prononcierter Form diskreditiert?“[7]

Kurt Eisner, Haupt der Novemberrevolution 1918 und erster Ministerpräsident des Freistaats Bayern, hat ein zwiespältiges Verhältnis zur *Bayerischen Staatszeitung*. Er will sie nicht als offizielles Regierungsblatt anerkennen – fordert aber, darin Namensartikel veröffentlichen zu dürfen. Unten der Auszug aus einer Sitzung des Provisorischen Nationalrats: Eisner wird als „Geschäftssozialist“ tituliert.

Proklamation.

Volksgenossen!

Um nach jahrelanger Vernichtung aufzubauen, hat das Volk die Macht der Zivil- und Militärbehörden gestürzt und die Regierung selbst in die Hand genommen. Die Bayerische Republik wird hierdurch proklamiert. Die oberste Behörde ist der von der Bevölkerung gewählte Arbeiter-, Soldaten- und Bauernrat, der provisorisch eingesetzt ist, bis eine endgültige Volksvertretung geschaffen werden wird. Er hat gesetzgeberische Gewalt.

Die ganze Garnison hat sich der Republikanischen Regierung zur Verfügung gestellt. Generalkommando und Polizeidirektion stehen unter unserem Befehl. Die Dynastie Wittelsbach ist abgesetzt.

Hoch die Republik!

Der Arbeiter- u. Soldatenrat.

Kurt Eisner.

Frau **Dr. Kempf** (Deutsch-demokratische Fraktion) führte aus: Im provisorischen Nationalrat ist das Recht der Frau auf Gleichstellung ebenso zu kurz gekommen, wie bei den Räten. Die Stimmen, die eine Hinausschiebung der Nationalversammlung wollen, sind insofern nicht ohne Berechtigung, als die Frauen in dieser kurzen Zeit nicht aufgeklärt werden können. Den baldigen Wahltermin verlangt aber der Umstand des drohenden Einmarsches des Feindes. Wenn nun aber in so kurzer Zeit Aufklärung erfolgen soll, so muß unbedingt für Ruhe und Sicherheit gesorgt werden. Zum Antrag ihrer Fraktion, eine parlamentarische Kommission einzusetzen, bemerkte die Rednerin, er bezwecke, daß man nicht blind, sondern sehend mit der Regierung gehen soll. Ohne eine solche Kommission komme man wieder zum alten Personenkultus zurück.

Ministerpräsident **Eisner** erwiderte auf die letzteren Ausführungen, daß niemand das Recht der parlamentarischen Kontrolle bestreite; aber der Antrag bedeute letzten Endes eine Entmündigung des Ministerpräsidenten. (Auf einen Zuruf des Dr. Frhrn. von Haller, Kommissionen würden von Eisner „eingeseift“, entstand

lang andauernder Lärm,

aus dem Zurufe der Unabhängigen und Radikalen herausklangen: „Geschäftssozialist!“. Schriftführer Pickelmann beantwortete das mit dem Ruf „Gemeinheit!“, worauf sich der Tumult auf der Seite der Radikalen noch vergrößerte. Frhr. von Haller rief diesen zu: „Ich verachte Sie! Wer lebt von der Revolution? Sie oder ich?“ Nachdem der Lärm sich einigermaßen gelegt hatte, rief Präsident Dr. Quidde den Schriftführer Pickelmann und den Rufer des Ausdruckes „Geschäftssozialist“ zur Ordnung.) Eisner fuhr dann fort: Ich bin mir nicht bewußt, wann und wo ich eine Kommission eingeseift hätte. Die Nationalversammlung hat von ihrem parlamentarischen Standpunkt aus das Recht und die Pflicht, eine Kommission zur Ueberwachung der Regierungshandlungen einzusetzen. Ich lasse mir aber keine Entmündigung gefallen; ich lasse mich nicht von alldeutschen Einschleichern kontrollieren; wenn das geschähe, dann allerdings würde ich die Massen aufrufen. (Dr. Frhr. von Haller ruft: „Und Sie nehmen 36 Mann als Wache ins Ministerium hinein!“ Von den Radikalen wird Dr. von Haller zugerufen: „Sie kommen nach Stadelheim!“ Gegenruf Dr. von Hallers: „Und Sie in die pathologische Anatomie!“)

Eisner führte dann aus, es sei nicht seine Schuld, wenn im Ministerium Wachen sind. Wenn die Regierung für Ordnung und

BSZ vom 19. 12. 1918

Eisner steigerte sich auch in einen immer stärkeren Gegensatz zu der vom Rat der Volksbeauftragten gebildeten Reichsregierung hinein. Er griff sie an, da seiner Meinung nach schwer belastete Männer der wilhelminischen Ära in führenden Ämtern geblieben waren; er ließ Dokumente veröffentlichen, die Deutschlands Schuld am Weltkrieg belegen sollten. Und er beharrte auf der Selbstständigkeit Bayerns. Auf dem Berliner Ministerpräsidententreffen vom 22. November war er aber isoliert geblieben und mit seinen Vorstellungen nicht durchgedrungen. So erklärte er am 28. November den Abbruch jeglichen Kontakts mit dem Auswärtigen Amt. Die Staatszeitung zeigte sich beunruhigt und befürwortete die schleunige Einberufung der Nationalversammlung. Eine Erklärung Eisners vor den Soldatenräten am 2. Dezember nahm sie wiederum sehr zustimmend auf: „Die Regierungserklärung, die auf einem einstimmigen Beschluss des Ministerrates fußt, ist vor allem auch um deswillen mit Genugtuung zu begrüßen, weil sie ein rückhaltloses Bekenntnis zum föderativen Reichsgedanken und zur Nationalversammlung ist.“ [8] Wie schon im Krieg beschwor die Zeitung auch jetzt die Notwendigkeit eines Zusammenwirkens aller Kräfte.

Der letzte König

Bayerns, Ludwig III., hier mit seiner Frau Marie Therese, ist der erste deutsche Monarch, der sich dem revolutionären Zeitgeist geschlagen geben muss. Von seiner Zufluchtstätte Schloss Anif bei Salzburg aus entbindet er am 13. November 1918 seine Beamten und Soldaten vom Treueeid. Die *Bayerische Staatszeitung* streicht in ihrer Ausgabe vom 9. November 1918 den Zusatz „Kgl.“. Der sparsame Verlag braucht das alte Briefpapier noch in vielen folgenden Jahren auf.

Nach Ausbruch der Revolution war die Zukunft der noch recht jungen *Bayerischen Staatszeitung* unsicher gewesen. Man trug sich nämlich zunächst mit dem Gedanken, die größte Zeitung am Ort, die *Münchner Neuesten Nachrichten*, zum Regierungsanzeiger zu machen. Dann wiederum hielt man die sozialdemokratische *Münchener Post* für geeigneter. Daher fühlten deren Geschäftsführer Sebastian Witti und ihr Chefredakteur Max Kratzsch bereits am 9. November beim Verlag der *Bayerischen Staatszeitung* wegen eines eventuellen Ankaufs vor.[9] Der SPD-Vorsitzende Erhard Auer meinte dagegen zu Hans Oldenbourg, der den Staatszeitungsverlag vertrat, dass er das Blatt im Prinzip für überflüssig halte, die Angelegenheit allerdings erst im Ministerrat geklärt werden müsse. Am 15. November sprach sich die Mehrheit der Gesellschafterversammlung des Staatszeitungsverlags tatsächlich prinzipiell für einen Verkauf aus. Von den Gesellschaftern wollte sich insbesondere Fürst

Revolutionär. Philipp Scheidemann verkündet am 9. November 1918 von einem Balkon des Reichstagsgebäudes aus das Ende des deutschen Kaiserreichs. Im Jahr darauf ist er Reichsministerpräsident – allerdings nur gut vier Monate lang. Nach der Novemberrevolution gründet Georg Heim die Bayerische Volkspartei (BVP), die Stellung bezieht gegen eine Bevormundung Bayerns durch Preußen. Der Sturz der Monarchie in Russland kostet die Zarenfamilie das Leben: Im Juli 1918 werden Nikolaus II., der im Jahr zuvor abgedankt hatte, und seine Familie erschossen. Triumph hingegen für den Wissenschaftler Max Planck, der das Wissen um die Teilchenphysik mit seiner Entdeckung des „Planckschen Wirkungsquantums" revolutionierte: Er bekommt 1918 den Nobelpreis für Physik verliehen.

Ernst von Fugger-Glött zurückziehen.[10] Der Gedanke, seinen Anteil an die *Münchener Post* zu verkaufen, war ihm zwar höchst unsympathisch, unter den gegebenen Verhältnissen war er aber dazu bereit, da die Staatszeitung ohnehin Sprachrohr politischer Tendenzen zu werden drohte, die seinen diametral gegenüberstanden. Aber die *Münchener Post* und ihr Verlag zogen sich zurück. Dafür traten drei andere Interessenten auf: Louis Cohn, einer der früheren Miteigentümer des Staatszeitungsverlags, der nicht näher bekannte Geldgeber hinter sich hatte; außerdem der Georg Müller Verlag und der Lederwarenfabrikant Kahn im Auftrag der linksradikalen Spartakusgruppe.[11]

Die Regierung Eisner war zwar durch einen revolutionären Akt an die Macht gelangt – was aber den Vertrag mit dem Verlag Bayerische Staatszeitung anging, der auf 30 Jahre geschlossen war, glaubte man nicht, mit einem Federstrich aussteigen zu können. Am 6. Dezember 1918 beschloss der Ministerrat, die Staatszeitung solle kein Regierungsblatt oder offiziöses Blatt sein, dafür aber weiter verpflichtet werden, die amtlichen Kundgebungen und mit Namen gezeichnete Artikel einzelner Minister aufzunehmen. Kurt Eisner sollte sich um den Kauf durch Private kümmern.[12]

Der Reeder und Kohlengroßhändler Josef Carl Neckermann aus Würzburg, der ebenfalls Gesellschafter des Verlags der Staatszeitung war, stellte sich schließlich gegen einen Verkauf an SPD-nahe Interessenten; die Zeitung sollte der Regierung als Sprachrohr erhalten bleiben. Auch die Verleger Hans und Paul Oldenbourg lehnten letztlich einen Verkauf ab. Sie boten aber der Regierung an, ihr die Zeitung – wie im bestehenden Vertrag vorgesehen – weiter zur Verfügung zu stellen.

Eisner schilderte am 12. Dezember 1918 im Ministerrat die Lage: Dem Vertrag zufolge hatte die Regierung das Recht auf zwei tägliche Spalten im Blatt und konnte den Chefredakteur jederzeit absetzen.[13] Eisner hatte Chefredakteur Max Scharre beauftragt, darzulegen, wie weit die Zeitung über das festgelegte Ausmaß hinaus der Regierung Raum für Veröffentlichungen anbieten könne. Scharre informierte die Verleger, dass Eisner es grundsätzlich abgelehnt habe, den Vertrag mit der Staatszeitung anzuerkennen – aber nicht auf die der Regierung zustehenden zwei Spalten verzichten, und selbst Artikel in der Zeitung schreiben (oder zumindest inspirieren) wolle.[14] Der Verlag machte die heikle Lage deutlich: Der Ministerpräsident könne nicht einerseits den Vertrag nicht anerkennen und andererseits aus eben diesem Vertrag Rechte fordern. Eisner erklärte schließlich dem Verlag offiziell, die Behauptung, dass er den Vertrag ablehne, sei falsch. Und so zeigte sich der Verlag bereit, der Regierung auch weiterhin zwei Spalten im Blatt einzuräumen – und sogar noch etwas mehr bereitzustellen.[15]

Nach § 9 des Vertrags bestellte der Ministerpräsident einen Regierungskommissär, der über die Zeitung wachte: Es sollte nichts in ihr erscheinen, was den Absichten der Staatsregierung zuwiderlief. Über die Ernennung des Chefredakteurs entschied der Ministerpräsident selbst, über die der übrigen Redakteure der Staatskommissär. Diesem mussten Leitartikel zur Reichs- oder Landespolitik vor Abdruck vorgelegt werden. Als Staatskommissär sollte der frühere Leiter der Zensur im Kriegsministerium, Alfons Falkner von Sonnenburg, bestellt werden. Die *Bayerische Staatszeitung* lobte: Die von Sonnenburg kontrollierte Zensur habe es vermieden, der Presse mehr zuzumuten, als unbedingt nötig.[16]

Der Chefredakteur und seine Mannschaft blieben weiter auf ihren Posten. Bereits am 25. November 1918 benutzte Eisner die Staatszeitung, um Dokumente zu publizieren, die eine kriegstreiberische Politik der Reichsregierung vor Ausbruch des Ersten Weltkriegs nahelegten, da sie Österreich zu kriegerischem Vorgehen gegen Serbien ermuntert hatte. Dabei unterlief allerdings ein Irrtum über den Verfasser. Außerdem waren Kürzungen vorgenommen worden. Eisners Gegner stellten die Veröffentlichung deshalb später als bewusste Fälschung hin. An ihrer Spitze stand der Herausgeber der *Süddeutschen Monatshefte* und der *Münchner Neuesten Nachrichten*, Paul Nikolaus Cossmann. Er hatte Eisners Sekretär Felix Fechenbach im Juli 1921 in den *Süddeutschen Monatsheften* dieser Fälschung bezichtigt; Fechenbach ging deswegen vor Gericht – und Cossmann nutzte den Prozess im April 1922 unter Aufgebot vieler Zeugen, um Eisners Sekretär moralisch zu vernichten und die völlige Unschuld Deutschlands am Weltkrieg als unantastbare Wahrheit erscheinen zu lassen. Noch 1967 schrieb der einstige Kabinettschef des Kronprinzen Rupprecht, Josef-Maria Graf von Soden-Fraunhofen, aus Anlass einer Würdigung Eisners durch Gerhard Schmolze in der Beilage *Unser Bayern* einen wütenden Protestbrief an die Redaktion der *Bayerischen Staatszeitung:* Der Beitrag hätte „besser in ein kommunistisches Blatt gepasst".[17] Laut richterlichem Urteil sei Eisner „durch seine Fälschung mit-schuldig an der Härte des Deutschland für allein-schuldig erklärenden Versailler Friedensvertrags". Überdies sei nicht berücksichtigt, „dass die von diesem Mann entfachte Revolution schon als solche dem bayerischen Staate ungeheueren Schaden zugefügt hat". Der Beitrag Schmolzes schädige das Ansehen der Staatszeitung und indirekt auch das der Regierung. Soden schrieb in diesem Sinn auch an Ministerpräsident Alfons Goppel,[18] erhielt aber von der Staatskanzlei nur die Antwort, dass die Staatszeitung samt ihrer Beilage kein amtliches Organ sei, weshalb die Staatsregierung keinen Einfluss nehmen könne.[19] Soden-Fraunhofens Leserbrief wurde in voller Länge am 9. Juni 1967 in der Staatszeitung abgedruckt. Doch konnte der Vertreter der monarchistischen, nationalistischen und demokratiefeindlichen bayerischen Adelskreise die Geschichtsschreibung zur bayerischen Revolution nicht in seinem Sinn beeinflussen. Die Interpretation des Revolutionsgeschehens und der

1919 findet die Wahl zur Deutschen Nationalversammlung statt. Im Vorfeld demonstriert die SPD gegen rechts- und linksextreme Parteien und fordert Frauen auf, von ihrem Wahlrecht, das ihnen nun erstmals eingeräumt wird, Gebrauch zu machen. Die Sozialdemokratin und Gründerin der Arbeiterwohlfahrt Marie Juchacz (links) und ihre Schwester Elisabeth Röhl sind zwei von 37 Frauen in der 427-köpfigen Abgeordnetenriege. Stärkste Kraft wird die SPD (37,9 Prozent), der auch Friedrich Ebert angehört: Er wird am 11. Februar zum ersten Reichspräsidenten gewählt.

Gestalt Eisners, die lange von nationalistischer und nationalsozialistischer Tendenz bestimmt gewesen war, befand sich in einem Umbruch, der nicht mehr rückgängig gemacht werden konnte. Hierbei spielte die *Bayerische Staatszeitung* offenbar eine Vorreiterrolle.

Auch wenn die Beziehung Eisners zur Staatszeitung nicht mit großer Sympathie begann – schließlich bediente er sich doch gerade ihrer zur Abwehr bösartiger Presseangriffe. So wandte er sich in ihr beispielsweise gegen den *Bayerischen Kurier*, der ihn als Bolschewisten brandmarkte. Allerdings klang in seiner am 3. Januar 1919 abgedruckten Erklärung Resignation durch: „Es ist uns unmöglich, Tag für Tag auch nur die Lügen, die von Münchener Blättern verbreitet werden, richtigzustellen. Es wäre auch ein hoffnungsloses Beginnen, da jede totgeschlagene Lüge zehn neue erzeugt.“[20] Und selbst die Staatszeitung konnte er wohl nicht hundertprozentig kontrollieren: Ausgerechnet dort wurde am 3. Dezember 1918 über Demonstrationen berichtet, die deutlich machten, dass das Volk Eisners Rücktritt verlange. Gegensätze innerhalb der Regierung wurden offenkundig, als am 28. Dezember 1918 der vom gegenrevolutionären Landtagsbibliothekar Rudolf Buttmann initiierte, von extrem rechten und monarchistischen Kreisen unterstützte und vom sozialdemokratischen Innenminister Erhard Auer ebenfalls unterzeichnete Aufruf zur Bildung einer Bürgerwehr in der Staatszeitung abgedruckt wurde, von dem Auer sich dann allerdings distanzierte.[21]

Am 2. Januar 1919 beschwerte sich Eisner schließlich: Die Redaktion bringe die von Regierungsmitgliedern übermittelten Beiträge mit Auslassungen, gar nicht oder nur verspätet.[22] Ein andermal hatte die Staatszeitung zwar Artikel gedruckt, auf denen der Regierungskommissär Falkner von Sonnenburg bestan-

Gemeingefährliche Pressetreibereien

München, 2. Januar.

Aus dem Ministerium des Aeußern wird uns geschrieben:

Je näher die Wahlen zum bayerischen Landtag rücken, um so skrupelloser arbeitet eine gewisse Presse, die verpflichtet ist, die mit der Blutschuld des Krieges belasteten Parteien vor dem völligen Untergang zu bewahren, indem sie durch Verbreitung nichtsnutzigen Lügen die öffentliche Meinung verwirrt und das Reinigungswerk der Revolution und der revolutionären Regierung stört. Wenn diese Presse sich dieser Wahldemagogie hingibt, verführt sie nicht nur einige mit allzu geringer Urteilskraft begabte Menschen in unserem Vaterland, sondern sie gefährdet auch aufs äußerste die Aussichten auf einen schnellen und erträglichen Frieden; denn diese Schwindelnachrichten werden auch ins Ausland verbreitet und verzerren in dem Bewußtsein des Auslands das Bild der deutschen Zustände. Wir warnen die Presse des Auslandes dringend, den Meldungen und Aeußerungen eines großen Teils der deutschen Presse Glauben zu schenken und wir raten auch, an den Meldungen gewisser Nachrichtenagenturen die schärfste Kritik zu üben.

BSZ vom 3. 1. 1919

den hatte, aber doch Bedenken angemeldet: Ihr wurde der Verfasser nicht genannt; das sei bedenklich, da ja die Zeitung presserechtlich verantwortlich sei, auch wenn sie mit dem Inhalt nicht einverstanden sei.[23] Korrekterweise müssten solche Texte mit *** gekennzeichnet werden, wodurch ihr amtlicher oder halbamtlicher Charakter erkennbar würde. Falkner war dagegen der Ansicht, die Redaktion müsse auf seinen Wunsch hin Artikel auf jeden Fall und auch ohne Kennzeichnung bringen.[24] Er ließ Eisner wissen, dass die Zeitung ihre Pflichten als Regierungsorgan nicht erfülle und bat ihn, Chefredakteur Scharre in seinem Auftrag verwarnen zu dürfen. Dazu kam es nicht mehr: Am folgenden Tag, dem 21. Februar 1919, wurde Kurt Eisner ermordet.

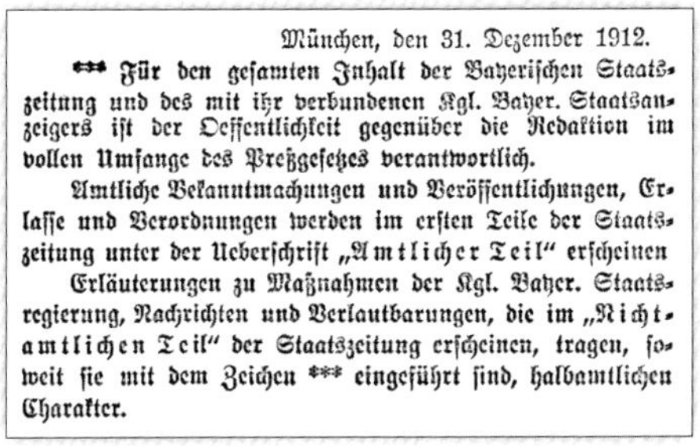
München, den 31. Dezember 1912.

*** Für den gesamten Inhalt der Bayerischen Staatszeitung und des mit ihr verbundenen Kgl. Bayer. Staatsanzeigers ist der Oeffentlichkeit gegenüber die Redaktion im vollen Umfange des Preßgesetzes verantwortlich.

Amtliche Bekanntmachungen und Veröffentlichungen, Erlasse und Verordnungen werden im ersten Teile der Staatszeitung unter der Ueberschrift „Amtlicher Teil" erscheinen

Erläuterungen zu Maßnahmen der Kgl. Bayer. Staatsregierung, Nachrichten und Verlautbarungen, die im „Nichtamtlichen Teil" der Staatszeitung erscheinen, tragen, soweit sie mit dem Zeichen *** eingeführt sind, halbamtlichen Charakter.

BSZ vom 1. 1. 1913

Ruhe, Ordnung, Vertrauen: Das waren die Grundsätze, die die Staatszeitung immer wieder in den Vordergrund stellte. Daher wurde auch der Mord an Eisner eindeutig verurteilt: „Der politische Mord ist kein Kampfmittel; er ist ein Verbrechen, das den größten Abscheu herausfordert, weil es weniger der Person als der politischen Überzeugung gilt; er ist das allergrößte Verbrechen gegen den demokratischen Geist. In diesem Falle wurde er auch zum Verbrechen an der Gesamtheit des Volkes, am Wohle des Staates."[25] Eisner wurde in einem Nachruf sehr positiv gewürdigt: „Ein entschiedener Gegner aller spartacistischen Grausamkeiten, dessen ganzes Bestreben darauf hinauslief, jedes Blutvergießen zu verhindern, war er bis in sein Innerstes überzeugt davon, dass nur auf dem Wege, den er beschritten hatte und den weiterzuverfolgen ihn auch die augenfälligsten Realitäten des politischen Lebens nicht zu hindern vermochten, die Versöhnung der Klassen, der wirtschaftliche Wiederaufbau des Vaterlandes und die Wiederannäherung der Völker zu erreichen sei." Weiter war zu lesen, Eisner „wurde zum Märtyrer seines politischen Glaubens in eben derselben Stunde, in der er vor dem ganzen Lande den demokratischen Gedanken zu seinem Rechte kommen lassen und gemeinsam mit den übrigen Ministern sein Amt in die Hände der Volksvertretung legen wollte".

Mord auf dem Weg zum Landtag, wo er seine Rücktrittsrede halten wollte: In der Münchner Prannerstraße, dort, wo Ministerpräsident Kurt Eisner vom völkisch-nationalen Studenten Anton Graf von Arco auf Valley erschossen wurde, forderte ein Plakat die Passanten zur Ehrerbietung auf.

Die Herrschaft des Zentralrats und der Räterepublik

Bereits zu Kurt Eisners Zeit war die bürgerliche Münchner Presse gewaltsamen Übergriffen einer mobilen Linken ausgesetzt. Die *Bayerische Staatszeitung* war davon unbehelligt geblieben. Nach Eisners Ermordung aber ließ der Zentralrat auch ihre Räume besetzen und verbot kurzzeitig ihr Erscheinen. Am 25. Februar 1919 kam sie wieder heraus und brachte ihren Nachruf auf Eisner. Der Zentralrat verhängte über die bürgerlichen Zeitungen die Vorzensur, die man seit den Tagen Ludwigs I. nicht mehr gekannt hatte. Erst am 15. März 1919 wurde sie aufgehoben. Die Staatszeitung räumte ein, sie habe relativ wenig unter den Härten dieser Zensur zu leiden gehabt. Sie konnte immerhin auch ein Rätesystem,

Schwere Geschütze fahren die Rotarmisten 1919 in München auf: Sie versuchen, in Bayern eine Räterepublik durchzusetzen. Es gibt viele Todesopfer – die nach Bamberg geflohene Regierung Hoffmann schickt „Weiße Truppen“, also Freikorpseinheiten zur Niederringung der „Roten“ und Rückeroberung Münchens.

wie es radikalen Linken vorschwebte, verwerfen: „... der Mittelstand wäre, wenn auch nicht ganz rechtlos, so doch sicher bedeutungslos, eine neue Art von Parias, die wohl alle Pflichten mit zu tragen hätten, aber keinerlei Anspruch auf politische Rechte erheben könnten. Der demokratische Gedanke wäre damit förmlich und tatsächlich totgeschlagen ... es wäre Gewalt und Unrecht und darauf können sich nie bleibende Verhältnisse gründen.“[26] Abwägend war auch von einem guten Kern im Rätegedanken zu lesen: Eine Rätevertretung könne als ein berufsständisches Gremium wirken. Man konnte sich sogar eine zweite Kammer vorstellen: „Wollte man aber der Berufsvertretung auch die gleichen Rechte wie der Volksvertretung zubilligen, nun, so hätten wir eben ein Volkshaus und ein Ständehaus. Alte Gedanken und Einrichtungen in neuer, zeitgemäßer Form.“

Bayerns Rechtsverhältnis zum Reich war ein Thema, das sich wie ein roter Faden durch das Blatt zog. So druckte die Staatszeitung auch einen Text aus dem *Bayerischen Kurier* nach: Er stammte vom Bauernfunktionär und katholischen Politiker Georg Heim, der gegen den Entwurf der Reichsverfassung polemisierte und dabei seinem Antisemitismus freien Lauf ließ. „Bayern verschwindet vollständig im Berliner Schnappsack und führt nur noch eine Scheinexistenz“, schrieb Heim, „ich fürchte nicht die Einheit, sondern die Einheit unter Berliner Herrschaft und sie wird künftig viel brutaler sein, wie zur Zeit der preußischen Geheimräte und Junker. Und sie wird viel volksfremder sein; denn die deutsche Wesenheit hat für das Berliner Zentraljudentum – die Hauptunitaristen Prof. Preuß und Landsberg sind lebende Beweise dafür – nicht eine Spur von Verständnis.“[27]

Am 4. April 1919 meldete die Staatszeitung, die Augsburger Arbeiter- und Soldatenräte hätten beschlossen, vom Zentralrat in München die Ausrufung der Räterepublik zu verlangen. Das Blatt reagierte bestürzt: „Hoffentlich gelingt es der Regierung und dem Zentralrat, der neuen Lage gegenüber einen Weg zu finden, der München und Bayern vor einer gewaltsamen dritten Revolution bewahrt.“ Doch die Entwicklung war nicht aufzuhalten. Am 8. April wurde vom revolutionären Zentralrat Bayerns tatsächlich die Räterepublik proklamiert. Und es gab wieder die Zensur. Die Staatszeitung erschien an diesem Tag nicht. Tags darauf druckte sie die Proklamation des Zentralrats, in der auch die Sozialisierung der Presse angekündigt wurde.[28] Politische Kommentare fielen unter der Zensur weg. Die Presse erlebte turbulente Tage. Vom 14. bis zum 30. April konnte die Staatszeitung abermals nicht herauskommen: Die kommunistische Räteregierung hatte einen Generalstreik verkündet.

Am 13. April hatte die Staatszeitung noch eine Meldung des *Hofer Anzeigers* wiedergegeben, wonach sich die Regierung Hoffmann seit dem 7. April in Bamberg befinde.[29] Und plötzlich gab es eine ernste Konkurrenz: Weil der Regierung Hoffmann die Staatszeitung nicht zur Verfügung stand, gründete sie das Blatt *Der Freistaat. Amtliches Organ der Bayerischen Landes-Regierung*, das erstmals am 8. April 1919 erschien.

Die *Bayerische Staatszeitung* war am 29. April wieder erhältlich; in dieser Ausgabe zog sie den Schluss, der Ausfall der gesamten Münchner Presse habe zur Folge gehabt, dass

Auf der Flucht vor der Rätebewegung findet die Regierung unter Johannes Hoffmann (kleines Foto) im Frühjahr 1919 in Bamberg ihre neue Bleibe. Von dort aus führt sie jedoch nicht nur den Kampf gegen die Räterepublik: Im Exil an der Regnitz erlässt sie eine neue Gemeindeverordnung und erarbeitet die Verfassung für den Freistaat, die dann am 15. September 1919 in Kraft tritt. Zwei Regierungen in Bayern: Das führt kurzfristig auch zu zwei Staatszeitungen. Die Regierung in Bamberg gründet das Blatt *Der Freistaat. Amtliches Organ der Bayerischen Landes-Regierung*. Die *Bayerische Staatszeitung* muss sich der Räteregierung in München beugen. *Der Freistaat* wird jedoch schon nach wenigen Monaten zur SPD-Zeitung nur für Bamberg und das westliche Oberfranken. 1933 wird das Blatt eingestellt.

die Menschen die Erlasse der Räteregierung nicht hätten erfahren können; dies habe einer ruhigen Entwicklung entgegengewirkt.[30] Abermals sucht man Ausgaben der *Bayerischen Staatszeitung* in den folgenden Tagen vergeblich. Erst am 4. Mai 1919 war es der Zeitung möglich, über das Ende der Räterepublik zu berichten – und sie polterte nun über „das Werk einer kleinen Gruppe landfremder bolschewistischer Fanatiker und kommunistischer Schwärmer“, von der Räteregierung sei nichts als Terror ausgegangen. Es sei eine „befreiende Tat“ gewesen, dass die Regierung Hoffmann, „die ja nie aufgehört hatte, sich ihrer Pflicht dem Lande gegenüber bewusst zu sein“, sich entschlossen habe, „mit militärischer Hilfe das Unheil zu bannen“. Das Blatt verkniff sich nicht den Tadel, dass die Regierung früher hätte eingreifen müssen: „Dass sie den Entschluss hierzu nicht fand, bürdet ihr ... einen Teil der Schuld an dem traurigen Zustand, in den Bayerns Hauptstadt geraten ist, an dem in Jahren nicht wiedergutzumachenden Verlust an wirtschaftlicher Kraft und an Ansehen, den München in aller Welt erfahren hat, auf.“[31] Wie schon in Zeiten der Monarchie wurde an die Leser appelliert, „Vertrauen in die Regierung“ zu haben.[32] Anfang Juni 1919 erhielt die *Bayerische Staatszeitung* ihr Monopol als Regierungszeitung zurück. *Der Freistaat* war von da an nur noch ein sozialdemokratisches Parteiblatt.

Bayerischer Landtag.

20. öffentliche Sitzung.

Die bayerische Verfassung.

= **Bamberg,** 12. August.

Im Hause waren heute die sämtlichen Minister erschienen mi[…] Ausnahme des in Weimar anwesenden Finanzministers. Die Ab[…] geordneten waren fast vollzählig anwesend. […] Erster Punkt der Tages[…]

[…] der Kostentragung beteiligen wird. Eine Auflösung der bisherigen bayerischen Polizeiorganisation komme nicht in Betracht.

Eine Anfrage **Dr. Hilpert** (Mittelp.), ob der Regierung bekannt ist, daß wiederholt Lehrlinge bei Streiks zur Arbeitseinstellung gezwungen wurden, beantwortete

Sozialminister **Segitz** dahin, daß der Regierung hiervon nichts bekannt sei. Solche Fälle seien jedenfalls rechtswidrig; die Urheber können nach den gesetzlichen Bestimmungen zur Verantwortung gezogen und die Lehrlinge zwangsweise in ihre Lehrstelle zurückgebracht werden.

Das Haus trat dann in die Beratung der

Verfassung

ein. Den Bericht über die Ausschußverhandlungen erstattete

Abg. **Ackermann** (Soz.). Er gab der Hoffnung Ausdruck, daß sich die Verfassung rasch in das Volksempfinden einleben werde. Ein weiteres Gesetz über die Dauer des jetzigen Landtags, das Verfassungsgesetz sein soll, sieht die Dauer des Landtags bis zum 30. Juni 1922 vor.

In der ersten Lesung ergriff zunächst

Abg. **Held** (Bayer. Vp.) das Wort. Die alte Staatsform sei durch die Revolution zerbrochen worden und es seien neue Rechtsverhältnisse geschaffen. Nachdem dies geschehen ist, müsse man auf den Boden der gegebenen Tatsachen treten. Das Ziel des Verfassungsentwurfes sei das öffentliche Wohl. Durch ihn sollen die Wege wieder geebnet werden für eine gedeihliche Entwicklung von Staat und Gesellschaft und für eine klare Darstellung der Rechtsverhältnisse des einzelnen Staatsbürgers zum Staat. Wir sind, fuhr der Redner fort, mit unserer Verfassung spät daran. Die Selbständigkeit der Einzelstaaten ist nahezu vernichtet worden, und das ist besonders für Bayern eine schmerzliche Tatsache. Gerade von unserem kulturellen Standpunkt aus müssen wir diese Zentralisierung und Unitarisierung bedauern. Wir bedauern, daß namentlich die süddeutschen Mitglieder der Nationalversammlung nicht eine derartige Unitarisierung hintanzuhalten verstanden haben. Wir sind in Bayern machtlos den Gewaltsverhältnissen gegenüber, die über uns gekommen sind. Unsere Anschauung über das Verhältnis von Staat und Kirche, Kirche und Schule ist ein grundsätzlich anderes, als es in der Reichsverfassung zum Ausdruck gekommen ist, die uns die selbständige Regelung dieser Dinge genommen hat. Das Werk, wie es zustande kommen soll, ist ein Kompromiß, hat als solches seine Mängel und kann nicht alle Teile befriedigen. Es mußte mit der Sozialdemokratie gemacht werden. Aus dieser Tatsache ganz verschiedener staatsrechtlicher Theorien ergibt sich die große Schwierigkeit, für beide Teile ein befriedigendes Ergebnis zu

BSZ vom 14. 8. 1919

Von Johannes Hoffmann zu Gustav von Kahr

Die Inflation galoppierte davon – immer spürbarer wurde die Unzulänglichkeit der Versorgung mit lebenswichtigen Gütern. Am 5. Oktober 1919 war in der Staatszeitung ein moralischer Grundsatzartikel zu lesen. Der Verfasser wandte sich gegen den Geist „eines überstiegenen, maßlosen Materialismus", der durch Enthaltsamkeit im Konsum bekämpft werden müsse: „Nur einige Monate äußerster Sparsamkeit, äußerster Zurückhaltung im Erwerb aller, aber auch aller Dinge des notwendigsten wie des Luxusverbrauchs – und Wucher- und Schiebertum werden erschlagen am Boden liegen." Ohne explizit von „Kulturbolschewismus" zu sprechen, kam der Autor den völkischen Kulturvorstellungen sehr nahe: „Ihr Dichter, Musiker, Theaterleiter; helft dem Volk heraus aus dem Sumpf des Materialismus, in dem es sonst erstickt; fegt in- und ausländischen Sensationskitsch mit eisernem Besen hinaus; lasst eine neue, große, vaterländische deutsche Kunst erblühen!" Er forderte außergewöhnliche Maßnahmen, wollte aber am demokratischen Prinzip nicht rütteln: „Man spricht da und dort von der Notwendigkeit einer Diktatur zur Wiederherstellung der Autorität der Regierungen, des Gesetzes und des Rechtes. Vielleicht ist es besser, wenn wir uns beizeiten einer anderen Diktatur unterwerfen: Der Diktatur der Pflichterfüllung!"[33]

Die Linie des Festhaltens an der Demokratie wurde auch weiterhin von der *Bayerischen Staatszeitung* verfolgt,[34] ebenso die der Bekämpfung eines zentralen Einheitsstaats.[35] Den Versuch einer gewaltsamen Beendigung der Demokratie im Reich durch den Kapp-Putsch am 13. März 1920 verurteilte sie konsequenterweise scharf: „Dass Kapp und die um ihn ... ihre Forderungen auf die Bajonette irregeleiteter Marine- und Baltikumstruppen stellten, das war ein Verbrechen am deutschen Volke, so groß, wie es in der Geschichte des Deutschen Reiches bisher nicht zu verzeichnen war."[36] Doch konnten bei dieser Gelegenheit rechte Kreise in Bayern, die politisch den Anschauungen der Leute um Kapp durchaus nahestanden, die Gunst der Stunde nutzen: Mit Hilfe General Arnold Ritter von Möhls, der an der Spitze der Reichswehr in Bayern stand, wurde die Regierung unter dem sozialdemokratischen Ministerpräsidenten Johannes Hoffmann zum Rücktritt genötigt. Für den 6. Juni 1920 war die Landtagswahl festgesetzt – in der Übergangsregierung unter dem Präsidenten der Regierung von Oberbayern, Gustav von Kahr, waren die Sozialdemokraten nicht mehr vertreten.

Gescheiterter Putsch. Diesmal ist es die Reichsregierung, die aus Berlin flieht: Wolfgang Kapp und Walther von Lüttwitz wagen mit Unterstützung von Erich Ludendorff am 13. März 1920 den bewaffneten Aufstand. Die Putschisten fordern nicht nur die (gemäß Versailler Verträge) Auflösung vieler Verbände der Reichswehr zurückzunehmen, sondern auch das Ende der Nationalversammlung und Neuwahlen zum Reichstag. Dem Putschversuch setzt die Reichsregierung den Aufruf zum Generalstreik entgegen – Berlin steht am Rande eines Bürgerkriegs mit vielen Toten. Die *Bayerische Staatszeitung* verurteilt den Putschversuch als „Verbrechen am deutschen Volke".

Die Staatszeitung war bemüht, die Lage nach Hoffmanns Fall im Sinn der neuen Regierung zu schildern: „Es kann in diesem Zusammenhange nichts schaden, wenn noch einmal ausdrücklich festgestellt wird, dass die Behauptung, die Regierung Hoffmann sei durch militärischen Druck gezwungen worden, zurückzutreten, nichts als eine Legende, ein Märchen ist, das durch die Verhandlungen im Ministerrate, die zu der zeitweisen Uebertragung gewisser Vollmachten auf General v. Möhl führten, in keiner Weise gestützt werden kann ... Exzellenz von Kahr ist kein Parteimann und war es nie; er führt ... sein Amt lediglich als Ehrenamt und auf Zeit und sucht und nimmt ehrliche Unterstützung überall dort, wo ihm solche zuteil wird ... Mit dieser Unterstützung wird er in der Lage sein, binnen kurzer Zeit wieder volle Ordnung zu schaffen und den Kampf gegen den Bolschewismus, um den es sich jetzt handelt, erfolgreich zu führen." [37]

Nach dem Kapp-Putsch erweckte die Staatszeitung laufend den Eindruck, als ob dem Staat nurmehr Gefahr von links drohe und malte das Gespenst des Bolschewismus an die Wand. Zur Sicherung gegen revolutionäre Bewegungen brauche es die aufgestellten Einwohnerwehren.[38] Gerüchte über einen möglichen monarchistischen Staatsstreich seien „dumm und töricht".[39] Das Verbreiten solcher Gerüchte sehe einer „politischen Brunnenvergiftung verzweifelt ähnlich". Kahr, der nach der Landtagswahl vom 6. Juni 1920 einer bürgerlichen Koalitionsregierung vorstand, stehe „mit seiner ganzen Politik auf durchaus realem, tragfähigem Boden und das lässt hoffen, dass es ihm immer mehr gelingen wird, Bayern wieder in die Höhe zu führen".[40] Die Politik der bayerischen Regierung gebe „dem Reiche in jeder Beziehung, was des Reiches ist".[41] Auch das Weiterbestehen des Ausnahmezustands erschien der Staatszeitung voll gerechtfertigt: „... der seines rechten Wegs bewusste Staatsbürger ist in nichts behindert und ist im übrigen mit allen Vorkehrungen einverstanden, welche für die Aufrechterhaltung von Ruhe, Ordnung und Sicherheit getroffen werden, wenn sie nur wirksam sind". Weiter heißt es: „Die Erinnerungen an die Leiden, welche Revolution und Räteherrschaft gebracht, ist noch zu frisch, die Agitation der radikalen Führer und ihrer Presse zu aufreizend, als dass man Vertrauen auf eine ruhige Zukunft haben könnte." [42]

Die Frage der Einwohnerwehren wurde zu einer Lebensfrage Bayerns hochstilisiert.[43] Moskau wolle, dass eine „große bolschewistische Bewegung" in Deutschland ausbreche: „Unter solchen Verhältnissen den Schutz der Einwohnerwehren aufzugeben, wäre gleichbedeutend mit Selbstmord", warnte das Blatt. Alle Meldungen über geplante Staatsstreichaktionen von rechts, wie sie zum Beispiel im Zusammenhang mit Kapitän Hermann Ehrhardt und dessen Verbindungen nach Bayern kursierten, wurden als Märchen abgetan.[44] Man vermied es allerdings, die Agitation gegen die Linke mit antisemitischer Stimmungsmache zu verbinden.

Als der Reichsrat am 12. März 1921 mit allen Stimmen gegen die Bayerns ein Verbot der Einwohnerwehren beschloss, zeigte sich die Staatszeitung nicht beeindruckt: „Der Beschluss des Reichsrats wird Bayern natürlich nicht davon zurückhalten können, den einmal für recht erkannten Standpunkt auch im Reichstage zu vertreten." [45] Immer wieder wurde betont, dass der überwiegende Teil des Volkes hinter Kahr stehe.[46] Und doch: Nach dem Ultimatum der alliierten Siegermächte an die Reichsregierung

1920 beginnt der Krieg gegen den Alkohol – zumindest in den USA: Die Prohibition tritt in Kraft, die bis 1933 dauern wird. Die einen schütten Hochprozentiges in die Gullis – die anderen produzieren es illegal. Die organisierte Kriminalität blüht auf. Wer zu dieser Zeit in Deutschland Gedanken ans Brennen hegt, mag sich einen Sack voller Kohlen herbeiwünschen: Allerorten mangelt es an dem Rohstoff, die Siemenswerke müssen gar ihren Betrieb (35 000 Arbeiter) ruhen lassen. Die Krisenzeit bietet rechten Kräften einen idealen Nährboden – in ihrer Versammlung am 24. Februar 1920 im Münchner Hofbräuhaus benennt sich die DAP in NSDAP um. Aber auch eine bis heute währende kulturelle Tradition nimmt in diesem Jahr ihren Anfang: In Salzburg finden die ersten Festspiele mit dem *Jedermann* statt.

Ein Jahr länger als im Reich gibt es in Bayern die Einwohnerwehr – hier mit gefangen genommenen Rotarmisten im Mai 1919 auf dem Münchner Max-Joseph-Platz. Auf Anordnung aus Berlin (Versailler Verträge) muss diese bewaffnete Selbstschutzeinrichtung aufgelöst werden.

musste Bayern die Entwaffnung der Einwohnerwehren akzeptieren. Die Staatszeitung kommentierte: „Die Not des Vaterlandes lässt keinen anderen Ausweg zu. Die Befolgung der amtlichen Anordnungen ist jetzt vaterländische Pflicht. Aber sorgen wir dafür, dass der Geist, der die Einwohnerwehr bisher beseelte, erhalten bleibt.“ [47]

In der Nacht des 9. Juni 1921 wurde der Landtagsabgeordnete der Unabhängigen Sozialdemokraten, Karl Gareis, durch zwei Schüsse ermordet. Der württembergische Gesandte Moser von Filseck hielt es für naheliegend, dass der Mörder beeinflusst war von der Stimmung, die durch den Streit über die Einwohnerwehren entstanden war; für die aufgeladene Atmosphäre machte er teilweise die „maßlosen Hetzereien“ einiger Zeitungen verantwortlich.[48] Die Staatszeitung zählte zwar nicht dazu, war aber pflichtschuldigst bemüht, die Regierung Kahr möglichst zu entlasten. Sie brandmarkte zwar das „gar nicht genug zu verurteilende, verabscheuungswürdige Verbrechen an dem Abg. Gareis“,[49] stellte aber fest: die beiden sozialdemokratischen Parteien hätten zusammen mit dem Gewerkschaftsverein und dem Aktionsausschuss der Betriebsräte einen dreitägigen Generalstreik ausgerufen, ohne den Schein eines Beweises für politische Motive zu haben, die zu der Tat geführt haben könnten. Sie warf außerdem den sozialdemokratischen Zeitungen „maßlose Verhetzung“ gegen die Staatsautorität vor. Aus ihrer Sicht suchte die Linke nur einen Vorwand, um auf den Sturz Kahrs hinzuarbeiten: „Die Ereignisse dieser Tage sind letzten Endes nur ein Ausfluss der Hetze, die unausgesetzt gegen das Ministerium Kahr betrieben worden ist ... Der Mord an dem Abg. Gareis bildete nur den äußeren Anlass zu der Aktion, die ebenso wie ihr eigentliches Ziel, der Sturz des Ministeriums Kahr, schon längst feststand ... Die Auswirkungen dieser letzten Tage werden ganz gewiss nur dahin gehen, dass sich die ordnungsliebende Bevölkerung nur noch fester um die Regierung schart.“ [50]

In ihrer Ergebenheit für Kahr, die offenbar der tiefsten persönlichen Überzeugung Scharres und nicht nur seiner Pflicht als Chef des Regierungsblatts entsprach, griff die Staatszeitung auch die *Karlsruher Zeitung* an, das amtliche Organ der badischen Regierung. Aus dessen Sicht waren die Verhältnisse in München und im südlichen Bayern so, dass kein Mensch mehr seiner Gesundheit und seines Lebens sicher war, der eine linksgerichtete Politik betrieb. Die Staatszeitung empörte sich über diese Schilderung, „die geradezu unerhört ist“.[51] Unbeeindruckt wiederholte das Karlsruher Blatt seine Anschuldigungen in einer weiteren Nummer. Es sprach von der „notorischen Roheit“ und „fanatischen Haltung eines Teils der Bevölkerung in Südbayern“.[52] Der badische Staatspräsident Gustav Trunk distanzierte sich schließlich öffentlich von diesen Artikeln.[53]

Immer wieder warnte die *Bayerische Staatszeitung* vor einem Putsch von links. Der Mord an dem ehemaligen Reichsfinanzminister Matthias Erzberger wurde zwar als „höchst bedauernswerte Untat“ verurteilt, gleichzeitig aber behauptet: „Erzberger ist in erster Linie mitschuldig an dem unglücklichen Ausgange des Weltkrieges sowie an dem in seinen Folgen für Deutschland so verheerenden Versailler Vertrage und seiner Annahme.“ Er sei „als Schädling seines Volkes seit langem entlarvt“.[54] Damit war ein für das Blatt ungewöhnlicher, extremer Ton angeschlagen, von dem sich die Staatsregierung distanzieren musste. Reichskanzler Joseph Wirth kritisierte die *Bayerische Staatszeitung* in einer Rede äußerst scharf. Die Redaktion nahm schließlich Abstand von der Formulierung und schob die Schuld auf den Redakteur Hans Huber, der an diesem Tag Chefredakteur Max Scharre vertreten hatte.

Bayerische Staatszeitung und Bayerischer Staatsanzeiger

Nr. 244 München, Mittwoch, den 19. Oktober 1921 9. Jahrgang

König Ludwig III. †

Der letzte König Bayerns stirbt am 18. Oktober 1921. Die Gebeine von Ludwigs 1919 verstorbener Gattin Marie Therese werden von Schloss Wildenwart nach München überführt – beider Beisetzung im Dom findet am 5. November statt. Am 26. August des gleichen Jahres stirbt Ludwig Thoma, der in unvergleichlicher Art den Alltag Bayerns schilderte.

Matthias Erzbergers Ermordung führte von Seiten des Reichs zu der am 29. August 1921 erlassenen Notverordnung zum Schutz der Republik. Kahr wollte seinerseits weiter mit dem bayerischen Ausnahmezustand regieren und verhielt sich kompromisslos. Die Staatszeitung agitierte heftig gegen die Reichsregierung.[55] Als diese protestierte, verdeutlichte Max Scharre, dass die Ansichten der bayerischen Regierung nicht mit denen der Redaktion gleichgesetzt werden dürften. Scharre stellte damit den Charakter der Staatszeitung als Regierungsorgan bis zu einem gewissen Grad in Abrede. Kahrs extremen Kurs wollte allerdings ein Großteil der Bayerischen Volkspartei nicht mehr mittragen. So blieb ihm nur der am 12. September 1921 erfolgte Rücktritt. Die Staatszeitung behauptete, Kahrs starre Haltung sei aus seinem „tief ausgeprägten Verantwortungsgefühl heraus" zu verstehen.[56]

Über den neuen Ministerpräsidenten Graf Lerchenfeld glaubte die Staatszeitung schon sagen zu können, „dass ihm das Vertrauen weitester Kreise des bayerischen Volkes entgegenkommt ... Der Geist der Aufrechterhaltung der Ruhe und Ordnung, von dem die Regierung Kahr getragen war, und der Geist der Wahrung der bayerischen Rechte im Rahmen der Reichsverfassung wird auch der Geist der Regierung Lerchenfeld sein."[57]

Scharres persönliche Abrechnung

Weiten Kreisen der bürgerlichen Presse und der Münchner Justiz war jedes Mittel recht, um die an der Revolution von 1918 Beteiligten und die Gegner der rechtsgerichteten Wehrverbände bis zum Äußersten zu verfolgen. Die geschiedene Frau von Eisners Sekretär Fechenbach hatte nach Beratung durch Paul Nikolaus Cossmann, der eine weitere Gelegenheit ausmachte, Eisners Sekretär moralisch zu vernichten, eine Denunziationsschrift an die Staatsanwaltschaft geleitet, in der ihr Exmann des Landesverrats bezichtigt wurde. Nach einem dubiosen Prozess wurde Fechenbach am 20. Oktober 1922 zu elf Jahren

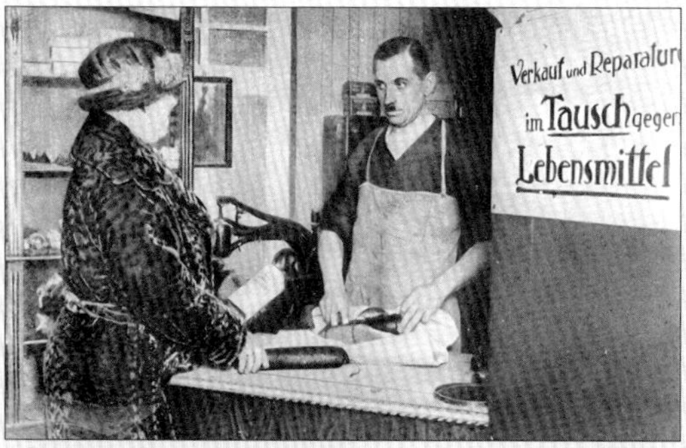

Die Goldenen Zwanziger

sind ein turbulentes Jahrzehnt: Das Nachkriegsdeutschland leidet unter Arbeitslosigkeit, Hunger, Armut und einer Hyperinflation – die Kinder können mit Milliarden Türmchen bauen. Erst Rentenmark und Kredite (vor allem aus Amerika) beleben die Konjunktur, lassen Wirtschaft, Kunst und Wissenschaft erblühen. Und Deutschland feiert wild mit schrägen Tänzen (Charleston) und Jazz. Die Menschen stehen Schlange an Kinokassen, um sich Visionäres wie Fritz Langs *Metropolis* anzusehen, sich in Murnaus *Nosferatu* wohlig zu gruseln oder in Chaplins *Goldrush* vom großen Glück zu träumen. Die Entdeckung des Tutanchamun-Grabes heizt zusätzlich die Phantasie von unendlichem Reichtum an. Grenzen werden überwunden: Gertrude Ederle durchschwimmt in 14 Stunden 32 Minuten als erste Frau den Ärmelkanal – zwei Stunden schneller als der bisherige Weltrekordhalter. Charles Lindbergh ist der erste Pilot, dem im Alleinflug die Überquerung des Atlantiks von New York nach Paris ohne Zwischenlandung gelingt.

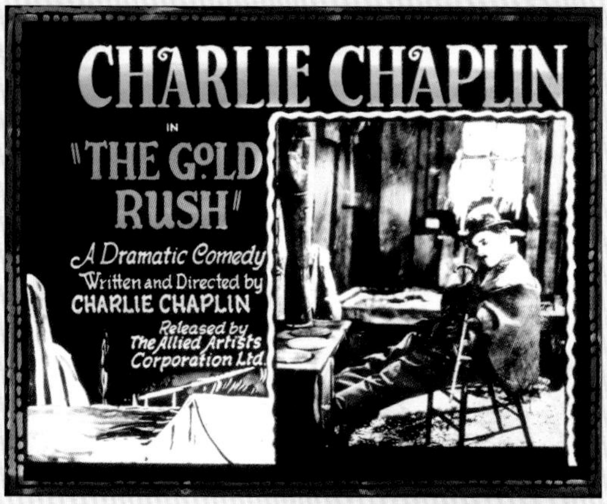

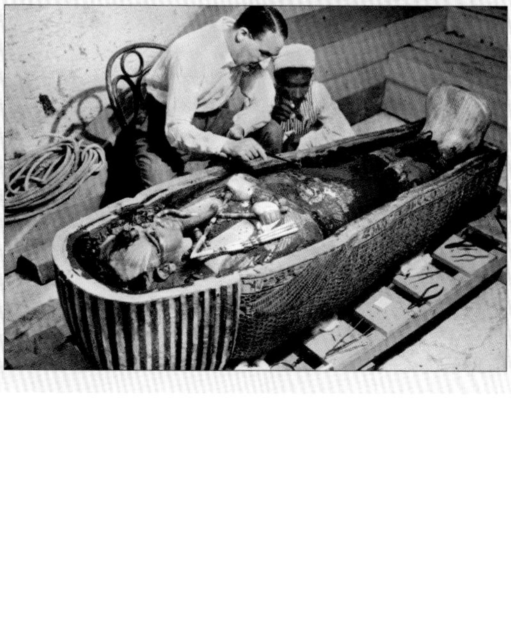

Zuchthaus und zehn Jahren Ehrverlust verurteilt, unter anderem weil er einem Schweizer Journalisten ein diplomatisches Schriftstück aus den Tagen vor Ausbruch des Ersten Weltkriegs übergeben hatte, das über Erzbergers Annexionsvorstellungen Aufschluss gab. Fechenbach wurde während des Prozesses in den *Münchner Neuesten Nachrichten*, deren Herausgeber Cossmann war, auf das Übelste geschmäht, was sich nach dem Urteil fortsetzte. In diesen Chor fiel auch die Staatszeitung ein: „Dass die politische Laufbahn Fechenbachs, in dem seine Rolle als ‚rechte Hand Eisners' einen Dünkel ohne gleichen hatte groß werden lassen und der genau wie sein Herr und Meister erfüllt und getrieben war von politischen Ideen, die ebenso laienhaft wie phantastisch waren, so enden würde, wie es jetzt geschehen, konnte unschwer voraussehen, wer die inneren Triebe erkannt hatte, die diesen ‚Revolutionshelden' bei seinem Vorgehen leiteten. Es waren maßlose Eitelkeit und der Ehrgeiz, eine politische Rolle zu spielen … daneben war es ein fanatischer Hass gegen die bürgerliche Gesellschaft, der Fechenbach allerdings nicht abhielt, nach dem Ende der Ära Eisner den Hauptschriftleiter der *Bayerischen Staatszeitung*, die er von der ersten Stunde der Revolution … zu drangsalieren und zu vergewaltigen wusste, um Aufnahme in den Redaktionsverband zu bitten. Eine Gesinnungslumperei, die natürlich kein Verständnis fand."[58] Der Opportunist Max Scharre, der gleichermaßen die monarchistischen Regierungen, den Revolutionär Eisner und den Reaktionär Kahr gepriesen hatte, fand nichts dabei, bei dieser Gelegenheit auch noch eine persönliche Rechnung zu begleichen.

Die Ermordung des Reichsaußenministers Walther Rathenau am 24. Juni 1922 führte erneut zu Spannungen zwischen dem Reich und Bayern. Die Staatszeitung verurteilte zwar den Mord, gleichzeitig aber auch den als Konsequenz vorliegenden Entwurf eines Republikschutzgesetzes: „Einer der befähigsten deutschen Köpfe, der an verantwortungsvoller Stelle als Außenminister des Reiches sich selbstlos in den Dienst seines Volkes gestellt hatte und der in dieser Stellung viel schon erreicht und ohne Zweifel noch Großes gewollt hat, ist von unreifen, mit ihren Auffassungen völlig in die Irre gehenden Mordbuben … meuchlings getötet worden. Der Abscheu über diese Tat ist überall gleich groß … Was aber gegenwärtig in Berlin vor sich geht, das ist nicht der Kampf für den Staat und das Wohl des Volkes, sondern das ist der Kampf einseitiger politischer Richtungen um die Macht im Staate."[59] Nachdem Bayern noch vor dem Erlass gewisse Zugeständnisse gemacht worden waren, hielt auch die Staatszeitung das Gesetz für akzeptabel. Die bayerische Regierung habe damit Erfolge für den Föderalismus und für Bayern erzielt, die von keiner Seite verkannt werden könnten.[60]

Schließlich kam die Zeitung sogar nicht umhin einzuräumen, dass auch von rechts Bestrebungen für einen gewaltsamen Umsturz existierten: „Wir wollen gar nicht daran zweifeln, dass es durchaus vater-

Die Ermordung des Industriellen (AEG) und Außenministers Walther Rathenau am 24. Juni 1922 ist antisemitisch motiviert. Die Attentäter gehören der Operation Consul an, einer rechten Terrorgruppe. Der Mord löst deutschlandweit Bestürzung und Demonstrationen aus.

Der Mord an Rathenau.

Kundgebungen der Reichsregierung. — Verordnungen zum Schutze der Republik. — Sturm im Reichstag.

Die Schüsse, die am Samstag von frecher Mörderhand auf den Reichsminister des Aeußern Dr. Rathenau abgegeben worden sind und leider nur zu gut getroffen haben, zeigen wieder einmal, daß wir noch weit entfernt von einer Beruhigung der Gemüter sind, wie sie zur Ausgleichung unserer inneren Lage und zur Ueberwindung der von Außen kommenden Schwierigkeiten dringend vonnöten ist. Wir empfinden mit Schaudern, daß wir vor einem gräßlichen Abgrund stehen, aus dem uns Wahnsinn, Fanatismus, Mordsucht, roheste Gewaltpolitik wie eine unheimliche Fratze entgegenstarrt! Auch der ursprünglich Gleichgültige muß sich ergriffen fühlen von dem Schrecklichen, das immer dreister, immer unerschrockener hervortritt und mit unheimlicher Sicherheit ein Todesopfer nach dem andern aus dem politischen Leben herausholt.

Wo stehen wir? Fühlen wirs nicht alle, daß wir in die erstickende Atmosphäre eines politisch verirrten vaterländischen Wahns, einer geheimen Fehme geraten sind, in der ein freies, demokratisches Gemeinschaftsleben der Staatsbürger einfach unmöglich wird?

Die Schüsse sind Alarmsignale, leider wohl auch für den Linksradikalismus, in erster Linie aber für das Gewissen! Nicht nur um das rein menschliche Empfinden, das solche Tat des Meuchelmords verabscheut, handelt es sich, um einen Weckruf für das christliche, aber auch für das vaterländische und staatsbürgerliche Gewissen.

Wir kennen die Mörder noch nicht, aber das Opfer kann uns sagen, daß es politische Wirrköpfe, Fanatiker sein müssen. Sie werden sich für vaterländische Helden halten und es wird vielleicht leider in Deutschland Leute geben, die sich im stillen des „Erfolges" freuen. Es sei fern von uns, den Mord einer bestimmten Partei anzuheften. Aber das muß offen ausgesprochen werden: es genügt nicht, die Tat aus rein menschlichem Empfinden heraus zu verurteilen, es muß Front gemacht werden gegen den ganzen falschen Geist, der aus der Schreckenstat spricht. Dieser Mord und das ganze Mordsystem, das sich hier zu enthüllen scheint, ist mehr als ein Verbrechen gegen ein Menschenleben. Dieses System bedroht den Staatsgedanken, die Staatsfreiheit, ja die Vaterlandsidee überhaupt. Wenn die Mordpolitik herrschen soll, dann …

Das Neueste vom Tage.

Wie in Berliner parlamentarischen Kreisen verlautet, ist der deutsche Gesandte in Brüssel, Dr. Landsberg, als Nachfolger Dr. Rathenaus in Aussicht genommen.

Die Leitung des Auswärtigen Amtes ist vom dienstältesten Staatssekretär, von Haniel, übernommen worden.

Der Reichstagsausschuß zur Untersuchung des Falles Hermes beschloß heute in einer kurzen nicht öffentlichen Sitzung, die Untersuchung noch vor Beginn der Ferien zu Ende zu führen.

Das preußische Ministerium des Innern hat den Film „Hindenburgs Reise nach Ostpreußen" mit sofortiger Wirkung verboten.

Nachdem der Großindustrielle Przanowski abgelehnt hatte, ist die polnische Ministerpräsidentschaft vom Staatschef Pilsudski nunmehr dem Vizepräsidenten der Stadt Warschau, Sliwinski, angeboten worden.

zwischen fuhren die Verfolger abermals an seinen Wagen und schleuderten ihm eine Handgranate entgegen.

Der Leichenbefund.

Die Obduktion der Leiche Rathenaus ist am Sonntag vormittag im Schauhause von mehreren Gerichtsärzten unter Hinzuziehung eines Schießsachverständigen vorgenommen worden. Die Untersuchung der Leiche ergab, daß der Minister von fünf Kugeln durchbohrt worden und wahrscheinlich schon der erste Schuß, der links vom Rücken durch die Brust ging und den rechten Lungenflügel durchschlug, tödlich gewesen ist. Der erste Schuß fiel, als das Auto der Mörder von hinten unmittelbar an den Wagen des Ministers herangekommen war, also aus unmittelbarer Nähe. Von der Handgranate rühren die Verletzungen an der linken Hand sowie am rechten Beine und Fuße her. Nach dem Gutachten des Schießsachverständigen ist ohne Zweifel mit einer Maschinenpistole geschossen worden.

gewisse Geheimorganisationen und namentlich auf die Organisation C (Consul). Es erscheint nicht ausgeschlossen, daß Zusammenhänge zwischen der Ermordung Erzbergers, dem Mordversuche auf Scheidemann und dem Attentate auf Dr. Rathenau vorhanden sind. Hunderte Beamte der Polizei sind in Gruppenstreifen eingeteilt, die die ganze Mark Brandenburg absuchen. Alle Automobilfabriken müsse angeben, an wen sie in der letzten Zeit Automobile verkauft haben; alle Automobilbesitzer müssen Auskunft über den Verbleib ihrer Wagen geben. Auch der kleinste Ort im Reiche hat strenge Anweisung erhalten, alle Personen festzunehmen, die sich irgendwie verdächtig machen. Die Grenze wird auf das schärfste überwacht.

Verhaftungen.

ht. Berlin, 26. Juni. (Drahtb.)

Auf Veranlassung des Polizeipräsidenten ist auf Grund der gestrigen Rede des Abg. Wels gestern der Bruder des Oberleutnants Tillessen, Kapitänleutnant Karl Tillessen in Flensburg verhaftet und heute nach Berlin gebracht worden. Ebenso ist auf Veranlassung der Staatsanwaltschaften Berlin und Kassel Kapitänleutnant Hoffmann in München heute vormittag festgenommen worden, da er verdächtigt worden ist, an dem Attentat auf Scheidemann und an der Ermordung Rathenaus mitgewirkt zu haben. Hoffmann bestreitet, mit beiden Taten das Geringste zu tun zu haben. Die gestern in Berlin vorgenommenen zehn Verhaftungen von Angehörigen der Organisation C sind heute bis auf eine wieder aufgehoben worden.

*

Das bisherige Untersuchungsergebnis.

Die Nachforschungen der politischen Kriminalpolizei haben bisher ergeben, daß es sich um ein von langer Hand vorbereitetes Attentat handelt. Die Täter haben höchstwahrscheinlich den Minister schon seit Wochen auf seinen Fahrten in die Stadt beobachtet und als günstigste Stelle zur Ausführung ihres Planes die Ecke der Königsallee und der Wallotstraße erkannt. Dort kreuzen sich eine Anzahl von Straßen …

BSZ vom 26. 6. 1922

Mussolini an der Spitze der faschistischen Bewegung in Italien: Mit seinem „Marsch auf Rom" (1922) übernimmt der „Duce" die Macht und führt das Land als Diktator, gestützt von der Geheimpolizei OVRA. Vom Vatikan lässt er die Finger: Die Lateranverträge bestätigen dessen staatliche Eigenständigkeit und Souveränität.

ländische Erwägungen sind, die jene Kreise, die mit dem Gedanken einer Diktatur spielen, zu ihren Absichten veranlassen; aber dem Vaterlande dient in seiner gegenwärtigen verzweifelten Lage wahrhaft nur der, der auf gesetzlichem Wege bleibt."[61] Den Kreisen, die Kahr getragen hatten, war Graf Lerchenfeld zu gemäßigt; zudem wurden, um ihn bloßzustellen, Details über sein Privatleben verbreitet. Er trat ohne konkreten äußerlichen Anlass am 2. November 1922 zurück. Die Staatszeitung drückte sich über die Gründe kryptisch aus: In Berlin, aber auch in Bayern bestünden Tendenzen, die jeweils entgegengesetzt seien, und die „auch den ehernsten Willen und die robusteste Kraft zum Erlahmen bringen müssen". Immerhin habe Lerchenfeld das schwierigste ihm gestellte Problem gelöst: „Den Ausgleich der Gegensätze zwischen Berlin und München ... soweit es, ohne den Reichsgedanken ernstlich zu gefährden, überhaupt zu lösen war."[62]

Die Regierung Knilling

Die Aktivitäten der nationalistischen paramilitärischen Verbände sowie der Nationalsozialisten und ihrer Hintermänner wurden von der *Bayerischen Staatszeitung* verharmlost. Als in der Berliner Presse nach Übungen der vaterländischen Verbände und der Nationalsozialisten am 25. März 1923 die Gefahr eines Putsches und eines Marsches der Hitler-Gruppen nach Berlin befürchtet wurde, erblickte das regierungsnahe bayerische Blatt darin nur die Absicht der „Erregung von Misstrauen gegen München und Bayern". Wer zu diesem Zweck die Presse missbrauche, „der hat das Recht auf die für die Presse geltenden Schutzbestimmungen verwirkt. Er ist ein Schädling am Vaterlande und verdient dementsprechend behandelt zu werden."[63] Meldungen der sozialdemokratischen Presse in- und außerhalb Bayerns, wonach politische Mörder und ihre Hintermänner in Bayern von den Behörden gedeckt würden, tat die Zeitung als bloße „Hetze gegen Bayern" ab.[64]

Erst die Berichterstattung des *Völkischen Beobachters* nach dem provozierenden Auftreten der Nationalsozialisten in München am 1. Mai 1923 bewegte die Staatszeitung zu einer scharfen Stellungnahme. Bei den Auslassungen der nationalsozialistischen Parteizeitung handle es sich um „Ausflüsse schlimmster und gefährlichster Demagogie ... einer Demagogie, die nur darauf abzielt, die Staatsautorität zu mindern und einer skrupellosen Agitation neuen Boden zu gewinnen".[65]

Nach der unvermeidlichen Aufgabe des passiven Widerstands gegen die alli-

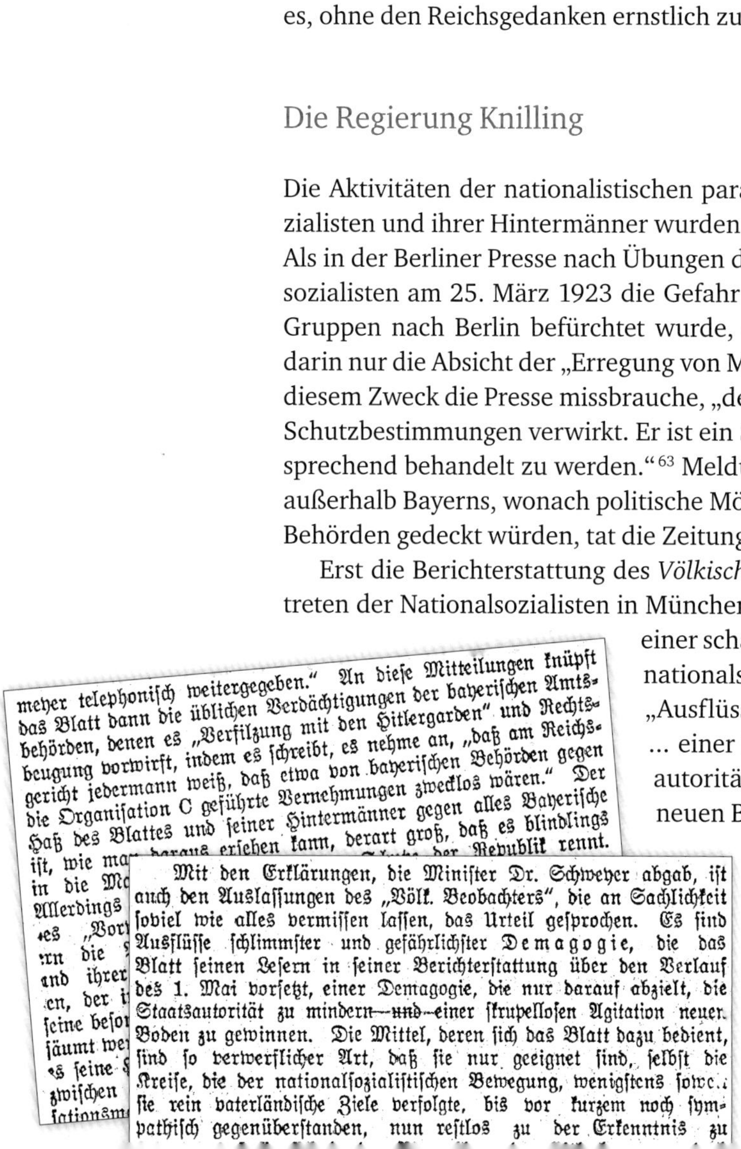
meyer telephonisch weitergegeben." An diese Mitteilungen knüpft das Blatt dann die üblichen Verdächtigungen der bayerischen Amtsbehörden, denen es „Verfilzung mit den Hitlergarden" und Rechtsbeugung vorwirft, indem es schreibt, es nehme an, „daß am Reichsgericht jedermann weiß, daß etwa von bayerischen Behörden gegen die Organisation C geführte Vernehmungen zwecklos wären." Der Haß des Blattes und seiner Hintermänner gegen alles Bayerische ist, wie man daraus ersehen kann, derart groß, daß es blindlings ... der Republik rennt.

Mit den Erklärungen, die Minister Dr. Schweyer abgab, ist auch den Auslassungen des „Völk. Beobachters", die an Sachlichkeit soviel wie alles vermissen lassen, das Urteil gesprochen. Es sind Ausflüsse schlimmster und gefährlichster Demagogie, die das Blatt seinen Lesern in seiner Berichterstattung über den Verlauf des 1. Mai vorsetzt, einer Demagogie, die nur darauf abzielt, die Staatsautorität zu mindern ~~und~~ einer skrupellosen Agitation neuen Boden zu gewinnen. Die Mittel, deren sich das Blatt dazu bedient, sind so verwerflicher Art, daß sie nur geeignet sind, selbst die Kreise, die der nationalsozialistischen Bewegung, wenigstens sowe... sie rein vaterländische Ziele verfolgte, bis vor kurzem noch sympathisch gegenüberstanden, nun restlos zu der Erkenntnis zu

BSZ vom 3. 4. und 4. 5. 1923

ierte Besetzung linksrheinischen Reichsgebiets verschärfte sich die innenpolitische Erregung weiter. Die bayerische Staatsregierung ernannte schließlich zur Genugtuung der Staatszeitung Gustav von Kahr zum Generalstaatskommissar mit Sondervollmachten: „Die zur Notwendigkeit gewordene Einstellung des passiven Widerstandes an Rhein und Ruhr und die rasend steigende Teuerungswelle der letzten Tage haben erneut einer Verzweiflungsstimmung Nahrung gegeben … Der Name v. Kahr bedeutet seit langem schon einen Mittel- und Sammelpunkt für die vaterländisch gesinnten Kreise in Bayern, die gewillt sind, auf dem Boden des Rechts und der Verfassung zu bleiben, die rechtmäßige national gerichtete Regierung im Kampf gegen Gewalt und Umsturz, von woher immer er kommt, zu unterstützen … eine Regierung, die regieren und voraussehen will, kann nicht warten, bis die drohenden Gefahren Ereignisse geworden sind und in ihrer Entwicklung über Regierungsentschlüsse hinweggehen … Das bayerische Volk wird aus der entschiedenen Haltung der Regierung erneut Vertrauen und Kraft schöpfen können.“[66] Jede Kritik an dieser Maßnahme wies die Staatszeitung zurück: „Die Phantasie der *Münchener Post* von einem ‚trockenen Putsch‘ usw. ist eitel Wahn.“[67] Es sei eine „perfide Verleumdung“ zu behaupten, der Generalstaatskommissar habe von irgendeiner Seite eine Marschroute erhalten.[68]

Als Reichswehrminister Otto Geßler nach Angriffen auf Reichskanzler Gustav Stresemann und den Chef der Heeresleitung, General Johannes von Seeckt, gegen den Willen Kahrs ein Verbot des *Völkischen Beobachters* anordnete, verweigerte der Kommandeur der bayerischen Reichswehrdivision, General Otto Herrmann von Lossow, den Vollzug und erklärte, einen Konflikt mit der bayerischen Regierung unter allen Umständen vermeiden zu wollen.

1923 veranstaltet die NSDAP ihren ersten Reichsparteitag in München; doch schon bald wird Nürnberg die Stadt der Reichsparteitage, wo zuletzt mehr als eine halbe Million Menschen an dem Spektakel teilnimmt. Am 9. November 1923 wagt Hitler in München einen Putschversuch: Das Foto unten zeigt Heinrich Himmler mit Fahne und Ernst Röhm im Mantel mit Pelzkragen hinter einer Barrikade. Hitler wird wenige Tage später verhaftet, die NSDAP verboten.

Proklamation

an das deutsche Volk!

Die Regierung der Novemberverbrecher in Berlin ist heute für abgesetzt erklärt worden.

Eine provisorische deutsche National-Regierung ist gebildet worden.

Diese besteht aus

General Ludendorff, Adolf Hitler

General von Lossow, Oberst von Seisser

Die Wiederherstellung der Staatsautorität.

Ruhe und Ordnung in München — Hitlers Ehrenwortbruch — Erklärungen der Herren v. Kahr, General v. Lossow und Oberst v. Seißer

* München, 10. Nov.

Die fünfte Wiederkehr des Tages, der den Ausbruch der Revolution und damit die endgültige Besiegelung des Niederganges Deutschlands sah, hat für das zu einem neuen, freien und stolzen Deutschtum aufstrebende Bayernvolk schmerzliche Ereignisse gezeitigt. Man hatte gehofft und alles darauf angelegt, daß dieser Tag nach fünf Jahren harter seelischer Qual und leiblicher Pein dem Auftrieb zu nationaler Höhe, der sich überall bemerkbar machte, neuen Impuls geben sollte; in einer tief schürfenden Rede wollte Generalstaatskommissar von Kahr nicht nur seinen Bayern, sondern dem ganzen deutschen Volke, der ganzen Welt verkünden

Das Neueste vom Tage.

Die deutsch-demokratische Landtagsfraktion hat die sofortige Einberufung des bayerischen Landtags gefordert.

In Landau hat sich …

Eine authentische Darstellung über den Gang der Ereignisse.

Die „Corresp. Hoffmann“ veröffentlicht folgende authentische Erklärung über den Hitler-Putsch:

In den letzten Wochen hat Hitler in Besprechungen mit General v. Lossow und Oberst v. Seißer wiederholt freiwillig und ohne jeden Zwang zugesichert, daß er loyal sein und nichts unternehmen werde, ohne vorher die genannten Herren in Kenntnis gesetzt zu haben. In gleicher Weise hat General Ludendorff dem General v. Lossow und dem Obersten v. Seißer in feierlicher Weise Loyalität zugesichert und hinzugefügt, wenn die Wege der Herren nicht mehr zusammengehen könnten, so würde das Loyalitätsverhältnis vorher freundschaftlich aufgekündigt werden. Erst dann sollte jeder die Wege gehen können, die zu gehen er nach seinem Gewissen für notwendig halte. Am Dienstag, den 6. November, nachmittags, legte der Generalstaatskommissar vor versammelten Führern der vaterländischen Verbände, darunter auch den Führern des Kampfbundes, seine Auffassung der Lage dar und zugleich den bestimmten Willen, denselben Zielen wie die vaterländischen Verbände zuzustreben. Dabei wurden die Führer ausdrücklich vor Putschen gewarnt mit dem Hinweis, daß gegen solche mit militärischen Mitteln eingeschritten werden müßte. Am 8. November, nachmittags von 4 bis 5 Uhr 30 Min., fand eine Besprechung zwischen Exzellenz von Kahr, General Ludendorff, General v. Lossow und Oberst von Seißer im Generalstaatskommissariat statt. In dieser Besprechung wurde Einheitlichkeit in bezug auf die erstrebenswerten Ziele festgestellt, wenn auch General Ludendorff in bezug auf das Tempo drängte angesichts der großen Notlage, in der sich weite Kreise des deutschen Volkes befänden.

Gleichwohl fand wenige Stunden später gegen ½9 Uhr abends in der überfüllten Versammlung im Bürgerbräukeller, während Exzellenz von Kahr seine angekündigte Rede hielt, ein erpresserischer Ueberfall durch Hitler mit einem starken, bewaffneten Anhang statt, wobei Kahr, Lossow und Seißer mit vorgehaltener Pistole gezwungen werden sollten, bei der Verwirklichung der von Hitler schon lange gehegten Pläne, nämlich der Aufstellung einer Reichsdiktatur Hitler-Ludendorff in Bayern mitzutun. Jedermann, der Zeuge dieses, an sich schon überaus häßlichen, in Anbetracht der gegebenen Versprechungen und Zusagen doppelt niederträchtigen Ueberfalles war, mußte das Verächtliche und Verabscheuungswürdige dieser Tat empfinden, insoferne er über die hier Vorgestellte

BSZ vom 10. 11. 1923

Prominente Rechtsfälle:

Der Serienmörder Friedrich Haarmann nach seiner Verhaftung 1924. Er wird beschuldigt, zwischen 1918 und 1924 in der Umgebung von Hannover 24 junge Männer und Jugendliche umgebracht und zerstückelt zu haben. Er wird zum Tod verurteilt und durch das Fallbeil hingerichtet. Unten Adolf Hitler nach seiner Haftentlassung in Landsberg im selben Jahr. Für seinen Putschversuch stand er zwar wegen Hochverrats vor Gericht, kam aber mit fünf Jahren Festungshaft und der Chance auf vorzeitige Haftentlassung frei – was schon nach neun Monaten eintraf.

Die Staatszeitung fand dieses Verhalten völlig angemessen: „Der General hatte durchaus richtig erkannt, dass ihn die Ausführung eines solchen Befehls in einen schweren Konflikt mit der bayerischen Regierung bringen musste, der durchaus nicht im Interesse der Beziehungen zwischen Bayern und dem Reiche lag und in der gegenwärtigen Zeit zu unabsehbaren Folgen hätte führen müssen ... Die Politik, die von der bayerischen Regierung und dem bayerischen Generalstaatskommissar getrieben wird, entspricht nicht nur den bayerischen Staatsinteressen, sondern sie ist zugleich auch gut deutsch ... und sie ist deshalb eine Politik, die auch dem Reiche und der Reichseinheit dienen soll.“ [69]

Vom Hitlerputsch wurde auch die Redaktion der *Bayerischen Staatszeitung* überrascht. Mit dem Verhalten von Chefredakteur Scharre während dieses Ereignisses war Ministerpräsident Eugen Ritter von Knilling äußerst unzufrieden. Er informierte Ende November 1923 den Verlag: „Die *Bayerische Staatszeitung* hat bei der Berichterstattung über die Ereignisse vom 8. und 9. November 1923 in München eine Haltung eingenommen, die zu den ernstesten Bedenken Anlass geben musste. Diese Bedenken sind nicht nur darin begründet, dass es die *Bayerische Staatszeitung* unterlassen hat, den Standpunkt der gesetzmäßigen Staatsgewalt gegenüber der umfassenden, wahllos mit allen Mitteln arbeitenden Propaganda des Kampfbundes mit der gebotenen Schärfe und Entschiedenheit zu unterstützen. Über diese Unterlassung hinaus hat die Staatszeitung bei der kritischen Würdigung der Ereignisse im ganzen und im einzelnen, bei der Tatbeurteilung der an dem Putsche beteiligten Personen und bei der Anordnung und journalistischen Behandlung des Stoffes nicht verstanden, den Schein einer gewissen Parteinahme für die an dem Putsch beteiligten Kreise zu vermeiden.“ [70] So hatte die Zeitung beispielsweise in der Ausgabe unmittelbar nach dem Putsch in dem Bericht „Ein blutiger Zwischenfall“ den Zusammenstoß an der Feldherrnhalle so geschildert, dass der Eindruck entstand, die Truppen der gesetzmäßigen Regierung hätten ohne genügende Veranlassung die schuldlos und friedlich marschierenden Kolonnen des Kampfbunds mit mörderischem Feuer überfallen. Knilling ließ den Verlag zum Schluss aber wissen, er habe trotz allem nach reiflicher Überlegung auf die Kündigung Scharres verzichtet. Verlagsleiter Paul Oldenbourg gab das Schreiben mit milde mahnenden Begleitworten an Scharre weiter.[71] Dieser rechtfertigte sich zunächst mit einem Leitartikel gegen die Putschisten, den er am 10. November gebracht hatte.[72] Hitlers Agitation wurde dort als „Versündigung am Vaterlande“ gegeißelt, sein Vorgehen mit der Waffe im Bürgerbräukeller ein Verbrechen genannt. Der Putsch sei eine „große Sünde wider den nationalen Geist“ gewesen. Er habe Bayern und das Reich der Gefahr eines Bürgerkriegs ausgesetzt: „Da kann es kein Verstehen, kein Verzeihen geben.“ Gleichzeitig wurde aber den Männern des Hitlerputsches, was Scharre in seinem Rechtfertigungsbrief verschwieg, positive Motive zugeschrieben: „Dass die, die den unseligen Putsch in Gang

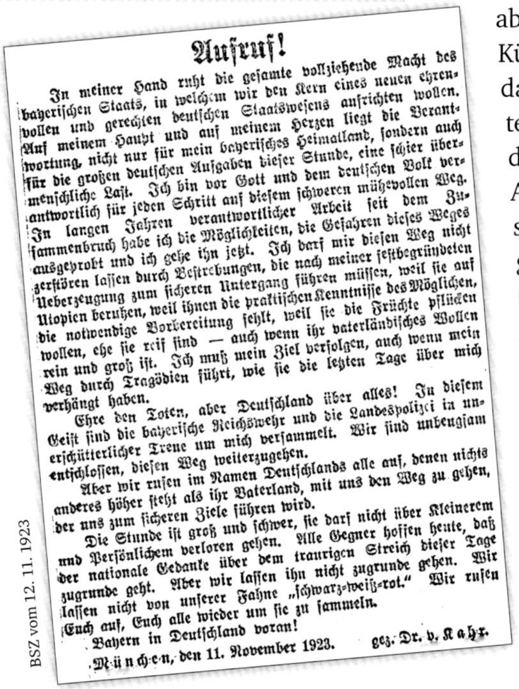

Aufruf!

In meiner Hand ruht die gesamte vollziehende Macht des bayerischen Staats, in welchem wir den Kern eines neuen ehrenvollen und gerechten deutschen Staatswesens aufrichten wollen. Auf meinem Haupt und auf meinem Herzen liegt die Verantwortung, nicht nur für mein bayerisches Heimatland, sondern auch für die großen deutschen Aufgaben dieser Stunde, eine schier übermenschliche Last. Ich bin vor Gott und dem deutschen Volk verantwortlich für jeden Schritt auf diesem schweren mühevollen Weg. In langen Jahren verantwortlicher Arbeit seit dem Zusammenbruch habe ich die Möglichkeiten, die Gefahren dieses Weges ausgeprobt und ich gehe ihn jetzt. Ich darf mir diesen Weg nicht zerstören lassen durch Bestrebungen, die nach meiner festbegründeten Ueberzeugung zum sicheren Untergang führen müssen, weil sie auf Utopien beruhen, weil ihnen die praktischen Kenntnisse des Möglichen, die notwendige Vorbereitung fehlt, weil sie die Früchte pflücken wollen, ehe sie reif sind — auch wenn ihr vaterländisches Wollen rein und groß ist. Ich muß mein Ziel verfolgen, auch wenn mein Weg durch Tragödien führt, wie sie die letzten Tage über mich verhängt haben.

Ehre den Toten, aber Deutschland über alles! In diesem Geist sind die bayerische Reichswehr und die Landespolizei in unerschütterlicher Treue um mich versammelt. Wir sind unbeugsam entschlossen, diesen Weg weiterzugehen.

Aber wir rufen im Namen Deutschlands alle auf, denen nichts anderes höher steht als ihr Vaterland, mit uns den Weg zu gehen, der uns zum sicheren Ziele führen wird.

Die Stunde ist groß und schwer, sie darf nicht über Kleinerem und Persönlichem verloren gehen. Alle Gegner hoffen heute, daß der nationale Gedanke über dem traurigen Streich dieser Tage zugrunde geht. Aber wir lassen ihn nicht zugrunde gehen. Wir lassen nicht von unserer Fahne „schwarz-weiß-rot.“ Wir rufen Euch auf, Euch alle wieder um sie zu sammeln.

Bayern in Deutschland voran!

München, den 11. November 1923. gez. Dr. v. Kahr.

BSZ vom 12. 11. 1923

setzten, von den besten vaterländischen Ideen beseelt waren, soll ihnen nicht bestritten werden.“[73] Scharre machte geltend, er habe die Darstellungen, die von Anhängern Hitlers gekommen seien, aus Mangel an Informationen nicht kontern können: „Von der Amtlichen Pressestelle Promenadeplatz war, was nach Lage der Verhältnisse begreiflich, Aufklärung überhaupt nicht zu bekommen. Die Pressestelle des Staatskommissariats aber war nie zu erreichen ... Dazu kam, dass die bis dahin üblich gewesenen Pressekonferenzen nach dem Putsch völlig aufhörten.“ Die widersprüchlichsten Gerüchte seien massenhaft eingegangen, so dass es schon einmal habe vorkommen können, dass ein Ressortleiter eine Notiz brachte, die nicht streng in die zu befolgende Linie gepasst habe. Scharre schob also letzten Endes die Verantwortung auf seinen Kollegen Adolf Schiedt, den Chefredakteur der *Münchener Zeitung* und Pressechef Kahrs, und nahm die Verwirrung in Anspruch, die damals geherrscht habe. Das konnte zwar als Ausflucht für den Bericht aus der Sicht des nationalsozialistischen Kampfbunds dienen, aber kaum erklären, warum entgegen einem Verbot des Generalstaatskommissars vom 15. November 1923 die Staatszeitung am 20. November noch ohne Weiteres eine Erklärung des Putschisten Erich Ludendorff gebracht hatte.

Unzufrieden mit der Staatszeitung: Ministerpräsident Eugen Ritter von Knilling verzichtet trotz Kritik an der Berichterstattung über den Hitlerputsch auf die Entlassung von Chefredakteur Max Scharre.

Nicht nur mit dem Ministerpräsidenten, auch mit Freiherrn Hubert Karl Friedrich von Aufseß, der rechten Hand des Generalstaatskommissars von Kahr, der noch immer die Vollzugsgewalt innehatte, geriet Scharre aneinander. So hatte seine Zeitung unter anderem am 12. November 1923 gemeldet, es hätten große Abteilungen der Landespolizei und sächsische Truppen bereit gestanden, um in München die Säuberung der Straßen von den Putschisten durchzuführen. Freiherr von Aufseß rügte: „Die Verbreitung solch törichten Geschwätzes ist in so erregter Zeit staatsgefährlich, zumal, wenn sie durch die Staatszeitung erfolgt, die um ihres Titels willen von der Allgemeinheit als in allen Teilen als amtlich aufgefasst wird. Der Schriftleiter der Bayer. Staatszeitung wird wegen dieses Verhaltens ernstlich verwarnt mit dem Beifügen, dass, sofern er sich nochmals beigehen lassen sollte, ähnlich gemeingefährliche Torheiten in seinem Blatte zu veröffentlichen, die Staatszeitung wie der Staatsanzeiger, auf dessen Fortbestehen die staatlichen Behörden keineswegs angewiesen sind, auf unbestimmte Zeit verboten werden wird.“[74] Scharre war sich offenbar sicher, dass Kahr selbst nicht hinter dieser Drohung stand, weshalb er bei ihm einen weniger devoten Ton als gegenüber dem Ministerpräsidenten anschlug: „Die Redaktion der *Bayerischen Staatszeitung* besteht aus Männern, die sich zum größten Teil bereits im reifsten Lebensalter ... befinden und über ein Menschenalter lang ihren verantwortungsvollen Beruf ausüben; aus Männern, die seit vielen Jahren schon auf ihrem jetzigen Posten stehen und diesen Posten allzeit in reinster nationaler Gesinnung wahrgenommen haben. Sie empfindet es daher als eine unverdiente bittere Kränkung, wenn ihr ... vorgeworfen wird, sie habe ‚törichtes Geschwätz‘ verbreitet und ‚gemeingefährliche Torheiten‘ veröffentlicht.“ Scharre verwies mit gewissem Stolz auf seine beständige Anpassungsbereitschaft und rühmte sich, dass er es sich „während der mehr als sieben Jahre, die ich nun die Ehre habe, die *Bayerische Staatszeitung* zu leiten, stets, wie wiederholt auch von höchster Stelle anerkannt wurde, eine gewissenhaft erfüllte Pflicht habe sein lassen, alle Maßnahmen der Staatsregierung zu stützen und zu vertreten, eine Pflicht, die bei dem häufigen Wechsel der Regierung ... ein ungewöhnliches Maß von Umsicht forderte und ganz gewiss nicht leicht war“.

Demokratiefeindlichkeit nach dem Hitlerputsch

Auch wenn die *Bayerische Staatszeitung* Mord als Mittel der Politik grundsätzlich ablehnte, ging sie im Fall der Ermordung des Pfälzer Separatisten Franz Josef Heinz am 9. Januar 1924 in der Suche nach Entschuldigungsgründen sehr weit: „Auch wenn nun Attentäter, vorausgesetzt, dass sie überhaupt Gegner der separatistischen Hochverräter und Rächer des von diesen vergewaltigten und misshandelten Volkes sind ... sich das Richteramt angemaßt und der Gerechtigkeit nach Recht und Gesetz vorgegriffen hätten, wäre die unter allen Umständen zu verurteilende Tat – jeder Mord ist ein Verbrechen! – als eine Reaktion der unmenschlich gequälten und vergewaltigten Volksseele zu begreifen, als ein unwillkürlicher Akt der Notwehr und als reiner Tyrannenmord anzusprechen.“ [75]

Das Treiben der Nationalsozialisten wurde aber von nun an hart verurteilt. So stellte ein als Zuschrift gekennzeichneter Leitartikel fest, „dass aus Bayern geflüchtete Führer der Kampfverbände durch Flugblätter nicht nur eine wilde Hetze gegen die Stützen der Ordnung in Bayern betreiben, sondern in ihrem politischen Hass und in ihrer Verblendung auch vom Landesverrat gegen das Reich und Bayern nicht zurückschrecken, ... da die radikale vaterländische Bewegung den Kampf gegen die Staatsordnung grundsätzlich und nunmehr auch mit den Mitteln der Kommunisten führt, treiben die Verhältnisse und die bewusste Taktik weniger führender Kräfte den Radikalismus von links und rechts in die Richtung des nationalen Bolschewismus“.[76]

Ein Leitartikel von Pater Bernhard Seiller aus Augsburg über „Führerschaft“ erinnerte in Vielem an die Führerglorifizierung der Nationalsozialisten: „Wir wollen einen Führer, den ‚das mächtigste der Bande‘ mit uns einigt, ‚der Trieb zum Vaterlande‘ ... Mit Verachtung gedenken wir jener exotischen Elemente, die sich in der Revolutionszeit ans Licht gedrängt haben. Weiterhin verlangen wir von einem Führer, dass er geistig gesund und moralisch einwandfrei sei. Exzentrische, pathologische Naturen, Neurastheniker und Hitzköpfe, Tollhäusler und Abenteurer können nicht Führer sein, so wenig wie Menschen von dunkler, unehrenhafter Vergangenheit, verwegene katilinarische Existenzen. Wer sich selbst nicht führen kann, kann auch nicht andere führen. Er wird höchstens zum Verführer, zum skrupellosen Demagogen, der die niederen Instinkte aufpeitscht und den Rassen- und Klassenhass anfacht. Von einem politischen Führer verlangen wir nicht nur, dass er geistig normal sei, sondern geistig überragend. Er soll kein Neuling sein in politischen Dingen, er soll im Staatsleben reiche Erfahrung haben, er

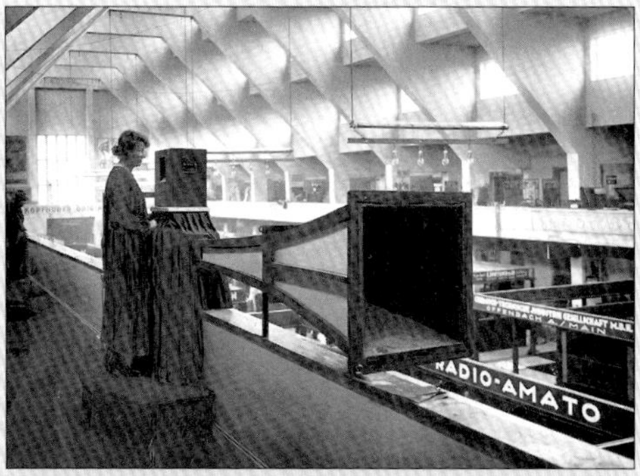

Das Radio wird Massenmedium: 1924 findet in Berlin die erste Funkausstellung statt; neben Röhrenempfängern, Detektoren und Kopfhörern ist dort auch dieser riesige Trichterlautsprecher zu sehen. 268 Aussteller begrüßen mehr als 170 000 Besucher. Ebenfalls 1924 beginnt in München der Sendebetrieb der *Deutschen Stunde*, die 1930 in Bayerische Rundfunk GmbH umbenannt wird; aus diesem Jahr – und aus dem 1929 neu bezogenen Funkhaus (von Richard Riemerschmid) – stammt diese Studioszene mit den Schauspielern Margarete Lange-Kosak und Albert Spenger sowie dem Dirigenten und Redakteur Helmut Grohe.

soll in der innern und äußern Politik schon erprobt sein. Von einem politischen Führer verlangen wir außerdem Sinn für Wahrheit und Recht.“[77] Auch die Vision der Jahrhundertfigur eines Führers war nationalsozialistischen Vorstellungen verwandt, wenn auch die gemachten Einschränkungen erkennbar werden lassen, dass eine Figur wie Hitler dieser Vision nicht entsprach.

Ein weiterer Artikel von Joseph Werle pries die „Idee der Volksgemeinschaft“: „... nur das Volk und der Staat können wahrhaft groß werden und sich groß erhalten, in denen die Idee der Volksgemeinschaft stark und lebendig ist. Die Idee der Volksgemeinschaft aber schließt in sich das Bewusstsein einer hohen Pflicht ... Dieses völkische Pflichtgefühl ... muss so ausgeprägt sein, dass ihm gegenüber alles andere zurücktritt. Über allem das Vaterland! ... Die Idee der Volksgemeinschaft schließt weiter in sich das Bewusstsein von der Blutsbrüderschaft ... Diese Pflicht der Blutsbrüderschaft ... fordert, dass wir in erster Linie Deutsche sind ... Kastengeist und Klassenhass haben innerhalb dieser Blutsbrüderschaft keinen Platz.“[78] Dieser Artikel hätte ohne Weiteres auch in einem nationalsozialistischen Blatt stehen können.

Während antisemitischen Auslassungen in der Staatszeitung so gut wie kein Raum gegeben wurde, war sie nicht von übrigen Rassevorurteilen frei. So handle es sich bei den Zigeunern um Menschen, „die niemals gewillt und auch nicht dazu geschaffen waren, sich sozial und kulturell ihrer Umgebung anzupassen und ihre Lebensgewohnheiten anzunehmen, die vielmehr gerade umgekehrt dem einheimischen Gauner- und Landstreichertum Rückgrat und Organisation gaben“. Man habe es zu tun mit einer „Erscheinung in unserem Volksleben ..., die nur von harmlosen Betrachtern noch mit einem Zauber von Romantik umwoben wird, in Wirklichkeit aber dauernd ein schädlicher, gefährlicher, antisozialer Fremdkörper in unserem Lande bleiben wird“.[79]

Auch das von den Nationalsozialisten propagierte Schlagwort vom Kulturbolschewismus wurde in der Staatszeitung aufgegriffen, aber wesentlich enger gefasst und nur auf das Agitationstheater nach russischem Vorbild bezogen: „Regie der Revolution und Regie des Theaters berühren sich in Russland gegenwärtig sehr stark und befruchten sich gegenseitig. Unsere Regiekünstler des Theaters und des Films versuchen von den ‚zeitgemäßen‘ russischen Methoden zu profitieren und verfallen damit auch dem Inhalt der bolschewistischen Agitationsbühne ... Dieser Salonbolschewismus und Kulturbolschewismus erzieht nicht zu der mit viel Aufwand propagierten ‚Freiheit‘, sondern er macht unfrei und unschöpferisch.“ Er wirke „vergiftend und niederdrückend auf die deutsche Seele“.[80]

Die schon im November 1924 auftauchenden Gerüchte über Vorbereitungen, einem neuen König für Bayern den Weg zu bahnen, waren für die Staatszeitung blanker „Unsinn“: „Und wenn gar, wie es hier und da, wenn auch nur zwischen den Zeilen geschehen ist, selbst die Regierung oder maßgebende Mitglieder derselben mit solchen Plänen in Verbindung gebracht werden, dann grenzt das nahezu ans Verbrecherische ... Die Regierung denkt ebensowenig wie irgendeine der in ihr vertretenen Parteien daran, von der durch die Verfassung gegebenen Linie abzuweichen.“[81]

1924 stirbt Lenin, der Begründer der Sowjetunion. Neuer Erster im Riesenreich wird Josef Stalin, der eine totalitäre Diktatur aufbaut. Er hat großen Einfluss auf den Verlauf des Zweiten Weltkriegs (Hitler-Stalin-Pakt, später an der Seite der Alliierten) und die Gestaltung von Nachkriegsdeutschland.

Die Ära Heinrich Held

Die Redaktion der *Bayerischen Staatszeitung* konnte auch unter Heinrich Held in Eigenverantwortung arbeiten. Anfang 1921 war Hans Eisele zum Chef der Amtlichen Bayerischen Pressestelle ernannt worden. Er hatte sich bereits 1916 in Konkurrenz zu Scharre um die Stelle als Chefredakteur der Staatszeitung beworben.[82] 1923 versuchte er, die Unterstellung der Staatszeitung unter die Pressestelle zu erreichen.[83] Im August 1924 wollte Ministerpräsident Held, dass die Ministerien ihre Informationen nicht mehr unmittelbar an die Staatszeitung geben, sondern zuerst der Pressestelle zuzuleiten hatten. Damit sollten auch Klagen anderer Zeitungen über die bevorzugte Versorgung der Staatszeitung mit dem Material der Regierung abgebogen werden. Staatsrat Hans Schmelzle vom Ministerium des Äußeren, in dessen Bereich die Pressestelle angesiedelt war, wollte die Staatszeitung gar der Pressestelle angliedern, stieß aber auf den Widerstand Innenminister Karl Stützels, der darauf beharrte, dass sie in den Bereich seines Ministeriums gehöre. Es gelang nicht, sie dauerhaft der Pressestelle unterzuordnen. Vielfach versorgten Beamte sie weiter direkt mit Informationen.

Bereits nach einem Jahr ihres Amtierens pries die Staatszeitung die Regierung Held rückhaltlos: „Ganz Bayern durfte ... am Jahrestage der Bildung des neuen Ministeriums froh bekennen, dass innerhalb seiner Grenzen die Hand des Ministerpräsidenten geschickt und klug die Ruhe und Ordnung hergestellt, die Staatsautorität gefestigt und dem aufrichtigen Vertrauen den Boden bereitet hat, dass die Zeiten, in denen tausend Wünsche die Entschließungen der Regierung zu beeinflussen verstanden ... im neuen Bayern ein für allemal vorbei sind ... Bayerns Volk hat allen Grund, ihm dafür zu danken, dass er die Gewähr für eine ruhige Entwicklung Bayerns geschaffen hat und dass seine Arbeit Bayern im Reich und im Ausland die Achtung wiedergewann, die einst verloren gegangen war."[84]

Als besonderer Erfolg der Regierung Held und des Parlaments wurde der Abschluss des Konkordats gefeiert: „Das bayerische Volk hat damit durch die Stimme seiner Abgeordneten eine Entscheidung getroffen, die in ihrer Bedeutung als staatspolitische wie als kulturpolitische Tat in der neueren bayerischen Geschichte obenan steht."[85]

Am 27. Oktober 1926 hatte die Staatszeitung aus Anlass des Einzugs des Landtags in das renovierte Parlamentsgebäude in der Münchner Prannerstraße bemerkt, es sei zu hoffen, „dass der Geist einer guten alten Parlamentszeit die Arbeit der bayerischen Volks-

Hoher Besuch im Münchner Prinz-Carl-Palais: Am 12. August 1925 treffen sich dort der seit wenigen Monaten amtierende Reichspräsident Paul von Hindenburg (rechts) und Bayerns Ministerpräsident Heinrich Held, für den die Staatszeitung stets voll des Lobes war. Held ist Kritiker des Finanzausgleichs zwischen Reich und Ländern.

Die Fahrt durch die Stadt.

Das regnerische Wetter konnte nicht verhindern, daß die
Straßen, die Reichspräsident von Hindenburg bei seiner Fahrt
vom Hauptbahnhof zur Wohnung des bayerischen Ministerpräsidenten in der Königinstraße berührte, von vielen Tausenden
besetzt waren. In freudiger Erwartung hielten die Massen im
Regen aus. Schon morgens um 6 Uhr, als der Regen noch in
Strömen niederging, standen die ersten Harrenden am Bahn-
hofsplatz. Um 7 Uhr war bereits Spalier gebildet und überall
abgesperrt. Reicher Fahnenschmuck in den bayerischen, den
alten und neuen Reichsfarben zierte die Häuser. Insbesondere
aber waren der Königssalon, das Ministerium, das Rathaus und
der Reichsfinanzhof, hauptsächlich aber das Prinz-Karl-Palais
an der Königinstraße, geziert. Der Balkon dieses Palais prangte
im Blumenschmuck, Blattgrün und bayerischen Farben. Am
Prinz-Karl-Palais aber jubelte die Menge, als Hindenburg eintraf, dem greisen Feldmarschall laute Hurrarufe zu, die sich noch
steigerten, als Hindenburg mit dem Ministerpräsidenten Dr.
Held auf dem Balkon erschien. Da erklang unten vieltausend-
stimmig das Deutschlandlied. Die allgemeine Begeisterung für
Hindenburg löste sich aus schon vom ersten Augenblick an, als
der Reichspräsident den Königspavillon am Bahnhof verließ und
zu Fuß den südlichen Bahnhofplatz entlang schritt, um dort den
Vorbeimarsch der Ehrenkompagnie abzunehmen. Wo nur immer
Hindenburg sich zeigte, ertönten Beifallsstürme und rauschten
Ovationen herzlichster Art. Auch auf dem Marienplatz und im
Rathaushof stand eine dichte Menge Volkes, um Hindenburg mit
Jubel zu empfangen. Das Straßenbild bot einen herzerhebenden
Anblick von patriotischer Wärme und Belebung. Im Hofgarten,
dem Festsaalbau entlang, stand die Reichswehr ohne Obergewehr,
um der Vorbeifahrt des Reichspräsidenten beizuwohnen.

BSZ vom 12. 8. 1925

vertreter belebe, ein Geist, der Radau- und Prügelszenen und all die üblen Begleiterscheinungen des modernen Parlamentarismus verabscheut".[86] Scharre hatte sich bei Abdruck des Artikels in Krankheitsurlaub befunden; er erfuhr von Hans Schmelzle, dass die Formulierung in parlamentarischen Kreisen Missfallen erregt habe und entschuldigte sich bei Landtagspräsident Heinrich Königbauer. Der Satz sei „gewiss nicht bös gemeint und wohl nur nach links gerichtet" gewesen.[87] Er habe dem Ressortredakteur eröffnet, „dass solche Abweichungen von der objektiven Betrachtungsweise der *Bayerischen Staatszeitung*, die ich unter gar keinen Umständen verletzt sehen will, nicht vorkommen dürfen ..." Schmelzle hatte Scharre auch wissen lassen, dass der Ministerpräsident wegen des Vorfalls unzufrieden sei.[88] Doch führte dies offenbar zu keinem längeren Zerwürfnis.

Das Verhältnis zwischen Reich und Ländern

Im Zusammenhang mit dem Finanzausgleich zwischen Reich und Ländern kritisierte Ministerpräsident Held im November 1926 die Reichsregierung scharf. Die Staatszeitung wandte sich gegen den deshalb vor allem von sozialdemokratischer Seite aus erhobenen Vorwurf partikularistischer Tendenzen der Regierung Held: Einer Politik auf einer solchen Grundlage „würde Dr. Held niemals seine Hilfe leihen, dafür zeugen schon die wiederholten, wuchtigen Bekenntnisse zum Reiche, die er vor aller Öffentlichkeit abgelegt und die zu unterstreichen er nie gezögert hat."[89]

Sehr positiv wurde Reichskanzler Wilhelm Marx dargestellt, der sich im November 1927 vor dem Bayerischen Landtag für die Erhaltung der eigenen bayerischen Staatlichkeit aussprach.[90] Der mögliche Einheitsstaat war und blieb für die Staatszeitung ein Schreckgespenst. Zufrieden stellte sie als Ergebnis der Länderkonferenz im Januar 1928, auf der es um das Problem der Reichsreform ging, fest: „Der Ausgang der Konferenz hat ... gezeigt, dass die Erwartungen der Unitaristen bei weitem nicht in dem erstrebten Ausmaße in Erfüllung gegangen sind." Doch könne man auch noch nicht von einem „unbestrittenen Sieg der föderalistischen Idee" sprechen.[91]

Grundsätzlich sah die Staatszeitung Bayern im Verhältnis von Reich und Ländern in der Defensive: „Fragt man sich ..., warum überhaupt Bayern, das doch immer wieder seine Reichsfreudigkeit betont ... hat, sich in einer Verteidigungsstellung fühlt, so kann eigentlich jeder, der unvoreingenommen und ehrlich die innerpolitischen Geschehnisse in Deutschland noch zu beurteilen vermag, auf diese Frage nur die eine Antwort haben: Bayern wehrt sich gestern so wie heute im Interesse der eigenen Lebensfähigkeit wie im Gedanken an die Zukunft aller Länder deutscher Zunge, weil unter dem neuen Regime in sosehr vielen Fällen zu seinen Ungunsten ... Recht und Gerechtigkeit aufs gröblichste missachtet wurden und dafür das reine Machtprinzip auf den Schild erhoben und als richtunggebend anerkannt worden ist."[92]

Die gute alte Zeit im Parlament beschwört die *Bayerische Staatszeitung* – nicht unkritisiert – 1926 in einem Artikel nach der grundlegenden Renovierung des Landtagsgebäudes in der Münchner Prannerstraße, wo die Ständeversammlung seit 1819 tagt, bis sie von den Nationalsozialisten 1934 aufgelöst wird. Das Gebäude wird 1944 zerbombt – der Landtag hat seit 1949 im Maximilianeum seine Heimstatt. Keine Querelen um die Berichterstattung gab es hingegen 1925, als die Zeitung zur Eröffnung des Deutschen Museums auf der Kohleninsel sogar eine eigene Beilage gestaltete – was Wunder: Das Geleitwort auf der Titelseite stammt vom zwar schon gewählten, aber noch nicht vereidigten Reichspräsidenten Hindenburg. Die Eröffnung des Museums feierte München mit einem großen Festzug, bei dem auch eine riesige Weltkugel durch die Straßen kutschiert wurde. Technik nicht nur museal: Ein Meilenstein in der Fortentwicklung der Verkehrsinfrastruktur bedeutet die Elektrifizierung der Bahnlinien, die seit der Stromeinspeisung durch die Inbetriebnahme des Walchenseekraftwerks 1924 einen enormen Schub erfuhr. 1925 ist die wichtige Verbindung von Garmisch bis zum Münchner Hauptbahnhof abgeschlossen.

1926 wird Deutschland in den Völkerbund aufgenommen – es ist letztlich das Ergebnis von Gustav Stresemanns (am Rednerpult) Bemühungen, den Anschluss Deutschlands an die einstigen Weltkriegsgegner auf friedlichem Weg zu erreichen. Der Reichsaußenminister erhält im selben Jahr zusammen mit seinem französischen Kollegen Aristide Briand den Friedensnobelpreis.

Deutschland Mitglied des Völkerbundes.

Einstimmiger Beschluß über Aufnahme in den Bund und Zuteilung eines ständigen Ratssitzes. — Die Vermehrung der Ratssitze von 6 auf 9. — Der Reichspräsident vollzieht die Vollmacht für die Delegation.

Die historische Sitzung.

Von unserem nach Genf entsandten Sonderberichterstatter.
ag. Genf, 8. Sept. (Drahtb.)

Der große Augenblick ist vorüber. Deutschland ist in den Völkerbund aufgenommen. Der deutsche Generalkonsul hat
sich bereits telephonisch mit den Berliner Stellen in Verbindung
gesetzt. Der Generalsekretär des Völkerbundes, Sir Eric Drum-
mond, hat in einem Telegramm die Berliner Regierungsstellen
davon benachrichtigt, daß die Versammlung dem Aufnahmegesuch
einstimmig willfahrt habe und die Ankunft der deutschen Delegation erwarte. Morgen abend, so nimmt man an, wird Dr. Stresemann und Staatssekretär von Schubert von den leitenden Persönlichkeiten des Völkerbundes begrüßt werden können. Am Freitag
vormittag werden sie den Reformationssaal betreten und dann
werden die feierlichen Begrüßungsansprachen der Großmachtver-
treter gehalten werden, auf die der deutsche Außenminister als
Führer der deutschen Delegation zu antworten haben wird.

Obgleich heute auf Begrüßungsansprachen verzichtet wurde,
war es auch im äußeren Rahmen ein großer Tag des Völker-

WTB. Genf, 8. Sept. (Drahtb.)

Die Völkerbundsversammlung hat nach der Annahme der vom Bureau vorgeschlagenen Tagesordnung für ihre heutige Vormittagssitzung um 11,45 Uhr den ersten Punkt genehmigt und einstimmig die Aufnahme Deutschlands in den Völkerbund beschlossen.

Der Beschluß wurde von der Versammlung mit starkem Beifall aufgenommen.

wenn ich meine Freude darüber ausspreche, daß ich Deutschland
zum Mitgliede des Völkerbundes proklamieren kann, und
wenn ich wünsche, daß die Vertreter Deutschlands ihre Plätze
unter uns so bald wie möglich einnehmen möchten.

Nach diesem ersten entscheidenden Schritte verlief die Abstimmung über die nichtständigen Ratssitze fast formlos, denn
jeder wußte, wie sie ausfallen würde. Wieder das „Yes" und
„Oui". Während der Verkündigung der Einstimmigkeit wieder

Das Haus der 48 Staaten.

Von unserem nach Genf entsandten Sonderberichterstatter.
ag. Genf, 6. Sept.

In wenigen Tagen wird die deutsche Delegation in den Reformationssaal einziehen und an den Arbeiten des Völkerbundes teilnehmen. Dem deutschen Minister, dem Staatssekretär des Auswärtigen Amtes, den deutschen Abgeordneten, die zu Delegationsmit-
gliedern ernannt sind, wird dann die Technik dieser diplomatischen
Versammlung schnell klar werden müssen, damit sie in Spezial-
kommissionen und politischen Verhandlungen auch jenen kleineren
Staaten, die nicht so sehr an der großen Politik als an den sachlichen
Spezialbeschlüssen des Völkerbundes interessiert sind, beweisen können,
daß man die Bedeutung des Deutschen Reiches für die internationale
Zusammenarbeit nicht überschätzt hat. Man hat in Deutschland zwar
darüber gestritten, ob es zweckmäßig, ob es schädlich ist, wenn das
Reich in Genf mitmacht, man hat die Völkerbundsverfassung stu-
diert und ihre einzelnen Bestimmungen in freundlichem und feind-
lichem Sinne ausgelegt, aber von der Technik dieses großen
Apparates haben wohl nur jene Politiker einen Begriff, die als

BSZ vom 8. 9. 1926

Als der Landtag am 15. Juli 1930 die zur Sanierung des Haushalts vorgelegte Schlachtsteuer ablehnte, stellte sich die Staatszeitung rückhaltlos hinter die Regierung: „Es ist überflüssig, zu betonen, dass die Notwendigkeit, die bayerischen Staatsfinanzen zu sanieren, mit dem ‚Nein' der Landtagsmehrheit nicht aus der Welt geschafft ist. Die Situation ist seit gestern nur insofern gegen früher eine andere geworden, als das Gesetz des Handelns nunmehr ganz und endgültig bei der Regierung liegt. Freilich ist mit ihm auch die Verantwortung in ihrer ganzen Schwere auf sie übergegangen ... Man greife endlich ohne Besinnen durch und man wird alle rechtlich gesinnten Staatsbürger und den Erfolg restlos auf seiner Seite haben!"[93]

Intrigen um den Einfluss auf die Staatszeitung

Heinrich Held war trotz der Ergebenheit von Chefredakteur Max Scharre nicht durchwegs mit der Arbeit der Redaktion zufrieden. Im März 1931 berichtete Domänendirektor Carl Ibscher, der als Vertreter verschiedener Anteilseigner fungierte, Paul Oldenbourg über ein Gespräch mit dem Ministerpräsidenten.[94] Held hatte demnach keine Klagen gegen Scharre persönlich, der sich bemühe, Unstimmigkeiten im Verkehr mit der Staatsregierung zu vermeiden und ihren Wünschen bei auftauchenden Meinungsverschiedenheiten korrekt Rechnung zu tragen. Dagegen fehle in der Redaktion die Homogenität und einheitliche Zusammenarbeit, was Held auf die persönlichen Gegensätze zwischen Scharre und seinem Stellvertreter Huber zurückführte.

1931 lief Hubers Vertrag aus. Der Generalsekretär der BVP, Anton Pfeiffer, wollte diese Lage für seine Partei ausnutzen. Er schrieb Anfang Juli 1931 an Friedrich Oldenbourg, den Sohn Paul Oldenbourgs, dem Vernehmen nach solle ein neuer Redakteur bei der Staatszeitung angestellt werden. Nach seinem Wissen handle es sich um einen Mann, der „nicht in den Kreis unserer persönlichen Vertrauenspersönlichkeiten" gerechnet werden könne, was zu einer bei den Verhältnissen in Bayern geradezu unmöglichen Situation führe.[95] Daher empfehle er den Redakteur Rudolf Werner als Stellvertreter. Dieser pflege in geschickter und taktvoller Weise die Verbindung zur BVP. Sollte diese Regelung nicht verwirklicht werden, werde dies stärkstes Befremden in seiner Partei auslösen. Pfeiffer traf sich dann mit Friedrich Oldenbourg, der behauptete, dass die Anstellung des ehemaligen Redakteurs der *Augsburger Neuesten Nachrichten*, Gotthard Herzig, mit Einverständnis von Ministerpräsident Held erfolge. Die Zeitung sei der Staatsregierung verpflichtet und könne keine anderen politischen Verbindungen suchen, ohne in eine gefährliche Lage zu kommen. Pfeiffer machte geltend, dass einige seiner Freunde in der Parteileitung mit der Haltung des Blattes nicht einverstanden seien. Es bringe für den durch die BVP vertretenen katholischen Volksteil nicht immer das richtige Verständnis auf. Redakteur Werner werde in den Parteikreisen außerordentlich geschätzt. Man habe aber das Gefühl, dass er „vom Verlag der *Bayerischen Staatszeitung* ... an der Peripherie des Betriebes gehalten würde“.[96] Oldenbourg erwiderte, dass der für die Innenpolitik zuständige Werner als Nachfolger Hubers nicht in Frage komme, da er zu jung sei und für das Gebiet der Außenpolitik keine besondere Erfahrung vorweisen könne. Die Funktion des Stellvertreters habe ohnehin keine allzu große Bedeutung, da er den Chefredakteur nur einige Wochen während der Sauregurkenzeit vertrete. An der Anstellung des schon bestimmten Nachfolgers für Huber sei nichts mehr zu ändern. Den katholischen Volksteil über ein gewisses Maß hinaus zu berücksichtigen, würde zur Folge haben, dass auch der evangelische Forderungen stelle.

Schon Mitte Juni 1931 hatte Ministerpräsident Held eine eingehende Aussprache mit Kommerzienrat Paul Oldenbourg über seine Wünsche für eine engere Zusammenarbeit mit der Staatszeitung. Am 23. Juli hatte auch Scharre eine Unterredung mit Held. Dieser äußerte, er habe seit geraumer Zeit allen Grund, mit der Haltung der *Bayerischen Staatszeitung* unzufrieden zu sein. Sie sei in ihren Stellungnahmen zu Tagesfragen nicht entschieden genug und trage die Politik der Regierung nur zögernd mit. Von allen Seiten höre er Klagen. Auf Scharres Erwiderung, er sei darüber erstaunt, da doch Kollege Werner täglich bei allen Stellen in den Ministerien vorspreche, um Informationen zu erhalten, entgegnete Held, bei ihm selbst sei er nur drei oder viermal gewesen – und auch nur, wenn er ihn eigens habe rufen lassen. Er habe überhaupt den Eindruck, dass Rudolf Werner in der Redaktion schlecht behandelt werde. Auch habe ihm ein Regierungspräsident geschrieben, es scheine, als ob Scharre Politik auf weite Sicht mache und damit rechne, dass Wahlen eine andere Regierungsmehrheit bringen könnten. Scharre antwortete, er habe Werner nur gesagt, er solle in seinen politischen Stellungnahmen vorsichtig sein, da man nie wissen könne, wer einmal Einfluss auf die Regierung gewinne. Darauf fragte Held: „Glauben Sie denn im Ernst, dass jemals die Bayerische Volkspartei ihren Einfluss auf die Politik verlieren wird? Dass Sie (sic) jemals derart zurückgedrängt werden könnte, dass sie für die Regierung nicht mehr in Betracht käme? An so etwas ist doch gar nie zu denken.“[97] Scharre rechtfertigte sich: Er glaube zwar, dass die BVP nach künftigen Wahlen ihren Einfluss behalten werde; im vorigen Jahr sei aber schon einmal von einer Aufnahme der Nationalsozialisten in die Koalition geredet worden.

Noch in einem anderen Punkt machte Ministerpräsident Held seinem Ärger Luft: Er sei schon zweimal bei Veränderungen in der Redaktion übergangen

Anfang der 1930er Jahre ziehen große Filme die Menschen magnetisch ins Kino: Marlene Dietrich begründet in *Der blaue Engel* ihren Ruf als Vamp, nicht minder Greta Garbo als *Mata Hari*. *Berlin Alexanderplatz* spiegelt das Zeitgefühl der Reichshauptstadt wieder. Dort spielt auch *M – Eine Stadt sucht einen Mörder*, ein Film, der als Abbild der Weimarer Republik jener Jahre interpretiert wird.

Zwei Gebäude in München beschäftigen 1931 die Presse: In der Nacht auf den 6. Juni brennt der Glaspalast ab – es war Brandstiftung. Nicht nur die Glas-Gusseisen-Konstruktion (1854) wird zerstört: Opfer der Flammen werden auch fast alle Exponate der aktuellen Kunstausstellung. Im gleichen Jahr bezieht die NSDAP-Reichsleitung am Königsplatz das „Palais Barlow" (den Kauf ermöglicht der Industrielle Fritz Thyssen) und nennt es fortan „Braunes Haus". 1945 wird es zerstört, zwei Jahre später bis auf die Grundmauern abgerissen. Künftig soll dort das Münchner NS-Dokumentationszentrum Platz finden.

worden. Es habe ihn auch diesmal sehr überrascht, dass Gotthard Herzig ohne sein Wissen engagiert worden sei. Scharre hielt dagegen, dass Paul Oldenbourg mehrmals vergeblich versucht habe, Held in dieser Sache zu erreichen. Der Ministerpräsident war der Ansicht, wegen eines langen Auslandaufenthalts sei Herzig als Stellvertreter Scharres für Fragen der bayerischen Politik nicht geeignet. Scharre beruhigte, Herzig sei nur als Auslandsredakteur vorgesehen, die Frage der Stellvertretung sei noch offen. Held erklärte schließlich, er werde Herzig nur akzeptieren, wenn Werner stellvertretender Chefredakteur werde. Letztlich bemängelte der Ministerpräsident auch noch, dass er Scharre zwei Jahre lang nicht mehr gesehen habe. Beim leisen Vorwurf Scharres, dass er nie die Möglichkeit erhalten habe, zum Regierungschef vorzudringen, versprach Held, ihm künftig jeweils eine festgesetzte Stunde zu reservieren.

Gut eine Woche später war Scharre bei Innenminister Karl Stützel. Er erzählte ihm von den Vorhaltungen des Ministerpräsidenten, und meinte etwas hilflos, dass er eigentlich gar nicht wisse, was Held im Besonderen meine.[98] Aber auch der Innenminister sparte nicht mit Kritik an der Staatszeitung: Er sei unzufrieden mit der lauen Behandlung des Uniformverbots und der Zurückhaltung gegenüber dem Bayerischen Stahlhelm, der gegen dieses Verbot laufend polemisiere. Die Steilvorlage für Stützels Unmut: Just am Tag der Unterredung hatte die Staatszeitung dem Stahlhelm Raum für eine eigene Darstellung gegeben. Und Stützel setzte noch drauf: Redakteur Werner habe doch von Scharre aus dem Urlaub eine Karte erhalten, in der er wegen eines Artikels gerüffelt worden sei – der jedoch genau nach Stützels Vorstellungen geschrieben war. Scharre versuchte, sich aus der Affäre zu ziehen: Ihm sei nur die Form unzulänglich vorgekommen. Er hätte sich eine gleichzeitig feinere und schärfere Diktion gewünscht.

Zwei Tage nach der Unterredung mit Held, am 25. Juli 1931, schrieb er dem Ministerpräsidenten und verteidigte Werners Arbeit. Dieser habe seine Aufgabe, den ständigen Kontakt mit der Regierung zu halten, erfüllt. Schwierigkeiten hätten sich höchstens daraus ergeben, dass die maßgebenden Persönlichkeiten zuweilen schwer erreichbar gewesen seien, die ihnen unterstellten Abteilungsleiter aber meist Bedenken gegen die publizistische Auswertung der von ihnen gegebenen Informationen hatten. Es sei jederzeit „das fast ängstliche Bemühen Dr. Werners und der ganzen Redaktion gewesen", den Wünschen der Staatsregierung Rechnung zu tragen.[99]

Scharre hatte von Anfang an den Verdacht, dass Rudolf Werner Redaktionsinterna nach außen getragen hatte. Nach dem Gespräch mit Held war er sich sicher, dass Werner ihn bei der Regierung angeschwärzt hatte. Insbesondere verdächtigte er ihn, dass er bei Held oder Stützel die Frage des Ausscheidens Hubers und des neuen Stellvertreters zur Sprache gebracht habe.[100] Er hatte aus Scharres Sicht damit das in ihn gesetzte Vertrauen arg missbraucht und kam schon deshalb nicht als seine rechte Hand in Frage. Schließlich erzählte Huber dem Chefredakteur auch noch von seinem Eindruck, dass Werner intrigiere, um an Scharres Posten zu kommen. Ihm gegenüber hatte Werner nämlich zugegeben, die Postkarte mit Scharres Rüge ins Ministerium gebracht zu haben. Für Werner wurde es eng. Er schrieb an Paul Oldenbourg, er habe keine unehrenhaften Absichten gehabt und bitte „in demütigster Ergebenheit“, weiter in der Redaktion arbeiten zu dürfen.[101] Held informierte er, er möchte die Verstimmung zwischen ihm einerseits und der Verlagsleitung und der Chefredaktion andererseits aus der Welt schaffen und bitte ihn, auf seine Forderung nach seiner Bestellung zum Stellvertreter zu verzichten.[102] Unter den gegebenen Umständen erklärte der Ministerpräsident, er habe kein Interesse mehr daran, sich für Werner ins Zeug zu legen.[103]

Im Strudel der Weltwirtschaftskrise

Zu Beginn der Weltwirtschaftskrise Ende der 1920er Jahre hatte die *Bayerische Staatszeitung* die Zeichen der Zeit offen benannt: „Die in täglich beängstigenderen Formen sich offenbarende allgemeine Depression in Industrie und Handel, die eklatante Not der deutschen Landwirtschaft ohne einigermaßen begründete Aussicht auf baldige Behebung derselben, das schwere Ringen der gesetz- und normengebenden Körperschaften in Reich, Ländern und Gemeinden um einen Wiederaufstieg zur Höhe ihres alten Ansehens nach außen hin und in sich selber und noch so viele andere Erscheinungen in unserer zerrissenen Gegenwart bieten kaum Anlass, mit allzu großen Hoffnungen die Schwelle des neuen Jahres zu überschreiten.“ [104]

Nach der vorzeitigen Auflösung des Reichstags waren im September 1930 Neuwahlen notwendig. Die Staatszeitung kommentierte die ernste Lage: „Versagt diesmal das Bürgertum und gestattet es durch seine Passivität den marxistischen Radikalen von links und rechts (die Nationalsozialisten sind letzten Endes Marxisten mit ‚umgekehrten Vorzeichen‘), die so bitter notwendige Arbeitsfähigkeit des Reichstages lahmzulegen, so gäbe es damit nur den Beweis, dass es an seine eigene Lebensfähigkeit nicht mehr glaubt. Die Stunde ist ernst. Das Bürgertum steht vor seiner letzten Entscheidung!“ [105]

Das Blatt räumte als Ergebnis der Wahlen ein, „dass die Nationalsozialisten einen geradezu phänomenalen Wahlerfolg errungen haben … Allein in

Rien ne va plus. Der „Schwarze Donnerstag“ an der New Yorker Börse im Oktober 1929, der viele Anleger in die Panik und den Ruin treibt, markiert den Beginn der Weltwirtschaftskrise und das glanzlose Ende der „Goldenen Zwanziger“. Im September 1931 schließt ein Angestellter auch den Zugang zur Berliner Börse – für fast sieben Monate bleibt das Börsengeschäft ausgesetzt.

Börsenpanik in New-York.

Schwere Verluste an der Effektenbörse.

tu. New-York, 25. Okt. (Drahtb.)

Nachdem schon an der New-Yorker Mittwochbörse eine größere Anzahl Papiere starke Kurseinbrüche erlitten haben, haben sich am Donnerstag die Verkäufe aus dem ganzen Lande in riesigem Ausmaße fortgesetzt, so daß von einer Börsenpanik gesprochen werden kann. Besonders die schweren Papiere wie U. S. Steel Corporation, ferner Radio Corporation, General Motors und General Electric, sind stark in Mitleidenschaft gezogen. Das Eingreifen der Großbanken, die die angebotenen Aktien paketweise übernahmen, konnte eine Beruhigung des Marktes zunächst nicht herbeiführen. Auf neue Interventionen hin trat später eine leichte Erholung und Beruhigung ein. Der Gesamtumsatz betrug rund 8 Millionen Shares. Das Bekanntwerden dieses sensationellen Kurssturzes rief auch auf dem Londoner Markt starke Beunruhigung hervor, worunter besonders die englisch-amerikanischen Werte zu leiden hatten. Wie verlautet, trägt man sich sogar in Wallstreet mit der Absicht, die Börse am Freitag geschlossen zu halten.

Hierzu wird uns noch gemeldet: Die New-Yorker Effektenbörse hatte am Donnerstag ihren schwarzen Tag. Unter panikartigen Verkäufen wichen die Kurse innerhalb des Börsenverlaufes bis zu 50 Dollar. Von Minute zu Minute ... sich die fieberhafte ...

mit den Rekordumsätzen der letzten Tage in Uebereinstimmung zu bringen suchten. Eines der größten Restaurants stellte 100 Feldbetten auf, um den Bankangestellten wenigstens einige Stunden Schlaf zu verschaffen. Wahrscheinlich wird der Börsenvorstand auf Antrag der Maklerhäuser die Börse an zwei aufeinanderfolgenden Samstagen schließen.

Die Auffassung in Berlin.

Berlin, 25. Okt. (Drahtb.)

In Berliner Bank- und Börsenkreisen bilden die Vorgänge an der New-Yorker Börse das Hauptgesprächsthema. Im allgemeinen herrscht eine beruhigte Auffassung vor und das um so mehr, als heute vormittag aus Amerika keinerlei Verkaufsorders eingegangen waren. Anderseits aber beurteilt man die gestern vorgenommene Ermäßigung der amerikanischen Geldsätze für den hiesigen Geldmarkt als günstig, da man auf ein allmähliches weiteres Freiwerden von Geldern für Europa hofft. Unter diesen Umständen wirkte der Deckungsbegehr der gestrigen Börsenspekulation, die mit Stückmangel zum bevorstehenden Ultimo zu rechnen hat, weiter nach.

12 Todesopfer des Börsenkrachs.

BSZ vom 26. 10. 1929

Schneller – höher.
Der Schienenzeppelin legt 1931 den Weltrekord von 230 km/h vor. Im gleichen Jahr werden das Schneefernerhaus als Bergbahnhof unterhalb des Zugspitzgipfels und das Empire State Building in New York eröffnet, das bis 1972 das höchste Gebäude der Welt bleibt.

der trockenen Realität des Alltags verfliegen die Freudenstürme schnell … Es ist in diesem Zusammenhang interessant genug festzustellen, dass in Bayern, das als Geburtsland des Hitlerizismus und als Ausgangspunkt seiner Propaganda in der nationalsozialistischen Parteikartei an erster Stelle stehen müsste, die nationalsozialistischen Ideen in der nüchternen Landbevölkerung selbst im gegenwärtigen Zeitpunkt bei weitem nicht so starke Gefolgschaft wie im Norden des Reiches gefunden haben." [106]

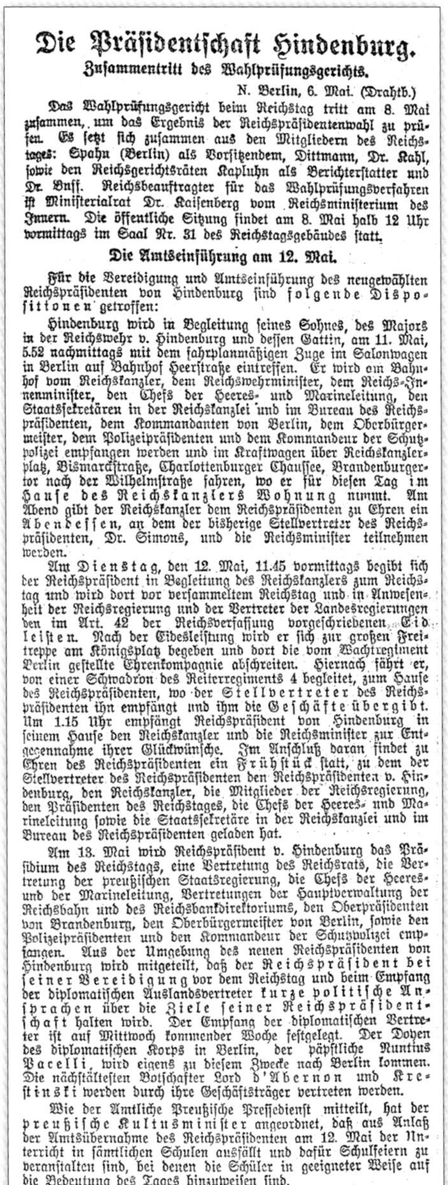

Die Präsidentschaft Hindenburg.

Zusammentritt des Wahlprüfungsgerichts.

N. Berlin, 6. Mai. (Drahtb.)

Das Wahlprüfungsgericht beim Reichstag tritt am 8. Mai zusammen, um das Ergebnis der Reichspräsidentenwahl zu prüfen. Es setzt sich zusammen aus den Mitgliedern des Reichstages: Spahn (Berlin) als Vorsitzendem, Dittmann, Dr. Kahl, sowie den Reichsgerichtsräten Kapluhn als Berichterstatter und Dr. Buff. Reichsbeauftragter für das Wahlprüfungsverfahren ist Ministerialrat Dr. Kaisenberg vom Reichsministerium des Innern. Die öffentliche Sitzung findet am 8. Mai halb 12 Uhr vormittags im Saal Nr. 31 des Reichstagsgebäudes statt.

Die Amtseinführung am 12. Mai.

Für die Vereidigung und Amtseinführung des neugewählten Reichspräsidenten von Hindenburg sind folgende Dispositionen getroffen:

Hindenburg wird in Begleitung seines Sohnes, des Majors in der Reichswehr v. Hindenburg und dessen Gattin, am 11. Mai, 5.52 nachmittags mit dem fahrplanmäßigen Zuge im Salonwagen in Berlin auf Bahnhof Heerstraße eintreffen. Er wird am Bahnhof vom Reichskanzler, dem Reichswehrminister, dem Reichs-Innenminister, den Chefs der Heeres- und Marineleitung, den Staatssekretären in der Reichskanzlei und im Bureau des Reichspräsidenten, dem Kommandanten von Berlin, dem Oberbürgermeister, dem Polizeipräsidenten und dem Kommandeur der Schutzpolizei empfangen werden und im Kraftwagen über Reichskanzlerplatz, Bismarckstraße, Charlottenburger Chaussee, Brandenburgertor nach der Wilhelmstraße fahren, wo er für diesen Tag im Hause des Reichskanzlers Wohnung nimmt. Am Abend gibt der Reichskanzler dem Reichspräsidenten zu Ehren ein Abendessen, an dem der bisherige Stellvertreter des Reichspräsidenten, Dr. Simons, und die Reichsminister teilnehmen werden.

Am Dienstag, den 12. Mai, 11.45 vormittags begibt sich der Reichspräsident in Begleitung des Reichskanzlers zum Reichstag und wird dort vor versammeltem Reichstag und in Anwesenheit der Reichsregierung und der Vertreter der Landesregierungen den im Art. 42 der Reichsverfassung vorgeschriebenen Eid leisten. Nach der Eidesleistung wird er sich zur großen Freitreppe am Königsplatz begeben und dort die vom Wachtregiment Berlin gestellte Ehrenkompagnie abschreiten. Hiernach fährt er, von einer Schwadron des Reiterregiments 4 begleitet, zum Hause des Reichspräsidenten, wo der Stellvertreter des Reichspräsidenten ihn empfängt und ihm die Geschäfte übergibt. Um 1.15 Uhr empfängt Reichspräsident von Hindenburg in seinem Hause den Reichskanzler und die Reichsminister zur Entgegennahme ihrer Glückwünsche. Im Anschluß daran findet zu Ehren des Reichspräsidenten ein Frühstück statt, zu dem der Stellvertreter des Reichspräsidenten den Reichspräsidenten v. Hindenburg, den Reichskanzler, die Mitglieder der Reichsregierung, den Präsidenten des Reichstages, die Chefs der Heeres- und Marineleitung sowie die Staatssekretäre in der Reichskanzlei und im Bureau des Reichspräsidenten geladen hat.

Am 13. Mai wird Reichspräsident v. Hindenburg das Präsidium des Reichstags, eine Vertretung des Reichsrats, die Vertretung der preußischen Staatsregierung, die Chefs der Heeres- und der Marineleitung, Vertretungen der Hauptverwaltung der Reichsbahn und des Reichsbankdirektoriums, den Oberpräsidenten von Brandenburg, den Oberbürgermeister von Berlin, sowie den Polizeipräsidenten und den Kommandeur der Schutzpolizei empfangen. Aus der Umgebung des neuen Reichspräsidenten von Hindenburg wird mitgeteilt, daß der Reichspräsident bei seiner Vereidigung vor dem Reichstag und beim Empfang der diplomatischen Auslandsvertreter kurze politische Ansprachen über die Ziele seiner Reichspräsidentschaft halten wird. Der Empfang der diplomatischen Vertreter ist auf Mittwoch kommender Woche festgelegt. Der Doyen des diplomatischen Korps in Berlin, der päpstliche Nuntius Pacelli, wird eigens zu diesem Zwecke nach Berlin kommen. Die nächstältesten Botschafter Lord d'Abernon und Krestinski werden durch ihre Geschäftsträger vertreten werden.

Wie der Amtliche Preußische Pressedienst mitteilt, hat der preußische Kultusminister angeordnet, daß aus Anlaß der Amtsübernahme des Reichspräsidenten am 12. Mai der Unterricht in sämtlichen Schulen ausfällt und dafür Schulfeiern zu veranstalten sind, bei denen die Schüler in geeigneter Weise auf die Bedeutung des Tages hinzuweisen sind.

BSZ vom 6. 5. 1925

Schon nach der Kandidatur Hindenburgs im zweiten Wahlgang zur Reichspräsidentenwahl 1925 hatte sich die Staatszeitung für ihn eingesetzt. Er stehe über dem Streit der Parteien und bekenne sich „zu dem Gedanken des inneren Zusammenschlusses, des politischen Friedens unter den Ständen, Parteien und Konfessionen; des sozialen Solidaritätsgefühls unter den Klassen, kurz, zur großen allumfassenden deutschen Einheit und Einigkeit".[107] 1932 machte sich die Staatszeitung erneut für ihn stark. Seine Wahl sei „ein Bekenntnis … zur Politik der nationalen Selbstbehauptung und des nationalen Befreiungswillens".[108] Er sei ein „Denkmal deutscher Heldenhaftigkeit und deutscher Größe".[109]

Nach den Angriffen, die Joseph Goebbels im Reichstag gegen Hindenburg richtete, ging die *Bayerische Staatszeitung* mit der NSDAP hart ins Gericht und bezeichnete sie als nicht regierungsfähig: „Was sich … der Abg. Goebbels … über Herrn v. Hindenburg zu sagen erlaubte, zeigte ein derartig niedriges Niveau parlamentarischer und politischer Sitten, dass die Partei, die solche Redner vorschickt, sich selbst ein Urteil spricht … Wehe dem deutschen Volke, wenn sein erster Repräsentant der Parteipolitik hörig wäre oder hörig würde. Dann käme das, was so viele heute … befürchten: eine unheilvolle Zersplitterung, der Krieg aller gegen alle." [110] Hinter Hitler stünden auf der einen Seite ein „Teil der Jugend, die stets nach rechts oder links revolutionsmäßig eingestellt ist, auf der anderen Seite die Entwurzelten, die Existenzlosen und weiterhin das nicht zu unterschätzende Heer der Mit- und Ueberläufer".[111]

Am 18. Juni 1932 setzte die bayerische Regierung erneut ein Uniformverbot für sämtliche Parteien in Kraft. Die Staatszeitung kommentierte, es habe „bei dem weit überwiegenden Volksteil Bayerns wie eine Erlösung von einem drohenden Druck gewirkt".[112] Schon auf einer Länderkonferenz am 11. Juni 1932 hatte Bayerns Ministerpräsident Held das Vorhaben der Regierung Franz von Papen missbilligt, die SA in einer neuen Verordnung wieder zuzulassen. Am 19. Juni 1932 wurde in der Presse das Gerücht laut, schon vor Wochen habe es in München Bestrebungen gegeben, wie 1923 die Frage der Vereidigung der bayerischen 7. Division auf die bayerische Regierung zur Debatte zu stellen.[113]

Innenminister Stützel sprach laut Protokoll des Ministerrats nur vage von „gemeinen Anschuldigungen über den bayerischen Separatismus", denen er entgegengetreten sei. Die Staatszeitung brachte am 25. Juni 1932 einen Bericht über die Ministerratssitzung, in dem der schon durch die Presse bekannte Inhalt der Vorwürfe nochmals explizit dargelegt wurde.[114] Die am 29. Juni erfolgte Aufhebung des Uniformverbots durch das Reich war für die Zeitung „ein schwerer Eingriff in die Polizeihoheit gerade der Länder, die guten Willens sind ... Wir gehen schweren Zeiten entgegen; Zeiten, die vielleicht mit Blut ihr Andenken in die neuere deutsche Geschichte einschreiben werden."[115] Die Verlautbarung beim Erlass der Notverordnung der Reichsregierung stelle sich „als eine in ungewohnter Form gehaltene ausgesprochen unfreundliche Auslassung gegen die Länder und insbesondere gegen Bayern" dar.[116]

Nach Auflösung des Reichstags kommt es im September 1930 zu Neuwahlen: Die NSDAP legt im Vergleich zu 1928 über 15 Prozent zu. Zielstrebig stürmen am 13. Oktober Abgeordnete in SA-Uniformen zur Eröffnungssitzung der NSDAP-Fraktion, die nun zweitstärkste Kraft im Reichstag ist. Zwei Jahre später finden Reichstagswahlen Schlag auf Schlag statt: Im Juli 1932 wird die NSDAP zwar Nummer 1, verfehlt aber die absolute Mehrheit; ihre Verluste beim nächsten Urnengang im November macht sie im Frühjahr 1933 wieder wett und legt sogar noch zu – auf 43,9 Prozent. Die folgenden Wahlen stehen unter dem Zeichen der Diktatur: Seit Juli 1933 sind andere Parteien verboten.

Aus dem Ergebnis der Reichstagswahl vom 6. November 1932, in der die Nationalsozialisten Einbußen erlitten hatten, zog die Staatszeitung den Schluss, das Ergebnis sei „ein Kennzeichen dafür, dass der Traum der alleinigen Macht Hitlers und seiner Mannen in Deutschland endgültig ausgeträumt ist".[117] Die Ausgangslage der Regierung Kurt von Schleicher beurteilte die Zeitung als sehr günstig. Er habe sich in den wenigen Tagen seiner Amtsführung „eine Position geschaffen, um die ihn die meisten seiner Vorgänger beneiden könnten".[118] Die Zeitung meinte damit die Vertagung des Reichstags und die Fortschritte auf der Abrüstungskonferenz in Genf. Auch seine Position in der Frage einer Heranführung der NSDAP an seine Regierung sei günstiger als je vorher. Wenn die NSDAP nicht bereit sei, die Reichsregierung zu unterstützen und Neuwahlen erzwinge, könne dies ihren sichtbaren Abstieg beschleunigen.[119]

Im Nationalsozialismus

Nach der Berufung Hitlers zum Reichskanzler 1933 gab sich die *Bayerische Staatszeitung* skeptisch: „Die politische Basis, auf die sich das neue Reichskabinett stützen kann, ist nicht eben groß. Weder die Nationalsozialisten noch die Deutschnationalen allein oder zusammen sind das deutsche Volk und selbst die politisch nicht ungeschickte Angliederung der Stahlhelmer durch ihren Führer Franz Seldte hat vorerst nur eine rein stimmungsmäßige Bedeutung.“ [120] Alles hänge von den Verhandlungen mit Zentrum und BVP ab, die nicht erfolgversprechend seien. Die wiederum in die Wege geleitete Neuwahl des Reichstags sei „wirklich kein Anfang, der die rosige Morgenröte einer wahrhaft besseren Zukunft verheißt, das ist wirklich kein Funke der politischen Genialität, die für den neuen führenden Mann seit Jahren in Anspruch genommen wird“.[121]

Die Reaktion der Staatszeitung auf den Reichstagsbrand war dagegen schon ganz im Sinne der neuen Machthaber: „Der Brand, an Dutzenden von Stellen in dem Hause gelegt, das ‚Dem Deutschen Volke‘ gewidmet ist, ist eine Kriegserklärung an das deutsche Volk. Eine Kampfansage des Bolschewismus auf Leben und Tod … Für das deutsche Volk besteht jetzt der Zustand der Notwehr. Und dieser Zustand rechtfertigt die schärfsten Mittel.“ [122]

Der Artikel vor den Wahlen kam dagegen noch indirekt einer Empfehlung gleich, die BVP zu wählen. Gerade der bayerische Wähler habe die „allergeringste Ursache … mit der Entwicklung der Dinge in seiner engeren Heimat von der nachrevolutionären Zeit bis heute unzufrieden zu sein … Wählt mit und unter der Parole ‚Bayern‘!“ [123] Im Kommentar zum Ergebnis hieß es: „Für Bayern ist das Ergebnis der Reichstagswahlen von ganz besonderer Bedeutung. Hier tritt, weil im engeren Rahmen, der Aufstieg der Nationalsozialistischen Deutschen Arbeiterpartei zur stärksten Partei im Lande ganz besonders in die Erscheinung und es können sich Konsequenzen ergeben, die heute noch gar nicht abzusehen sind … trotz dieser Verluste steht die Bayerische Volkspartei im Grunde unerschüttert da und sie bleibt auch an zweiter Stelle ein sehr beachtlicher Faktor in der künftigen bayerischen Staatspolitik.“ [124]

Nach Einsetzung der kommissarischen Regierung in Bayern am 9. März 1933 drehte sich die *Bayerische Staatszeitung* sofort nach dem neuen Wind: „Damit ist auch in Bayern der am 5. März weithin erkennbaren Zeitwende Rechnung getragen worden und man wird Genugtuung darüber empfinden müssen, dass sich in München der Wechsel in einer Weise vollzog, die der Disziplin der Bevölkerung alle Ehre macht, … gewiss wird sich die Neugestaltung der innerpolitischen Verhältnisse nur allmählich durchsetzen, aber dank der Tatsache selbst wird niemand mehr vorübergehen können, dass ein neues Deutschland heraufgewachsen ist, dem nun die ganze Arbeit aller zu gelten hat, die ihr Vaterland wahrhaft lieben.“ [125] Die Ausschreitungen der SA passten allerdings nicht zur angeblichen Disziplin.

Der Staatsmann Hitler.

Die große Kanzlerrede im Reichstag.

München, 24. März.

Reichskanzler Adolf Hitler, der im Laufe vieler Jahre ungezählte Male mit stetig steigendem Erfolge in Volksversammlungen und Wahlkämpfen Reden gehalten hat, auf deren Wirkung nicht zuletzt das riesige Anwachsen seiner Bewegung zurückzuführen ist, hat gestern im neuen Reichstage zum erstenmal als Reichskanzler gesprochen. So grundverschieden diese Aufgabe von der bisherigen rednerischen Tätigkeit des neuen Kanzlers ist, so eindeutig muß festgestellt werden, daß Hitler den Uebergang aus der Atmosphäre der Volksreden in die strengere und kühlere Region der Regierungserklärung mit dem besten Erfolge vollzogen hat. Sachlichkeit und Mäßigung des Tones — für eine Regierungserklärung beides unerläßlich — zeichneten diese Rede in ebenso erfreulichem Maße aus, wie sie anderseits von jenem starken Temperament getragen war, welches man bei früheren Kanzlern zum Schaden der öffentlichen Wirkung ihrer Reden nur allzu oft vermißt hat. Diese begrüßenswerte Synthese von Realpolitik und stärkerem Ausdruck einer politischen Gefühlswelt, die heute die Bevölkerung stürmischer als je durchströmt, war das bemerkenswerteste Moment in dieser Kanzlererklärung, auf die Deutschland und die Welt mit gespanntester Aufmerksamkeit gewartet hatten. Darin liegt zugleich ein Moment der Beruhigung insbesondere für alle diejenigen weiten Volkskreise, die in unserer heutigen innerpolitischen Entwicklung das entscheidende Gewicht darauf legen, daß die vom Reichspräsidenten von Hindenburg vorgezeichnete Linie der nationalen Konzentration unbedingt innegehalten wird. Alles was der Reichskanzler gestern sagte, ist entschieden dazu angetan, das feste Zutrauen zu dieser Linie zu stärken. Ton und Inhalt seiner Rede ließen durchweg das Verantwortungsbewußtsein des führenden Staatsmannes erkennen, der entschlossen ist, den Boden der Legalität, auf dem er seinen bisher größten Erfolg errungen hat, nicht zu verlassen.

Wie alle Reden des Kanzlers, zog auch die große Regierungserklärung, deren Wortlaut unsere Leser weiter hinten finden, einen weiten Horizont. Vergangenheit, Gegenwart und Zukunft klangen auf. Sünden wurden gegeißelt und Hoffnungen vorgetragen, die nicht nur zum kritischen Intellekt, sondern weit mehr noch zum Herzen sprachen. Aber diese ethisch religiöse Untermauerung des gesamten Aufbauprogramms der Reichsregierung galt vor allem dem Inland. Für das Ausland waren nüchterne Sätze von übernationaler Gültigkeit bestimmt, die vom Standpunkt des gesunden Menschenverstandes aus auf den Wahnsinn der bisherigen internationalen Methoden wiesen. Wer diese Sätze im Sinne einer engen Bündnispolitik der Vergangenheit auffassen wollte, würde sie mißverstehen. Zwar widmete der Kanzler warmherzige Worte dem gleichgesinnten Italien, kluge und von jeder weltanschaulichen Enge freie Bekenntnisse dem großen russischen Volk im Osten. Aber über diesen Sätzen leuchtete doch als Ideal der Gedanke einer ehrlichen europäischen Verständigung, einer Verständigung vor allem zwischen Deutschland und Frankreich. Der MacDonald-Plan und vor allem der Mussolini-Vorschlag für eine Viermächtekonferenz und Viermächte-Einigung wurde von dem Kanzler, den man im Ausland fälschlicherweise gefährlich kriegerische Aspirationen vorwirft, auf das wärmste begrüßt. Nicht Kriegsjahre, sondern zehn Friedensjahre auch des internationalen Wiederaufbaus forderte der Kanzler der neuen deutschen Revolution. Mit dieser Politik des Erreichbaren verknüpfte er allerdings Worte der Warnung, die an dem Ernst der Lage und der moralischen Verpflichtung aller Nationen der Welt zu Einkehr und zur Abwendung von den Methoden von Versailles keinen Zweifel lassen.

Genau wie der außenpolitische Teil der Kanzlerrede, skizzierte auch der innerpolitische Teil wie selbstverständlich nur den großen Rahmen. Aber auch hier wurden bereits Antworten gegeben und nicht nur Probleme aufgezeigt Dem Versprechen, daß das Eigenleben der Länder geschont und erhalten bleiben soll, wird die entschiedene Feststellung hinzugefügt, daß das bisher herrschende politische Durcheinander im Gefüge des Reiches, in den Beziehungen zwischen Reich und Ländern, jetzt und für alle Zeiten zu Ende sein soll. Das Ziel bleibt die volle politische Einheit des Reiches, in der der Wille des Volkes mit höchster Autorität der Staatsführung harmonisch verbunden sein sollen. Innerhalb dieses Rahmens wird das kulturelle und wirtschaftliche Leben der deutschen Länder nicht angetastet. Vielmehr wird noch stärker als bisher die Initiative und eigene Entschlußkraft aller deutschen

BSZ vom 25. 3. 1933

Böhmischer Gefreiter,

sagt Paul von Hindenburg anfangs abschätzig über Adolf Hitler – doch 1933 ernennt er ihn zum Reichskanzler. Schon bald steht der Reichstag in Flammen – für Hitler willkommener Anlass, Bürgerrechte der Weimarer Verfassung außer Kraft zu setzen. Der Terror nimmt seinen Lauf: Im März 1933 wird in Dachau das erste Konzentrationslager eröffnet, zynisch liest man dort „Arbeit macht frei". Wenige Tage später ruft Joseph Goebbels zum Boykott jüdischer Geschäfte auf. Dem Reichspropagandaminister wird der Volksempfänger (bei der Funkausstellung 1933 präsentiert) ein ideales Medium zur Verbreitung der Nazi-Ideologie. Literatur, die nicht ins braune Weltbild passt, wird verbrannt, Gemälde und Grafiken werden als „entartet" diffamiert. Namhafte Künstler und Wissenschaftler fliehen aus Deutschland – so auch Albert Einstein.

Am 25. März 1933 befasste sich die Zeitung mit Hitlers Erklärung im Reichstag vom Vortag: „Reichskanzler Adolf Hitler, der im Laufe vieler Jahre ungezählte Male mit stetig steigendem Erfolge in Volksversammlungen und Wahlkämpfen Reden gehalten hat, auf deren Wirkung nicht zuletzt das riesige Anwachsen seiner Bewegung zurückzuführen ist, hat gestern im neuen Reichstage zum erstenmal als Reichskanzler gesprochen. So grundverschieden diese Aufgabe von der bisherigen rednerischen Tätigkeit des neuen Kanzlers ist, so eindeutig muss festgestellt werden, dass Hitler den Übergang aus der Atmosphäre der Volksreden in die strengere und kühlere Region der Regierungserklärung mit dem besten Erfolge vollzogen hat ... Ton und Inhalt seiner Rede ließen durchweg das Verantwortungsbewusstsein des führenden Staatsmannes erkennen, der entschlossen ist, den Boden der Legalität, auf dem er seinen bisher größten Erfolg errungen hat, nicht zu verlassen.“ [126]

Man musste jetzt damit zufrieden sein, dass Hitler behauptet hatte, seine Regierung beabsichtige nicht die völlige Beseitigung der Länder und den Übergang zum reinen Unitarismus[127]: „Dass die Länderparlamente durch die Reform ihrer wichtigsten Funktion, der Entscheidung über die Zusammensetzung der Regierung, entkleidet worden sind, wird kaum bedauert werden. Der Parlamentarismus hat sich besonders in dem letzten Jahrzehnt viel zu sehr als Hemmnis einer gesunden und den Länder- und Reichsinteressen förderlichen Politik erwiesen, als dass es hätte möglich sein können, ihm seine bisherige Einwirkung auf die Zusammensetzung der Regierungen zu belassen.“ [128] Die Redaktion opferte flugs das zentrale Prinzip, für das die *Bayerische Staatszeitung* seit ihrer Gründung eingetreten war.

Reichsstatthalter

in Bayern ist Franz Xaver von Epp, ein Berufssoldat. Anders als die übrigen Reichsstatthalter ist er nicht zugleich NSDAP-Gauleiter.

Auch die Ernennung Franz Ritter von Epps zum Reichsstatthalter Bayerns am 10. April 1933 und die Einsetzung einer nicht nurmehr kommissarischen Regierung wurde im Sinn der neuen Machthaber bejubelt: „Damit hat Bayern zum erstenmal in seiner langen Geschichte eine dem spontanen Willensimpuls der überwältigenden Mehrheit des Volkes entsprechende homogene Regierung erhalten, an deren Wiege weder das laute Gezänk der Parteien noch die widerstreitenden Wünsche von Interessengruppen Pate gestanden haben.“ [129]

Spätestens aus Anlass von Hitlers 44. Geburtstag, der erstmals als öffentliches, quasi amtliches Ereignis begangen wurde, begann auch für die Staatszeitung der in großem Umfang einsetzende Personenkult: „Das deutsche Volk hat erkannt, dass ihm in Adolf Hitler wieder ein Führer erstanden, der kerndeutsch in seinem ganzen Wesen, der lauter und rein in seinem Wollen ist und keine andere Aufgabe kennt, als Volk und Vaterland wieder zur Höhe zu führen ... Und wenn man heute bereits von einem in der nationalen Idee geeinten deutschen Volke sprechen kann, dann ist das eben das ausschließliche Verdienst Adolf Hitlers.“ [130] Hitler und seine Partei waren bedingungslos zu verehren: „Die NSDAP ist tatsächlich der Staat. Dr. Goebbels hat uns schon manche Weisheit gegeben, er hat manch wertvolles Wort geprägt, das einmal in der Geschichte liegen wird, er hat mit dieser Feststellung wieder eine Wahrheit unterstrichen, die dem Zeitgeist, dem Zeitempfinden entspricht.“ [131]

Aus Anlass der Schauwahlen im November 1933 wurden alle Gegner des Nationalsozialismus schon im Vorhinein als Verräter gebrandmarkt: „Die Neinsager ... trennt ihr Gewissen als Volksverräter von allen anderen Deutschen.“ [132]

Das Aus für die Bayerische Staatszeitung

Schon am 13. April 1933 hatte der Verlag eine Ergebenheitsadresse an den neuen Ministerpräsidenten Ludwig Siebert gerichtet: „Die Geschäftsführung des Bayerischen Staatszeitungs-Verlags betrachtet es als ein großes Glück, dass der Umschwung der politischen Verhältnisse im Reich und in Bayern … keine Umstellung ihrer persönlichen Gesinnung erforderlich machen, sondern im Gegenteil ihrer innersten Überzeugung und ihrem nationalen Empfinden ganz entsprechen. Es ist deshalb für die Verlagsleitung der *Bayerischen Staatszeitung* nicht nur Pflicht, sondern Bedürfnis, diese ganz in den Dienst der nationalen bayerischen Staatsregierung zu stellen.“ [133] Scharre stellte einen Antrag auf Aufnahme in die NSDAP.[134]

Der Leiter des Parteiverlags der NSDAP, Max Amann, trachtete aber von Anfang an nicht nur danach, die Zeitungen seiner Partei weitgehend unter seine Kontrolle zu bekommen, sondern richtete darüber hinaus sein Augenmerk auf wichtige bürgerliche Zeitungen, die wegen des einträglichen Anzeigengeschäfts seine Begehrlichkeit weckten. Die *Bayerische Staatszeitung* interessierte ihn wegen des Pflichtabonnements für Behörden und Kommunen besonders. Eine Denunziation kam wie gerufen. Ein ehemaliger Anzeigenvertreter des Staatszeitungsverlags, Johann Meixner, hatte am 18. April 1933 aus Rache einen Brief an Innenminister Adolf Wagner geschickt: „Die *Bayerische Staatszeitung* ist heute das offizielle Organ der jetzigen nationalen Regierung. An der Spitze dieses Blattes steht der Chefredakteur Max Scharre, der es verstanden hat, nicht nur königlich zu schreiben, sondern mit seinem Amt und seinem Namen auch den Inhalt dieser Zeitung zur Zeit der Hoffmann-Regierung, der Räterepublik und der Ära Held gedeckt hat … Es ist bekannt, dass die Staatszeitung noch im vergangenen Jahre die nationale Bewegung angegriffen hat; … Es ist schließlich noch bezeichnend, dass Herr Dr. Werner, der Redakteur für Innere Politik, zwar nicht mehr als Schriftleiter zeichnet, aber … doch noch immer beschäftigt wird. Und Dr. Werner war doch als Verbindungsmann zu Dr. Stützel der Oberhetzer.“ [135] Der als Wunschkandidat der BVP in die Redaktion gelangte Werner wurde in der Folgezeit entlassen;[136] er wurde 1934 inhaftiert und arbeitete später als Versicherungsagent. Sein Nachfolger in der Redaktion wurde Hansjörg Maurer, der in der Frühzeit der NSDAP eine Zeit lang Chefredakteur des *Völkischen Beobachters* gewesen war.[137] Meixners erster Brief an den Innenminister hatte keine unmittelbare Wirkung. So schrieb er am 30. Mai 1933 einen weiteren an Amann: „Unter der Regie Scharres hat sich die Staatszeitung Angriffe auf die nationale Regierung erlaubt, die weit über das Ziel des anständigen Kampfes hinausschossen … Die Staatszeitung hat zudem noch einen Generalvertreter für Bayern: Jakob Guggenheimer … Ist es nicht lächerlich, ausgerechnet einen Nichtarier an den fettesten Posten der Staats-Zeitung zu setzen und zu belassen? … Ich habe ungefähr vier Jahre in der Werbeabteilung der Staatszeitung gearbeitet. Ich bin durch Guggenheimer verleumdet und verdrängt und meiner Existenz beraubt worden.“ [138]

Amann wandte sich an Staatskanzleichef Hermann Esser und verlangte, der Staatszeitung den Garaus zu machen: „Die Auflösung der völlig überflüssigen Staatszeitung ist längst geboten. Die nationalsozialistische Bewegung hat mit Hilfe ihrer Presse den Staat erobert. Es ist daher nicht mehr als recht und billig, dass das Zentralorgan unserer Bewegung, der *Völkische Beobachter*, die Funktion der Staatszeitung übertragen bekommt.“ [139] Zwei Wochen später legte er nach. Auf Meixners Vorwürfe gestützt, schlug er vor, die

Beim Umbau Münchens zur „Hauptstadt der Bewegung“ kommt dem Königsplatz eine wesentliche Rolle zu. Alles Grün verschwindet, dafür entstehen neue Gebäude (Architekt: Paul Ludwig Troost): der „Führerbau“ und ein Verwaltungsbau der NSDAP, schließlich die beiden 1934 fertiggestellten „Ehrentempel“ für jene Gefolgsleute, die beim Hitlerputsch 1923 ums Leben kamen. Ein weiteres Großbauprojekt beginnt 1934: Die Reichsautobahn von München nach Salzburg (die spätere A8); 1941 wird sie fertiggestellt.

Geschäftsbücher des Staatszeitungsverlags von der Staatsanwaltschaft beschlagnahmen und ihre Revision durch einen Treuhänder vornehmen zu lassen. Werde das Geschäft dem *Völkischen Beobachter* übertragen, habe auch die Regierung einen Vorteil davon, da das Parteiorgan die fünffache Auflage und damit eine größere Reichweite habe.[140]

Chefredakteur Max Scharre glaubte sich immer noch mit der Regierung im Reinen. Am 13. August 1933 hatte er eine längere Unterredung mit Ministerpräsident Siebert. Dieser hatte angeblich gesagt: „Sie haben ja früher scharf gegen die Bewegung und ihren Führer geschrieben, jetzt aber kann ich wohl sagen, dass Ihre Haltung mich befriedigt.“ [141]

Wilhelm Oldenbourg stellte später fest, dass die nationalsozialistische Staatsregierung nie von dem ihr zustehenden Recht Gebrauch gemacht habe, eigene Artikel in die Zeitung zu bringen. Die Redaktion hatte keine Anweisungen erhalten: „Wenn es der Redaktion trotzdem gelang, sich dem Geist der neuen Zeit so weitgehend anzupassen, dass Herr Ministerpräsident, wie Herr Staatsminister Esser gelegentlich ihre Zufriedenheit mit der Einstellung der Zeitung bekundeten, so spricht diese Tatsache für den ehrlichen Willen der Redaktion, ihren Aufgaben und Pflichten unter allen Verhältnissen in loyalster Weise gerecht zu werden.“ [142]

Esser fand schließlich einen Anlass, um vom Verlag die sofortige Beurlaubung Scharres zu verlangen. Am 22. August 1933 war in der Staatszeitung ein Aufsatz erschienen, der die Vorbereitungen zum Reichsparteitag der NSDAP in Nürnberg schilderte. In diesem Zusammenhang war erwähnt, dass für die Mobilisierung der Reichswehr Fahrpläne vorhanden seien, die für den Ernstfall versiegelt in jeder Reichsbahndirektion bereit lägen: „Die Bemerkung ist als Hoch- und Landesverrat anzusehen.“ [143] Scharre wurde daraufhin zu Esser zitiert und klagte danach über „die mich tief verletzende Form“ der Aussprache.[144] Er ersuchte von sich aus um seine Beurlaubung.[145] Das Vorkommnis entschuldigte er „mit der ganz außerordentlichen Häufung von Arbeit und von Augenblicksentscheidungen ... die mit dem Parteitag und den neben ihm herlaufenden anderweitigen gewaltig gesteigerten Aufgaben der Zeitung verbunden war“.[146] Der Beitrag war offensichtlich nur ein Vorwand,

Der Zug zum Reichsparteitag.

Die Arbeit im „Eisenbahn-Generalstab“, der den An- und Abmarsch zu bewältigen hat.

Eine Reportage von Heinz zur Linde.

Ein Vergleich mit 1870.

Bei der am 2. September in Nürnberg erfolgenden Eröffnung des Reichsparteitages der NSDAP. müssen 335 000 Nationalsozialisten aus ganz Deutschland in der alten Bayernstadt eingetroffen sein. Aus Ostpreußen, aus dem Rheinland, von der Wasserkante und von der Südgrenze, aus allen Himmelsrichtungen setzen sich Kolonnen von gigantischen Ausmaßen in Bewegung. Weil die Werktätigen ihrer Arbeit nicht einen Augenblick langer entzogen werden dürfen, als zur Abwicklung der Aufgaben unbedingt notwendig ist, kommt als schnellstes und leistungsfähigstes Transportmittel nur die Eisenbahn in Frage. Innerhalb von zwei Tagen sind von ihr 335 000 Menschen an- und abzutransportieren, über Entfernungen, die im Durchschnitt bei der 500-Kilometergrenze liegen, aber häufig auf 700—800 Kilometer heraufgehen. Die Belastung der von allen Seiten heranführenden Schienenstränge steigert sich, je näher man an Nürnberg herankommt zu kaum zu bewältigenden Werten.

Als 1870 mobil gemacht wurde, waren kleinere Menschenmassen zu bewegen als jetzt nach Nürnberg. Für die Mobilisierung der Reichswehr, welche nur ein knappes Drittel der jetzt mobilisierten braunen Truppen zählt, sind in jahrelanger Vorarbeit Mobilisierungs-Fahrpläne geschaffen worden, die versiegelt in jeder Reichsbahn-Direktion für den Ernstfall bereit liegen. Die ungleich größere Aufgabe für den Ernstfall des 3. September muß von der Reichsbahn aus dem Stegreif gelöst werden. Die Dienstschreiben und Telegramme aller Reichsbahndirektionen werden in den Händen längs unserer Schienenstränge sonst alle gleich schnell und sorgfältig erledigt. Jeder leitende Eisenbahnbeamte, der jetzt unter seinem Posteingang Schriftmaterial von der Reichsbahndirektion Nürnberg vorfindet, stürzt sich mit regem Interesse zu allererst auf die Erledigung von dort einlaufender Nachrichten. Die Reichsbahndirektion Nürnberg beherbergt den Eisenbahn-... Eisenbahner weiß, daß seine ...

1500 Fahrpläne sind aufzustellen, nicht nur für die eigentlichen Sonderzüge, sondern auch für die Leer- und Rangierfahrten. Zuerst müssen die Leer- und Sonderzüge zusammengestellt werden, wozu allein teilweise Sonderfahrten notwendig sind, denn die Abfahrtbahnhöfe verfügen nur selten über die benötigten Wagenmengen. Dann kommt die schwere Aufgabe der Heranführung nach Nürnberg. Weit draußen im Land stopft man die Züge noch einigermaßen bequem in die Fahrplanlücken, und wo keine vorhanden sind, lassen sich durch Abänderung von Kreuzungs- und Ueberholungsstellen durch erfahrene Fahnplan-Techniker, die an dem Laien völlig unverständlichen Plänen mit graphischer Darstellung arbeiten, welche schaffen. Zu einem schwer lösbaren Problem aber wird die Weiterleitung der 350 innerhalb kürzester Frist einlaufenden Züge, wenn man nahe an das Ziel herankommt. Jede Strecke hat nur ein bestimmtes Beförderungsvermögen, das meistens schon durch den normalen Verkehr erheblich ausgenützt wird. Der durchlaufende Güterzugverkehr wird für die in Frage kommenden Tage in weitem Bogen um Nürnberg herumgeleitet, um die Gleise für den An- und Abmarsch freizuhalten. Der Personenverkehr darf aber keine Abdrosselung erfahren. Kaum weniger dicht, als auf der Berliner Stadtschnellbahn werden im Umkreis der letzten 100 Kilometer die Züge dem Ziel zustreben.

Großkampftage der Technik.

Nicht einmal der große Nürnberger Rangier-Bahnhof, geschweige denn der Hauptbahnhof könnten die 350 Sonderzüge, die aneinandergereiht eine Gleislänge von etwa 130 Kilometern, also die Entfernung Berlin—Stettin bedecken würden, aufnehmen. Die großen Bahnhöfe im Umkreis, wie Regensburg, Würzburg, Ingolstadt müssen dazu zu Hilfe genommen werden. Um diese Abstellbahnhöfe erreichen zu können, werden wieder neue, teilweise stundenlange, Sonderfahrten notwendig, denen ebenfalls der Güterverkehr auf Umwegen aus dem Gleis fahren muß. Zum Entleeren und Besteigen der Züge finden alle Nürnberger Neben-...

BSZ vom 22. 8. 1933

Brauner Karrierist: 1934 wird Heinrich Himmler Chef der Gestapo (hier an einem Schießstand). Er bewährt sich sogleich an der Seite der SS beim Niederschlagen des Röhm-Putsches und der Entmachtung der SA. Himmlers Loyalität wird belohnt: Hitler ernennt ihn zum Reichsleiter SS. Hitler selbst gibt in diesem Sommer keine gute Figur ab: Der Trenchcoat passt nicht zum militärischen Empfang, den ihm Mussolini in Venedig bereitet. Mit einer solchen Ehre hat Hitler wohl nicht gerechnet – der „Duce" ist zu diesem Zeitpunkt noch eher distanziert zu ihm.

da Scharre geltend machen konnte, dass der Verfasser des Artikels und alle anderen Zeitungen, die ihn veröffentlicht hatten, unbehelligt geblieben waren.[147]

Scharre hatte sich auch bei dem nationalsozialistischen Aktivisten Hansjörg Maurer unbeliebt gemacht, weil er an dessen Tragen des Braunhemds in der Redaktion Anstoß genommen hatte. Maurer nahm im Bewusstsein, den neuen Machthabern nahezustehen, auf arrogante Art dazu Stellung: „Mein vielfaches Tragen des Braunhemdes in der Redaktion sollte auch äußerlich dokumentieren, dass Haltung und Einstellung der Zeitung durchaus nationalsozialistisch sei, ... In diesem Sinne hat auch Herr Dr. Möhl und College Herzig die Sache aufgefasst. Einzig Herr Scharre war unangenehm berührt. Ich stelle hiermit fest, dass das Verhalten des Herrn Scharre dem Ehrenkleid gegenüber vollkommen unkorrekt war."[148]

Der Altnationalsozialist Maurer, der seit dem 17. Mai 1933 für die Innenpolitik zuständig war, hoffte, Scharres Nachfolge antreten zu können, wobei er gegenüber Esser gleichzeitig das Weiterbestehen der Staatszeitung als notwendig und sinnvoll darstellte. Es stehe von der Beamtenschaft fest, „dass durchaus nicht alle oder auch nur der größte Teil heute schon überzeugte Nationalsozialisten sein können. Dieser Teil ist es aber, der sich am besten durch die Staatszeitung erzieherisch erfassen lässt, weil jede andere politische Zeitung mit Einschluss des *Völkischen Beobachters* nicht diesen ungehinderten Zugang zu der Art dieser Leserschaft hat. Hat der Beamte ... die bisher gewohnte Staatszeitung, die nicht als Parteiblatt bei ihm angeschrieben ist, so gelingt einer sorgfältigen Redaktion der Zeitung täglich mehr und mehr die seelische Aufschließung der Leser für die nationalsozialistische Weltanschauung."[149]

Ironischerweise kam die Redaktion kurz darauf eben wegen des Verhaltens von Maurer erneut mit der Regierung in Konflikt. In einem Artikel am 21. September 1933, dem Tag, an dem Maurer versucht hatte, sich um die Chefredakteursstelle zu bewerben, hatte das Blatt eine Meldung über Maßnahmen der Reichsbahn gebracht. Maurer hatte sie so von einem Berliner Mitarbeiter erhalten und akzeptiert, da er der Überzeugung gewesen war, sie sei offiziös. Aus diesem Grund hatte sie auch Möhl als stellvertretender Chefredakteur passieren lassen.[150] In dieser Meldung war ein Hinweis eines Reichsbahnbeamten auf die beabsichtigte Liquidierung der Länder enthalten, der bei der bayerischen Regierung Anstoß erregt hatte.[151] Eine Anweisung des Reichspropagandaministeriums, Veröffentlichungen über den Neubau des Reichs seien nicht zu bringen, war erst zwei Tage nach

Kommissarisch regiert Epp als Reichskommissar, dann als Reichsstatthalter, nachdem Ministerpräsident Heinrich Held am 15. März 1933 gezwungenermaßen seinen Rücktritt erklärt hatte. Die NSDAP-Übergangsregierung, sitzend von links: Ludwig Siebert (Finanzen, 12. April 1933 bis 1. November 1942 Ministerpräsident), Franz Ritter von Epp, Adolf Wagner (Inneres), Hans Schemm (Unterricht und Kultus); stehend: Ernst Röhm (Besondere Verwendung), Hans Frank (Justiz), Hermann Esser (Besondere Verwendung) und Georg Luber (Besondere Verwendung).

der Meldung in der Redaktion eingetroffen. Ministerpräsident Siebert wollte allerdings die Rechtfertigung Möhls nicht gelten lassen. Der verantwortliche Redakteur hätte „die ebenso unangebrachten wie unzutreffenden Bemerkungen" nicht aufnehmen dürfen. In künftigen Fällen müsse sie bei den zuständigen Staatsministerien vorher rückfragen und notfalls eine Meldung um einen Tag zurückstellen.[152]

Chefredakteur Max Scharre hatte gehofft, seine Beurlaubung sei nur vorläufig, doch erklärte Hermann Esser am 19. Oktober 1933 endgültig, dass er nicht mehr zurückkehren dürfe und begründete dies gegenüber den Geschäftsführern des Verlags und dem Reichsstatthalter von Epp mit dem persönlichen Willen Hitlers.[153] Die Staatsregierung habe vertraglich das Recht, vom Verlag zu fordern, dass der leitende Redakteur ihr genehm sei. Dies sei bei Scharre nicht der Fall. Das Propagandaministerium beanstandete auch, dass der langjährige Wiener Korrespondent der Staatszeitung, Ludwig Klinenberger, nichtarischer Abstammung sei. Auch ihm wurde daraufhin die Mitarbeit aufgekündigt.[154]

Maurers Vorstoß war insofern vergeblich geblieben, als Friedrich Möhl die Leitung des Blattes behielt. Möglicherweise war den Nationalsozialisten bekannt, dass Möhl Mitglied einer Freimaurerloge gewesen war, denn er musste sich gegen den Verdacht zur Wehr setzen, kein lupenreiner Nationalsozialist zu sein. Der frühere Mitarbeiter der Staatszeitung für Musikthemen und Leiter des nationalsozialistischen Kampfbunds für Deutsche Kultur in Südbayern, Paul Ehlers, intervenierte zu seinen Gunsten bei Siebert.[155]

Auch unter Möhl blieb die Zeitung nicht ungerügt. Siebert monierte, dass in der Staatszeitung vom 25./26. Februar 1934 sein Name grundsätzlich falsch geschrieben gewesen sei. Außerdem war davon die Rede gewesen, Epp habe im Namen der durch den Ministerpräsidenten vertretenen Staatsregierung seinen Dank ausgesprochen, womit die Tatsache auf den Kopf gestellt wurde, dass die Regierung dem Reichsstatthalter formell unterstellt war.[156] Wieder einmal entschuldigte sich Möhl mit Überbelastung bei der Arbeit.[157]

Schließlich nahm Kultusminister Hans Schemm an einem Kommentar Anstoß. Ein Freund des Startenors Beniamino Gigli hatte gegenüber Möhl geäußert, er könne den Sänger dazu bewegen, sich mit 20 Prozent der Tageseinnahmen eines Auftritts an der Staatsoper zu begnügen. Weil solch günstige Konditionen auf dem Verwaltungsweg der bayerischen Staatstheater nicht zu erreichen waren, hatte Möhl vom „Zopf" der Bürokratie geschrieben.[158] Schemm erwiderte, es sei unmöglich, an Giglis bevollmächtigtem Agenten vorbei ein solches Angebot anzunehmen. Besonderen Anstoß nahm er daran, dass Möhl behauptet hatte, ein Generalintendant sei entbehrlich, wenn er verwaltungstechnische Schwierigkeiten nicht beheben könne.[159]

Man kann aus diesen Pannen nicht schließen, die gänzliche Gleichschaltung sei damals offensichtlich noch nicht gelungen und die Staatszeitung noch kein willfähriges Instrument der Propaganda gewesen. Dies zeigen eindeutig die vielen linientreuen Artikel. Auch waren selbst Parteiorgane angesichts des Dschungels miteinander rivalisierender amtlicher und parteilicher Stellen vor Angriffen nicht sicher. Eine zu hundert Prozent funktionierende Kontrolle der Presse gelang auch im Dritten Reich nicht.

Wie viel Gage für den Startenor? Diese fiele für Beniamino Gigli durch Privatvermittlung niedriger aus als durch den schwerfälligen Verwaltungsapparat ausgehandelt, so die Staatszeitung. Prompt beschwert sich Kultusminister Hans Schemm. Der gefeierte Gigli, hier mit Hitler-Porträt, war 1932 von der New Yorker Met nach Italien zurückgekehrt.

Die Staatszeitung war längst ein im Sinne der Parteiideologie agierendes Organ, wie beispielsweise die Kritik an der Silvesterpredigt 1933 von Kardinal Faulhaber belegt.[160] Der Autor behauptete, im Gegensatz zur Aussage Michael von Faulhabers habe die altgermanische Kultur eine außerordentliche Höhe gehabt. Predigten wie die des Kardinals seien sehr ungeeignet. Faulhaber wandte sich darauf an Esser und bat ihn um die Aufnahme einer Erwiderung im Blatt. Dieser weigerte sich, da der Beitrag in der Staatszeitung keine amtliche Verlautbarung sei. Faulhaber solle seine Antwort direkt an die Redaktion schicken, die dann über einen Abdruck entscheide.

Die Willfährigkeit gegenüber dem Nationalsozialismus sicherte der Zeitung aber nicht ihr Überleben. Am 13. März 1934 sagte Ministerpräsident Siebert im Ministerrat, „der Vertrag des Staates mit dem Bayerischen Staatszeitungs-Verlag werde von der Staatsregierung längst als belastend und im Widerspruch mit den politischen Verhältnissen stehend empfunden. Die dringend notwendige Lösung des Vertrags habe sich nach eingehender Prüfung der Rechtslage auf regulärem Weg in nächster Zeit nicht als möglich erwiesen. Das Reichspropagandaministerium aber habe der Staatsregierung die reichsgesetzliche Ermächtigung zu außerordentlichen Maßnahmen trotz wiederholtem Ersuchen nicht verschafft. Er erachte es als unumgänglich, bald entscheidende Schritte zu unternehmen.“[161]

Max Amann war inzwischen ungeduldig geworden und wandte sich in drohendem Ton an Herrmann Esser: „Seit dem 3. März, dem Tage der nationalsozialistischen Revolution in Bayern, warte ich darauf, dass die bayerische Staatsregierung das Zentralorgan unserer nationalsozialistischen Bewegung, den *Völkischen Beobachter* zum ausschließlichen Regierungsorgan der bayerischen Regierung erklärt und die sogenannte *Bayerische Staatszeitung* auflöst. Sie haben mir immer wieder erklärt, dass dies selbstverständlich sei ... Die Verzögerung haben Sie immer damit begründet, dass die Angelegenheit juristisch noch geklärt werden müsste. Ich stelle fest, dass bis heute überhaupt nichts geschehen ist und erkläre, dass ich diesen Zustand als für die Partei und den Zentralverlag für unerträglich ansehe und dass ich mich nunmehr beschwerdeführend an den Führer wenden werde. Es bleibt feststehende Tatsache, dass die nationalsozialistische bayerische Regierung ein Organ, die *Bayerische Staatszeitung*, die unsere Bewegung auf das gemeinste bekämpft und verleumdet hat, nach der

Geschichtlicher Irrtum

[*] **München**, 2. Jan.
Kardinal Faulhaber hat in seiner Silvesterpredigt über
„Christentum und Germanentum“ eine irreführende Behauptung aufgestellt, die ohne Zweifel auf einer irrtümlichen Ge-
schichtsauslegung beruht und daher nicht unwidersprochen bleiben
kann. Er gab an, „daß es eine eigentliche Kultur, wie schon vor
Christus bei anderen alten Völkern, bei den alten Germanen nicht
gab und daß insbesondere eine künstlerische Begabung bei ihnen
noch nicht hervortrat.
Ganz abgesehen davon, daß die deutsche Geschichtsforschung
in der Lage ist, den schlüssigen Beweis für das Gegenteil
dieser unbewiesenen Behauptung anzutreten, daß nicht erst mit
Einführung des Christentums in den germanischen Gauen Kultur und Kunst bei den Germanen gefunden werde, wie immer
wieder fälschlicherweise gesagt wird, steht fest, daß die altgermanische Kultur eine ganz außerordentliche Höhe aufweist. Man darf, um nur eines hervorzuheben, den geschichtlichen
Niederschlag der Ueberlieferung aus der eddischen und vor-
eddischen Kulturperiode denn doch nicht einfach umgehen,
wenn man ein so bestimmtes Urteil über germanisch-vorchristliche
Kultur fällt. Die deutsche Geschichtsforschung ist übrigens erst am
Anfang ausschlaggebender Funde, die deutlich genug zeigen, daß
das alte Germanien ruhig mit anderen vorchristlichen Kulturen in
Wettstreit treten kann. Freilich muß das Verständnis und Gefühl
dafür vorhanden sein, daß gerade aus den Ausdrucksformen dieser
altgermanischen Kulturwelt eine heute noch nicht wieder erreichte
mystische Höhe spricht. Dabei denken wir am allerwenigsten an
den von einigen Unbelehrbaren betriebenen Wahnwitz, den
alten germanischen Göttern neue Altäre zu errichten, stellen aber
fest, daß trotz dieses, auch bei allen anderen Völkern, einst gewesenen — Götterkultes — oder vielleicht gerade deswegen? — die vorchristlichen Kulturen, die altgermanische miteingeschlossen, zu ihrer
hohen Entwicklung gekommen sind. Wir halten die Hereinziehung
derartiger Themen in die Predigttexte der Kirchen für sehr ungeeignet; geschichtlichen Irrtümern muß auch dann gesteuert werden, wenn sie von der Kanzel der Kirchen verbreitet werden.

BSZ vom 2./3. 1. 1934

Machtübernahme durch unsere Bewegung, als ob eine Revolution überhaupt nicht stattgefunden hätte, dieses selbe Organ zum Organ des nationalsozialistischen bayerischen Staates übernommen und durchgehalten hat ... Wenn ich diese Haltung der bayerischen Staatsregierung, die kein Nationalsozialist erwartet hat, vorausgeahnt hätte, dann hätte ich persönlich als nationalsozialistischer Kämpfer in der Nacht vom 9. März die ‚Staatszeitung' genau so wie die *Münchner Post* mit der S.A. zusammengehauen." [162]

Amanns Drohungen zeigten Wirkung. Am 20. März 1934 erklärte Ministerpräsident Siebert Paul Oldenbourg, dass die Staatszeitung ab dem 1. April 1934 ihr Erscheinen einzustellen habe.[163] Oldenbourg war aber nur bereit, auf der Basis des Vertrags von 1912 zu verhandeln. Am 23. März 1934 appellierten die Mitglieder der Redaktion in einem gleichlautenden Schreiben an Reichspropagandaminister Goebbels und an den Reichspressechef der Partei, Otto Dietrich, die Einstellung der Zeitung abzuwenden oder wenigstens die Folgen zu mildern.[164] Etwa 100 Beschäftigte, darunter 80 Familienväter und fünf Schriftleiter, würden stellenlos. Die zu entlassenden Redakteure könnten nicht untergebracht werden. Unter den Redakteuren sei kein einziger Anhänger der Politik der alten Zeit. Alle hätten sie mit ehrlicher Freude den Sieg des nationalsozialistischen Gedankens begrüßt. Chefredakteur Möhl wandte sich auch an Reichsstatthalter Epp und an den bayerischen Justizminister Hans Frank, mit dem er über das Schicksal der Staatszeitung bereits gesprochen hatte.[165]

Amann zog die Daumenschrauben an. Hitler habe ihn bereits gefragt, warum die *Bayerische Staatszeitung* immer noch existiere und der *Völkische Beobachter* noch nicht das alleinige Regierungsorgan sei. „Ich musste leider darauf antworten, dass die bayerische Regierung juristische Schwierigkeiten in der Vertragsauflösung sehe." [166] Die ganze Frage sei keine juristische, „sondern meiner Anschauung nach eine rein politische und kann daher nicht mit juristischen, sondern nur mit politischen Mitteln gelöst werden. Die nationalsozialistische Revolution war ja auch nicht mit juristischen Auseinandersetzungen, sondern nur mit dem Mittel des politischen Kampfes durchzuführen. Im übrigen hat die nationalsozialistische Revolution ganze Gesetzbücher außer Kraft gesetzt, die nationalsozialistische bayerische Staatsregierung wird dann wohl auch den Vertrag mit dem ehemaligen politischen Gegner Oldenbourg beseitigen können." Amann empfand es als Herausforderung und Anmaßung, dass der Staatszeitungsverlag mit einer Zivilklage gedroht hatte: „Ich empfehle dringend, falls der Bayerische Staatszeitungs-Verlag den Versuch unternimmt den nationalsozialistischen Staat finanziell zu schädigen, die verantwortlichen Gesellschafter dieses Verlags der Reihe nach in Schutzhaft zu nehmen. Sie werden dann überrascht sein, wie schnell dieser Prozess erledigt ist." Er kündigte an, er werde am 30. April als Reichsleiter für die Presse eine Anordnung veröffentlichen, wonach die Staatszeitung nicht als nationalsozialistisches Organ anerkannt sei. Gleichzeitig werde er ihr durch den Werberat der deutschen Wirtschaft den Titel „Staatszeitung" entziehen lassen.

Max Amann,
Verleger und Präsident der Reichspressekammer, macht seit 1933 Druck: Die *Bayerische Staatszeitung* soll eingestellt werden, alleiniges Regierungsorgan sei der *Völkische Beobachter.*

Amanns Vorgehen setzte die bayerische Regierung massiv unter Druck. Am 23. April sicherte ihm Siebert in einer Besprechung zu, dass er für die Staatsregierung den Vertrag zum 30. Juni aufkündigen werde.[167] Am 27. April schrieb er an den Verlag der Staatszeitung: „Durch die nationalsozialistische Revolution ... ist eine so grundlegende Veränderung des gesamten Staatslebens eingetreten, dass dem Lande Bayern, vertreten durch sei-

Einzelpreis 15 Pfennig

Mit Beilage: „Der Heimgarten"

Bayerische Staatszeitung und Bayerischer Staatsanzeiger

BAYERN

Hauptschriftleiter: in Vertr. Dr. Friedrich Möhl in München. — Verantwortlich: für Innere Politik und Ausland: Gotth. Herzig; für Feuilleton: Dr. Friedrich Möhl; für Lokales, Sport und Kreise i. Vertr. und für den Handelsteil: Herm. C. Nickel; für den Anzeigenteil: Ludwig Schmidbaur, sämtliche in München. DA. V. 34 20138. — Druck und Verlag Bayer. Staatszeitungsverlag G. m. b. H., München, Frauenstr. 18, Fernruf: 23295, Postscheckkonto 6197 München. Amtl. Auslassungen sind mit ***, halbamtl. mit ** gezeichnet. Einsendungen sind nur an die Schriftleitung, nicht an einzelne Schriftleiter zu richten. — Für unverlangt eingesandte Manuskripte keine Haftung.

Die Bayerische Staatszeitung und Bayerischer Staatsanzeiger erscheinen täglich. Bezugspreis im Monat (einschl. 36 Pfg. Zustellungsgebühr) 2.40 Mk., bei Postzustellung (einschl. 60 Pfg. Postgebühr und 36 Pfg. Postzustellungsgebühr) 2,76 Mk. Einzelnummer 15 Pfg., unter Kreuzband 20 Pfg., nur gegen Voreinsendung des Betrags. — Amtliche Anzeigen sind direkt an die Expedition, München, Frauenstraße 18 (Rückgebäude) zu senden. Sie werden nach ministerieller Anordnung berechnet. — Geschäftsanzeigen werden durch den Verlag, München, Frauenstraße 18 (Rgb.), seine Vertreter und alle Annoncen-Expeditionen entgegengenommen. — Anzeigenpreise nach aufliegendem Tarif.

22. Jahrgang | München, Samstag, den 30. Juni 1934 | Nr. 147

Das Ende der Bayerischen Staatszeitung

* München, 30. Juni 1934.

Durch die bekannte Verfügung der Bayerischen Staatsregierung vom 12. Juni sieht sich die Bayerische Staatszeitung und Bayerischer Staatsanzeiger gezwungen, mit dieser Ausgabe ihr Erscheinen einzustellen. Für einen Zeitungsmann, der seinen Beruf und seine Zeitung mit dem ganzen Herzen und allen seinen Kräften liebt, ist nichts schwerer, nichts schmerzlicher, als der eigenen Zeitung den Nachruf zu schreiben.

Es wäre unfruchtbar, hier den Weg aufzeigen zu wollen, auf dem nach unserer Meinung voraussichtlich wohl zu beiderseitiger Zufriedenheit der Vertrag hätte aufrechterhalten werden können, den die Bayerische Staatsregierung vor 22 Jahren, laufend bis zum Jahre 1942, mit dem Bayerischen Staatszeitungs-Verlag G. m. b. H. geschlossen hatte, um ein eigenes Veröffentlichungsblatt der Bayerischen Regierung herauszugeben. Unsere Anschauung und Ueberzeugung konnte nicht maßgebend sein. Die Regierung hielt es für notwendig, die Veröffentlichung ihrer Bekanntmachungen und Verordnungen zugleich mit der amtlichen Vertretung der Staatspolitik dem führenden Organ der Nationalsozialistischen Partei zu übergeben und ausschließlich vorzubehalten. Das und nichts anderes ist der Grund, warum die Bayerische Staatszeitung ihr Erscheinen einstellen muß. Von nichtunterrichteter, unverantwortlicher Seite sind gegenüber dieser von der Bayerischen Regierung festgestellten Tatsache, an der wir keine Kritik übten noch üben, unwahre Nachrichten verbreitet worden, so die Behauptung, der „Völkische Beobachter" habe die Veröffentlichung der amtlichen Nachrichten übernommen, weil die Bayerische Staatszeitung von sich aus ihr Erscheinen eingestellt habe. Oder: die Bayerische Staatszeitung habe einen Staatszuschuß erfordert. Oder gar: die Bayerische Staatszeitung sei unter „jüdischem" Einfluß gestanden und habe deshalb verschwinden müssen. Die erstgenannte Ausstreuung ist durch den seinerzeit veröffentlichten, bezüglichen Ministerrats-Beschluß und durch unsere Bemühungen widerlegt, diesen Beschluß rückgängig zu machen oder die Aufschiebung des Termins zu erwirken, um unsere Belegschaft vor plötzlicher Arbeits- und Erwerbslosigkeit zu bewahren. Der Gegenbeweis gegen die zweite Behauptung wird erbracht durch den vertragsgemäß (auf Grund der von der Südd. Treuhand-Ges. berechneten Bilanz) jährlich an den Staat zur Verwendung für gemeinnützige Zwecke abgeführten Anteil am Ertrag des Unternehmens, wozu noch eine beträchtliche Einnahme des Staates aus Steuern, Abgaben und Postgebühren der Bayerischen Staatszeitung kam. Ferner sind bedeutende Umsätze unseres Zeitungsbetriebes zu erwägen, die der Wirtschaft förderlich waren. — Die Verleumdung, wir seien unter „artfremdem" Einfluß gestanden, wird jeder, der unsere Verhältnisse kennt und unsere Zeitung gelesen hat, als ganz absurd von sich weisen.

Einer der tiefsten deutschen Denker und Dichter sagt, „ob einer das Rechte oder Unrechte täte, wäre nicht wichtig; ja es wäre völlig gleichgültig. Sondern es käme darauf an, daß man glaube, das Rechte zu tun." In der Tat ist Sachlichkeit und Gerechtigkeit bei heißem Herzen das schwierigste Erfordernis.

Wer eine treue deutsche Gesinnung hegt, wird sie nicht beteuern, und Eigenlob ist kein Zeichen besonderen Lebenswertes. Wir überlassen es gerne unseren Lesern und der Geschichte der deutschen Presse, zu beurteilen und festzustellen, ob die Bayerische Staatszeitung nach der Bestimmung ihrer Gründungsurkunde ihre Aufgabe als Verkünderin und Vertreterin der Regierungspolitik und zugleich als bayerische und deutsche Kulturträgerin erfüllt hat. Leicht war diese Aufgabe in Hinsicht der Verschiedenartigkeit der weltanschaulichen Grundlagen des Staates und der Parteien in den letzten Jahrzehnten gewiß nicht; sie wäre wohl unerfüllbar gewesen, wenn uns der nationale und soziale Gesichtspunkt gefehlt hätte. Aus allen Kreisen der bayerischen Bevölkerung ist uns in den letzten Wochen bekundet worden, daß wir unsere Pflicht getan haben. Unser herzlicher Dank für diese Anerkennung schließt die bittere Tatsache mit ein, daß wir nun, von der deutschen Arbeits- und Kampffront ausgeschaltet, den ganzen ideellen und den Anteil am materiellen Ertrag unserer Arbeit nicht mehr der Gemeinsamkeit, dem Vaterlande widmen können. Nahezu vergeblich waren bisher die SOS-Rufe unserer zahlreichen Belegschaft und die Bemühungen des Verlages, seinen Angestellten, Schriftleitern und Arbeitern an einem anderen Werkplatz Arbeit und Brot zu verschaffen. Von etwa 100 Angestellten, darunter 85 Familienväter, konnten bisher nur drei anderwärts Stellung finden. Wir wiederholen daher heute unseren Hilferuf an einschlägige Betriebe! Man muß wissen, daß in keiner Zeitung ein schöneres, vertrauensvolleres Zusammenhalten und Zusammenarbeiten zwischen dem Verlag und allen Angestellten und Arbeitern bestanden hat, als gerade in der Bayerischen Staatszeitung, über zwei Jahrzehnte lang und auch in den schlimmsten Sturmzeiten Bayerns.

Der Zeitungsmann muß sich, zumal heute, als Soldat fühlen. Erste Pflicht des Soldaten ist, zu gehorchen, sich unterzuordnen, sich aufzuopfern. Wenn also die über hundert Mann starke Kompanie der „Bayerischen Staatszeitung" jetzt von der Bayerischen Regierung aus der Kampffront gezogen, wenn eine andere Truppe dafür eingesetzt wird, so drücken wir allen unseren guten Kameraden und Mitarbeitern, zu denen wir unsere zwanzigtausend treuen Leser zählen, dankbar die Hand und marschieren ab in der Hoffnung, bald wieder an die vorderste Arbeits- und Kampffront zu kommen, gleichviel an welcher Stelle unseres im nationalen und sozialen Geiste geeinten deutschen Vaterlandes!

Dr. Friedrich Möhl.

Beileid des Ministerpräsidenten

zum Ableben des Staatsrats a. D. von Pausch

** München, 29. Juni.

Ministerpräsident Siebert hat aus Anlaß des Ablebens des Staatsrats a. D. Max von Pausch den Hinterbliebenen sein Beileid ausgesprochen und hierbei in ehrenden Worten der Verdienste des Verstorbenen gedacht, die er in über 40jähriger Dienstzeit im Finanzministerium, zuletzt als Staatsrat, sich um den bayerischen Staat erworben hat.

Glückwünsche für Pietzsch

** München, 29. Juni.

Der Bayerische Ministerpräsident Siebert hat dem Präsidenten der Industrie- und Handelskammer München, Pg. Albert Pietzsch zum 60. Geburtstag seine und der Bayerischen Staatsregierung aufrichtigen Glückwünsche zum Ausdruck gebracht.

Minister Esser an Präsident Pietzsch

** München, 29. Juni.

Staatsminister für Wirtschaft, Esser, hat dem Präsidenten der Industrie- und Handelskammer München, Pietzsch, zum 60. Geburtstag telegraphisch herzliche Glückwünsche ausgesprochen und dabei dem Wunsche Ausdruck gegeben, daß Präsident Pietzsch auch weiterhin als erfolgreicher Förderer der bayerischen Wirtschaftsinteressen und als Berater des Staatsministeriums tätig sein möge.

Zur Ernennung des neuen Staatssekretärs

** München, 29. Juni.

Ministerpräsident Siebert hat dem zum Staatssekretär beim Reichsstatthalter ernannten Obergruppenführer Hans Georg Hofmann, dem bisherigen kommissarischen Regierungspräsidenten von Ober- und Mittelfranken, seine und der bayerischen Staatsregierung aufrichtigen Glückwünsche zu seiner Berufung übermittelt.

Eingliederung in die Reichskirche

mc. Speyer, 29. Juni. (Drahtb.)

In einer auf Donnerstag einberufenen außerordentlichen Landessynode der protestantischen Landeskirche der Pfalz wurde die Eingliederung in die Reichskirche beschlossen. Dieser Beschluß ist um so bedeutungsvoller, als nunmehr die Eingliederungsbewegung auch in Süddeutschland Fuß gefaßt hat.

Der Antrag auf Uebertragung der Befugnisse des Landeskirchenrates, der Kirchenregierung und der Landessynode der pfälzischen Landeskirche auf die Deutsche Evangelische Kirche wurde mit überwältigender Mehrheit zum Gesetze erhoben.

Feststellungen der Obersten SA.-Führung

DN. Berlin, 29. Juni. (Drahtb.)

Das Presseamt der Obersten SA.-Führung teilt mit:

Die Notwendigkeit, die Wahrheit über die Bluttat von Quetzin und der Hintergründe ans Licht zu bringen, zwingt nunmehr dazu, amtlich erhärtete Tatsachen festzustellen.

Die Erhebungen der pommerschen Staatspolizeistellen und der Staatsanwaltschaft haben Folgendes ergeben:

Der NSDFB.-Mann Kummerow, der die schon gemeldete Bluttat an dem SA.-Sturmführer Moltzahn verübte, hat bereits vor ihrer Begehung gegen die SA. und ihren örtlichen Führer, Sturmführer Moltzahn, gewühlt und gehetzt. Er machte bei der besagten Sonnwendfeier während der Feuerrede des Sturmführers Moltzahn Bemerkungen zu anderen Personen und störte dadurch die feierliche Handlung. Von Moltzahn hinterher zur Rede gestellt, äußerte er: „Schlechter als Du und Deine SA. ist keiner!" Dabei versuchte er mit seinem Eichenstock zu schlagen, Moltzahn lediglich, ihm denselben zu entwinden.

Es ist also nicht wahr, daß die Tat einen persönlichen Anlaß hatte. Wahr ist nach den obigen Feststellungen vielmehr, daß er politisch war.

Dann entriß Kummerow den SA.-Dolch seinem Träger Moltzahn und stach auf ihn ein. Moltzahn wurde schwer verletzt. So wahr wie diese Tatsache, ist ferner Kummerows zynischer Ausruf nach Begehung seiner Untat: „Hätte ich ihm doch einen durch die Kaldaunen gegeben!"

Endlich und hauptsächlich ist es auch nicht wahr, daß sich der NSDFB. vor der Tat im allgemeinen so wie ein Teil der nationalsozialistischen Bewegung, besonders aber in Pommern, verhalten hätte. Wahr ist vielmehr, daß er den aus der SA. ausgeschlossenen, von der Staatspolizei drei Wochen lang inhaftierten und dann freigelassenen Rohleder sofort als Führer in Pommern einsetzte. Die Feststellungen der Staatsbehörden erweisen, daß erst dadurch die verführten Angehörigen des Bundes und unter ihnen der Täter Kummerow den Auftrieb erhielten, der das Verbrechen von Quetzin möglich machte.

Der Versuch, die Beweggründe der Untat im Widerspruch zu den amtlich festgestellten Tatsachen, die sie als politisch ausweisen, in solche persönlicher Art umzufälschen, bedeutet nichts anderes als die Flucht vor der politischen Wirkung einer politischen Ursache.

Dieser Versuch ist nur ein Glied in der Reihe der Verfehlungen gegen diejenigen Verpflichtungen, welche der NSDFB. bei seiner Gründung übernommen hatte.

Die politischen Folgen dieser Tat können also weder von den an ihr Beteiligten, noch von den für sie Verantwortlichen abgewälzt werden.

Der Reichskanzler in Essen

DN. Essen, 29. Juni. (Drahtb.)

Am Donnerstag vormittag traf der Führer mit dem Flugzeug in Essen ein, um mit dem preußischen Ministerpräsidenten Goering zusammen an der Trauung des Gauleiters Staatsrats Terboven teilzunehmen. Obwohl über den Besuch des Führers bis zum letzten Augenblick nichts gemeldet worden war, hatte sich auf dem Flugplatz eine große Menschenmenge eingefunden, die dem Führer begeisterte Huldigungen entgegenbrachte.

Aus Anlaß seines Essener Besuches stattete Reichskanzler Adolf Hitler am Donnerstag nachmittag den Essener Krupp-Werken einen Besuch ab. Unter Führung von Herrn v. Krupp wurden das Schmiedepreßwerk, das Grobblechwalzwerk, einige mechanische Werkstätten und die Lastkraftwagenfabrik besichtigt. Der Führer wurde von der Belegschaft überall begeistert und stürmisch begrüßt.

Eine Verlautbarung Seldtes

th. Berlin, 29. Juni. (Drahtb.)

Der Reichsarbeitsminister und Führer des Nationalsozialistischen Bundes der Frontsoldaten Franz Seldte erklärt zu der Veröffentlichung der Obersten SA.-Führung über den Zwischenfall von Quetzin, daß es nach seiner Ansicht und insbesondere nach seiner Unterredung mit dem Führer unangebracht sei, Meinungsverschiedenheiten zwischen der Obersten SA.-Führung und der Führung des Nationalsozialistischen Deutschen Frontkämpferbundes durch Presseveröffentlichungen in der Oeffentlichkeit auszutragen. Seitens des NSDFB. werde keinerlei derartige Veröffentlichung mehr erfolgen.

„Die Wehrmacht im Dritten Reich"

DN. Berlin, 29. Juni. (Drahtb.)

In einer Presseveröffentlichung schreibt Reichswehrminister von Blomberg über „Die Wehrmacht im Dritten Reich" u. a.:

Die Rolle der Wehrmacht ist eindeutig und klar. Sie dient diesem Staat, den sie aus innerster Ueberzeugung bejaht, und sie steht zu dieser Führung, die ihr das vornehmste Werk übergab, nämlich der von Staat und Volk anerkannte Träger des unbegrenzten Vertrauens zu sein. Wehrmacht und Staat sind eins geworden. Heute steht der Soldat mitten im politischen Leben des zur Einigkeit zusammengeschweißten Volkes.

Wir sind berufen, an entscheidender Stelle mitzuarbeiten am großen Werk der deutschen Zukunft, nicht als Träger eines Angriffswillens, der andere Staaten bedroht, sondern als Schützer eines Volkes, das nichts anderes will als freier Herr sein im eigenen Hause.

Die heutige Nummer umfaßt 20 Seiten.

ne Regierung, die Fortsetzung dieses auf ganz anderer Grundlage und unter ganz anderen Verhältnissen des gesamten öffentlichen Lebens beruhenden Vertrags nicht mehr zugemutet werden kann ... Die Regierung des Landes Bayern, das einen Teil eines deutschen Staates bildet, kann als Organ und Verkünderin ihres Willens auf die Dauer keine Zeitung heranziehen, die ... von der Partei als nationalsozialistische Zeitung nicht anerkannt ist."[168] Der Ministerrat habe den Beschluss gefasst, dass die Staatsregierung keine Rechte mehr aus dem Vertrag in Anspruch nehmen werde, es aber auch ihrerseits ablehne, ihn weiter zu erfüllen. Ab 1. Juli 1934 würden dem Verlag keine amtlichen Bekanntmachungen mehr zugeleitet, der Bezug der Zeitung durch die Behörden falle weg. Wilhelm Oldenbourg erinnerte dagegen an die „wiederholt zum Ausdruck gebrachte Rechtsauffassung des Führers und ... die nationalsozialistischen Grundsätze bezüglich Vertragstreue".[169] Eine einseitige Vertragsaufkündigung werde man nicht anerkennen.

Als Max Amann davon erfuhr, dass der Verlag eine Rechtsverwahrung eingelegt hatte, löste dies bei ihm „höchste Wut" aus. Friedrich Oldenbourg berichtete: „... der Vertreter des Eher-Verlages Herr Baur hat mir in Leipzig persönlich unter vier Augen erklärt, dass man nicht ruhen werde, bis meine Person erledigt sei. Er entblödete sich dabei nicht, ganz deutlich anzusprechen, dass es sich hier um den Kampf gegen die Bayer. Staatszeitung handle und dass man uns sozusagen mürbe zu schießen gedenkt. Es handelt sich hier also um einen ganz brutalen Machtkampf, in dem ich und meine Firma ja zweifellos die Schwächeren sind, wir denken aber nicht daran, von uns aus den Kampf vorzeitig aufzugeben."[170]

Amann verlangte am 22. Mai 1934 ultimativ eine Mitteilung „wann die Staatszeitung nun endlich ihr Erscheinen einstellt. Falls es der Verlag der *Bayerischen Staatszeitung* wagen sollte, gegen den Bayerischen Staat klagbar vorzugehen, werde ich diesen Prozess zugunsten des Bayerischen Staates innerhalb 2 Stunden erledigen."[171] Zwei Tage später informierte ihn Siebert, dass er den Vertrag mit dem Verlag der Staatszeitung gekündigt habe. Er werde ab 1. Juli keine amtlichen Bekanntmachungen mehr erhalten. Der Bezug durch die Behörden werde eingestellt. Er könne allerdings nur im Rahmen der Legalität handeln und ein zivilrechtliches Verfahren nicht von vorneherein verhindern: „Gewaltakte würden die Lage nur zu Ungunsten des Staates verschlechtern und ein Eingreifen der Reichsregierung herbeiführen."[172] Am 12. Juni 1934 berichtete er dem Ministerrat, dass der *Völkische Beobachter* ab 1. Juli das Staatsorgan werden könne.[173] Der Antrag erhielt Zustimmung – durch eine Ministerial-Bekanntmachung ging die Eigenschaft der Staatszeitung als Regierungsorgan auf den *Völkischen Beobachter* über.

Alle Bemühungen, das Ende der Staatszeitung abzuwenden, waren erfolglos geblieben. Am 30. Juni 1934 erschien die letzte Nummer mit einem Abschieds- und Rechtfertigungsleitartikel Möhls: „Unsere Anschauung und Überzeugung konnte nicht maßgebend sein. Die Regierung hielt es für notwendig, die Veröffentlichung ihrer Bekanntmachungen und Verordnungen zugleich mit der amtlichen Vertretung der Staatspolitik dem führenden Organ der Nationalsozialistischen Partei zu übertragen und ausschließlich vorzubehalten ... Nahezu vergeblich waren bisher die SOS-Rufe unserer zahlreichen Belegschaft und die Bemühungen des Verlages, seinen Angestellten, Schriftleitern und Arbeitern an einem anderen Werkplatz Arbeit und Brot zu beschaffen. Von etwa 100 Angestellten, darunter 85 Familienväter, konnten bisher nur drei anderwärts Stellung finden."[174] In einer Abschiedsansprache Möhls vor der Belegschaft und Paul Oldenbourg wurde die Distan-

Gegen den Versailler Vertrag führt Deutschland, das im Herbst 1933 aus dem Völkerbund ausgetreten ist, 1935 die Wehrpflicht wieder ein und ruft die Jahrgänge 1914/15 zur Musterung auf. Im folgenden Jahr kündigt Deutschland die Verträge von Locarno und besetzt das entmilitarisierte Rheinland mit Teilen des Ruhrgebiets, der „Waffenschmiede des Reiches". Das Jahr 1936 steht auch im Zeichen des Sports: Die Olympischen Spiele in Garmisch-Partenkirchen und Berlin nutzt Hitler für seine Propaganda. Schützenhilfe leistet Regisseurin Leni Riefenstahl mit ihren Olympiafilmen.

zierung vom Verhalten der Regierung noch deutlicher: „Ich darf ... behaupten, dass noch niemals in der Geschichte der Presse ein Fall zu verzeichnen war wie der unsere. Noch niemals hat eine Partei, die nach langen schweren Kämpfen zum unbestritten großen Siege und zur Herrschaft kam – was wir alle aufrichtig und freudig begrüßten – eine Zeitung ums Leben gebracht, die ganz auf der Seite dieser Partei steht, mit allen Kräften für sie und das Vaterland gekämpft hätte." [175]

Als Sprecher des Gesamtpersonals hatten die Redakteure Gotthard Herzig und Karl Nickel Gesellschafter Paul Oldenbourg auch die Möglichkeit nahegelegt, gerichtlich vorzugehen. Der Verlag hatte die Klage bereits am 14. April 1934 eingereicht.[176] Amann hatte sein wesentliches Ziel erreicht – um eine Klage zu verhindern und in die Justiz einzugreifen, reichte seine Macht jedoch nicht aus. Der erste Prozesstermin fand am 27. Juni 1934 vor dem Landgericht München I statt. Der *Völkische Beobachter* berichtete darüber mit hämischen Bemerkungen. Die Klage wurde vermengt mit einem anderen Verfahren, das noch auf die Regierung Held zurückging. Danach hatte die Firma einigen Anteilseignern zinsfreie Darlehen gewährt, die ihnen nicht zustanden. Gegen das erstinstanzliche Urteil vom 18. Oktober 1934 legte der Verlag Berufung ein, die jedoch am 11. März 1935 vom 1. Zivilsenat des Oberlandesgerichts zurückgewiesen wurde. Am 18. April 1936 kam ein Vergleich zwischen dem Land Bayern und der Firma Bayerischer Staatszeitungsverlag GmbH zustande. Der in Liquidation befindliche Verlag musste demnach an den Ministerpräsidenten 100 000 RM für gemeinnützige Zwecke überweisen, erhielt aber seinerseits vom Land Bayern eine Entschädigung von 65 000 RM. Von den Redakteuren wurde Max Zick vom *Völkischen Beobachter* übernommen.[177] Später sollte er vom Volksgerichtshof wegen Heimtücke und Wehrkraftzersetzung zu fünf Jahren Gefängnis verurteilt werden. Hansjörg Maurer wurde von der Partei an das dem politischen Katholizismus verbundene *Fränkische Volksblatt* in Würzburg als Chefredakteur weiter vermittelt.[178]

Im Dezember 1948 stellte die Firma Oldenbourg wegen des Vertragsbruchs durch die nationalsozialistische Regierung einen Rückerstattungsantrag.[179] Am 16. Oktober 1934 hatte aber ein Reichsgesetz bestimmt, dass die Länder Verträge über amtliche und halbamtliche Veröffentlichungen und über die Herausgabe von Zeitungen kurzfristig kündigen könnten. Das Finanzministerium widersprach dem Rückerstattungsantrag mit der Begründung, das genannte Gesetz habe keinen diskriminatorischen Charakter gehabt und könne nicht als Verfolgungsmaßnahme angesehen werden.[180]

Niedergang

Hauptstadt der Bewegung nennt sich München ab 1935. Die Feldherrnhalle ist eine der prominenten Kulissen für inszenierte Aufmärsche. In der Reichspogromnacht brennt es auch in München: Zerstört wird unter anderem die orthodoxe Synagoge Ohel Jakob in der Herzog-Rudolf-Straße (die Redaktion der *Bayerischen Staatszeitung* befindet sich heute in dem Gebäude, das auf dem Anwesen nach dem Krieg errichtet wurde). Die Sprengung der Großen Synagoge in Warschau am 16. Mai 1943 markiert die endgültige Niederschlagung des Aufstands im dortigen Ghetto, der größten jüdischen Widerstandsaktion gegen die Deportation in Vernichtungslager. Maßgeblich betrieben wird die antisemitische Hetze von Reichspropagandaminister Joseph Goebbels, der im Januar 1943 im Berliner Sportpalast zum „totalen Krieg" aufruft. Wenige Tage zuvor war die Schlacht um Stalingrad beendet worden. Auch wenn die deutsche Luftwaffe (hier ein Messerschmitt-Zerstörer) über der russischen Stadt ungefähr eine Million Bomben abwarf: Die deutsche 6. Armee wurde dort vernichtet. Entscheidende Wende im Zweiten Weltkrieg bedeutet die Landung der Alliierten in der Normandie am „D-Day" (6. Juni 1944). Der Luftkrieg tobt allerdings noch weiter: Viele bayerische Städte, wie Nürnberg, werden noch 1945 im Bombenhagel zerstört.

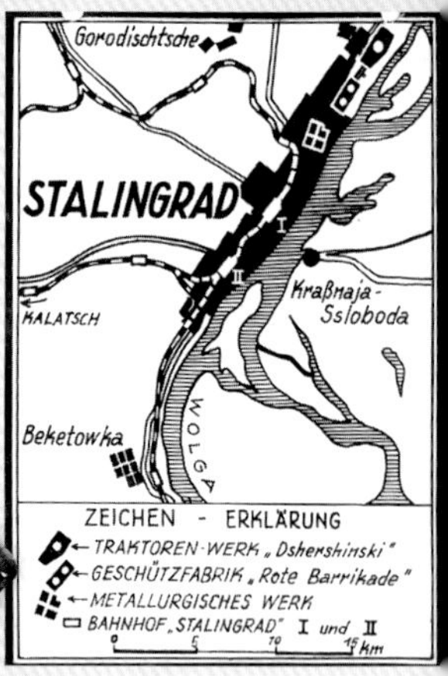

Widerstand. Georg Elser, das Geschwisterpaar Hans und Sophie Scholl sowie Berthold Schenk Graf von Stauffenberg kämpfen gegen das Naziregime – und werden dafür ermordet bzw. in Schauprozessen zum Tod verurteilt und hingerichtet.

Neuanfang

US-Streitkräfte befreien am 29. April 1945 das KZ Dachau. Ein Rotarmist hisst am Tag darauf die sowjetische Flagge auf dem Berliner Reichstagsgebäude (das berühmte Foto wurde einige Tage später nachgestellt). Wenig später geht der Kampf um Berlin weiter: Die Stadt wird in Sektoren aufgeteilt, vom 24. Juni 1948 bis zum 12. Mai 1949 sperren die Sowjets für die Westalliierten den Zugang zur Stadt. Die Berliner werden über eine Luftbrücke und von amerikanischen „Rosinenbombern" versorgt. GIs langen auch in München zu, wo Oberbürgermeister Thomas Wimmer zum „Rama dama" aufruft, zur Trümmerbeseitigung mit vereinten Kräften. Geeint sitzen die Vertreter der Alliierten im Nürnberger Justizpalast zusammen, um über die Hauptkriegsverbrecher zu richten – jedenfalls bis 1949; weitere Verhandlungen vor dem Internationalen Militärgerichtshof scheitern an unterschiedlichen Auffassungen.

Der neue Bayerische Staatsanzeiger

Ein halbes Jahr nach Deutschlands Kapitulationserklärung, im Dezember 1945, war bei der bayerischen Staatskanzlei ein Informations- und Presseamt eingerichtet worden. Zu seinen Aufgaben sollte auch die Herausgabe eines Staatsanzeigers gehören;[181] im März 1946 ersuchte das Amt im Auftrag der Staatsregierung die amerikanische Nachrichtenkontrolle um die Zulassung.[182] Das Blatt sollte keine Meinungsäußerungen und politische Nachrichten, sondern nur Erlasse und Verfügungen enthalten. Im Mai stimmte die Militärregierung zu. Die erste Nummer des *Bayerischen Staatsanzeigers* erschien am 1. Juni 1946. Herausgeber war das Informations- und Presseamt; gedruckt wurde er beim Süddeutschen Verlag.[183] Der erste Leiter des Staatsanzeigers, Albert König,[184] erhielt im August 1947 die Lizenz für die *Niederbayerischen Nachrichten* in Straubing. An seine Stelle trat deshalb der vorher im Arbeitsministerium als Pressereferent beschäftigte Hanns W. Schmid, der den Staatsanzeiger bis 30. November 1951 redigierte.[185] Ab Dezember übernahm ihn wieder König, der mit seiner Zeitung gegen die Konkurrenz des *Straubinger Tagblatts* nicht angekommen war.

Preis 20 Pfg.

BAYERISCHER STAATSANZEIGER

Nr. 1 / 1. Jahrgang — Herausgegeben vom Informations- und Presseamt der Bayerischen Staatsregierung — München, 1. Juni 1946

Die Kommunalwahlen in Bayern

Am 27. 1. 1946 fanden in Bayern, wie in der übrigen amerikanischen Zone, die Gemeindewahlen für die Gemeinden bis einschl. 20 000 Einwohner (mit Ausnahme der Stadtkreise), am 28. 4. 1946 die Kreistagswahlen und am 26. 5. 1946 die Stadtkreiswahlen statt.

Das Ergebnis der Wahlen in den Stadtkreisen in Verbindung mit den Resultaten der Wahlen auf dem Lande ermöglicht zum erstenmal ein Gesamtbild über die politische Neugruppierung seit Ende des Krieges.

Sowohl die Gemeinde- und Stadtkreis-Wahlen als auch die Kreistagswahlen sind von besonderer Bedeutung, da die gewählten Personen für die Verwaltung der Gemeinden bzw. der Landkreise in der nächsten Zeit die Richtung anzugeben haben. Die Amtszeit der gewählten Gemeinderäte, Stadträte und des Kreistags beträgt 2 Jahre. Die Gemeinderäte (Stadträte) sind berechtigt und verpflichtet, im Rahmen der Gesetze für das Wohl der Einwohnerschaft zu sorgen. In Gemeinschaft mit den

ZUM GELEIT

Mit dem heutigen Tag erscheint zum ersten Male der Bayerische Staatsanzeiger, damit hat Bayern wieder seine Staatszeitung. Sie will allen Amtsstellen und darüber hinaus einer breiten Oeffentlichkeit die Möglichkeit geben, über alle wichtigen Verordnungen und Bekanntmachungen unterrichtet zu werden. Weiterhin werden von Fall zu Fall Mitglieder der Staatsregierung von den Schwierigkeiten, Sorgen und Problemen sprechen, denen die Regierung heute gegenübersteht.

Auf diese Weise wird die Oeffentlichkeit noch mehr als bisher Nachrichten über die von der Regierung geleistete Aufbauarbeit erhalten, zumal die lizensierten Zeitungen bei der gegenwärtigen Papiernot und der Fülle der ihnen auferlegten Aufgaben nicht immer genügend Raum für Veröffentlichungen dieser Art zur Verfügung haben.

Dr. Wilhelm Högner, Bayerischer Ministerpräsident

lichkeit eingeräumt erhalten, die Erzeugnisse unserer gewerblichen Arbeit gegen den Bezug uns mangelnder Rohstoffe exportieren zu können, dann muß notwendig eine Massenarbeitslosigkeit Platz greifen, die zu einer Auflösung unserer gesellschaftswirtschaftlichen Ordnung drängt. Diese Not kann durch die Uebergabe des sogenannten Beutegutes und anderer noch blockierter Waren in deutsche Verfügung zeitlich überbrückt, aber nicht endgültig beseitigt werden. Wie diese Ausstellung beweisen soll, wollen wir nichts unversucht lassen, um in ehrlichem Güteraustausch nach wirtschaftlichen Grundsätzen der Welt vollwertige Aequivalente für die von ihr begehrten Leistungen zu bieten, aber ich bin skeptisch, ob es selbst bei härtester Entsagung unseres eigenen Volkes, besonders noch in Ansehung der technischen Schwierigkeiten, gelingen wird, die zur Bezahlung unseres Einfuhrbedarfs notwendigen Exportvorleistungen zu tätigen. Wenn all unser guter Wille nicht hinreicht, auf solche Weise unsere Rohstoffbasis sicherzustellen, dann möchten wir hoffen dürfen, daß

BSA vom 1. 6. 1946

Der Redaktion des Staatsanzeigers waren Kommentare untersagt. Rein informative Artikel aus offiziellen Quellen waren möglich. Wegen eines solchen Artikels über die deutsche Sozialversicherung beschwerte sich die hessische Regierung.[186] Ministerpräsident Wilhelm Hoegner verlangte, dass künftig nur noch Beiträge erscheinen dürften, die im Einklang mit der Meinung der Staatsregierung stünden und denen der zuständige Minister vorher zugestimmt habe.[187] 1947 nahm die Militärregierung wegen angeblicher Veröffentlichung von polemischen Parteimitteilungen Anstoß.

Der Bayerische Senat fühlte sich in der Berichterstattung vernachlässigt. Sein Präsident Josef Singer beschwerte sich am 31. Januar 1950 darüber, dass der Staatsanzeiger nichts über die Plenarsitzung vom 10. Januar gebracht habe.[188] Schmid antwortete, der *Bayerische Staatsanzeiger* sei keine Zeitung im eigentlichen Sinn, deren Hauptaufgabe auf dem Gebiet der Berichterstattung liege. Für die Berichte aus Landtag und Senat stehe nur ein gelegentlicher Mitarbeiter zur Verfügung.[189] Singer reagierte ungehalten: „In Wahrheit läuft die ganze Sache eben darauf hinaus, dass Sie in Verkennung Ihrer Kompetenzen glauben, den Senat als eine quantité négligeable behandeln zu können und ich nicht gesonnen bin, dies widerspruchslos hinzunehmen.“[190]

Anstoß erregte der Staatsanzeiger später nicht mehr. Allerdings widerfuhr seiner Redaktion eine besonders peinliche Panne mit der Nummer vom 28. Oktober 1966: Wegen Druckfehlern in der Bekanntgabe der Wahlkreisvorschläge zur Landtagswahl und zur Wahl der Bezirkstage musste eine Sondernummer nachgeschoben werden.[191]

Die Neugründung der Bayerischen Staatszeitung

Mit Aufhebung der Lizenzpflicht am 22. August 1949 stand es der bayerischen Regierung frei, wieder eine Staatszeitung als eigenes Organ zu gründen. Der Leiter der Staatskanzlei, Anton Pfeiffer, wollte eine Zeitung, die die Auffassung der Regierung zu aktuellen Fragen wiedergeben und auch ausführlich über die Sitzungen von Landtag und Senat berichten sollte. Als Verlag für die Herstellung wählte man den 1919 gegründeten Richard-Pflaum-Verlag. Pflaum war seit dem 21. März 1946 zweiter Vorsitzender des Bezirksvereins München-Stadt der CSU und Mitglied des ersten, 1946 gewählten Stadtrats. Am 29. April 1950 wurde der Vertrag zwischen ihm und der Regierung, vertreten durch Ministerpräsident Hans Ehard, geschlossen.

Die erste Nummer vom 1. Juli 1950 kam mit dem Titel *Bayerische Staatszeitung und Bayerischer Staatsanzeiger* heraus. Anders als die Vorläufer-Zeitung, eine Tageszeitung, war das Blatt nun als Wochenzeitung konzipiert.[192] Die äußere Gestaltung von Format, Papier und Drucktypen, die der erste Vertrag vom 26. November 1912 noch vorgeschrieben hatte, blieb dem Verleger überlassen. Die verantwortliche Bearbeitung des amtlichen Teils lag beim Presse- und Informationsamt der Staatsregierung. Das Recht zur Bestellung eines Regierungskommissärs zur Überwachung der Zeitung war nicht mehr vorgesehen. Das Vorschlagsrecht für die Besetzung der Stelle des Chefredakteurs und die Genehmigung von dessen Anstellungsvertrag lagen beim Ministerpräsidenten. Das Zwangsabonnement für Kommunen und Pfarrämter fiel weg.

In der ersten Nummer der wiederbegründeten Staatszeitung wurde in ziemlich gestelztem Verwaltungsdeutsch die neue Programmatik vorgestellt. Die Aufgabe des allgemeinen Teils sei „an den Zweck gebunden, die Auffassung der Staatsregierung zu den politischen, wirtschaftlichen und kulturellen Tagesfragen zur Darstellung zu bringen und damit der sachlichen Aufklärung über die Arbeit der Regierung zu dienen. Außerdem will es sich die Staatsregierung angelegen sein lassen, ihren Lesern eine möglichst umfassende Übersicht über die Arbeit der Volksvertretung zu vermitteln und so die Anteilnahme der Öffentlichkeit am parlamentarischen Leben zu fördern ... Diese Staatszeitung dient nicht einer Partei, sondern der jeweiligen Staatsregierung. Es ist daran gedacht, auch die Opposition zu Gehör zu bringen, selbstverständlich außerhalb des parteipolemischen Feldes.“[193] Auch eine kulturelle und erzieherische Aufgabe sollte die *Bayerische Staatszeitung* haben.

Man versicherte zudem, dass sie „den bestehenden Tageszeitungen nicht ins Gehege“ kommen werde: „Allein schon deshalb, weil sie kein Nachrichtenorgan ist, kann sie eine Tageszeitung

Bayerische Staatszeitung und Bayerischer Staatsanzeiger

Nr. 1/(26) SAMSTAG, 1. JULI 1950 Einzelnummer 20 Dpf.

DP-Lager unter deutscher Verwaltung

Schwierige psychologische und soziale Aufgaben – Ressentiments auf beiden Seiten

Wozu Staatszeitung

Für die Sache der Freiheit

Kommende Woche:

Schulorganisationsgesetz vor dem Plenum

Zehnjahresplan für Energieversorgung

BSZ vom 1. 7. 1950

nicht ersetzen. Die wöchentliche Erscheinungsweise nimmt ihr sowieso den Charakter einer Tageszeitung.“ Trotzdem löste die Neugründung bei der übrigen Presse erhebliche Kritik aus. Insbesondere war es die indirekte Subventionierung durch staatliche Anzeigen und staatliche Abonnements, die den unabhängigen Zeitungsverlegern ein Dorn im Auge waren. Auch die mögliche einseitige Unterrichtung von Beamten, die die Staatszeitung als einziges Blatt lasen, war ein Kritikpunkt.

Im Februar 1951 legte Chefredakteur Josef Hermann Mauerer dem neuen Leiter der Staatskanzlei, Karl Schwend, eine Denkschrift zur Gestaltung der Staatszeitung vor. Die Mehrzahl der Leser wisse, dass die Zeitung eine spezielle Aufgabe zu erfüllen habe, die sich auf Inhalt und Aufmachung auswirke. Unvoreingenommene Leser stellten aber dennoch einen Vergleich mit anderen Zeitungen und Zeitschriften an. Nach Mauerers Vorstellung musste sie deshalb attraktiver werden: „Die Staatszeitung darf nicht verzichten auf eine gewisse Vielfalt des Inhalts und der Themenstellung, und dieser Inhalt muss nach journalistischen Gesichtspunkten dargeboten werden.“ [194] Mauerer berief sich dabei auf eine Äußerung des bayerischen SPD-Vorsitzenden, Waldemar von Knoeringen, der bedauert hatte, dass die Zeitung zu wenige Artikel in journalistisch aufgelockerter Form aufweise.

Anfang März 1954 machte man sich in der Staatskanzlei nochmals Gedanken über die grundlegenden Aufgaben der Staatszeitung: Sie sollte der Regierung die Möglichkeit bieten, ihre Politik ungehindert von verlegerischen Rücksichten oder redaktionellen Erwägungen zu interpretieren. Darüber hinaus hatte sie eine Reihe von Aufgaben, deren Wahrnehmung nicht offiziösen Charakter trug, die aber im Interesse der Regierungspolitik lagen: „Demgemäß vertritt die *Bayerische Staatszeitung* intensiv die echten föderativen Anliegen Bayerns. Besondere Aufmerksamkeit widmet sie allen Zersetzungsversuchen gegenüber der Demokratie, wie sie immer wieder von Zeit zu Zeit von rechts- und linksradikalen Kreisen kommen. Weiter bringt die *Bayerische Staatszeitung* regelmäßig Beiträge über Fragen und Probleme aus dem Verwaltungsbereich, die in einer solchen Ausführlichkeit und Gründlichkeit nie in anderen Zeitungen erscheinen könnten. Dasselbe gilt für den Bereich der Gesetzgebung. Eine spezielle Aufgabe der Staatszeitung ist die wöchentliche Landtagsberichterstattung.“ [195]

Über viele Jahrzehnte hinweg vermied die Staatszeitung weitgehend auch nur leise Kritik an der bayerischen Regierung. Fritz Schäffers kurze Ministerpräsidentschaft konnte nur rückwirkend betrachtet werden, da zu dieser Zeit weder Staatsanzeiger noch Staatszeitung existiert hatten. „Man darf sagen: sein Name wurde im ganzen Land mit Vertrauen und Zuversicht aufgenommen. Freilich sollte diese Ministerpräsidentschaft nur vier Monate dauern. Dem eigenwilligen Repräsentanten konservativ-demokratischer bayerischer Staatstradition wurde auf Betreiben der Morgenthau-Leute rasch der Laufpass gegeben und dem Mitbegründer der CSU wurde obendrein auf Jahre hinaus jede politische Tätigkeit verboten.“ [196]

Die Fünfziger Jahre.

Am 1. Juli 1950 erscheint erstmals wieder die *Bayerische Staatszeitung*. In ihrer neunten Ausgabe weist sie auf das Prozedere um den „Weltzähltag“ am 13. September hin. Demzufolge leben rund neun Millionen Menschen in Bayern – heute sind es gut 12,5 Millionen. 1951 wird der Bundesgrenzschutz eingerichtet (seit 2005 „Bundespolizei“), er ist dem Bundesinnenministerium unterstellt. Der BGS ist auch zuständig für den Schutz des Bundesverfassungsgerichts in Karlsruhe, das im selben Jahr seine Arbeit aufnimmt. Im emotionalen Höhenflug ist Deutschland, als der Fußballnationalmannschaft am 4. Juli 1954 das „Wunder von Bern“ gelingt: Deutschland ist Weltmeister! Die Mannschaft um Kapitän Fritz Walter schlägt den Favoriten Ungarn mit 3:2. Auch die Staatszeitung kommentiert den Sieg, merkt aber kritisch an: Beim Singen der Nationalhymne wäre statt des „missverständlichen und missbrauchten“ Textes „Deutschland, Deutschland über alles“ die dritte Strophe wohl besser gewesen. Auch beim Bekunden des Nationalstolzes mahnt der Kommentator Sinn für Maß an.

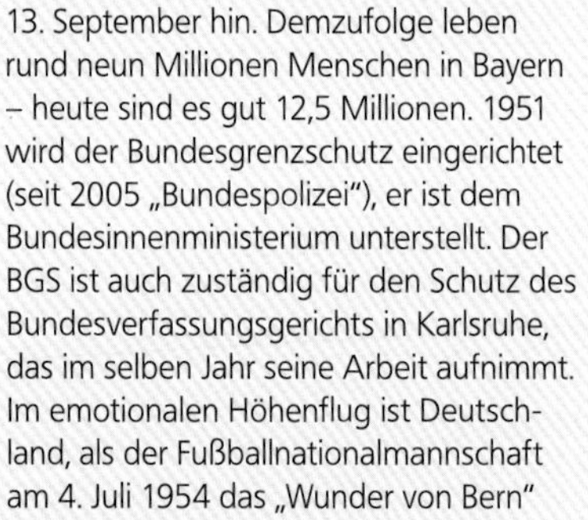

Die DDR zwischen Abriss und Aufbau: 1950 wird das im Zweiten Weltkrieg beschädigte Berliner Stadtschloss gesprengt; später steht dort der Palast der Republik (1976 fertiggestellt) – der seinerseits zwischen 2006 und 2008 abgerissen wird; die Rekonstruktion des Stadtschlosses ist heute erklärter Wille, scheitert vorerst aber aus finanziellen Gründen. Ehrgeiziges Bauprojekt der jungen DDR ist die Stalinallee (Grundsteinlegung Februar 1952, seit 1961 Karl-Marx-Allee). Die monumental breite Straße mit einer Bebauung im „sozialistischen Klassizismus" ist auch Kulisse für Aufmärsche und Paraden. Zunächst ist die Großbaustelle jedoch jener Ort, von dem aus sich ein Arbeiterstreik wie ein Flächenbrand übers ganze Land ausbreitet und im Volksaufstand am 17. Juni 1953 eskaliert: der blutig niedergeschlagene Widerstand gegen das SED-Regime und seine Wirtschaftspolitik. Nicht erst seit diesem Datum kehren viele Bürger der DDR den Rücken und fliehen in den Westen, wo man zu Hilfsaktionen für die Republikflüchtlinge und zu Spenden für „die Zone" aufruft.

Den Sturz Schäffers einseitig auf Anhänger Morgenthaus zurückzuführen, war nicht nur undifferenziert, es konnte auch den Antisemitismus fördern, der gerade wegen der nationalsozialistischen Propaganda gegen Morgenthau noch latent vorhanden war.

Die Landtagswahl 1950 macht der Alleinregierung der CSU ein Ende und zwang sie zu einer Koalition mit der SPD: „Durch unverdrossene sachliche Arbeit allmählich wieder festen Boden zu schaffen und so das Chaos von 1945 zu überwinden, war das Bemühen aller Regierungsarbeit in den letzten fünf Jahren. Diese Arbeit mit verstärkten und zum Teil mit neuen Kräften weiterzuführen, ist der Sinn und die Aufgabe der neuen Koalitionsregierung."[197] Auch wenn es eine Koalitionsregierung sei, müsse sie die Dinge nicht mit halbem, sondern mit ganzem Herzen tun.

Große Zustimmung fand insbesondere die ohne den früheren Kultusminister Alois Hundhammer einfacher gewordene Betonung der überkonfessionellen Linie der zweiten Regierung Ehard. Die Staatszeitung lobte Ehards Äußerung, „dass er keinen Regierungsgrundsatz der von ihm geführten Regierung kenne, der ihm zu jeder Zeit mehr am Herzen lag als die Ablehnung jeglicher konfessioneller Parteilichkeit".[198]

Doch sah Chefredakteur Mauerer angesichts des Charakters der Koalitionsregierung Probleme voraus: „Die Arbeit der Redaktion wird unter der Koalitionsregierung zweifellos schwieriger, auch wenn der Ministerpräsident bzw. sein Beauftragter gegenüber der Staatszeitung letztlich nach wie vor allein maßgebend ist für die politische Linie unseres Blattes. Es gehört nicht viel Überlegung dazu, um anzunehmen, dass in der Praxis immer wieder von divergierenden Kräften versucht werden wird, mit einer Fülle von Mitteln und Möglichkeiten auf die Staatszeitung Einfluss zu nehmen und die politische Linie in der *Bayerischen Staatszeitung* zu konterkarieren."[199]

Zu Ehards fünfjährigem Regierungsjubiläum hieß es lobend: „Die Beweise erfolgreicher Wachsamkeit, die sich in langer Reihe aus der fünfjährigen Ministerpräsidentschaft Dr. Ehards erbringen ließen, geben uns die Sicherheit, dass sich die bayerische Sache, was auch in der Zukunft an Problemen und Gefahren an Bayern herantreten möge, in den Händen eines ebenso guten Bayern wie Deutschen befindet."[200]

Trotz ihrer Arbeit im Sinne der Regierungspolitik musste die Staatszeitung erkennen, dass das politische Bewusstsein im Land noch zu wünschen übrig ließ. Aus Anlass der Landtagswahl vom 28. November 1954 schrieb der damalige Mitarbeiter der Staatskanzlei, Ernst Deuerlein: „Bayern befindet sich im größten Strukturwandel seiner Geschichte ... Die konfessionelle Struktur ist kaum minder betroffen als die wirtschaftliche. Das Verhältnis von Stadt zu Land ist allein schon durch die unaufhaltsam steigende Motorisierung intensiviert worden ... Eine demoskopische Umfrage hat ergeben, dass ein nicht unbeträchtlicher Teil der bayerischen Bevölkerung kein inneres Verhältnis zur Staatsregierung und zur Landespolitik hat ... Es ist deshalb notwendig, nicht nur im einzelnen, sondern im ge-

Zwei Millionen Flüchtlinge und Vertriebene kommen nach dem Zweiten Weltkrieg nach Bayern. Ihr erstes Zuhause finden viele in Flüchtlingslagern, wo sie sich (wie hier in Allach) mit sehr beengten Verhältnissen arrangieren müssen – mitunter mehrere Jahre lang.

samten bayerischen Volk ein wirkliches Interesse für die Landespolitik zu erarbeiten ... Die Einheitssaat ... geht immer mehr auf. Dieser Umstand ist im Hinblick auf die volksmäßige Strukturveränderung durch die Aufnahme von zwei Millionen Vertriebenen verständlich. Er ist jedoch für Bayern von schicksalhafter Bedeutung. Der altbayerische Stamm hat in dieser Situation erneut seine kolonisatorische Fähigkeit zu beweisen, indem er sich nicht überspielen lässt, sondern die Dominate (sic) des öffentlichen Lebens bleibt.“ [201]

Das Eintreten für den Föderalismus war traditionell oft mit einer antipreußischen Haltung verbunden. Am 9. Januar 1954 druckte die Redaktion der *Bayerischen Staatszeitung* einen Beitrag ab, den sie zur Diskussion stellte, aber nicht als eigenen Standpunkt verstanden wissen wollte. In der Evangelischen Akademie in Tutzing hatte ein ehemaliger Emigrant über das Schicksal und den Freitod des Schriftstellers Jochen Klepper gesprochen, dem man das „herrliche Bild Friedrich Wilhelms I.“ zu verdanken habe. Der Verfasser des Zeitungsartikels warf dem Referenten vor, dass er möglicherweise „die Identität des Systems, dessen Schöpfer Friedrich Wilhelm I. war, und jenes andern Systems erkannt hätte, das den Biographen dieses Königs ins Konzentrationslager gesteckt hatte“, wenn er mehr nachgedacht hätte.[202] Er folgerte: „Es sieht fast so aus, als stehe das deutsche Volk vor der Alternative, entweder in einem preußischen Staat zu leben, eine Wahl, die gleichbedeutend ist mit der zwischen der nationalen Katastrophe und der Aufgabe des nationalen Daseins. Im Hinblick auf diesen tragischen Sachverhalt ist es verständlich, wenn heute deutsche Patrioten in der Demarkationslinie ein politisches Aktivum erblicken und zur Revision dieses Standpunktes erst dann bereit wären, wenn es eine Bürgschaft dafür gibt, dass das vereinigte Deutschland kein wiedererstandenes Preußen wird.“ [203] Diesen letzten Satz griff der FDP-Politiker Thomas Dehler in seiner bekannten Emotionalität auf und zitierte ihn im Bundestag, um die Staatszeitung als Gegnerin einer Wiedervereinigung zu brandmarken – was die Redaktion natürlich empört zurückwies.[204]

Der Artikel hatte aber auch in Bayern Auswirkungen. Der Landtagsabgeordnete August Haußleiter, der im September 1949 aus der CSU ausgetreten war und im November die rechte nationalistische „Deutsche Gemeinschaft“ gegründet hatte, brachte auf Grund des

Aufsatzes am 12. Februar 1954 im Landtag einen Antrag ein, in dem die Staatsregierung ersucht wurde, die *Bayerische Staatszeitung* als politisches Wochenblatt einzustellen und lediglich den Staatsanzeiger weiter als amtliches Nachrichtenorgan erscheinen zu lassen. Der Aufsatz habe den Eisernen Vorhang anerkannt und die evangelische Minderheit des Landes beleidigt.[205] Aus der Sicht Haußleiters hatte die Staatszeitung als amtliches Organ einen einseitigen politischen Standpunkt vertreten. Dies sei eine unhaltbare Situation.

Im Juli 1959 gibt es erstmals in der Geschichte der Bundesrepublik Deutschland weniger Arbeitslose als offene Stellen. Auf vielen Bahnhöfen des Landes treffen Helfer ein, zunächst aus Italien: Seit 1955 gibt es das deutsch-italienische Anwerbeabkommen, Verträge mit Spanien und Griechenland folgen 1960, mit der Türkei 1961. In diesem Jahr registriert die Weiterleitungsstelle allein 107 000 italienische Gastarbeiter am Münchner Hauptbahnhof; hinzu kommen die vielen Hilfskräfte, die privat über die Alpen anreisen.

Am 17. März 1954 warfen aber auch die Abgeordneten Hildegard Brücher und Albrecht Haas von der FDP der Staatszeitung im Haushaltsausschuss des Landtags vor, dass sie kein Regierungs-, sondern ein CSU-Blatt sei. Auch die SPD vermisste die Überparteilichkeit der Staatszeitung. Ministerpräsident Hans Ehard hielt dem entgegen, dass die Redaktion für den Inhalt verantwortlich sei, der zwar im allgemeinen dem Sinn der Regierung entspreche – die Zeitung sei aber kein Parteiblatt.

In der Staatskanzlei hieß es allerdings, dass es besser gewesen sei, der Artikel wäre nicht aufgenommen worden. Es habe zu leicht der Eindruck entstehen können, „die Bayerische Staatsregierung vertrete die Auffassung, dass die unglückselige Spaltung Deutschlands auch ihre positiven und erwünschten Seiten habe“. Würde aber dem Ansuchen Haußleiters Rechnung getragen, „so würde sich die Regierung ihres einzigen publizistischen Mittels berauben, das sie sich geschaffen hat“.[206]

Aus diesem Anlass wurde in der Staatskanzlei von Ernst Deuerlein ein grundlegender Bericht über die *Bayerische Staatszeitung* verfasst. Darin wird argumentiert, die Unterdrückung von Aufsätzen, die der Auffassung der Regierung nicht entsprächen, sei nicht nur nicht wünschenswert, sondern als Vorzensur gesetzeswidrig. Es genüge, wenn sich die Redaktion formell distanziere. Würde man – wie in Baden-Württemberg und Rheinland-Pfalz – die Redaktion der Staatszeitung direkt der Staatskanzlei übertragen, sei „mit Sicherheit der Vorwurf einer Meinungslenkung von oben nach NS-Vorbild und einer parteipolitischen Beeinflussung der Beamtenschaft zu erwarten“.[207]

Die Folgerung aus der Landtagswahl von November 1954 stand für die Staatszeitung eindeutig fest: Einen bürgerlichen Block, der eine ausgeprägte Konfessionspolitik treiben könne, hielt Chefredakteur Mauerer angesichts der Gegensätze zwischen CSU, Bayernpartei und FDP für eine Illusion.[208] In der Frage der sozialen Neuordnung – „und sie ist nun einmal die entscheidende Aufgabe unserer Generation“ – gebe es Gemeinsamkeiten zwischen den Arbeiterorganisationen im christlichen Lager, den Gewerkschaftern und der SPD. Auch habe der westeuropäische Sozialismus einen erheblichen Wandel durchgemacht: „Sein jüngster Kampf gegen die bolschewistische Tyrannei und für die Freiheit ist unübersehbar.“[209] So könne man die Koalition von SPD, Bayernpartei, FDP und GB/BHE (Gesamtdeutscher Block/Bund der Heimatvertriebenen und Entrechteten) grundsätzlich auch positiv werten.

Verlagswechsel unter der Viererkoalition

Nach der zweiten Regierung Ehard (1947 bis 1950) fühlte sich die CSU, die während der Regierungszeit der Viererkoalition in der Opposition war, ihrerseits von der Staatszeitung stiefmütterlich behandelt. Jetzt konnte der neue Ministerpräsident Wilhelm Hoegner seinerseits darauf verweisen, dass die Redaktion in eigener Verantwortung arbeite.

Aber auch diese Regierung war mit Redaktion und Verlag unzufrieden. Am 21. Juni 1955 äußerte der zum Staatssekretär und Leiter der Staatskanzlei aufgestiegene Albrecht Haas (FDP), man denke daran, die Staatszeitung auf den Verlag des *Münchner Merkur* zu übertragen, da dieser leistungsfähiger als der Pflaum-Verlag sei.[210]

Die Erträge aus der Staatszeitung waren mager, die Auflage war rückläufig. Der Vertrag mit dem Pflaum-Verlag wurde zum 22. Juni 1955 gekündigt. Die Frage, ob die Redaktion weiter beschäftigt werden könne, blieb vorläufig offen.[211] Ministerpräsident Hoegner war aber der Ansicht, es sei äußerst schwierig, einen neuen, guten Chefredakteur zu finden. Wenn nicht zwingende Gründe dagegen sprächen, sei er für die Beibehaltung des bisherigen.

Die Landshuter *Isar-Post* vom 2. Juli 1955 behauptete, das Bestreben zu einer Kündigung Mauerers gehe nur von Haas aus. Dieser versuche, den Pressereferenten der bayerischen FDP, Gottfried Weicker, in einer führenden Stellung in der Staatszeitung unterzubringen. Mauerer schrieb an den Landesgeschäftsführer der FDP, Heinz Brandt, ihm sei bekannt, „dass der Pressereferent der FDP in der Redaktion der *Bayerischen Staatszeitung* untergebracht werden soll. Ich habe mich dagegen bis jetzt zur Wehr gesetzt, weniger, offengestanden, aus parteipolitischen Ressentiments ... als aus der Überzeugung heraus, dass Herrn Weickers journalistische Fähigkeiten nicht so blendend sind, dass sie sich die Staatszeitung teuer erkaufen müsste und weil ich die Auffassung vertrete, dass Herr Weicker als Persönlichkeit, sagen wir höflich, mindestens klärungsbedürftig ist.“[212]

Doch Chefredakteur Mauerer provozierte selbst Unmut. Unter dem Pseudonym „Josef Faber“ schrieb er auch für den *Münchner Merkur* Beiträge. Am 3. August 1955 klagte der Bevollmächtigte Bayerns beim Bund, Ministerialdirektor Claus Leusser, über Mauerers Artikel vom 1. August im *Münchner Merkur*, der die Überschrift „Ein kalter Atomkrieg“ trug. Darin

Die Pariser Verträge treten 1955 in Kraft – damit einher geht die Aufnahme Deutschlands in die NATO. Bundeskanzler Konrad Adenauer reist zu den Feierlichkeiten nach Paris. Einige Tage später setzt Nikolai Bulganin, der Ministerpräsident der UdSSR, seine Unterschrift unter den Vertrag zum Warschauer Pakt, der Gegenallianz zur NATO. Adenauer ist im September 1955 Gast in Moskau und erwirkt dort die Freilassung der letzten deutschen Kriegsgefangenen. Im Oktober wird der bisherige Sonderminister Franz Josef Strauß (hier mit Bundespräsident Theodor Heuss) erster Atomminister Deutschlands.

Die Viererkoalition von SPD, Bayernpartei, GB/BHE und FDP ist die Folge der Landtagswahl 1954, weil eine Zusammenarbeit zwischen den zwei stärksten Fraktionen CSU und SPD nicht möglich war; die CSU ist danach einzige Oppositionspartei. Die Zusammensetzung des Kabinetts (sitzend von links): Arbeitsminister Walter Stain, Wirtschaftsminister Otto Bezold, Kultusminister August Rucker, Justizminister Fritz Koch, Ministerpräsident Wilhelm Hoegner, Finanzminister Friedrich Zietsch, Innenminister August Geislhöringer und der stellvertretende Ministerpräsident und Landwirtschaftsminister Joseph Baumgartner. Dahinter stehen die Staatssekretäre Karl Weishäupl, Willi Guthsmuths, Hans Meinzolt, Kurt Eilles, Albrecht Haas, Joseph Panholzer, Ernst Vetter, Erich Simmel.

war von Gerüchten der vergangenen Tage die Rede, denen zufolge man der Meinung sein könne, „zwischen Bayern und Bonn drohe eine Art kalten Atomkriegs auszubrechen ... Die Quintessenz aller diesbezüglichen Nachrichten lässt darauf schließen, dass die Errichtung des für Bayern in Aussicht genommenen Atommeilers für Forschungszwecke sozusagen in die Binsen geht und dass damit auch die Überführung des Max-Planck-Instituts von Göttingen nach München und die Annahme einer Professur der Universität durch Professor Werner Heisenberg mehr als fraglich werden ... Kenner der Verhältnisse weisen schließlich auch darauf hin, dass die bayerische Vertretung in Bonn keine sehr glückliche Hand hat, wenn es gilt, gewisse gegen Bayern gerichtete Konspirationen rechtzeitig zu neutralisieren ... Es gibt Leute, die behaupten, dass auch die kürzlich im Bundesrat erfolgte Brüskierung Bayerns viel zu spät erkannt worden sei, so dass nichts mehr geschehen konnte, um sie hintan zu halten.“ Leusser reagierte äußerst erbost: „Ihnen, sehr verehrter Herr Ministerpräsident, brauche ich nicht darzulegen, dass ich schon seit langem immer und immer wieder darauf hingewiesen habe, dass der Vorsitz Bayerns im Auswärtigen Ausschuss in Gefahr sei ... Sie wissen weiter, dass ich alles in meinen Kräften stehende getan habe, um den drohenden Verlust doch noch abzuwenden ... Ich glaube nicht, dass Herr Mauerer beurteilen kann, ob die bayerische Vertretung in Bonn ‚informativ und verhandlungsmäßig geschickt, rührig und angesehen genug sei' ... Wie die Sache mit dem Atommeiler ausgehen wird, ist noch ungewiss ... Auf jeden Fall ist es nicht Aufgabe des Chefredakteurs der *Bayerischen Staatszeitung*, das Ansehen und die Stellung der bayerischen Vertretung in Bonn durch unwahre Behauptungen zu untergraben.“[213]

Mauerer rechtfertigte sich damit, dass die in dem Artikel verwendeten Informationen hauptsächlich aus dem bayerischen Wirtschaftsministerium stammten und zum Teil sogar wörtlich übernommen worden seien.[214] Er berief sich auch darauf, dass seine Tätigkeit als gelegentlicher Leitartikelschreiber für den *Münchner Merkur* mit Wissen der Staatskanzlei erfolgt sei. Sie sei vielfach zweckmäßig gewesen, besonders wenn ein politisches Thema aus irgendwelchen Gründen nicht in der Staatszeitung aufgegriffen werden konnte. Er werde aber jetzt damit aufhören, da der Eindruck vermieden werden solle, dass eine allzu enge Verbindung zwischen beiden Zeitungen bestehe. Damit war die Angelegenheit allerdings noch nicht erledigt. Der Leiter der Staatskanzlei, Staatssekretär Haas, rügte Mauerer. Die Kritik, wonach die Brüskierung Bayerns zu spät erkannt worden sei und Bayern sich bei jeder Gelegenheit in Bonn überspielen lasse, sei sehr massiv und der Regierung abträglich.[215]

Als Herzensanliegen und „demokratisch-föderale Flurbereinigung" bezeichnet die *Bayerische Staatszeitung* das Volksbegehren im April 1956, von dem man sich eine Rückkehr der Pfalz nach Bayern erhofft. Doch nur 7,6 Prozent der Wahlberechtigten in der Pfalz stimmen für eine solche Wiedervereinigung. Das Zehn-Prozent-Quorum für einen Volksentscheid ist damit nicht erreicht.

Als am 30. August 1955 im Kabinett die Frage des Verlagswechsels besprochen wurde, äußerte Albrecht Haas Bedenken gegen die Weiterbeschäftigung Josef Hermann Mauerers.[216] Auch Ministerpräsident Hoegner erklärte, dass man wegen des Aufsatzes im *Münchner Merkur* kein Vertrauen mehr zu ihm haben könne. Der Ministerrat beschloss, seine Übernahme nicht zu empfehlen. Offenbar war aber der Posten nicht allzu attraktiv. Man fand nur einen Kandidaten, den Redakteur der *Neuen Presse* in Coburg, Helmut Bauer, den man auch als Nachfolger akzeptierte.[217] Doch gab Hoegner am 25. Oktober im Ministerrat bekannt, dass die jetzt an der Staatszeitung interessierten Vertreter der *Süddeutschen Zeitung* und des *Münchner Merkur* in einer Besprechung mit ihm den Wunsch geäußert hätten, Mauerer als Chefredakteur zu behalten.[218] Er blieb schließlich bis zum September 1957. Danach war er beim *Bayerischen Rundfunk* tätig.

In bayerischer Sicht:

Zum Ausgang des Pfälzer Volksbegehrens

Ministerpräsident Dr. Hoegner gab am 24. April im Landtag folgende Erklärung der Staatsregierung bekannt:

„Die bayerischen Staatsregierungen nach 1945 sind stets für das Selbstbestimmungsrecht der ehemals bayerischen Rheinpfalz eingetreten. Nun hat die Pfälzer Bevölkerung entschieden. Von den verschiedenen Volksbegehren hat das des Bundes „Bayern und Pfalz" die geringste Stimmenzahl erhalten. Aus diesem Ergebnis muß die Bayerische Staatsregierung den Schluß ziehen, daß der überwiegende Teil des

gleichzeitig in den übrigen Regierungsbezirken des Landes Rheinland-Pfalz die nach anderen Richtungen zielenden Volksbegehren die Mindestgrenze von 10 v. H. überschritten hätten, zum Teil sogar ganz erheblich. Damit ist nämlich in der grundgesetzlich vorgeschriebenen Form die weitere Existenz des Landes Rheinland-Pfalz auf jeden Fall in Frage gestellt. Es ist also gerade das eingetreten, was die Regierung in Mainz hatte verhindern wollen. Und es mutet unter diesen Umständen, gelinde gesagt, naiv an, wenn Mainz so tut, als ob die Ziffern des Volksbegehrens bereits den Volksentscheid beinhalteten, und wenn

BSZ vom 28. 4. 1956

Die Münchener Zeitungsverlag KG hatte zuerst vergeblich versucht, den Süddeutschen Verlag auszustechen und das Geschäft mit der Staatszeitung alleine zu machen. Justizminister Fritz Koch meinte, es sei nicht einfach, sich für einen der beiden Bewerber zu entscheiden und regte an, dass man eventuell mit beiden gemeinsam einen Vertrag schließen könne. Diesen Vorschlag griff Ministerpräsident Hoegner auf, bei dem die letzte Entscheidung lag.[219] Beide Verlage waren bereit, erhebliche Investitionen aufzubringen, um die Staatszeitung attraktiver zu machen. Sie gründeten die Gesellschaft „Verlag Bayerische Staatszeitung GmbH", an der sie jeweils 50 Prozent hielten. Der Süddeutsche Verlag übernahm den Druck, der Verlag des *Münchner Merkur* den Vertrieb, die Werbung und die Buchhaltung. Am 3. November 1955 trat der Vertrag zwischen dem Freistaat Bayern und der neuen Verlagsgesellschaft in Kraft.

1971 tauschten beide Verlage die Rollen. Da der Süddeutsche Verlag wegen des Anwachsens der *Süddeutschen Zeitung* den Druck kaum mehr bewältigen konnte, übernahm ihn der Verlag des *Münchner Merkur*, der seinerseits seine bisherigen Aufgaben abgab.

Die Richtlinie für den Inhalt war dem Vertrag von 1955 zufolge eher unverbindlich: „Der redaktionelle Teil der Staatszeitung ist insbesondere für Abhandlungen und Berichte aus der Politik, der Wirtschaft, der Kultur und des Rechtslebens bestimmt, wobei die Darstellung der bayerischen Verhältnisse den Vorrang hat." [220] Die Staatskanzlei verzichtete auf ihre ursprünglich wesentlich präziseren Vorstellungen, die unter anderem als verbindliche Aufgabe der Zeitung vorgesehen hatten, „die Ansichten der Staatsregierung und der sie tragenden politischen Kräfte über die Grundlagen und aktuellen Ereignisse der Landespolitik in offiziöser Form wiederzugeben". Außerdem habe sie als „Instrument der Viererkoalition deren Wirkung in der Bevölkerung zu vertiefen und die Ziele ihrer Politik so zu interpretieren, dass sie das notwendige Echo finden".[221] Vermutlich lag es nicht im Sinn des neuen Verlags, die Redaktion durch Richtlinien zu sehr einzuengen.

Das Ende der Viererkoalition

Zu Wilhelm Hoegners 70. Geburtstag (1957), der kurz vor dem Fall der von ihm geführten Viererkoalition anstand, beschrieb man ihn in der Staatszeitung als den „Mann, der aus seiner Menschlichkeit heraus das ist, was keine Amtspflicht und keine Verfassung vorschreiben kann: der gute Landesvater".[222] Als Hoegners größte Leistung würdigte man später „den Aufbau eines verlässig demokratischen Justizwesens und die Konsolidierung einer durch die Diktatur im Mark getroffenen Beamtenschaft". Geschätzt wurde er auch als Föderalist: „Für ihn war der vielzitierte Zentralismus nicht bloß ein in Wahlkämpfen zu beschwörendes Gespenst, sondern eine Realität."[223]

Einige Monate vorher, am 9. Februar 1957, war nach Eindruck der Staatszeitung die Regierungskoalition noch nicht gefährdet: „Was ... die bayerische Regierungskoalition betrifft, so hat die Entwicklung der letzten Wochen ... bestätigt, dass die Dinge und alles Gerede und Herumreden um die Dinge ihre Festigkeit letzten Endes erneut unter Beweis gestellt haben."[224] Am 12. Oktober 1957 aber war ihr klar, dass die Regierung am Ende war: „Die Auflösung der Viererkoalition, die zwei Jahre und zehn Monate lang die bayerische Staatsregierung gebildet und getragen hat, war bereits Tatsache, als sie in der Vorwoche eingeleitet wurde, und nicht erst, als sie mit dem Austritt von BHE und BP besiegelt wurde ... Wenn es zum Bruch gekommen ist, so lag das nicht an sachlichen Meinungsverschiedenheiten ... Der Anstoß kam von der Bundestagswahl, besser gesagt, von der parteipolitischen Situation seit der Wahl ... Die SPD sah keinen Anlass, die bisherige Koalition aufzugeben ... Bei der FDP ergaben sich ebenfalls keinerlei Anzeichen von Koalitionsmüdigkeit. Anders stellte sich die Lage für BP und BHE dar. Beide sind heute von der Sorge bedrückt, ob sie bei der nächsten Landtagswahl die Zehn-Prozent-Klausel des Landtagswahlgesetzes werden überspringen können ... Es wurde bekannt, dass eine starke Gruppe in der BP-

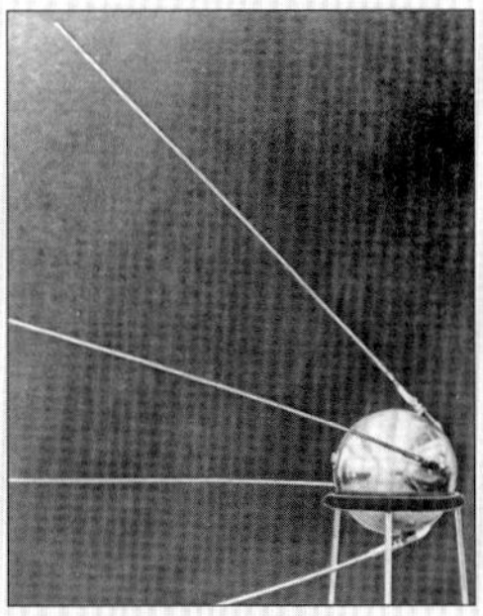

Mit Sputnik I demonstrieren die Sowjets 1957, dass sie bei der Eroberung des Weltalls erst einmal die Nase vorn haben. Ebenfalls 1957 läuft in Garching der erste deutsche Forschungsreaktor an. 1958 protestieren Münchner gegen die atomare Aufrüstung.

Landtagsfraktion die Wahlniederlage u. a. auf die Koalition mit der SPD zurückführte und daher auf ihre Auflösung drängte. Diese Gruppe hat in der letzten Woche den Weg zur CSU gefunden, und es war bald kein Geheimnis mehr, dass laufend Gespräche über die Möglichkeiten einer gemeinsamen Koalitionsbildung geführt wurden ... In der gleichen Zeit wurde beim BHE die Neigung sichtbar, eine Neuorientierung mitzumachen.“ [225]

Die Regierung Seidel

Kurz vor Beginn der Regierung Hanns Seidels war Karlheinz Lange Chef der Staatszeitung geworden. Lange war damals SPD-Mitglied. Seit 1953 war er Pressereferent im Staatsministerium für Arbeit und soziale Fürsorge. Seidel wollte wie sein Vorgänger von seinem Weisungsrecht an die *Bayerische Staatszeitung* keinen Gebrauch machen. Er stellte ausdrücklich fest: „Die Einflussmöglichkeiten der Staatsregierung beschränken sich auf die politische Zielsetzung der Zeitung: eine Überprüfung der Zeitung vor ihrem Erscheinen durch staatliche Organe findet nicht statt.“ [226] Die Staatskanzlei betonte ebenso, dass das Weisungsrecht des Ministerpräsidenten sich nur auf grundsätzliche politische Zielsetzungen beziehe, keinesfalls auf einzelne Beiträge.[227] Die Verantwortung dafür trage die Redaktion, von der sich die Regierung nach Bedarf distanzieren könne. Diese feinen Unterscheidungen nahmen aber oft selbst politische Persönlichkeiten nicht wahr, die immer wieder die Äußerungen der Redaktion mit der Haltung der Staatsregierung gleichsetzten. Der Titel Staatszeitung, der zu diesen Missverständnissen Anlass gab, hatte aber wohl eine suggestive Kraft, auf die man nicht verzichten wollte.

Unter der Regierung Seidel stritt man sich darum, ob der Staatszeitung eine wichtige Informationsquelle, nämlich die Vierteljahresberichte der Bezirksregierungen, zugänglich sein solle oder nicht. Ministerialdirektor Karl Riedl wandte sich am 22. Juli 1958 an die Staatskanzlei. Es sei im Innenministerium bekannt geworden, dass der Staatszeitung diese Berichte zugingen, die daraus auszugsweise veröffentliche: „Das Staatsministerium des Innern darf dazu mitteilen, dass diese ohne seine Kenntnis geübte Handhabung erheblichen Bedenken begegnet. Die Vierteljahresberichte der Regierungen sind behördeninterne Berichte, in denen offen über Tatsachen, Verhältnisse und Entwicklungen gesprochen werden soll. Wenn die Regierungen mit Veröffentlichungen rechnen müssen, werden die Berichte an rückhaltloser Offenheit verlieren. Damit wird der Zweck der Berichte, die Staatsregierung über alle wichtigen Lebens- und Verwaltungsvorgänge im Regierungsbezirk umfassend zu unterrichten, gefährdet werden. Auch eine politische Ausdeutung der an sich unpolitischen Berichte durch das Leserpublikum ist möglich.“ [228] Man sei im Innenministerium allenfalls bereit, der Redaktion durch das Ministerium gefilterte Auszüge zukommen zu lassen. Für die Staatskanzlei antwortete Ministerialdirigent Fritz Baer, die Vorbehalte seien grundlos: „Die enge Bindung der Redaktion an den Bayerischen Ministerpräsidenten gewährleistet, dass die Vierteljahresberichte in der *Bayerischen Staatszeitung* nur insoweit ausgewertet werden, als hiergegen keine politischen oder verwaltungsmässigen Bedenken bestehen.“ [229] Bisher habe sich auch noch keine Bezirksregierung über eine Auswertung beklagt. Allerdings

Hanns Seidel: Landrat, Abgeordneter, Wirtschaftsminister – schließlich ist er Bayerischer Ministerpräsident. In einer Kampfabstimmung um den CSU-Vorsitz 1955 setzt er sich gegen Franz Josef Strauß durch.

Symbol der Teilung Deutschlands wird die Mauer durch Berlin. Damit riegelt sich die DDR auch noch auf den letzten Metern von Westdeutschland ab – die restliche innerdeutsche Grenze ist schon seit mehreren Jahren äußerst wehrhaft befestigt. Dass die Sektorengrenze zwischen Ost und West in Berlin geschlossen werden soll, beschließen Nikita Chruschtschow und Walter Ulbricht im August 1961 – der 13. des Monats gilt schließlich als Tag des Mauerbaus. Der im Lauf der Jahre mehrschichtig ausgebaute Wall mit Stacheldraht, Betonteilen und Wehrtürmen geht mitten durch Häuserzeilen, Türen und Fenster werden zugemauert. Wie viele Menschen an der knapp 168 Kilometer langen innerstädtischen Grenze bei Fluchtversuchen sterben, ist bis heute nicht eindeutig bezifferbar.

solle die Redaktion wegen des vertraulichen Charakters der Berichte nicht mehr darauf hinweisen, wenn sie Auszüge aus den Berichten oder Zusammenfassungen bringe. Ein vorheriges Redigieren durch das Innenministerium bedeute einen unverhältnismäßigen Verwaltungsaufwand. Chefredakteur Lange sagte zu, bei künftiger Auswertung die Berichte nicht mehr als Quelle zu nennen.[230]

Rigoros mißbrauchtes Faustpfand

Bittere Antwort auf die Frage nach wirksamen Gegenmaßnahmen in der Berlinkrise

Ob für die Entfesselung einer akuten Krise um Berlin tatsächlich die wirtschaftlichen Schwierigkeiten maßgebend waren, die für die Pankower Machthaber aus der Zonenflucht entstanden sind, dürfte auch nach dem harten Gegenschlag fragwürdig bleiben. Denn so unangenehm der laufende Abgang an Arbeitskräften, insbesondere an Facharbeitern, auch sein mochte, so hatte das Abströmen der politisch Unzufriedenen für Pankow doch seine Vorteile. Die moralische Schädigung des Regimes, von der man sich im Westen so viel versprach, dürfte keine entscheidende Rolle gespielt haben. Denn was jetzt geschieht, ist — moralisch betrachtet — für Ulbricht noch weit blamabler und zerstört die Legende von der deutschen Volksdemokratie weit gründlicher, als die Flucht von mehr als 30 000 Menschen in einem Monat es vermochte. Vor allem aber ist zu bedenken, daß moralische Em-

wirklich neutral, hätten wir so etwas wie eine „Dritte Kraft“, dann müßte der Kommunismus auf sie Rücksicht nehmen. Man weiß aber in Moskau sehr gut, daß die „Neutralen“, von Indonesien über Afrika bis Lateinamerika, zumeist befangen und aus „Antikolonialismus“ geneigt sind, dem Kommunismus auch die schwersten Verstöße gegen Selbstbestimmungsrecht und Menschlichkeit durchgehen zu lassen, während sie nur widerwillig zugeben, daß der Westen einmal die Sache des Rechts vertreten könne.

Fragwürdige Unterscheidung zwischen Chruschtschow und Ulbricht

Man wird ferner gut daran tun, nicht so scharf, wie es meist geschieht, zwischen Ulbricht und Chruschtschow zu unterscheiden und jenem die volle Verantwortung für das Geschehene in die Schuhe zu

BSZ vom 18. 8. 1961

Die neue Regierung Seidel begrüßte der Kommentator der Staatszeitung mit der Vermutung, „dass an die Stelle von so viel ... Unklarheit und Unsicherheit wieder Klarheit, Sicherheit und Verlässigkeit die Landespolitik bestimmen“.[231] Hanns Seidel wurde glorifiziert: „Wie oft sagt man: ‚Politik verdirbt den Charakter‘. Mag etwas dran sein – um so mehr ist die Ausnahme von der Regel etwas Wunderbares. Was den Politiker, den Parteiführer, den Ministerpräsidenten Seidel auszeichnete, war die Ritterlichkeit ... Eben das, was ihn von vornherein über alle noch so geschickten Parteimanager und Parteiroutiniers hinaushob. Dass ein Mann dieser Artung und Gesinnung und Haltung an die Spitze des Staates kommen konnte, ist ehrenvoll für ihn, überzeugend für die Demokratie.“[232]

Als Hanns Seidel wegen Krankheit vorzeitig ausscheiden musste und Hans Ehard wieder seinen Platz einnahm, war die Zeitung mit ihm ebenfalls sehr zufrieden: „Es ist ... gewiss kein Zufall, dass Bayern und sein öffentliches Leben, dass Regierung und Opposition sich gleichermaßen geborgen fühlten, als der Name des neuen Regierungschefs bekannt wurde: Hans Ehard.“

Bayern unter Alfons Goppel

An Ehards Nachfolger Alfons Goppel (CSU) lobte die Staatszeitung, „dass die ruhige Hand des Ministerpräsidenten das Regierungsschiff unauffällig, aber sicher steuert. Seine Richtlinien für die Politik der Staatsregierung – die Wirtschaftskraft des Landes zu verbessern – finden in einem Doppelhaushaltsentwurf ihren Niederschlag.“[233] Auch die ein Jahr später erfolgte Vorlage eines Programms, das als Vorarbeit für ein Landesentwicklungsprogramm gedacht war, würdigte die Staatszeitung: „Das Programm ... zeigt unverkennbar die vom Regierungschef seit Jahren immer wieder gegebenen Richtlinien – die Wirtschaftskraft stärken, das Land halten, die Bildungseinrichtungen ausbauen.“[234] Zum 65. Geburtstag von Goppel zeichnete die Zeitung bewundernd ein politisches Profil von ihm: „Weltanschaulich ist Goppel ein Konservativer, der Religion und Hausvaterart unkompliziert mit Liberalität und toleranter Bonhomie zu verbinden weiß. Er figuriert als jovialer und angesehener Landesvater, der das böse Wort von der charakterverderbenden Politik in Person Lügen straft. Sein kühl abwägender Juristenverstand, der Sachverhalte und Argumente rasch begreift und analysiert, und seine Unzugänglichkeit für Intrigen jeder Art verleihen ihm eine natürliche Autorität, die ihn ohne eigentliche Hausmacht in seiner Partei und ohne Schwierigkeiten mit seinen Kabinettskollegen sein Amt wie von jeher prädestiniert dazu ausüben lassen ... Alfons Goppels größtes Anliegen ist Bayerns staatsrechtliches Gewicht im Bund. Das föderale Prinzip des Grundgesetzes bedeutet ihm politisch wirklichkeitsnahe Absicherung der Pluralität der Gesellschaft und der Freiheit des Individuums. Umgekehrt ist ihm die Länderloyalität dem Bund gegenüber ... selbstverständlich.“[235]

Als besondere Leistungen würdigte die Staatszeitung bei Goppels Ausscheiden aus dem Amt 1978 die Gründung eines Umweltministeriums, das Einleiten der Bildungsreform und langfristiger Großprojekte wie der Brennerautobahn, des Rhein-Main-Donau-Kanals und des Großflughafens München.[236] Die Gemeinden seien durch Zuweisung von Steuermitteln beim Erfüllen ihrer Arbeiten gestärkt worden. Entschieden sei er den Zentralisierungsbestrebungen des Bundes entgegengetreten und habe zur Abwehr dieser Gefahr erstmals einen Staatsminister für Bundesangelegenheiten ernannt. Es sei ihm gelungen, die Ausweitung der Bundeskompetenzen in Grenzen zu halten. In die Geschichte werde seine Ära durch die abgeschlossene Gebietsreform eingehen.

Einige Male hatten auch Mitglieder der Regierung Goppel an Beiträgen der Staatszeitung etwas auszusetzen. 1968 nahm das Kultusministerium Anstoß. Der für Kulturpolitik zuständige Redakteur Hans Krieger entschuldigte sich bei Ministerialdirigent Böck: Er sei aus dem Urlaub zurückgekommen und habe zu seiner Bestürzung erfahren, dass ein während seiner Abwesenheit im Kulturteil der *Bayerischen Staatszeitung* erschienener Aufsatz über die

Gut lachen haben Ministerpräsident Alfons Goppel und Oberbürgermeister Hans-Jochen Vogel beim Salvator-Anstich auf dem Nockherberg. Mit ihrem Spatenstich am 1. Februar 1965 ist der U-Bahn-Bau in München in Gang gebracht – richtig Fahrt nimmt er allerdings erst in den Folgejahren auf: München wappnet sich für die Olympischen Spiele 1972. Am 19. Oktober 1971 beginnt der Fahrgastbetrieb. Nach Berlin und Hamburg ist München die dritte deutsche Stadt mit einem U-Bahnnetz.

Schülermitverwaltung Anlass zur Klage gegeben habe. „Eine Kritik an den Absichten des Ministeriums lese ich aus dem Artikel nicht heraus; die Sorge des Verfassers scheint sich mir vielmehr darauf zu richten, dass die in der Entschließung angebotene Chance von der Schule bzw. der Schülerschaft nicht in der rechten Weise genutzt werden könnte.“[237]

Ein Jahr später war das Kultusministerium erneut mit der Staatszeitung unzufrieden. Kultusminister Ludwig Huber (CSU) beklagte sich in der Kabinettsitzung vom 14. Oktober 1969 darüber, dass der schärfste Angriff auf die Volksschulreform ausgerechnet in der *Bayerischen Staatszeitung* erschienen sei.[238] Chefredakteur Lange konnte aber darauf hinweisen, dass die Kritik aus dem *Tages-Anzeiger* in Regensburg stammte und nur in der regelmäßigen Rubrik „Die bayerische Presse zum Geschehen dieser Woche“ mit Angabe der Quelle in der Staatszeitung zitiert worden war. Diese Presseschau wolle nichts als ein objektiver Spiegel der bayerischen Presse sein.

Von Strauß zu Streibl

„Kraftzentrum“, würdigt die *Bayerische Staatszeitung* Franz Josef Strauß. Seine Amtszeit als Ministerpräsident ist verbunden mit dem Wandel Bayerns vom Agrarland zum Hightech-Standort. Strauß betont dabei stets die Wahrung traditioneller Werte.

Zum 70. Geburtstag von Franz Josef Strauß im Jahr 1985 verfasste Karlheinz Lange einen reinen Huldigungsartikel. Er sei ein Mann, „der nun, an der Schwelle des Alters, wie immer auf dem Posten ist und in vollendeter Könnerschaft von den neuen Fragen einer neuen Zeit nicht überrascht wird, sondern auch jetzt Antworten zu geben und entsprechend zu handeln weiß ... Strauß ist geblieben, was er immer war, und das macht seinen Ruhm aus: Ein Kraftzentrum, ein Antreiber und Lenker. So feiern ihn seine Bayern, und so wünschen wir uns ihn noch viele Jahre.“[239]

Im November 1987 löste Carl Schmöller Lange als Chefredakteur ab. Er war 1964 und 1965 Chefredakteur des *Bayernkurier* gewesen, den er sehr erfolgreich geführt hatte. Er war dort ausgeschieden, weil er eine zensierende Intervention von Strauß wegen eines kritischen Artikels über Ludwig Erhard nicht akzeptieren wollte. Seit 1978 war er mit Billigung von Strauß Stellvertreter Langes in der Staatszeitung gewesen. Auch er pries Strauß begeistert: „Nicht erst als Ministerpräsident, lange vorher schon ... arbeitete Franz Josef Strauß unermüdlich an der Umgestaltung Bayerns, das nach dem Krieg noch ein Agrarland war, zum modernen Industriestaat. Strauß hat das ursprünglich gesetzte Ziel noch weit übertroffen: Bayern ist heute das High-Tech-Land par excellence, und zwar ohne gleichzeitigen Verlust seiner traditionellen Werte.“[240]

Devot waren auch die Artikel über Max Streibl. Nach der Landtagswahl von 1990 schrieb Carl Schmöller: „Max Streibl, der vor zwei Jahren nach dem plötzlichen Tod von Franz Josef Strauß das Regierungsamt von einer Stunde zur anderen übernehmen musste, füllt dieses Amt so souverän und mit landesväterlich-strenger Liebenswürdigkeit aus, dass, wie eine im Frühjahr im Großraum München vorgenommene Befragung zeigte, selbst die überwältigende Mehrheit der SPD-Wähler sich für Bayern überhaupt keinen anderen Ministerpräsidenten vorstellen kann. Max Streibl hat sich dieser Wahl als Garant eines starken Bayern in einem größeren Deutschland und Europa gestellt.“[241] Der Beitrag zum 60. Geburtstag Streibls im Januar 1992 war ähnlich gehalten, sagte aber auffälligerweise nichts über seine politischen Leistungen für Bayern aus.[242] Über Streibls im Gefolge der

Bayerische Art ist es, „etwas härter hinzulangen", rechtfertigt Max Streibl den kritisierten Polizeieinsatz während des Weltwirtschaftsgipfels 1992 in München: Im Polizeikessel werden rund 500 Demonstranten stundenlang festgehalten. Ein Jahr später tritt der Ministerpräsident wegen der „Amigo-Affäre" zurück. Ihm wird vorgeworfen, einst als Finanzminister Zuwendungen aus der Industrie angenommen zu haben; unter anderem geht es um Urlaube, von einem Unternehmer und Schulfreund finanziert.

„Amigo-Affäre“ unvermeidlich gewordenen Rücktritt wurde von Peter Jakob Kock im Mai 1993 sachlich und ohne Wertung berichtet.[243] Kock trat im September 2000 die Nachfolge Schmöllers als Chefredakteur an. Mit ihm kehrte eine gegenüber Regierung und CSU zurückhaltendere, wenn auch nicht grundsätzlich kritische Linie ein.

Das Thema Föderalismus in der Staatszeitung seit 1950

Argwöhnisch achtete die Staatszeitung, ihren Leitlinien gemäß, auf die Wahrung föderalistischer Rechte. Schon ihr Titel legte das Bekenntnis zu einem eigenständigen bayerischen Staat nahe. Immer wieder sah sie den Föderalismus vom Bund her bedroht. Auf dieser Linie lag beispielsweise ein Artikel vom 21. Oktober 1950: „Es sei nicht verschwiegen, dass sich über die Art und Weise, wie in Bonn regiert wird, in den Ländern Unzufriedenheit regt ... Man glaubt aus der Bonner Politik zuweilen das Bestreben herauslesen oder heraushören zu können, die Länder und ihre verbrieften Rechte zu ignorieren und auf kaltem Wege auszuschalten.“[244] Der Föderalismus wurde als Voraussetzung für das Funktionieren der Demokratie aufgefasst: „Föderalismus bedeutet uns das organische und natürliche Recht der Länder, Aufgaben zu lösen, die auf Bundesebene nur unzulänglich und zweckfremd gelöst werden könnten; Föderalismus bedeutet Sicherung und Widerstand gegen unüberlegte politische Experimente, gegenüber der Methode politischer Gleichschaltungen zur Ermöglichung einer autokratischen Befehlsstruktur.“[245] Und am 6. Oktober 1951 hieß es warnend, es sei „unsere ehrliche Überzeugung, dass derzeit der Hang zum Zentralismus gerade in Bonn trotz der üblen Erfahrungen mit der Druckknopfpolitik totalitärer Systeme weit stärker zutage tritt als die Gefahr eines eigenbrötlerischen Partikularismus“.[246] Bisher habe sich Bayern konsequent gewehrt. Es habe durch Proteste eine Bundesbereitschaftspolizei zunichte gemacht und auch das Bundesgrenzschutzgesetz in seiner vorliegenden Form abgelehnt; Ein-

Die politische Zielsetzung der Wahlen

Bayern als Kraftfeld des Bundes – Föderalismus keine Marotte sondern politisches Lebensprinzip

Wenn heute an der Stelle, an der sonst unsere Leser den außenpolitischen Informationsbericht finden, ein bayerisches Anliegen besprochen wird (der außenpolitische Beitrag befindet sich auf der nächsten Seite), so haben wir zwar nicht die Absicht, mit dem Hinweis auf die Wichtigkeit der kommenden Landtagswahlen Bayern, wie man zu sagen pflegt, als Nabel der Welt zu deklarieren. Andererseits können wir uns aber nicht einer Tatsache verschließen, die gelegentlich jedem zum Bewußtsein kommt, daß nämlich nun einmal das Hemd näher sitzt als der Rock, was natürlich nichts gegen die praktische und repräsentative Wichtigkeit dieses Kleidungsstückes oder um vom Bild zur Wirklichkeit zu kommen, gegen die Gewichtigkeit dern, weil man in Bayern davon überzeugt ist, daß der Föderalismus mehr bedeutet als ein staatsrechtliches System, daß er die Grundlage einer Sozialphilosophie, eine Art Biologie der Gemeinschaft, ein politisches Lebensprinzip darstellt, das gerade im Hinblick auf die soziologischen Umschichtungen der Nachkriegszeit und gegenüber den chaotischen Auswirkungen des totalitären Kollektivismus die naturgemäße Formel bietet zu einer Neuordnung der gesellschaftlichen Beziehungen zwischen Individuum, Familie und Nachbarschaft, zwischen den Genossenschaften und Verbänden untereinander und zum Staat. Die Lehre vom Recht der Einzelperson und der Gliedgemeinschaften, sich in ihrer Art zu entwikkeln und die ihnen zukommenden Aufgaben im staatsrechtlichen, im sozialen und im konfessionellen Bereich werden. Konservativismus kann also für die staatstragenden Gruppen in Bayern nicht die Restauration nationalistischer oder partikularischer Umtriebe bedeuten, sondern die Pflege jener in der Vergangenheit bewährten politischen, geistigen und sittlichen Kräfte, die uns in den Wirrungen und Erschwernissen unserer Gegenwartslage zu Hilfe kommen, die es ermöglichen, daß das Neue, das in wirtschaftlicher, sozialer und geistiger Beziehung in Bayern zu einem Strukturwandel größten Ausmaßes geführt hat, zu fruchtbarer Wirksamkeit gelangt. Daß die Um- und Neugestaltung der Kraftfelder Bayerns da und dort zu heftigen Geburtswehen führt, ist natürlich. Es kann uns

BSZ vom 20. 11. 1954

wände gegen die Übertragung politischer Exekutivbefugnisse an das Bundeskriminalamt und gegen die Zulassung der Verfassungsbeschwerde beim Bundesverfassungsgericht, die einer Kontrolle der Länderverwaltung durch die Bundesinstanzen gleichkomme, hätten allerdings nicht die Zustimmung der Mehrheit der Länder gefunden. Auf dem Gebiet des Länderfinanzausgleichs habe sich Bayern um einen gerechten Finanzausgleich bemüht und sich im Bereich der Finanzverwaltung für eine klare Trennung eingesetzt. Im kulturellen Bereich habe man die Bundesbemühungen, durch eine Verfassungsänderung Zuständigkeiten auf dem Gebiet des Schulwesens zu erreichen, strikt abgelehnt, ebenso die Bestrebungen für ein Bundesrundfunkgesetz. Bei der Arbeitsverwaltung und der sozialen Fürsorge habe Bayern eine bundeseigene Verwaltung verhindert. Der Artikel machte trotz der Aufzählung von Errungenschaften deutlich, dass es in vielen Fällen bei den Bemühungen blieb und der Trend gegen Bayern lief.

Im Juli 1952 klagte die Zeitung, dass die Bundesratsmehrheit dem Bund 37 Prozent der Einkommens- und Körperschaftssteuer zugestanden habe, wodurch der bayerische Staatshaushalt in Unordnung gebracht worden sei. Unmut sei auch entstanden, weil ausgerechnet „ein Föderalist alten Schlages wie Schäffer, die Länder in die gefährlichen Untiefen unausgeglichener Haushalte manövriert und sie so in Gefahr bringt, billige Opfer des Bundeszentralismus zu werden“.[247] Allerdings brachte der Artikel für Fritz Schäffer auch Verständnis auf: „Es spricht nichts dafür, dass sich der Bundesfinanzminister den Vorstellungen Dr. Ehards aus purem bundeszentralistischem Übermut versagt hat. Es ist vielmehr sicher, dass Schäffers Forderungen an die Länder bedauerlichen aber unabdingbaren Notwendigkeiten entspringen, denen sich die Mehrheit der Länder trotz ihrer fiskalischen Schwierigkeiten und trotz ihrer politischen Bedenken nicht verschließen wollte.“

Noch immer hegte man Bedenken gegen das Grundgesetz: „Insbesondere schließt das Grundgesetz nicht vom Institutionellen her eine Entwicklung aus, die auf eine widerrechtliche und widersinnige Stärkung der Zentralgewalt abzielt ... Die abgelaufenen fünf Jahre der Geltung des Grundgesetzes haben gezeigt, dass die erhobenen Bedenken durchaus begründet waren. Trotz der föderativen Struktur des Grundgesetzes haben die Länder Mühe, Versuche der Bundesbürokratie zurückzudrängen, ihre Zentralgewalt in Ausnützung der bestehenden formellen Möglichkeiten zu Lasten der Länder auszuweiten und damit deren Funktion als lebensbejahende Teile des Bundes in Frage zu stellen.“[248]

Im September 1960 erregte sich Schäffer, der inzwischen Bundesjustizminister war, über einen Artikel, der seine Rolle bei der Schaffung eines zweiten deutschen Fernsehprogramms kritisierte. Seinen Ärger verursachte besonders ein Satz, in dem auf die Zeit verwiesen wurde, „als die Bundesregierung noch im Gespräch mit den Ländern über das 2. Fernsehprogramm war und Bundesminister Schäffer noch nicht die kläglichste seiner bisherigen Rollen als Ländertreuhänder übernommen hatte“.[249] Bundeskanzler Konrad Adenauer hatte die Länder überrumpeln wollen und am 16. Juli 1960

Vorbehalte gegen das vom Parlamentarischen Rat ausgearbeitete Grundgesetz hat in erster Linie Bayern: Der Einfluss des Bundes sei zu hoch, das föderale Prinzip nicht stark genug verankert. Die CSU-Mehrheit im Landtag lehnt das GG ab. Allerdings ermöglicht ein anderer Beschluss dem Leiter der Staatskanzlei, Anton Pfeiffer (im Bild), seine Unterschrift doch noch unter die Verfassung zu setzen: Wenn zwei Drittel der Länder das GG ratifizieren würden, sei es auch für Bayern verbindlich.

Das ZDF basiert auf einem Staatsvertrag vom 6. Juni 1961, den Bayern als letztes Land erst über ein Jahr später ratifiziert. Offizieller Sendebeginn ist der 1. April 1963. Das erste Logo zeigt zwei stilisierte Antennen und zwei Augen. Von Anfang an dabei sind die Mainzelmännchen: Sie sollen die Trennung zwischen Programm und Werbung deutlich machen.

ZWEITES DEUTSCHES FERNSEHEN

Wir wissen nicht, woher die Zahlen stammen. Aber sie müssen wohl stimmen, sonst hätte der aus gesundheitlichen Gründen dauernd dienstunfähige und deshalb in den Ruhestand übergetretene Staatssekretär Gladenbeck vom Bundespostministerium sie sicher dementiert. 84 000 DM beträgt danach sein Jahresgrundeinkommen, und zwar sinnigerweise vor allem aus seiner Tätigkeit als Geschäftsführer der „Freies Fernsehen GmbH".

Der Leser erinnert sich vielleicht an die Pressemeldungen über die Aktivität dieses privaten Unternehmens. 20 Wochen-Programme sollen bereits stehen, und die Gesellschaft würde, so behauptet sie, das Zweite Fernsehen spielend meistern, wenn ihr der Weg dazu freigegeben wird. Dies verlautete zu einer Zeit, als die Bundesregierung noch im Gespräch mit den Ländern über das 2. Fernsehprogramm war und Bundesminister Schäffer noch nicht die kläglichste seiner bisherigen Rollen als Ländertreuhänder ohne Auftrag übernommen hatte. Für die horrenden Investitionen jener privaten Gesellschaft bestand nicht die mindeste Rückversicherung, sie könnten sich jemals bezahlt machen. Und auch heute, da der Parforceritt des Bundeskanzlers zugunsten eines zentral gesteuerten Fernsehens auch die letzten Brücken für eine gütliche Regelung einfallen ließ, ist diese Sicherheit nicht geboten.

Wir wollen einschränken: Sie ist formell noch nicht gegeben — da man doch in Bonn fleißig an der Vorstellung webt, ein Rundfunkrat werde berufen, und alle, alle dürfen in dieses Gremium hinein, um an der Fernsehmacht zu partizipieren. Die Kirchen, die Industrie, die Gewerkschaften, wohl auch Regierung und Opposition. Für die Länder bleibt, den Scherz wird sich Bonn nicht entgehen lassen, auch noch ein Stühlchen frei — und wenn es auch nur vom letzten, zur Verwaltungsprovinz degenerierten Lande frequentiert werden sollte. Doch was dann, wenn dieser Rundfunkrat seine angeblich souveränen Rechte geltend und die Erwartungen jener privaten Fernsehproduktion zunichte macht?

BSZ vom 9. 9. 1960

einen Vertragsentwurf für eine zweite privatrechtliche Fernsehanstalt als GmbH vorgelegt, an der der Bund mit 51 Prozent und die Länder mit 49 Prozent beteiligt sein sollten. Am 25. Juli gründete er diese GmbH und nötigte Schäffer, die Anteile für die Länder zu übernehmen, ohne dass sie um Einwilligung gefragt worden wären. Nach deren empörten Reaktionen scheiterte Adenauers Versuch kläglich, und Schäffer verkaufte pro forma die von ihm treuhänderisch gehaltenen Anteile wieder an den Bund. Adenauer hatte ihn als Statisten missbraucht. Schäffer verlangte von Ministerpräsident Hans Ehard, Chefredakteur Lange müsse umgehend aufgefordert werden, „diese schweren Beschimpfungen zurückzunehmen".[250] Ehard versicherte ihm, dass der Artikel auch seinen Unwillen erregt habe. Er habe dem Chefredakteur erklärt, dass er den beanstandeten Satz als ungehörig missbillige. Erfreulicherweise habe dieser den Fehler eingesehen und bedauert.[251]

Kurz nach der Beschwerde Schäffers gelangte eine weitere des Staatssekretärs im Bundesinnenministerium, Hans Ritter von Lex, an die Staatskanzlei. Sei einiger Zeit falle ihm eine polemische Haltung der Staatszeitung gegen das Bundesinnenministerium auf. Sie hatte am 12. August 1960 die Vorführung eines Stimmenzählgeräts in Darmstadt kommentiert und geschrieben, dass das Gerät „unter den Auspizien des Bundesinnenministeriums ausgekocht werde". Das Ministerium habe aber nur beobachtend teilgenommen. Unrichtig sei auch die Behauptung, dass man in Bonn die Zusammenlegung aller Länderwahltermine befürworte. Bundesinnenminister Gerhard Schröder (CDU) habe im Sommer 1958 nur einen entsprechenden Vorschlag gemacht, dabei aber auch betont, dass eine Verwirklichung nicht ohne gesetzliche Änderung möglich sei: „Die rhetorische Frage in dem Kommentar, ‚ob man in Bonn darauf spekuliert, auf dem Umweg über die Wahlmaschine schließlich auch die einzelnen Wahlgesetze zu vereinheitlichen' ist, wie Sie mir zugeben, absurd."[252] Lange zeigte sich in seiner Reaktion gegenüber dem Leiter der Staatskanzlei, Franz Heubl (CSU), sehr überrascht, dass sich das Ministerium von seiner Beteiligung an der Wahlmaschine zu distanzieren suche. Der Kommentar der Zeitung habe auf einer Meldung der Deutschen Presse-Agentur beruht, der das Ministerium nie widersprochen habe. „Den Vorwurf unsachlicher Berichterstattung möchte ich ... mit allem Nachdruck zurückweisen. Unsere außerdem inkriminierte Feststellung, dass es Kreise in Bonn gibt, die das Zusammenlegen der Länderwahltermine befürworten, ist eine Alltagswissenschaft und kann ohne jede Schwierigkeit bewiesen werden. Herr Innenminister Dr. Schröder ist in diesem Zusammenhang gar nicht erwähnt worden ... Zur Sache möchte ich außerdem feststellen, dass mir der Gedankengang des Verfassers nicht so absurd zu sein scheint, wie es hier hingestellt wird. Der reibungslose Ablauf zentral gesteuerter, mechanisch überwachter Maschinen ist heute das ständige Argument für größere Einheiten, ganz gleich ob nun im politischen, im wirtschaftlichen oder auch im verwaltungstechnischen Raum. Der politische Zentralismus bezieht aus dieser Grundstimmung seine stärksten, wenn auch nicht seine besten Argumente. Und auf diesen Zusammenhang sollte hier behutsam hingewiesen werden."[253] Die Redaktion könne sich bei der Wahrnehmung ihrer Aufgaben, zu denen die Vertretung der bundesstaatlichen Struktur gehöre, nicht jeder Meinungsäußerung enthalten.

Wie ein roter Faden zog sich die Frage der Länderrechte durch die Politik und wurde entsprechend in der Staatszeitung reflektiert. Deutlich war der Beitrag „Stänkereien gegen Bayern" am 2. August 1968: „Der Vorwurf des parlamentarischen Staatssekretärs im Bundeswirtschaftsministerium, Dr. Klaus Arndt, an die Adresse der bayerischen Staatsregierung, sie ‚verhetze systematisch die Bevölkerung' und das diesbezügliche Protestschreiben von Ministerpräsident Goppel an den Bundeskanzler haben offenbar jenen Kräften außerhalb Bayerns wieder einmal kräftigen Auftrieb gegeben, die unser Land am liebsten von Bonner Zentralinstanzen aus regiert sehen möchten."[254] Das föderative Problem wurde auch im Zusammenhang mit einer möglichen Wiedervereinigung betrachtet: „... da die Frage der Zusammenführung der getrennten Teile wesentlich eine Frage der inneren Neuordnung Deutschlands ist, die gerade die Sowjets so sehr fürchten, so ist es um so nötiger, dass die föderative Struktur des Aufbaues der Bundesrepublik, wie sie im Grundgesetz festgelegt ist, sich als so fest fundiert und andererseits auch wieder als so elastisch und modern erweist, um den Druck von Osten her jederzeit abzufangen und aufzunehmen".[255]

Denn frei heraus wagen wir zu bezweifeln, ob es dem Staatsbürgerbewußtsein förderlich ist, den Wahlakt so zu mechanisieren, wie wir längst den Kauf von Zigaretten und Briefmarken, Süßigkeiten und sogar Blumen automatisiert haben. Nicht mehr wird der freie Wähler seinen Wahlzettel nach reiflicher Überlegung eigenhändig und im Vollgefühl demokratischer Mitbestimmung mit dem individuell geführten Stift ausfüllen und dann in die Urne werfen. Statt dessen steckt er künftig eine wesenlose, nivellierende Münze, die ihm der Wahlleiter zuvor ausgehändigt hat, in den Wahlautomaten, der für alle zugelassenen Parteien Schlitze aufweist. Man kann nicht sagen, daß dabei nicht an alles gedacht worden sei: Sogar für diejenigen, die absichtlich ungültig wählen wollen, ist ein Schlitz da! Abgesehen aber vom solchermaßen aufgeschlitzten, bisher waltenden Staatsbürger belastet uns wie ein Alpdruck die geheime Offenbarung, daß der Wahlmechanismus, der den Wähler zum Roboter stempelt, doch nur für die reine Verhältniswahl nach Parteilisten geeignet sein kann. Liegt darin nicht eine Gefahr, auf die nicht früh genug aufmerksam gemacht werden kann? Perfektionismus zieht zwangsläufig Konformismus nach sich. Sollte man in Bonn, wo man eifrig auch die Zusammenlegung aller Länderwahltermine befürwortet, darauf spekulieren, auf dem Umweg über die Wahlmaschine schließlich auch die einzelnen Wahlgesetze zu vereinheitlichen? Dann gute Nacht Panaschieren und Kummulieren und Persönlichkeitswahl, die uns — die letzte bayerische Kommunalwahl hat es bewiesen — als Ausdruck echter demokratischer Entscheidung lieb und teuer geworden sind.

Die Wurzel allen Übels ist die Krankheit unserer Zeit: keine Zeit und damit keine Geduld mehr zum Warten! Das Ergebnis einer Wahl soll möglichst schon vorliegen, sobald die Wahllokale geschlossen haben. Zu diesem Ziel ist der Wahlroboter, von dem das Ergebnis sofort abgelesen werden kann, ohne Zweifel ein Fortschritt. Daß er sich für die Demokratie, den Föderalismus und das individuelle Staatsbürgertum als Rückschritt erweisen wird, ist füglich zu argwöhnen.

BSZ vom 12. 8. 1960

Im Dezember 1968 klagte man: „Der deutsche Zentralismus ist zur Zeit auf dem Sprung, die Länder zu Verwaltungsprovinzen des Bundes zu degradieren und damit die Bezeichnung ‚Bund' zur Farce zu machen ... Die Formulierungen des Bundesfinanzministers vor bayerischen Journalisten in Bonn in der vergangenen Woche konnten den Eindruck erwecken, F. J. Strauß dürfe nicht nur von Amts wegen kein Föderalist sein, sondern sein persönliches Konzept in Sachen deutscher Staatlichkeit sei nicht mehr in Einklang zu bringen mit der Forderung, die Handlungsfähigkeit der Länder dürfe im Kern nicht angetastet werden."[256] Man kann dies bei allem Verständnis als leise Kritik an Strauß auffassen.

Im Zusammenhang mit einer Stellungnahme, die er für antiföderalistisch hielt, verließ Chefredakteur Lange in einem Beitrag vom 27. Oktober 1972 auch eines der wenigen Male den Boden der parteipolitischen Neutralität: „Was die nunmehrige stellvertretende FDP-Vorsitzende und Fraktionsvorsitzende im Bayerischen Landtag, Frau Dr. Hamm-Brücher, auf dem Freiburger Parteitag zum Thema Staatsvertrag über die Hochschulzulassung von sich gegeben hat, sprengt ... den Rahmen des noch Fassbaren ... Ihr ist bekannt, dass das Bundesverfassungsgericht Bund und Ländern eine Frist bis zum Sommersemester 1973 zur verfassungskonformen Regelung der (sic) Numerus clausus an den Hochschulen gesetzt hat; weiter, dass der Bund mangels Legislative zur Zeit und noch auf Monate hinaus unfähig ist, eine gesetzliche Regelung auch nur auf den Marsch zu bringen. Und nicht

Das Ende der DDR – eine Gefahr für den Föderalismus in Deutschland? Wie sehen die Länderrechte in einem wiedervereinigten Deutschland aus? Erfahren unitaristische Tendenzen im Westen durch zentralistische Elemente im Osten neuen Rückenwind? Solche Fragen werden bald nach dem ersten Jubel über den Niedergang der DDR und die Öffnung des Eisernen Vorhangs diskutiert.
Ungarische Grenzsoldaten durchtrennen den Stacheldrahtzaun ab Mai 1989. Dann die dramatischen Tage in der deutschen Botschaft in Prag: DDR-Bürger klettern selbst gegen Widerstand aufs Gelände – am 30. September tritt Bundesaußenminister Hans-Dietrich Genscher auf den Balkon der Botschaft und erklärt, dass die Zufluchtsuchenden in die Bundesrepublik ausreisen dürfen; sie fahren in Zügen auch übers oberfränkische Hof gen Westen. Derweil finden in Leipzig die Montagsdemonstrationen gegen das DDR-Regime massenhaften Zulauf – „wir sind das Volk" wird Schlagwort der Stunde. In der Nacht vom 9. auf den 10. November fällt schließlich die Mauer in Berlin. Dort, am Reichstag, feiert Deutschland am 3. Oktober 1990 die Wiedervereinigung – der Tag ist seither Nationalfeiertag. Und am folgenden Tag tritt im Berliner Reichstagsgebäude das gesamtdeutsche Parlament zusammen – erstmals wieder seit 1932.

nur die Auguren, sondern jeder einigermaßen mit Vernunft begabte Bürger kann daraus den Schluss ziehen, dass den Ländern gar nichts anderes übrig blieb, als die Initiative zu ergreifen und verfassungskonformes Recht zu setzen. Frau Dr. Hamm-Brücher aber sieht darin ‚die schlechteste aller Lösungen', einen ‚neuerlichen Affront gegenüber dem Bund' und summa summarum eine ‚Kriegserklärung an den kooperativen Föderalismus'." [257]

Das Misstrauen gegenüber dem Bund galt unabhängig davon, welche parteipolitische Zusammensetzung die Bundesregierung hatte. Auch unter der ersten Regierung von Helmut Kohl (CDU) klagte das Blatt, „dass es in Bonn immer noch einen sehr harten Kern von Zentralisten gibt, der von einigen Lippen-Föderalisten unterstützt, der föderalistischen Praxis noch genug Sand ins Getriebe wirft". [258]

Peter Jakob Kock wies 1988 auf die europäische Dimension des Föderalismus hin und sprach vom „Föderalismus in der EG-Klemme". Er sah die Gefahr, „dass künftig noch viel mehr als bisher an den Landtagen vorbei entschieden werden könnte und wird. Denn: Die Integration der EG-Staaten orientiert sich bekanntlich nicht an den stärksten, sondern an den schwächsten Mitgliedern ... Genaugenommen trifft dies auch auf die von den deutschen Föderalisten erträumte Föderalisierung der EG und die Einrichtung einer ‚zweiten Kammer' zusätzlich zum Europäischen Parlament zu." [259] Noch akuter wurde das Problem in der Sicht Kocks nach dem Ende der DDR: „Bange Fragen sind beispielsweise: Wie wird die föderative Einigung nach der endgültigen Wiedervereinigung aussehen? Kommt es zu Retuschen am bundesstaatlichen Gehalt des Grundgesetzes? Werden Relikte des Zentralismus in der DDR unitarische Momente in Westdeutschland bestärken, die ja seit der Gründung der Bundesrepublik nie ganz verschwunden waren? Wird der kooperative Föderalismus, der eine bürokratische Variante bundesstaatlicher Ordnung darstellt, neue Impulse erfahren, anstatt zugunsten der Landesparlamente zurückgedrängt zu werden?" [260]

Hatte Hans Ehard angeblich Carl Schmöller noch beschworen, die Fahne des Föderalismus hochzuhalten, so wurde sie in der *Bayerischen Staatszeitung* in jüngerer Zeit immer weniger sichtbar.

Die CSU: Bayerische Töne nur am Rand

In Erinnerung an Erfahrungen während der Weimarer Republik schien der *Bayerischen Staatszeitung* eine Aufsplitterung der Stimmen auf kleine Parteien eine ungute Entwicklung zu sein: „Die Hoffnung der politischen ‚re-education' von 1945 war die Zusammenfassung des politischen Willens der Deutschen in zwei, höchstens drei Parteien nach Art der angelsächsischen Demokratien. Das vielerseits angestrebte reine Mehrheitswahlrecht sollte diese Entwicklung fördern. Aber weder das Grundgesetz des Bundes noch die Verfassung der Länder haben es grundgelegt ... Die Bundestagswahl im August 1949 hat gezeigt, wie zersplittert der Wille des bayerischen Volkes ist ... Es wird für die politische Zukunft Bayerns entscheidend sein, ob es den Parteien gelingt, über nur beschränkt vertretbare Interessen hinweg zu einer möglichst tragfähigen politischen Basis zu kommen.“[261]

Vor der Landtagswahl 1950 zeigte ein Beitrag des Kulturredakteurs Arthur Hübscher starke Sympathien für Alois Hundhammer, der für den fundamental katholisch-föderalistischen Flügel der Christsozialen stand: „Die Forderung Dr. Hundhammers nach einem klaren und in sich geschlossenen Weltbild in Europa als Kraftquell für unsere Selbstbehauptung ... wird in einer Zeit erhoben, da das Christentum für weite Kreise nicht mehr die gleiche lebensgestaltende und lebensbildende Macht bedeutet, wie in früheren Jahrhunderten ... Wir müssen die vorhandene christliche Substanz erhalten und mehren, um einmal wieder zu einem geschlossenen Weltbild zu gelangen.“[262] Obwohl es sich um grundsätzliche Ausführungen handelte, war der parteipolitisch-aktuelle Bezug nicht zu übersehen. Die Zeitung war zufrieden mit dem Wahlergebnis: Überrascht habe „die einhellige Absage der bayerischen Wähler an alle Splittergruppen“.[263] Besonders positiv schien ihr, dass KPD und Wirtschaftliche Aufbau-Vereinigung zur Bedeutungslosigkeit herabgesunken waren. Beachtenswert, dass auch die Heimat- und Königspartei trotz einer gewissen Anfälligkeit für Gefühlsmomente erfolglos geblieben war.

Die Präambel der Bayerischen Verfassung stammt maßgeblich von Alois Hundhammer, der auch zum Gründerkreis der CSU gehört. Er ist Verfechter des föderalen und katholisch-fundamentalen Prinzips. Und er ist Gegner von Franz Josef Strauß.

Am Ergebnis der Landtagswahl vom 28. November 1954 hob man wiederum das Scheitern der Splitterparteien hervor: „Die mit nervöser Schwäche belastete, aufgeregte Demagogie von Parteigründern und Absplitterungsdilettanten à la Haußleiter und Feitenhansl ist Anno 1954 genau so ad absurdum geführt worden wie Anno 1950 Loritz; sie gehört zu den Ladenhütern, mit denen man in Bayern nicht mehr ins politische Geschäft kommen kann.“[264]

Chefredakteur Josef Mauerer, der zum Gründerkreis der CSU gehörte, sich dann aber aus der Partei zurückgezogen hatte, berichtete 1955 von drei Fällen, in denen er zur Zeit der zweiten Regierung Ehard ins Kreuzfeuer der CSU geraten war: „Einmal, als man einen angeblich zu liberalen Kulturredakteur durch einen superorthodoxen CSU-Mann zu ersetzen versuchte, dann, als Dr. Hundhammer zusammen mit elf anderen CSU-Abgeordneten meine fristlose Entlassung forderte, weil in einem Artikel ... die Feststellung getroffen war, dass ein Großteil der damaligen CSU-Abgeordneten ein unterdurchschnittliches Niveau aufweise, und schließlich, als der damalige Landwirtschaftsminister Dr. Schlögl meine fristlose Entlassung forderte, weil ich Mißstände des Landessiedlungsamts in einem Beitrag ... herausstellte.“[265]

Die Bildung einer Viererkoalition als Alternative zur Einbindung der CSU verunsicherte die *Bayerische Staatszeitung*, doch schien sie ihr legitim: „Ob die Anliegen einer christlichen Kultur- und Sozialpolitik auf einem christlich-sozialistischen oder auf einem liberal-sozialistischen Koalitionsschiff besser gefördert werden, muss die Zukunft erweisen ... Liberalismus, Sozialismus und Konservativismus bewegen den Ablauf unserer politischen Entwicklung. Wer sie ignoriert, hat entweder keine Ahnung von Politik oder er ist fasziniert von der eigenen Macht. Auf alle Fälle riskiert er den Bestand der Demokratie."[266]

Den Ausgang der Landtagswahl 1958, die eine Alleinherrschaft der zunehmend stärker werdenden CSU ausschloss, kommentierte das Blatt positiv: „Gewiss gab es in der CSU Kreise, die sich eine absolute Mehrheit gewünscht hätten ... Aber so weitgehende Wünsche hat die bayerische Wählerschaft in ihrer im guten Sinn konservativen Grundhaltung nicht erfüllt und es wird zuzugeben sein, dass das sein Gutes für die weitere politische Entwicklung im Lande hat."[267]

Überraschend griff im August 1970 Bruno Bandulet, Referent für Ost und- Vertriebenenpolitik der CSU-Landesleitung, die Staatszeitung in einem Artikel im *Bayernkurier* offen an.[268] Sie hatte in den Verhandlungen Bundesaußenminister Walter Scheels in Moskau ein „begrüßenswertes Ereignis" gesehen. Bandulet nannte dies eine „offene Verhöhnung der CSU" und „Propaganda für die Linksparteien". Er verlangte, dem Missbrauch des Zeitungstitels müsse sofort ein Ende gesetzt werden. Zum einen müsse dem Blatt der amtliche Teil entzogen und ihm so die Existenzgrundlage genommen werden. Außerdem sei der von der SPD eingesetzte Chefredakteur zu entlassen, weil er es gewagt habe, „unter den Augen der Regierungspartei deren außenpolitische Vorstellungen herabzuwürdigen". Ein Vertreter der CSU-Landesleitung wandte sich telefonisch an die Staatskanzlei und monierte, dass Artikel der Staatszeitung über die Ostpolitik als massive Kritik und als gegen die CSU gerichtet verstanden würden. Am 1. September verständigte die Staatskanzlei Chefredakteur Karlheinz Lange, dass aus den Artikeln der *Bayerischen Staatszeitung* der Eindruck habe entstehen können, die Staatsregierung billige die Moskauer Verträge. Die Krise war einmal mehr aufgekommen, als der Chefredakteur in Urlaub gewesen war. Er hatte die betreffenden Artikel nicht gekannt, die sein Stellvertreter Armin Ganser in die Zeitung gegeben hatte. Lange versicherte, „er halte die vorgebrachte Kritik für begründet

Zündstoff bietet der Moskauer Vertrag: In ihm ist die Unverletzlichkeit der Oder-Neiße-Linie als Westgrenze Polens und die Grenze zwischen West- und Ostdeutschland akzeptiert (hier ein Wachturm mitten in der Spree). Unterzeichner von deutscher Seite sind Bundeskanzler Willy Brandt und Außenminister Walter Scheel, hier bei der Beratung des Vertrags im Regierungskabinett mit Justizminister Gerhard Jahn und dem Staatssekretär im Auswärtigen Amt, Paul Frank (von links); rechts Horst Ehmke, der Chef des Bundeskanzleramts und Minister für besondere Aufgaben. Der Vertrag, am 12. August 1970 geschlossen, wird am 17. Mai 1972 vom Bundestag ratifiziert und tritt am 3. Juni desselben Jahres in Kraft.

und werde sie zum Anlass nehmen, mit Herrn Ganser ein ernstes Gespräch zu führen".[269] Lange informierte aber auch das Nachrichtenmagazin *Der Spiegel,* das die Angelegenheit prompt publik machte. Demnach hatte Lange gesagt: „Die wollten mich abschießen, eine Sache von ganz dummen, jungen Kerlen."[270]

Aus Anlass des 25-jährigen Jubiläums der CSU im Jahr 1971 fiel der *Bayerischen Staatszeitung* auf, dass der Föderalismus als oberstes Prinzip der Christsozialen zu verblassen drohe: „Es mag mit der Heraufkunft einer neuen Generation zusammenhängen, wenn die bayerischen Töne auch in der CSU, der einzigen bedeutenden nur-bayerischen und spezifisch bayerischen Partei, nur am Rande aufklingen."[271] Das Blatt warnte: „Jede Einbuße an staatlicher Macht, die Bayern erleidet, schwächt notwendig die CSU-Bundestagsfraktion."

Am 19. November 1976 beschloss die Bonner Landesgruppe der CSU bei einem Treffen in Wildbad Kreuth, künftig getrennt von der CDU eine eigene Fraktion im Bonner Parlament zu bilden. Begründet wurde der Beschluss vom Parteivorsitzenden Strauß mit einer stärkeren Attraktivität der CSU und mit der höheren Chance, nach Kohls Niederlage als Kanzlerkandidat doch eines Tages das Ende der sozialliberalen Koalition herbeiführen zu können. Chefredakteur Lange wertete den Beschluss positiv: „Wenn ... der Beschluss von Kreuth samt der folgenden Auseinandersetzung eine Klärung des Verhältnisses der Unionsparteien zueinander bringt, wird er in diesem Sinne eines Tages noch als positiver Beitrag verstanden werden. So schmerzlich der Abschied von der liebgewonnenen Vorstellung einer einzigen großen Unionsfraktion im deutschen Parlament für viele Anhänger der Union sein mag."[272] Der Beschluss von Kreuth entfachte eine hitzige Debatte; eine Konferenz der Kreisvorsitzenden in München kritisierte die Parteiführung hart und verlangte die Rücknahme des Beschlusses. Die Partei drohte zu zerbrechen. Am 12. Dezember 1976 bildeten die CDU und die CSU, als ob nichts geschehen wäre, wieder die übliche Fraktionsgemeinschaft. Die Staatszeitung folgerte kühn: Dadurch, dass die CSU ihre Unabhängigkeit herausgestellt habe, seien die Chancen für CSU und CDU für die nächste Bundestagswahl möglicherweise gestiegen.[273]

Machtkampf zwischen CSU und CDU, zwischen Franz Josef Strauß und Helmut Kohl: Am 19. November 1976 kündigt die CSU in Wildbad Kreuth die Fraktionsgemeinschaft auf – einen Monat später nimmt sie den Beschluss zurück.

Neue Akzente im Achten Deutschen Bundestag durch Einzug der vierten Parlamentsfraktion

Die Modalitäten der Parlamentsarbeit nach dem Beschluß der CSU-Bundestagsabgeordneten
Nach übereinstimmender Bonner Meinung weitreichende Konsequenzen für die Bundespolitik

Der Achte Deutsche Bundestag wird vier Fraktionen zählen. Der in Wildbad Kreuth gefaßte Entschluß der für die CSU in den Bundestag gewählten Abgeordneten, nicht wieder mit den Abgeordneten der Christlich Demokratischen Union eine Fraktionsgemeinschaft einzugehen, ist vor allem damit begründet worden, daß die CSU-Abgeordneten und die beiden Unionsparteien als Gesamtheit der parlamentarischen Opposition damit mehr Darstellungsmöglichkeiten erhalten als bisher. Einmal ging es dabei um das Mehr an Zeit der Darstellung in Plenardebatten, zum anderen aber auch um ein Mehr an inhaltlicher Darstellung der eigenen Politik.

zeiten mit anderen teilen muß, verliert er Zeit zur Selbstdarstellung.

Ist der Verzicht auf eine Erneuerung der Fraktionsgemeinschaft durch die CSU nur die Folge parlamentstaktischer Überlegungen? Niemand in Bonn hat sich in den letzten Tagen auf diese Frage eingelassen. Die Entscheidung hat nach übereinstimmender Auffassung so weitreichende Konsequenzen, daß Parlamentstaktik als Nebensache erscheinen müsse.

Wie viele Präsidiumsmitglieder?

Das Auftreten einer vierten Fraktion erfordert nach den Regeln der Geschäftsordnung andere Maßnahmen, als sie bei

Demokraten einen Sitz erbringen. Aber ein achtköpfiges Gremium hätte vier Sitze für die Koalitionsparteien und auch vier Sitze für die Opposition. Man wird deshalb wohl versuchen, in einem kleineren Gremium den Freien Demokraten vorab einen Sitz zuzugestehen, und dieses Gremium so bemessen, daß dabei eine Mehrheit für die Regierungsparteien herauskommt. Bei einem siebenköpfigen Gremium zum Beispiel müßten die Christlichen Demokraten sich zugunsten der FDP auf drei stellvertretende Präsidenten beschränken. Ob sie dies tun würden, bleibt abzuwarten.

Vielleicht gelingt es, neben der von den

BSZ vom 26. 11. 1976

Den starken Unmut, der auf dem CSU-Parteitag im Juli 1983 laut wurde, vermochte auch Lange sich nicht zu erklären – ratlos stellte er Fragen: „Waren es nur taktische Fehler unmittelbar vor dem Parteitag im Umgang mit einer Zeitung und mit einem plötzlich aus der Reihe tanzenden Abgeordneten?[274] Oder verbirgt sich hinter dessen Protest gegen den Milliardenkredit an die DDR die Meinung eines rechten Flügels innerhalb der CSU, der sich bisher von Strauß auch mit vertreten gefühlt hat, und plötzlich merkt, dass eherne Grundsätze und lebendige Politik nur schwer zur gleichen Zeit zu praktizieren sind? Oder hat es nur an der rechtzeitigen Information und Aufklärung gefehlt, was auf ein Abreißen des lebendigen Kontaktes der Parteispitze zum Parteivolk und umgekehrt schließen ließe?"[275]

Als Ergebnis der Landtagswahl 1990 hielt Langes Nachfolger Carl Schmöller fest: „Die CSU ist auch im vereinten Deutschland die große bayerische Volkspartei geblieben."[276] Den Erfolg von 2003, in dem die CSU über eine Zweidrittelmehrheit verfügte, beurteilte Peter Jakob Kock prophetisch: „Dieser ungewöhnliche Wahlausgang wird wohl in einigen Jahrzehnten nur als Fußnote in die Geschichtsbücher eingehen ... Der triumphale Erfolg der CSU bei der Landtagswahl war relativ exakt vorauszusehen, denn er hatte als Pendant den Niedergang der traditionsreichsten Partei im Freistaat zur Voraussetzung, der SPD ... Aus der angeblich ‚klerikalen Hundhammer-Partei' CSU entwickelte sich nach zahlreichen Häutungen eine Partei modernen Typs."[277]

Gescheitert ist Edmund Stoiber zwar im Vorjahr an der Kanzlerkandidatur – dafür fährt er bei der Landtagswahl im Herbst 2003 für die CSU ein phänomenales Ergebnis ein: Erstmals gewinnt die Partei die Zweidrittelmehrheit im Maximilianeum. Oppositionsführer Franz Maget sinkt mit der SPD hingegen aufs historische Tief von unter 20 Prozent.

Die FDP: Attraktive Landtagsarbeit

Die Einstellung von Chefredakteur Josef Mauerer zur nicht in der Regierungskoalition vertretenen FDP war im März 1954 abschätzig: „Auch heute bringt ... der Kampf gegen den ‚Konfessionalismus und Klerikalismus' in der öffentlichen Meinung verhältnismäßig rasch und billig Sympathien ein."[278] Zudem galt die FDP bei der Staatszeitung als ausgesprochen zentralistisch orientiert. Nach der Landtagswahl im November 1962 urteilte sie voreilig: „Die Entwicklung zum Zweiparteiensystem, ist ... unverkennbar."[279] Ein solches Zweiparteiensystem erschien ihr aber fast zehn Jahre später, 1971, nicht mehr unbedingt wünschenswert: „Was immer man zum Ruhm des Zweiparteiensystems sagen mag, es schafft eine gewisse Uniformität, es lässt die politische Landschaft grau erscheinen und verschärft jene ‚Konfrontation', die vermeiden zu wollen die großen Parteien abwechselnd geloben."[280]

Als nach der Landtagswahl von 1982 nur noch zwei Fraktionen im Maximilianeum vertreten waren, empfand Kommentator Karlheinz Lange dies als Verlust: „Auf CSU und SPD allein wird sich also nun in den nächsten vier Jahren die Volksvertretung stützen. Für ihre Arbeit ist das Fehlen der gepflegten und unermüdlichen Mitwirkung der Freien Demokraten ein bedauerliches Handikap. Man muss kein Parteigänger sein, um bei dieser Zäsur würdigen zu können, dass diese Zehn-Personen-Fraktion in den vergangenen Jahren weit über ihre Zahl hinaus viel geleistet und zur Attraktivität der Landtagsarbeit so manches beigetragen hat."[281]

BHE: Nähe zum Nationalsozialismus

Unfreundlich war die Haltung zur Vertriebenenpartei BHE, obwohl diese an der zweiten Regierung Ehard beteiligt war. Am 13. März 1954 rückte die Staatszeitung sie in die Nähe des Nationalsozialismus: „Wer ... die Rede des wiedergewählten Landesvorsitzenden des BHE hörte, kann sich nicht des Eindrucks erwehren, dass die Parteiführung das Parteidogma mit einem Parteimythos ersetzen möchte. Die Pflege der preußischen Traditionen sei, so betonte Oberländer, ... die Pflicht jedes Deutschen und die Wiedererrichtung Preußens sei auch für Bayern das Beste um der Freiheit willen. Wer wollte zweifeln, dass diese Diktion ebenso originell wie im Sinne all jener beschränkten und unbelehrbaren Fanatiker ist, denen wir die traurige Hinterlassenschaft des Nationalsozialismus verdanken?“ [282]

Die SPD: Vertane Chance

Bei der SPD zeichnete sich nach Beobachtung der Staatszeitung immer mehr der Verzicht auf den Charakter einer Weltanschauungspartei ab.[283] Kurt Schumacher habe den Anstoß zum Wandel der Klassenpartei in eine Volkspartei gegeben, „die sich auf den Boden der neuen Wirtschafts- und Gesellschaftsform stellt, den neuen Staat als Realität zur Kenntnis nimmt und als Instrument zu handhaben weiß ... Hier spielt sich ein Prozess ab, der für das nächste Menschenalter deutscher Geschichte entscheidende Bedeutung haben wird.“ [284] 1971 attestierte man sogar Schritte hin zum Föderalismus: „Man darf nicht vergessen, dass die alte und traditionsreiche SPD eine von Haus aus ideologisch unitarische und zentralistische Partei ist ... Als das Grundgesetz geschaffen wurde, war die unitarische Tendenz in der SPD durch mancherlei Momente gedämpft, nicht zuletzt durch die Hoffnung, dass man mit einem föderalistischen Deutschland die Wiedervereinigung leichter erreichen werde, aber auch durch den Einfluss so gewichtiger Persönlichkeiten wie Wilhelm Hoegner ... Heute und zumindest solange aus der jetzigen Bonner Koalition nicht eine Dauereinrichtung wird, steht die SPD auf dem Boden eines gemäßigten, im taktischen Bedarfsfall dann manchmal auch betonten Föderalismus.“ [285]

Wegen eines unerwünschten Kommentars zu einem Prozessurteil versuchte die Verwaltung des Großgrundbesitzers August von Finck am 25. Mai 1971, die Staatszeitung zu einer Gegendarstellung zu nötigen. Der sozialdemokratische Landtagsabgeordnete und spätere Münchner Oberbürgermeister Georg Kronawitter hatte in der Öffentlichkeit vor allem die enormen Bodenpreissteigerungen angeprangert, von denen Leute wie Finck ohne eigene Leistung profitierten. Zum Verdruss Fincks hatte das Landgericht München I die Auffassung vertreten, „dass ein Abgeordneter auch zur Verbreitung unwahrer, ehrverletzender Behauptungen berechtigt sein müsse“. Die Staatszeitung hatte am 14. Mai 1971 hervorgehoben, „dass dank dem Urteil vom 11. ds. Mts. die Angst von Abgeordneten vor ‚Maulkörben‘ und vor der Gefahr, ‚unter Ausspielung von wirtschaftlicher Macht mundtot‘ gemacht zu werden, vorerst ausgeräumt sei. Diese Verlautbarung des Presseorganes der Bayerischen Staatsregierung veranlasst uns ... zu der Feststellung, dass es Herrn August

Zu hohe Preise für Grund und Boden: Da sieht Georg Kronawitter rot – und legt sich 1971 mit einem namhaften Großgrundbesitzer an. Ein Jahr später sitzt er auf dem Oberbürgermeistersessel der Landeshauptstadt; er ist Rathauschef bis 1978 und dann wieder von 1984 bis 1993.

Gedankenspiel: 1946 wird Wilhelm Hoegner Staatspräsident – und verschafft damit der SPD im Freistaat ein derart starkes Fundament, das Abstürze der Partei bei der Landtagswahl 62 Jahre später unter die 20-Prozent-Marke unwahrscheinlich macht. Und die SPD wäre heute die traditionsreiche staatstragende Partei, ihr Vorsitzender Franz Maget der Erste im Freistaat. Aber die Sozialdemokraten selbst verhindern 1946 solche Träume: Sie verwehren dem in Verfassungsfragen gleichermaßen wie die CSU unter Alois Hundhammer staatskonservativen Hoegner (ganz links) die Gefolgschaft und lehnen einen Staatspräsidenten quasi als „Ersatzmonarchen" ab.

von Finck mit seiner Klage gegen Herrn Georg Kronawitter nie darum ging, einen Abgeordneten in der Wahrnehmung seiner Aufgaben zu beschränken ... Erst als Herr Kronawitter nach Abschluss des Untersuchungsverfahrens im Landtag und ungeachtet des im Untersuchungsbericht niedergelegten Ergebnisses der umfangreichen Beweiserhebungen dazu überging, seine Angriffe nun auch außerhalb des Parlamentes über alle Publikationsmittel in schwer ehrenrühriger Form weiter zu verbreiten, entschloss sich Herr von Finck zu dem ... gerichtlichen Verfahren ... Umsoweniger verständlich scheint uns die Verlautbarung der *Bayerischen Staatszeitung*, zumal die Prozessanwälte Herrn von Fincks zu keinem Zeitpunkt die Festsetzung eines Streitwerts in Höhe von 1 Million Mark beantragt haben; die Bestimmung des Streitwertes war vielmehr in der Klageschrift ausdrücklich in das Ermessen des Gerichtes gestellt worden."[286] Die Staatskanzlei verwies einmal mehr darauf, dass die *Bayerische Staatszeitung* kein amtliches Regierungsorgan sei. Daher könne die Regierung auf die redaktionelle Gestaltung keinen Einfluss nehmen und auch keine Richtigstellung verlangen. Auch würde eine Erklärung der Regierung dem Artikel mehr Gewicht geben, als ihm zukomme.

2003 kommentierte Peter Jakob Kock den Niedergang der SPD in Bayern aus historischen Wurzeln heraus: „Die Sozialdemokratie in Bayern ... hat im Dezember 1946 eine historische Chance versäumt. Wenn Wilhelm Hoegner – und sein Widersacher Alois Hundhammer hatte ihm die Zustimmung versprochen – bayerischer Staatspräsident geworden wäre, hätte das Schicksal der Genossen im Freistaat anders ausgesehen."[287]

Die Grünen: Zur echten Opposition entwickelt

Die Grünen sah man in der *Bayerischen Staatszeitung* zunächst als nur demokratiefeindliche Gruppierung an: „Aus Bürgerinitiativen und zum Teil gewalttätigen Demonstrationsbewegungen herausgewachsen, wurden die jetzt unter grüner Firmierung arbeitenden regionalen Gruppen von den bundesweiten Parteien zunächst als Protestpotential eingestuft, dem in gewissem Umfang verständnisvoll nachzugeben sei, um der Firmierung einer neuen politischen Kraft vorzubeugen ... Dann kam die Einsicht, dass sich in der Protestbewegung Kräfte eingenistet haben, die statt einer freiheitlichen Ordnung ganz andere Ziele verfolgten ... Eine Gruppierung, die sich betont aus dem verfassungsmäßigen parlamentarischen System heraushält, sich erklärtermaßen nicht in die Verfahren der Mehrheits- und Kompromissfindung zur Wahrung und Herstellung des inneren Friedens einlassen will, müsste von den staatstragenden Parteien zunächst einmal isoliert werden." [288] 1980 warnte Chefredakteur Karlheinz Lange: „Der Bundesbürger hat die Wahl, ob er dem grünen Irrationalismus zum Einzug in die deutsche Politik verhelfen soll." Beruhigt stellte er nach der Wahl der neuen politischen Gruppierung in den Bundestag fest, die Grünen seien „eine im Grundgefüge unseres politischen Spektrums (noch) klitzekleine Minderheit ... Die offenbare Unfähigkeit oder Unwilligkeit der neuen parlamentarischen Gruppe, wirklich Politik zu machen, ist der eine Grund, warum man ... abwarten sollte, bis sie ihren Offenbarungseid leisten muss. Der andere Grund, warum zu großer Aufregung kein Anlass besteht, liegt darin, dass die Grünen durchaus mit einzelnen ihrer Vorstellungen zur Besinnung bei den Etablierten beitragen könnten ... Von einer Bereicherung des parlamentarischen Lebens zu sprechen, wagen wir allerdings nicht." [289]

Voll in Fahrt kommen „Die Grünen" 1986: Die junge Partei (Gründung des Landesverbands 1979) erhält 7,2 Prozent der Stimmen bei der Landtagswahl, 15 Abgeordnete ziehen ins Maximilianeum. Das Einstandsergebnis kann bei den folgenden Landtagswahlen nicht gehalten werden und sinkt bis 1998 auf 5,68 Prozent. Doch 2003 schnellt es wieder hoch auf 7,74 Prozent und 2008 auf 9,4 Prozent der Stimmen. Seit 1993 tritt die Partei auch im Namen als Zusammenschluss Bündnis 90/Die Grünen auf.

Man sah auch 1984 in den Grünen noch immer keinen ernst zu nehmenden Faktor. Die Partei sei „einer enormen Zerreißprobe ausgesetzt, ausgelöst durch den nicht zu überbrückenden Gegensatz zwischen den sogenannten Fundamentalisten und den Realpolitikern". [290] Dass die Grünen dann doch 1986 in den Landtag einzogen, lag Lange zufolge deutlich auf der Hand: „Sie haben die Umweltthemen, die nun einmal den Leuten auf den Nägeln brennen, bis zum äußersten mit Überzeugungskraft ausgeschlachtet." [291]

Die ablehnende Haltung zur Volkszählung des Jahres 1987 war wiederum ein Anlass, die Grünen als demokratiefeindlich abzustempeln: „Ungeniert und von demokratischen Grundsätzen unbefleckt propagieren sie den Boykott der Volkszählung. Als angeblich demokratische Partei rufen sie zum Ungehorsam gegen ein vom Bundestag erlassenes Gesetz auf ... Die Boykotteure wollen einen anderen Staat. Sie haben sich praktisch und theoretisch von unserer Demokratie losgesagt. Sie hetzen zur Gesetzesverletzung, zum Ungehorsam gegen den von den demokratischen Parteien getragenen Staat." [292]

Völlig gewandelt war der Standpunkt in dem Kommentar Kocks zur Landtagswahl 2003: „Wer in der Wahlnacht am Bildschirm den kleinen Triumph der Grünen, beispielsweise souverän vorgetragen von einigen Agrariern, beobachtet, merkte zum wiederholten Male, dass sich hier eine echte Opposition formiert, die partiell aus dem ‚Fleisch der CSU' geschnitten ist. Der Gedankensprung zur Bayernpartei liegt da nicht ganz ferne." [293]

Der RAF-Terrorismus gipfelt 1977 im „Deutschen Herbst": Der Entführung und Ermordung von Arbeitgeberpräsident Hanns Martin Schleyer folgt eine Anschlagsserie. Repräsentanten aus Politik und Wirtschaft sind potenzielle Opfer. Auch der SPD-Vorsitzende Willy Brandt muss bei einer Rede auf dem Münchner Marienplatz durch Panzerglas geschützt werden. Der Fall Schleyer ist indes für Deutsche Bank-Chef Alfred Herrhausen Anlass zu einem Brief, in dem er festhält (so später seine Ehefrau): Wenn ihm Vergleichbares widerfahre, solle man dem Erpressungsversuch nicht nachgeben. Im November 1989 stirbt Herrhausen bei einem RAF-Bombenanschlag. 1998 erklärt die RAF ihre Auflösung.

Kampf dem politischen Extremismus

Zu den Grundprinzipen der *Bayerischen Staatszeitung* gehörte stets die Bekämpfung antidemokratischer Strömungen von rechts und links. In der Auseinandersetzung mit dem Kommunismus hörte man bisweilen Anklänge an die NS-Propaganda durch: „Der slawistische Chauvinismus der sowjetischen Zwingherren ist ein Anachronismus in einer Welt, die sich ernsthaft anschickt, nationale Vorurteile abzuschütteln",[294] hieß es 1950 in der Zeitung.

Dass sich das Verbot der KPD durchaus als Problem gestalten konnte, war auch Chefredakteur Mauerer klar. Er war sich bewusst, „dass eine illegale KP noch schwerer im Auge zu behalten ist als bisher schon die legale, und dass eine in die Illegalität gedrängte Bewegung von der Regierung leicht unterschätzt, von der Bevölkerung dagegen leicht überschätzt wird. Solange sich die KP bei den Wahlen zu stellen hatte, musste sie ihre Bedeutungslosigkeit allen sichtbar dokumentieren. Im Untergrund wird sie versuchen, ihre Schwäche als Stärke zu mystifizieren und in den Betrieben und Organisationen wird sie nicht ablassen, unter der Maske der Parteilosigkeit ihre staatsfeindlichen Ziele weiter zu verfolgen."[295]

Entschieden gegen RAF-Terroristen

In seiner Trauerrede auf den ermordeten Generalbundesanwalt Siegfried Buback hatte der Staatszeitung zufolge der sozialdemokratische Bundeskanzler Helmut Schmidt im April 1977 geäußert, „wer den Rechtsstaat zuverlässig schützen wolle, müsse auch bereit sein, bis an die Grenzen dessen zu gehen, was vom Rechtsstaat erlaubt und geboten ist ... Wir dürften in der Anwendung des Grundgesetzes und des geltenden Rechts gegen jene ‚nicht zögerlich sein', die unseren Staat und unsere Ordnung zerstören wollen. Das sind starke Formulierungen, denen bald Entschlüsse folgen müssten, wenn sie überzeugen sollen."[296] Die Kritik, es bestehe die Gefahr, dass im Gefolge der Bekämpfung des Terrorismus auch demokratische Werte geopfert werden könnten, wies Lange energisch zurück. Er nahm Bezug auf einen überspitzten Rundfunkkommentar von Johannes Gaitanides am 3. September 1977: „Die Bundesrepublik ... sei heute der illiberalste Staat Westeuropas. Er begründete seine These mit dem ... sogenannten Radikalenerlass ... Wenn Gaitanides glaubt, so bodenlos daherreden zu können, setzt er doch wohl ... ein hohes Maß an Liberalität bei seinen Zuhörern und bei diesem Staat voraus ... ‚die progressive Verschärfung im Justizbereich' wird schon als Symptom der Illiberalität verdächtig gemacht, und im übrigen eskaliere sie nur die Aktivität der Terroristen. Dann aber spricht er von ‚Bemühungen', unter dem Vorwand der Terroristenbekämpfung der Polizeihand auch Räume freizugeben, wo mit Sicherheit keine Terroristen zu finden sind'. Schon könne man sich kaum noch des Eindruckes erwehren, ‚dass die Maxime zur Selbstverständlichkeit wird, Gewalt sei Recht, wenn nur der Staat ihre Praxis legalisiert‘ … Wer … in einem demokratischen Rechtsstaat den terroristischen Mörder nicht mehr ohne jede Umschweife als Kriminellen zu sehen vermag, tut sich hart, im selben Atemzug seine ‚Gesellschaftskritik‘ vom Sympathisantentum abzugrenzen.“ [297]

Stärkung des Rechtsstaates gegen den Terror nach der Stunde der Bestürzung

Die notwendigen Entschlüsse im Gefolge des dritten Mordanschlags innerhalb von fünf Monaten

Überrascht war Bonn nicht, daß die Morde der Terroristen weitergehen. Überrascht war Bonn auch nicht, daß der Mord einhergehen würde mit der Forderung auf Freigabe von Terroristen aus der Strafhaft. Das Muster des Terrors ist längst bekannt. Überrascht wurde Bonn aber von der Brutalität des Anschlags auf Hanns-Martin Schleyer, den Präsidenten des Bundesverbands der Deutschen Arbeitgeberverbände. Über das Schicksal dieses hervorragenden Mannes der deutschen Wirtschaft war zur Stunde des Drucks dieser Zeitung noch nichts Näheres bekannt.

Bisher unbekannte Brutalität

Die Verfassung eines Staates und die Verfassungswirklichkeit prägen ideale Vorstellungen von dem, was in diesem … Menschen, die sich um die Sicherheit Schleyers zu sorgen hatten, umgebracht worden sind, ist außerhalb der Möglichkeiten angesiedelt, für die ein sozialer, freiheitlicher, demokratisch organisierter Staat Vorsorge zu treffen hat. Sie durchbricht den Schutz der Friedensordnung, die dieser Staat als Rechtsstaat wahrt.

Nicht nur Rechtsmittelstaat

Rechtsstaat heißt nicht bloß Rechtsmittelstaat, der dem Bürger extensive Möglichkeiten bietet, seine persönliche Rechtssphäre in garantierten Verfahren vor Gerichten gegen Eingriffe des Staates und anderer Bürger zu schützen. Der Rechtsstaat ist eine soziale Wohltat für alle, indem er Frieden im Innern garantiert. Die geistige Tradition des Abendlandes umfaßt diesen Gedanken des Rechtsstaats notwendig ist: die Kennzeichnung der Taten als nacktes Verbrechen, ohne jede Rechtfertigungsmöglichkeit, auch nicht einer politischen, in unserer Friedensordnung. Wer argumentiert, die Morde seien politisch nicht opportun, befindet sich bereits in der Diskussion, ob Mord nicht unter bestimmten Umständen doch zu rechtfertigen sei.

Die jüngere deutsche Geschichte kennt aus dem Kampf im Widerstand gegen das NS-Regime dieses Diskussionsthema. Es sind die Verbrechen des Regimes selbst, Verbrechen, die gegen die Friedensordnung als ein Kulturgut verstoßen, welche die Rechtfertigung zum Tyrannenmord geben. Hätte Brandt argumentiert, die Verbrechen seien Beweise faschistischer Gesinnung, hätte er den Sympathisanten eine nachdrückliche Handreichung gege-

BSZ vom 9. 9. 1977

Der SPD unterstellte man schließlich 1989 sogar, sie relativiere den Terrorismus: „Der SPD-Politiker Momper spricht ja jetzt schon von der ‚Spirale von Gewalt und Gegengewalt‘, die durchbrochen werden müsse. Wenn auf diese Weise die Abwehrmaßnahmen des Staates auf die gleiche Stufe gestellt werden mit Gewaltaktionen der Terroristen, dann brauchen wir uns nicht mehr zu wundern, dass die RAF davon träumt, die ‚zerstörerische Entwicklungsrichtung des Terrorismus‘ umdrehen zu können.“ [298]

Dubioser Mitarbeiter

Obwohl sie nicht nur grundsätzlich gegen den neuen Rechtsextremismus eingestellt war, sondern auch jegliche Relativierung des Nationalsozialismus ablehnte, leistete sich die Redaktion mit Emil Franzel einen freien Mitarbeiter und Leitartikelschreiber mit dubioser Vergangenheit, die sich stellenweise in seiner Schreibweise verriet. Über die Gegner Axel Springers schrieb er zum Beispiel im Regensburger *Tages-Anzeiger*: „Man kann Ungeziefer … nur mit den geeigneten mechanischen und chemischen Mitteln vertilgen, nicht mit gutem Zureden.“ [299] Seine antidemokratischen Pressebeiträge beschäftigten 1955 und 1956 Kabinett und Landtag.[300] Franzel war ursprünglich als Deutscher in der Tschechoslowakei im Lager der Sozialdemokraten und hinter der Regierung gestanden. 1938 wurde er Anhänger Hitlers. Der Historiker Johann Wolfgang Brügel kam zu dem Urteil, dass er „den angesichts seiner Vergangenheit traurigen Mut“ aufbrachte, „sich als eine Art Sittenrichter für bundesrepublikanische Zuverlässigkeit zu etablieren und aufrechte Demokraten … am laufenden Band mit Schmutzkübeln zu überschütten“.[301] In der *Bayerischen Staatszeitung* gab sich Franzel scheinbar gemäßigter, war aber bei genauerer Betrachtung immer noch ein Apologet des Nationalsozialismus. Den Leitartikel in der Staatszeitung zu Silvester 1971 widmete er dem „Jahr der jungen Rebellen“: „… nicht nur der Amerikanismus berauschte die junge Generation. Auch aus dem Osten drangen Heilsbotschaften nach Europa … der theoretisch längst überwundene Marxismus erstand als Neomarximus aus dem Grabe … All diese Erscheinungen in das Geschichtsbild einzuordnen, wurde der Jugend erschwert durch eine geschichtsfremde, ja geschichtsfeindliche ‚Umerziehung‘, die wichtige Kapitel der Geschichte einer merkwürdigen Zensur verfallen ließ, indem sie, was zur Zeit der Väter geschehen war, zu einem strafrechtlichen Problem machte, einen Abschnitt der deutschen Geschichte sozusagen ‚ex tunc' als nicht zulässig erklärte."[302] Die strafrechtliche und wissenschaftliche Auseinandersetzung mit der nationalsozialistischen Vergangenheit war also Franzel zufolge verhängnisvoll und hatte Schuld an der Radikalisierung der Jugend und an der Gefährdung des demokratischen Staates.

Dumm und dreist wie ehedem

Zum Treiben der Rechtsradikalen in Deutschland

Die alarmierenden Nachrichten über das Anwachsen des Rechtsradikalismus mehren sich. Der Name des SRP-Paradegenerals Ernst Remer ist in den großen und kleinen Gazetten der westlichen Welt ebenso oft zu finden wie der Name des Bundeskanzlers oder des Oppositionsführers Dr. Kurt Schumacher. Gewisse politische Gruppen bedienen sich Organisationsformen und einer Terminologie, die dem Sprach- und Gedankenschatz der NSDAP entnommen sind. Die Wahlerfolge dieser Gruppen in Niedersachsen und Bremen reichen aus, um das langsam gewachsene Ansehen unseres Volkes erneut schwer zu schädigen und in der westlichen Welt die Vorstellung von einem deutschen innenpolitischen Revirement zu wecken, das möglicherweise in einer neuen Rechtsdiktatur endet. Demokratische Parteien und Organisationen, noch nicht oder was wahrscheinlicher ist, er bejaht sie. Was man das „Ideelle" im Nationalsozialismus nennt, das zu pflegen rechtsradikale Gruppen vorgeben, ist ein sehr fragwürdiger ethischer Coctail, gemixt aus Formen und Gewohnheiten des heroisierten, in der gewünschten Vorstellung nicht existenten Preußentums, eines literarischen Frontsoldatentums und etlicher Fermenten einer falsch geleiteten Jugendbewegung. Wenn SRP-Remer sich und seine Anhänger als die „Preußen des 20. Jahrhunderts" bezeichnet, vergißt er, daß dem Preußentum eine hohe sittliche Verantwortung innewohnte, die dem Nihilismus des Nationalsozialismus konträr gegenübersteht. Wie die Propagandisten des Nationalsozialismus benützen auch die Wanderredner des Neo-Nationalismus ein Vokabular nationaler Begriffe, die weiten Teilen

BSZ vom 15. 12. 1951

NPD, DVU, Republikaner

Über die NPD urteilte die Staatszeitung schon früh: Das „vorsichtige Lavieren am Rande der Legalität wird die NPD nicht davor bewahren, dass ihr die Geister aufgerechnet werden, die sie gerufen hat ... In der Praxis sind ... sehr massive Zweifel angebracht, ob sie den demokratischen Schein noch lange wahren kann."[303] Die Partei wurde auch weiterhin als Bedrohung der Demokratie angesehen: „Die NPD arbeitet diszipliniert und zielstrebig. Und mit Methoden wie die NSDAP Anfang der 30er Jahre."[304]

Chefredakteur Lange demontierte 1988 die vom Gründer der Republikaner, Franz Schönhuber, verbreiteten Legenden über dessen Lebenslauf. Er nannte ihn einen „Demagogen ..., der in seiner Kritik an anderen alles andere als zimperlich ist".[305] Es finde sich keinerlei Nachweis, dass er, wie behauptet, das Eiserne Kreuz II. Klasse erhalten habe. Auch bei anderen Angaben summierten sich die Zweifel: „Oder hatte er einen Doppelgänger? Einen Doppelgänger, der sich selbst das Eiserne Kreuz verlieh, in Wildflecken die französischen Kameraden bespitzelte, in Berlin desertiert ist und am 19. oder auch am 10. Januar geboren wurde? Alles kaum zu glauben. Aber fragen wird man schließlich noch dürfen."

Die auf Betreiben von Gerhard Frey gegründete Deutsche Volksunion wollte sich zunächst als überparteiliche rechte Sammlungsbewegung, nicht als Partei verstanden wissen: „Das ist taktisch nicht ungeschickt, denn diese seltsame ‚Union' wird deswegen niemals Gefahr laufen, in einer demokratischen Wahl ihre tatsächliche quantitative Schwäche bescheinigt zu bekommen ... Die rechtsextreme ‚Deutsche Volksunion', die in voller Absicht nicht als Partei auftritt, sondern als außerparlamentarische Kampfgemeinschaft, ist überflüssig wie ein Kropf – nur vergleichsweise weit schwerer zu entfernen."[306]

Volksbegehren und Volksentscheide

Das in der Bayerischen Verfassung vorgesehene Instrument von Volksbegehren und Volksentscheid dämmerte seit seiner erstmaligen Anwendung zur Verabschiedung eben dieser Verfassung 1946 sehr lange vor sich hin, ohne irgendeine Rolle zu spielen. Erst spät kam es ins Spiel. Am 1. April 1967 hatte die SPD einen Gesetzentwurf für ein verfassungsänderndes Gesetz eingebracht, das die christliche Gemeinschaftsschule zur Regelschule machen sollte, während die Bekenntnisschule nur noch auf Antrag bestehen sollte. Darauf schwenkte die CSU von ihren bisherigen Prinzipien zu einem eigenen Entwurf um, der in ähnliche Richtung zielte. Da beide Volksbegehren erfolgreich waren, plädierte die Staatszeitung für einen Kompromiss der Parteien, auch wenn er eventuell kompliziert zu erreichen sei. Sein Zustandekommen wurde entsprechend begrüßt: „Auf eindrucksvolle Weise wurde demonstriert, dass es über alles politisch und weltanschaulich Trennende hinaus eine tragfähige Basis gemeinsamer Überzeugungen gibt, auf der man sich zu gemeinsamer Arbeit an den Zukunftsaufgaben unserer Gesellschaft zusammenfinden kann. Die pluralistische Demokratie hat eine Bewährungsprobe bestanden.“[307] Im nachfolgenden Volksentscheid sprach sich zur Zufriedenheit der Staatszeitung eine deutliche Mehrheit für den gemeinsamen Entwurf aus.[308]

Die Konfession bestimmt, welche Schule ein Kind besucht – doch mit dieser Bekenntnisschule ist 1968 Schluss: Ein Volksbegehren geht eindeutig (76,3 Prozent der Stimmen) zugunsten der neuen „christlichen Gemeinschaftsschule“ aus. CSU, SPD und FDP (hier Hildegard Hamm-Brücher) machen jeweils eigene Vorschläge für ein Volksbegehren, legen dann aber einen gemeinsamen Entwurf vor.

Als 1970 Bestrebungen zur Abschaffung des Volksentscheids laut wurden, lehnte die Staatszeitung dies ab: „Die Staatsregierung bewährt sich in überzeugender Weise als Hüterin demokratischer Grundsätze, wenn sie nicht fördern will, dass der demokratische Besitzstand des Volkes angetastet wird … Bayern kann mit Recht stolz darauf sein, als einziges Bundesland wenigstens ein Minimum an direkter Demokratie in seiner Verfassung verankert zu haben.“[309]

Als die CSU Ende Februar 1972 in großer Eile und ohne Rücksicht auf parlamentarische Gepflogenheiten eine Änderung des Rundfunkgesetzes durchsetzte, um den Parteien und damit in erster Linie sich selbst mehr Einfluss auf den Rundfunk zu sichern, zog dies nicht nur den Widerstand der SPD nach sich. Es bildete sich ein Landesbürgerkomitee Rundfunkfreiheit. Erstmals drohte das Volksbegehren jetzt als Mittel des Bürgerwiderstands gegen die Mehrheitspartei des Landtags genutzt zu werden. Franz Josef Strauß ahnte eine mögliche Niederlage, schwenkte um und arrangierte sich mit der SPD. Die Forderungen des Landesbürgerkomitees wurden in grundlegenden Teilen erfüllt, so dass am Ende wiederum ein von allen mitgetragener Volksentscheid stand. Die Staatszeitung argumentierte zuerst auf der CSU-Linie: „Mit einer Aktion in den bayerischen Tageszeitungen hat das Landeskomitee die Aktion gestartet … Den Wählern wird weisgemacht,

Rundfunkkrieg: Die CSU-Mehrheitsfraktion im Landtag will Anfang 1972 eine Änderung des Rundfunkgesetzes durchboxen. Der Rundfunkrat soll vergrößert, die Rechte der Rundfunkräte erweitert und der Privatfunk vorbereitet werden. Der Widerstand gegen dieses Gesetz und die Befürchtung, der *Bayerische Rundfunk* gerate völlig in CSU-Hand, formiert sich im „Landesbürgerkomitee Rundfunkfreiheit“. Nach einjährigem Ringen wird ein Kompromiss verabschiedet – der via Volksbegehren und Volksentscheid schließlich zur Änderung der Bayerischen Verfassung führt (Art. 111a).

es habe im *Bayerischen Rundfunk* eine ‚Machtergreifung der CSU' stattgefunden ... Viele Bürger sind durchaus der Ansicht, dass die Novelle zum Rundfunkgesetz, die von der CSU durchgesetzt wurde, die Freiheit der Meinungsäußerung und die Objektivität der Information besser garantieren, als jene neuen Bestimmungen, die über das Volksbegehren eingeführt werden sollen.“[310] Nachdem die CSU ihren neuen Vorschlag vorgelegt hatte, sah der Kommentator auch diesen als Ideallösung an, vor allem, weil er langfristig die Einführung eines Privatfernsehens nicht ausschloss, wenn auch als Regel der öffentlich-rechtliche Rundfunk vorgesehen war. Ein gemeinsamer Vorschlag der Parteien für einen Volksentscheid wäre „zweifellos begrüßenswert“.[311] Als dies dann eintrat, hieß es jubelnd: „Jetzt ist Bayern dabei, das fortschrittlichste Rundfunkgesetz in der ganzen Bundesrepublik, ja sogar in ganz Europa zu schaffen.“[312]

Immer mehr gelang es, mit Hilfe von Volksbegehren die scheinbare Allmacht der CSU aufzubrechen. Die Initiative „Mehr Demokratie in Bayern e. V.“ verfocht 1995 mit Erfolg die Einführung des kommunalen Bürgerentscheids. Hier wurde in der Staatszeitung sogar Kritik an der CSU laut: „Zu lange hat sich die CSU dagegen gesträubt, in besonderen Situationen kommunaler Politik die Bürger unmittelbar entscheiden zu lassen.“[313]

Die letzte Stunde schlägt dem Bayerischen Senat am 1. Januar 2000: Das Gesetz zu seiner Abschaffung tritt in Kraft. Vorausgegangen ist das Volksbegehren „Schlanker Staat ohne Senat“. Die von Senator Gustav Haydn gestiftete und von Rudolf Perner gegossene Sitzungsglocke hat heute ihren Platz im Maximilianeum neben einer Gedenktafel für den Senat.

Im April 1997 beantragte die Ökologisch-Demokratische Partei ein Volksbegehren zur Abschaffung des Senats, das auch SPD, FDP und Grüne unterstützten. Das Volksbegehren ging durch, der Volksentscheid bedeutete das Ende des Senats. Dessen Leistung hatte Peter Jakob Kock immer gerühmt, nun kommentierte er betrübt: „Seine mit dem Kompromiss zusammenhängenden marginalen Kompetenzen ließen das Interesse am Senat auch bei den Konservativen schon in den 50er Jahren schwinden. Die Senatoren fanden sich damit ab, im Hintergrund zu wirken ... Diese Kleinarbeit im Stillen war natürlich wenig publikumswirksam.“[314]

Demonstrationsbewegungen

Schon zu Beginn der Sechzigerjahre manifestierte sich jugendlicher Protest in spontanen Demonstrationen, die oft nur das für das jugendliche Alter typische Aufbegehren ohne tiefliegendere politische oder soziale Absichten zum Ausdruck brachten. Ein solches Ereignis waren die vom 15. bis zum 26. Juni 1962 dauernden Schwabinger Krawalle, bei denen sich die Münchner Polizei durch brutales und willkürliches Vorgehen hervortat. Der Literaturnobelpreisträger Bertrand Russell hatte an einen der im Zusammenhang mit den Krawallen angeklagten Jugendlichen geschrieben, dass auch er den Protest gegen das Verhalten der Polizei unterstütze. In einem nicht namentlich gezeichneten Kommentar formulierte die Staatszeitung: Der „betagte Denker gefiel sich darin, in die Niederungen niedersten Tagesgeschehens herabzusteigen und den Schwabinger Krawallbrüdern seine Sympathie zu bekunden, deren Streit mit der Münchner Polizei vor einigen Wochen die Schlagzeilen unserer Tagespresse bestritt ... Russell stellt sich notorisch gegen jede Ordnung von oben, seiner Ansicht nach ist der Mensch von Natur aus gut und friedlich, nur hindern ihn der böse Staat und die böse Gesellschaft daran, sich entsprechend zu betragen. Es bedarf keines übermäßig geschulten Verstandes, nur einiger Erfahrung, um einzusehen, dass die Russell'sche Philosophie, setzte man sie in die Tat um, der Anarchie, ja dem Mord und dem Totschlag Tür und Tor öffnete." [315] Diese Art der Kommentierung wurde von der Wochenzeitung *Die Zeit* allein durch entsprechende Zitate entlarvt und bloßgestellt.[316] Russell ließ die Staatszeitung bzw. den verantwortlichen Chefredakteur Lange wegen Beleidigung verklagen.[317] Intern stellte man in der Staatskanzlei in diesem Zusammenhang nochmals fest, dass die Redaktion volle Freiheit habe und der Ministerpräsident, die Staatsregierung und die Staatskanzlei keinerlei Verantwortung für Veröffentlichungen in der Staatszeitung hätten. Man habe dies bewusst so vereinbart, um den Ministerpräsidenten und die Staatskanzlei nicht in solche Auseinandersetzungen hineinziehen zu lassen.[318]

Straßenmusik nach 22.30 Uhr auf der Leopoldstraße: Da rückt am 21. Juni 1962 die Polizei an. Bei den Rangeleien zwischen Jugendlichen und Polizisten fliegen auch die Schlagstöcke. Der Unmut gegen diese Unverhältnismäßigkeit steigert sich in den nächsten Tagen zu den „Schwabinger Krawallen" mit bis zu 40000 Protestierenden. In der Folge entwickelt die Polizei das Prinzip der Deeskalation.

Der studentischen Protestbewegung begegnete der Kulturredakteur Hans Krieger mit Verständnis: „Die Formen, welche die Proteste eines Teils unserer Jugend, namentlich aus den Reihen der Studenten mitunter angenommen haben, müssen auch den mit Schmerz erfüllen, der geneigt ist, in der geistigen Unruhe – deren Fehlen lange Jahre nicht zu Unrecht beklagt wurde – ein fruchtbares, ja für die Lebensfähigkeit unserer Gesellschaft unentbehrliches Moment zu sehen. Noch trauriger muss indessen die geringe Bereitschaft in der Öffentlichkeit stimmen, die Ungebärdigkeit der Jugend ... zu verstehen und zum Anlass kritischer Selbstprüfung zu nehmen. Die resignierte Einsicht, dass auf dieser Erde überall mit Wasser gekocht wird und auch die Demokratie nur einen annähernden optimalen Kompromiss zwischen Vernunftideal und Menschennatur, darstellt, nicht aber das Paradies auf Erden verheißt ... diese auch von uns Älteren mit bitteren Enttäuschungen erkaufte Einsicht berechtigt uns nicht, gereizt oder gar beleidigt auf eine Jugend zu reagieren, deren moralischer Rigorismus noch auf einem ‚alles oder nichts' beharrt und noch nicht gelernt hat, Abstriche zu machen und Kompomisse mit der Unvollkommenheit alles Menschlichen zu schließen." [319]

Die Störung der Rektoratswahl an der Uni München im Sommer 1971 stieß in der Staatszeitung auf kein Verständnis mehr und ließ den Kommentator mit dem Kürzel „oe" in der Wortwahl exzessiv werden: „Es darf nicht übersehen werden, dass die Unruhe unter den Studenten Ende der sechziger Jahre nicht von ungefähr kam, dass sie nötig war, um verkrustete Strukturen aufzuweichen. Schnell und hart müsste dagegen vorgegangen werden, wenn es sich um terroristischen Hausfriedensbruch handelt wie vor wenigen Wochen bei den Vorgängen um die Wahl des Rektors der Universität München ... Es ist heute überall das gleiche an den deutschen Hochschulen; solange sich den extremen Gruppen keine Konkurrenz entgegenstellt, müssen sie ganz zwangsläufig eine Art Monopol haben." [320]

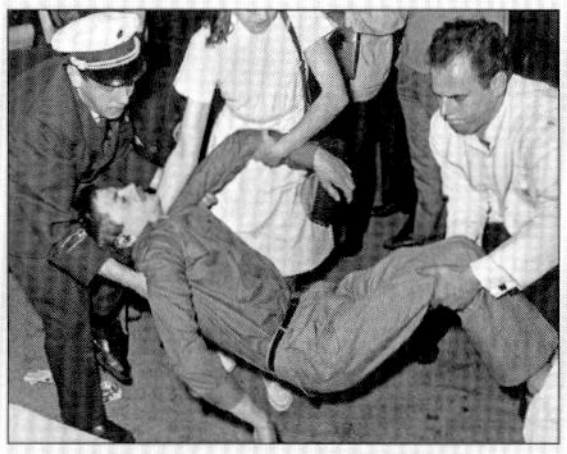

Bei der Demonstration gegen den Staatsbesuch des persischen Schahs in Deutschland wird Benno Ohnesorg am 2. Juni 1967 von einem Polizisten erschossen. Die Tat führt zur Ausweitung und Radikalisierung der Schüler- und Studentenproteste. Ein Jahr später verabschiedet die Große Koalition von CDU/CSU und SPD im Bonner Bundestag trotz massiver Proteste die Notstandsgesetze – sie betreffen 28 von 145 Grundgesetzartikeln. Die neue Notverordnung erlaubt, im Krisenfall Grundrechte einzuschränken.

Der Radikalenerlass, also die Vereinbarung der Länder mit der Bundesregierung, keine Mitglieder verfassungsfeindlicher Organisationen in den Staatsdienst zu übernehmen, erschien voll gerechtfertigt: „... ein Verfassungsfeind darf nicht Angehöriger des öffentlichen Dienstes werden oder bleiben".[321] In Langes Sicht war auch die 1980 erfolgte Schulverweisung Christine Schanderls voll gerechtfertigt, die wegen des Tragens einer „Stoppt-Strauß"-Plakette verhängt worden war: „Wenn ein junger Mensch ... unbedingt glaubt, trotz klaren Hinweises auf die Folgen seinen Willen gegen die gegebene Ordnung durchsetzen zu können, muss man ihm wohl die Gelegenheit geben zu scheitern. Bleibt nur zu hoffen, dass die Besinnung wiederkehrt und die junge Dame nicht dem Trugschluss verfällt, dass der Beifall der einschlägig interessierten Seite ihrem vermeintlichen Opfermute gilt."[322] Der Bayerische Verfassungsgerichtshof entschied allerdings am 21. Mai 1981 zugunsten von Christine Schanderl.

Nachdem die eigentliche Studentenbewegung längst ausgelaufen war, brachen neue, breite Massen erfassende Protestwellen los, darunter die gegen die Wiederaufarbeitungsanlage (WAA) in Wackersdorf, der die ganz besondere Aufmerksamkeit der Staatszeitung galt. Der SPD wurde vorgeworfen, „die Bevölkerung bewusst, nur mit dem Ziel des Stimmenfangs, zu verunsichern ... Für unsere Wirtschaft, für unsere Zukunft steht zu viel auf dem Spiel, als dass mit einem rechtlich und demokratisch einwandfreien Vorgang Schindluder getrieben werden dürfte."[323] Lange war der Ansicht, es gebe „Gruppen im Lande, die mit demokratischer Auseinandersetzung, mit dem Respekt vor der abweichenden Meinung anderer nichts am Hut haben ... Da wird auch von ‚Widerstand' gefaselt und den Leuten ein Widerstandsrecht gegen die gesetzgebenden Körperschaften suggeriert, das es so nicht gibt."[324] Die ganze Protestbewegung um Wackersdorf wurde in Bausch und Bogen mit Gewalttätern gleichgesetzt: „In Schwandorf tagten ... Vertreter der bayerischen Bürgerinitiativen gegen Atomanlagen. Die Mehrheit der Delegierten lehnte es ab, sich von den Gewalttaten militanter Kernkraftgegner zu distanzieren ... Damit sind die Gewalttäter und Chaoten in aller Form hof- und gesellschaftsfähig geworden."[325]

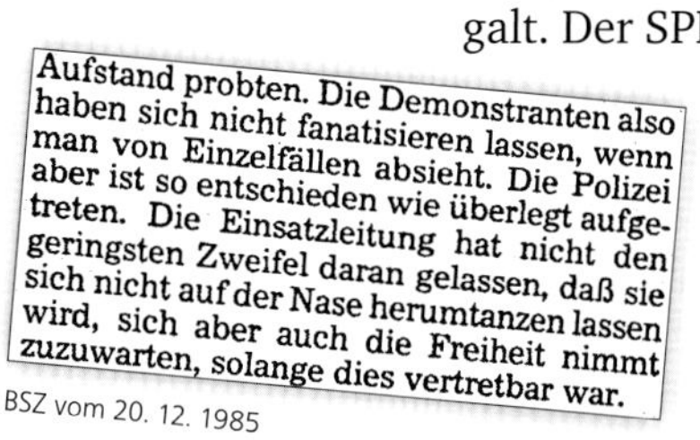
Aufstand probten. Die Demonstranten also haben sich nicht fanatisieren lassen, wenn man von Einzelfällen absieht. Die Polizei aber ist so entschieden wie überlegt aufgetreten. Die Einsatzleitung hat nicht den geringsten Zweifel daran gelassen, daß sie sich nicht auf der Nase herumtanzen lassen wird, sich aber auch die Freiheit nimmt zuzuwarten, solange dies vertretbar war.

BSZ vom 20. 12. 1985

Die WAA in Wackersdorf wird in den 80er Jahren Schauplatz von länder- und generationenübergreifenden Massenprotesten – und massiven Polizeieinsätzen. Die Bauarbeiten für die Wiederaufarbeitungsanlage beginnen im Dezember 1985 und enden trotz zwischenzeitlich ergangener Gerichtsurteile erst im Mai 1989. Das Projekt hat bis dahin rund 10 Milliarden DM gekostet.

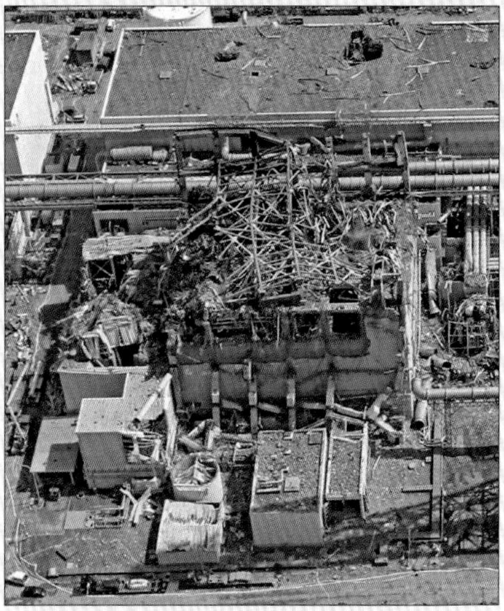

Der Gau nimmt am 26. April 1986 seinen verhängnisvollen Lauf: Der Reaktor in Block 4 des sowjetischen Kernkraftwerks Tschernobyl explodiert. Wolken mit radioaktivem Fallout ziehen über die ganze nördliche Erdhalbkugel. In Bayern ist besonders der Osten kontaminiert – erhöhte Caesiumwerte werden bis heute in Wild und Pilzen gemessen. 25 Jahre später der nächste fatale Reaktorunfall – diesmal im japanischen Fukushima als Folge von Zerstörungen durch ein Erdbeben und Tsunamiwellen. Die radioaktiven Emissionen werden auf zehn bis 20 Prozent der Menge geschätzt, die in Tschernobyl austrat. In Deutschland ist der jüngste Gau Anlass für die Bundesregierung aus CDU/CSU und FDP, aus ihrem erst 2010 beschlossenen Ausstieg aus dem 2002 gesetzlich verankerten Atomausstieg der damaligen rot-grünen Bundestagsmehrheit wieder auszusteigen.

Thema Umwelt am Beispiel der Atomenergie

Die *Bayerische Staatszeitung* befürwortete bedingungslos den Ausbau von Anlagen zum Erzeugen von Kernenergie: „Wer ernsthaft versucht, Energie zu sparen – und das bedeutet heute vor allem Öl zu verdrängen und Erdgas so rationell wie möglich einzusetzen, der wird über kurz oder lang mehr elektrischen Strom einsetzen müssen. Weil aber auch aus der Stromerzeugung das Öl verdrängt werden muss, hat die Elektrizitätswirtschaft nur die Wahl des erhöhten Einsatzes von Kohle und Kernenergie.“ [326]

Im Interesse der Kernenergie kritisierte Chefredakteur Lange auch die Möglichkeit der Rechtsmittel, mit denen sich der Bau von Atomkraftwerken behindern ließ. Nachdem zu seiner Genugtuung ein vom Regensburger Verwaltungsgericht verhängter Baustopp für das Kernkraftwerk Ohu II bei Landshut wieder aufgehoben worden war, bemerkte er, es müsse „die Frage erlaubt sein, ob, was sich im Gefolge eines Richterspruchs in diesen Monaten an der Isar zwischen Landshut und Dingolfing abgespielt hat, noch einen Sinn ergibt oder ob nicht das Staatswesen zu einer unberechenbaren Rechtsmitteleinrichtung inmitten überbordender Zukunftstechnik degradiert wird bzw. sich selbst degradiert“.[327]

Auch Wackersdorf wurde von Lange ohne Einschränkung akzeptiert: „Der Bau wird durchgezogen werden müssen, ohne auf allseitiges Einverständnis rechnen zu können. Die Parallele zu den Kernkraftwerken ist offenbar: Erst der störungsfreie Betrieb wird die Geister wirklich zur Ruhe – und zur Besinnung bringen.“ [328] Kritik wurde von Lange ins Abseits gestellt: „… was Leute wie der SPD-Fraktionsvorsitzende Hiersemann, der Naturschutzbundvorsitzende Weinzierl und der Landrat Schuierer von sich gaben, sollte doch ernstlich daraufhin abgetastet werden, ob der demokratische Rechtsstaat auf die Dauer so viel Gift und Galle unter Demokraten verträgt“.[329]

Die Folgen des Unfalls von Tschernobyl wurden von Lange bagatellisiert: „Dass die Gefahren heute unbewusst oder bewusst überzogen und verzerrt dargestellt werden, ist die Krux der Energiepolitik der nächsten Jahre … Wir sollten nach Tschernobyl auch darüber nachdenken, ob die in den letzten Tagen geweckten Emotionen wegen des Strahlenrisikos noch einen realen Bezug zu dieser unserer Welt und ihren anderen Gefährdungen haben!“ [330]

Bilanz der großen Angst

Die Angst ist kein guter Ratgeber. Aber die Angst ist nun einmal ein dem Menschen eingegebenes Phänomen, und er braucht sie auch. „Und die Angst beflügelt den eilenden Fuß“, heißt es bei Friedrich von Schiller. Ohne Angst bliebe mancher sitzen und wäre dann überrascht, daß ihn das Unglück überrollt hat. Wenn wir keine Angst vor den Strahlen hätten, und damit sind wir bei dem Thema, das unsere Öffentlichkeit seit Ende April beherrscht und das sie menschlicher Voraussicht nach auch in den kommenden Monaten noch vordringlich beschäftigen wird, wenn wir also keine Angst vor den radioaktiven Strahlen im Gefolge von Tschernobyl gehabt hätten Angst geblasen haben, nur um der eigenen kämpferischen Anti-Kernkraft-Stimmung Befriedigung zu verschaffen. Wer seinen Mitmenschen ohne Not, leichtfertig oder gar in ganz bestimmter Absicht Angst einjagt, ist ein Strolch, dem unsere Verachtung gehört. Jeder, der heute noch mit irgendeinem abgetakelten Geigerzähler irgendwo in Gullis nach der restlichen Strahlung aus Tschernobyl herumfummelt und immer noch Phantasiemeßwerte unters Volk streut, muß sich fragen lassen, ob er sich nicht in die Nähe der Katastrophenpropheten begibt, die es mit zuwege gebracht haben, daß junge Frauen in der Not ihrer Angst an Abtreibung gedacht, daß Leute in

Die Wende bei der Bayerischen Staatszeitung

1997 wurden die Vertragsbedingungen für die *Bayerische Staatszeitung* und den Staatsanzeiger geändert.[331] Dem Verlag wurde auch die Redaktion des Staatsanzeigers übertragen. Die Befugnisse des Ministerpräsidenten gingen auf die Staatskanzlei über, die damit an seiner Stelle auch bei der Berufung und Abberufung des Chefredakteurs mitzusprechen hatte. Der Chefredakteur sollte die Staatskanzlei über das jeweilige journalistische Gesamtkonzept unterrichten. Damit war die Bedeutung der Staatszeitung herabgestuft, weshalb Chefredakteur Carl Schmöller, wenn auch vergeblich, dagegen protestierte.[332] Der neue Vertrag sah zusätzlich einen Beirat von zwei Vertretern der Staatskanzlei und zweien der Geschäftsführung der beiden Verlage vor, denen sie gehörte. Der Beirat blieb jedoch papieren und tagte kein einziges Mal.[332] Auf die politische Ausrichtung hatte der neue Vertrag offenbar keinen sofortigen Einfluss.

Am 29. April 2005 kündigte Ralph Schweinfurth, seit Anfang des Jahres Chefredakteur, eine neue Optik für die Staatszeitung an.[333] In den Zeitungskopf wurden die blauen Initialen *BSZ* integriert – der Schriftzug *Bayerische Staatszeitung* dadurch verkleinert, komprimiert. Auffallend der Untertitel „Unabhängige Wochenzeitung für Politik, Wirtschaft, Kommunales und Kultur“. Zum optischen Wandel gehörten, dem Zeittrend entsprechend, kürzere Artikel und vor allem kurz gehaltene, griffig formulierte Kommentare auf der ersten Seite. Doch nicht nur das Layout war neu: Die *Bayerische Staatszeitung* kritisierte ab jetzt auch ganz ungeniert die bayerische Regierung und die CSU. Man hatte inzwischen ehemalige Mitarbeiter bedeutender Tageszeitungen mit journalistisch erstklassigem Ruf engagiert, zum beispiel Roswin Finkenzeller von der *Frankfurter Allgemeinen Zeitung* und Michael Stiller von der *Süddeutschen Zeitung*, der als scharfer Kritiker von Franz Josef Strauß und der CSU bekannt war. Waltraud Taschner, die seit 1992 für die Staatszeitung schrieb (zunächst als freie Mitarbeiterin, dann als Redakteurin und seit 2005 als Chefin vom Dienst), bekam jetzt ebenfalls Gelegenheit, das politische Geschehen laufend ohne Scheuklappen und Maulkorb erfrischend respektlos zu betrachten. Außerdem zog man eine Reihe gut ausgebildeter, jüngerer, frei arbeitender Autoren heran, die das journalistische Handwerk beherrschten und gleichfalls keine Befangenheit gegenüber der Regierung kannten.

BSZ | Bayerische Staatszeitung und Bayerischer Staatsanzeiger
Gegründet 1912
Unabhängige Wochenzeitung für Politik, Wirtschaft, Kommunales und Kultur

Blondes Fallbeil wird Edmund Stoiber als Generalsekretär der CSU (1978 bis 1983) genannt. 1993 ist er Ministerpräsident, strebt aber 2002 nach dem Bundeskanzleramt. Als Kandidat setzt er sich gegen Angela Merkel durch – seinem SPD-Konkurrenten Gerhard Schröder unterliegt er. 2005 lässt er Merkel den Vortritt, sie ist seither Bundeskanzlerin. Die Rückkehr an die Spitze im Freistaat vermiest ihm die Fürther CSU-Landrätin Gabriele Pauli. Stoibers Rückhalt in der Partei schwindet – zum Jahresende 2007 tritt er als Ministerpräsident zurück; auch der Wahl zum Parteivorsitzenden stellt er sich nicht mehr. Seit 2007 leitet er ehrenamtlich eine EU-Arbeitsgruppe Bürokratieabbau (Seite 127 mit Jean-Claude Juncker, dem Vorsitzenden der Euro-Gruppe).

Das Ende der Ära Stoiber

Nach Meinung Michael Stillers in der Staatszeitung im Jahr 2010 waren es „Politiker wie Alois Glück, Theo Waigel und auch Edmund Stoiber, die nach dem Tod von Strauß in behutsamer Abkehr vom brachialen Regierungsstil eine zivilere CSU aufbauten, deren Erscheinungsbild den geänderten Bedürfnissen der Wähler entsprechen sollte. Das ging auch gut, bis 2003 konnte sie sich auf die magische Formel 50 plus X verlassen. Dann verließ Stoiber den Weg der Erneuerung, verfiel in Überheblichkeit, die Entwicklung der CSU stagnierte, die Verbindungen zu freundlich gesonnenen gesellschaftlichen Gruppen, Verbänden und Vereinen hielten nicht mehr. Die Wähler beobachteten das genau und liefen in Scharen davon.“ [333]

Die CSU-Affäre in München kostet die Bezirksvorsitzende Monika Hohlmeier (Tochter von Franz Josef Strauß) ihren Ministerposten: Sie soll vom Ämterkauf gewusst und Parteimitglieder mit „geheimen Dossiers" bedroht haben.

Nur zwei Jahre nach Stoibers triumphalem Erfolg bei der Landtagswahl 2003 war die CSU bei der Bundestagswahl 2005 knapp unter die für sie fixe Grenze von 50 Prozent gefallen. Für Michael Stiller war Stoiber der Hauptschuldige: „Monika Hohlmeier war die Aussicht, eine Hoffnung zu sein, in den Kopf gestiegen. Sie stürzte über ihre München-Affäre und offenbarte Zustände unglaublichen Ausmaßes in der Parteigliederung der Landeshauptstadt, über die selbst hartgesottene Schwarze erschraken. Notabene war das der schäbige Abschluss der so stolzen Strauß-Saga in der CSU. Stoiber hatte dem Treiben seiner Kultusministerin ein Jahr lang rat- und tatenlos zugesehen, ehe er den Daumen senkte ... Beobachter aus der Distanz ahnten aber schon seit dem Sommer, dass vor allem Edmund Stoiber nicht in die Gänge kam ... Stoiber ... konnte sich nicht entscheiden, als Schattenminister für Finanzen anzutreten ... und kostete die Union über Bayern hinaus massenhaft Stimmen ... Da es keine Landtagswahl war, blieb es beim Signal, aber ein Menetekel für 2008 war es allemal.“ [334]

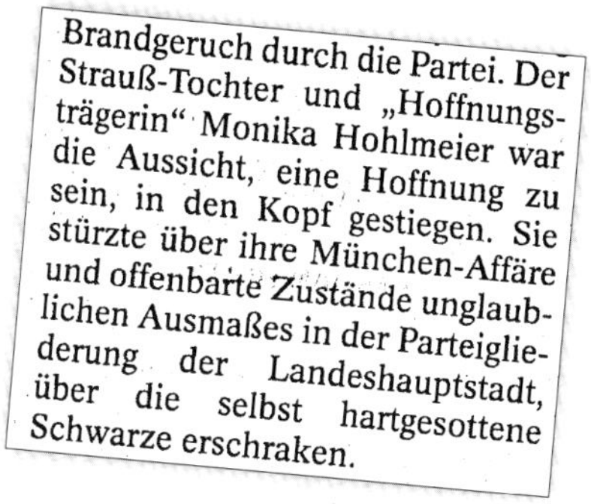
Brandgeruch durch die Partei. Der Strauß-Tochter und „Hoffnungsträgerin“ Monika Hohlmeier war die Aussicht, eine Hoffnung zu sein, in den Kopf gestiegen. Sie stürzte über ihre München-Affäre und offenbarte Zustände unglaublichen Ausmaßes in der Parteigliederung der Landeshauptstadt, über die selbst hartgesottene Schwarze erschraken.

BSZ vom 23. 12. 2005

Stoiber erschien auch Waltraud Taschner zusehends glücklos: „In der CSU ist nichts mehr so wie vor dem 1. November 2005, dem Tag, als Edmund Stoiber der verdutzten Nation erklärte, bayerischer Ministerpräsident bleiben zu wollen. Dieses Ereignis bestimmt die merkwürdig diffuse Lage der CSU zwei Wochen vor der nächsten Landtagswahl ... Eigentlich könnte die CSU gelassen in die Zukunft blicken, wenn nicht die im

2006 geht nach über zehn Jahren Bauzeit der neue Berliner Hauptbahnhof in Betrieb; mit etwa 300 000 Reisenden pro Tag ist er der viertgrößte Personenbahnhof Deutschlands. Im gleichen Jahr führen erhebliche Baumängel in Bad Reichenhall zur Katastrophe: Unter Schneelast stürzt eine Eislaufhalle ein – 15 Menschen, vor allem Kinder und Jugendliche, sterben.
„Wer glaubt ist nie allein", lautet das Motto der Reise von Papst Benedikt XVI. in seine bayerische Heimat. Ein noch größeres Medienspektakel des Jahres ist die Fußballweltmeisterschaft der Männer in Deutschland: Die heimische Nationalmannschaft unter Trainer Jürgen Klinsmann wird zwar nur Dritter – gleichwohl ist die Stimmung im Land so ausgelassen, dass man von einem „Sommermärchen" spricht.

Herbst zwangsläufig losgetretene Nachfolgedebatte wäre ... Die unbestrittenen landespolitischen Erfolge der CSU, etwa in der Finanz-, der Innen- und der Bildungspolitik werden in letzter Zeit, bedingt durch hektischen Aktionismus, verwässert."[335] Stoiber machte auf sie den Eindruck eines um sein Überleben Kämpfenden, wie dies ihr Kommentar vom 5. Januar 2007 zeigt: „Den sterbenden Löwen, heißt es in der Fabel, tritt auch noch der Esel. Und jetzt also Frau Pauli. Die Landrätin des kleinsten Landkreises im Freistaat hat es geschafft, die CSU mit der so genannten Spitzelaffäre in Bedrängnis zu bringen."[336] Das Ganze endete am 18. Januar damit, dass Stoiber für den Herbst seinen Verzicht auf eine erneute Kandidatur als Parteivorsitzender und für den 30. September seinen Rücktritt als Regierungschef bekannt gab. Michael Stillers Kommentar hatte die Schlagzeile „Sanfter Putsch": „Die realistischen Kräfte in der CSU drücken aufs Tempo und steuern das für Edmund Stoiber ‚brutalstmögliche' Ende der CSU-Krise an. Das geschieht aus der Erkenntnis heraus, dass jede weitere Woche die Partei weiter nach unten zöge ... Alle loben Stoiber, seine Arbeit, seine Verdienste, es gibt keine Affäre um ihn, nur ein paar, allerdings schwere Fehler, aber er muss weg ... Da ist wohl viel Überdruss, auch Feindseligkeit im Spiel."[337]

Das Zwischenspiel Beckstein / Huber

Die Nachfolger Stoibers wirkten auf Waltraud Taschner nicht überzeugend: „Seit dem Start des Tandems Beckstein/Huber weiß keiner mehr so genau, wohin die CSU eigentlich will. Mal hat Tandempartner Beckstein keine ausgeprägte Lust, besonderen Druck zu machen, wie beim Nichtraucherschutz oder beim Transrapid, dann wieder strampelt er panikartig, produziert im Übereifer aber untaugliche Spontanvorstöße wie die Forderung nach einer PKW-Maut, den Entzug von Kindergeld bei Vernachlässigung oder die Wiedereinführung des Buß- und Bettags. Der andere auf dem Tandem, Parteichef Huber, hat derweil Mühe, Becksteins Befindlichkeiten zu antizipieren und seine Wut über dessen Agieren und Nichtagieren nicht allzu offen zu zeigen. Hechelte die Partei früher dem mitunter fahrlässigen Aktionismus Stoibers hinterher, lässt sie sich die Linie jetzt von außen vorgeben."[338] Über Erwin Huber schrieb Finkenzeller gar, „dass ihm der Provinzialismus aus den Augen leuchtet".[339]

Zwei Tage vor der Landtagswahl am 28. September 2008 sah Waltraud Taschner die Katastrophe für die Partei voraus: „In Bayern bahnt sich ein Erdrutsch an: Der Verlust der für den Nimbus der CSU existentiellen absoluten Mehrheit oder zumindest des seit 40 Jahren währenden 50 plus X an Stimmen. Hilflos steht das Füh-

Hauruck bei Reformen – das kostet die Regierung Stoiber Stimmen. Proteste hagelt es 2004 bei Behördenverlagerungen, etwa von Teilen des Landesamtes für Umwelt von München nach Hof. Auch die übereilte Einführung des G8, des „Turbo-Abis", empfinden Eltern, Lehrer und Schüler gleichermaßen als Zumutung.

rungstandem wenige Tage vor der Landtagswahl am Abgrund, zitiert gebetsmühlenartig die angeblich gute Regierungsbilanz, verweist auf vorzeigbare Wirtschafts- und Haushaltsdaten und appelliert an die Vernunft der Wähler ... Dass die Herren Beckstein und Huber für die Wähler keine charismatischen Figuren sind, ist aber nur ein Grund für die in Umfragen prognostizierte Abwendung der Bürger von der Regierungspartei. Hinzu kommt, dass Bayern in Berlin kaum mehr gehört wird, dass die Abstimmungsprobleme des Führungsduos immer wieder offensichtlich werden, die Partei nach dem Führungswechsel auch inhaltlich oft keine klare Linie bot ... Wahr ist aber auch, dass Edmund Stoibers vielbeschworenes Erbe so tadellos nicht ist. Die massive Unzufriedenheit der Bürger mit der Bildungspolitik wurzelt im planlosen Agieren während der Ära Stoiber, als Hals über Kopf ein achtjähriges Gymnasium her musste und Warnungen über den beginnenden Lehrermangel verhallten. Stoiber verscherzte es sich wegen der rigiden Verwaltungsreform zudem mit weiten Teilen des öffentlichen Dienstes; sein strikter Sparkurs vergrätzte Tausende Bürger und viele Verbände. Auch diese Scherben muss die neue CSU-Führung zusammenkehren."[340]

Intermezzo: Ein Jahr währt das Tandem Erwin Huber/Günther Beckstein als CSU-Parteivorsitzender bzw. Ministerpräsident – hier die frühere Generalsekretärin Christine Haderthauer mit einem Wahlplakat. Bei der Landtagswahl 2008 fällt die CSU um über 17 Prozent auf 43,4 Prozent. Horst Seehofer übernimmt das Ruder.

Die Wahl brachte der CSU mit 43,4 Prozent der Stimmen die vorhergesagte Niederlage. Michael Stiller kommentierte: „Die CSU hat ihren Anhängern, maßgeblich vom ab 2005 völlig desorientierten Edmund Stoiber verursacht, den Stolz genommen, viele Wähler haben ihr dafür das Vertrauen entzogen. Beckstein und Huber saßen im Stoiber-Kabinett, haben alles abgenickt, was an Entscheidungen die Bayern verprellt hat. Deshalb trifft sie die Verantwortung genauso. Nicht nur die CSU-Spitze ist weg, auch der CSU-Nimbus. Er war auf der Gleichung CSU ist Bayern aufgebaut, hat aber schon länger nicht mehr richtig gezogen ... Horst Seehofer ist an der CSU-Spitze die beste aller Notlösungen, weil er nach den Demütigungen der letzten Jahre hochmotiviert ist, in der CSU aufzuräumen."[341]

Eisig ist es für Flocke
keinesfalls: Der kleine Eisbär wird im Nürnberger Tiergarten mit Liebe nur so überschüttet, als er 2008 der Öffentlichkeit präsentiert wird. Ebenfalls 2008 wird in Spitzbergen ein eisiges Archiv eröffnet: im Svalbard Global See Vault werden Samen wichtigster Nutzpflanzen eingelagert. Und im bayerischen Karwendelgebirge nimmt Deutschlands höchstgelegene Umweltbildungsstation (2244 m) ihren Betrieb auf.

Die Regierung Seehofer

Der neue Parteivorsitzende und Ministerpräsident Seehofer hatte einerseits nach Waltraud Taschners Urteil das Talent, „Menschen für sich einzunehmen“. Doch bedeute das nicht, dass er ein reiner Menschenfreund sei. Ein Mitglied der Landesgruppe in Berlin habe geklagt, es bereite dem Parteichef „offenbar Freude, den andern zu zeigen, dass sie Idioten sind“.[342]

Ihm und seiner Partei gelang es nicht, die großen Verluste durch die Landtagswahl 2008 bei der Bundestagswahl im September 2009 wettzumachen. Die CSU erreichte nur 42,6 Prozent. Die Reaktionen der Parteiführung kamen Waltraud Taschner eher hilflos vor: „Jetzt sollen es also wieder irgendwelche Zukunftsprognosen und Superoffensiven richten. Die CSU reagiert auf ihren desaströsen Einbruch bei der Bundestagswahl ähnlich wie schon bei den letzten Misserfolgen an der Wählerfront mit Aktionismus. Parteichef Horst Seehofer will seine CSU zur ‚modernsten Partei Europas‘ machen, Fraktionschef Georg Schmid plant eine ‚Zukunftsvision‘, Niederbayernchef Manfred Weber den Rollback zu strengem Konservativismus.“[343] Die Staatszeitung bescheinigte der CSU, sie habe nur „Großkalibrige Worthülsen statt Antworten auf Fragen“.[344] Roswin Finkenzeller hielt dem Ministerpräsidenten vor, dass ihm gerade das „Prinzip Beliebigkeit“ behage: „Offenbar will Seehofer nicht den Vordenker und schon gar nicht den Vorkämpfer spielen, sondern einfach den Moderator, der sich in einem gefahrlosen Augenblick einschaltet ... Seehofer hat nicht viel zu bieten.“[345] Als mutigen Schritt würdigte die Zeitung einen offiziellen Besuch des Ministerpräsidenten in Prag im Dezember 2010. Dies hatte bis dahin aus Rücksicht auf die Vertriebenen unter den Wählern kein bayerischer Ministerpräsident gewagt.[346]

Alleinherrschaft
ist Ministerpräsident Horst Seehofer nicht möglich: 2008 fährt die CSU mit 43,4 Prozent ihr schlechtestes Wahlergebnis seit 1958 ein. Die Mehrheit der Landtagsmandate ist dahin – die CSU braucht einen Koalitionspartner.

Der von Seehofer 2008 zum Generalsekretär bestellte Karl Theodor zu Guttenberg, der bereits 2009 zum Bundesminister aufstieg, galt bald als bedrohliche Konkurrenz für den Parteivorsitzenden: „Inzwischen genießt der Neuling allenthalben Respekt, wenn nicht Popularität. Horst Seehofers Eifersucht ist ihm damit sicher ... Vorerst hat Seehofer nur

Absturz – Aufstieg: Die amerikanische Investmentbank Lehman Brothers Inc. meldet im September 2008 Insolvenz an, auch viele deutsche Anleger sind von der Pleite betroffen. „Change“, Wechsel, lautet zu dieser Zeit die Parole Barack Obamas: Er tritt für die Demokraten und gegen den Republikaner John McCain zur Wahl um das höchste Amt der Vereinigten Staaten an – und wird Amerikas erster afroamerikanischer Präsident.

die Möglichkeit, Guttenbergs guten Ruf zu ruinieren, den Ruf der Gradlinigkeit. Der Parteivorsitzende versucht das mit Zuckerbrot und Peitsche, zuweilen auch mit der Andeutung eines Tobsuchtsanfalls.“ [347] Dass Guttenberg dann der Doktortitel aberkannt wurde, weil Massen von Internetnutzern dazu beigetragen hatten, seine Dissertation als fremdes Gedankengut zu entlarven, kam vor allem dem Parteichef zugute: „parteiintern steht Seehofer nach dem Plagiats-Debakel plötzlich wieder unangefochten an der Spitze“.[348]

Senkrechtstart, abrupt gebremst: Karl-Theodor zu Guttenberg ist Wirtschaftsminister, dann Verteidigungsminister im Kabinett Merkel – und wird gar als Aspirant auf den Ministerpräsidentenposten im Freistaat gehandelt. Dann die Plagiatsaffäre um seine Doktorarbeit: Guttenberg gibt im März 2011 alle politischen Ämter ab.

Auch 2011 überwog die Skepsis gegenüber Seehofer und der CSU. Waltraud Taschner zufolge hielten ihn „die eigenen Leute für wankelmütig und populistisch“. Ein Mitglied der Landtagsfraktion habe geäußert, für „‚leistungsorientierte Leute, die Begründungen haben wollen statt dumpfem ‚Mir san mir‘ haben wir weder die richtigen Themen noch das richtige Personal.‘ Doch derlei Stimmen sind in der Minderheit. Und Horst Seehofer schätzt Unkenrufe wie diese eh nicht. Er sonnt sich derweil in der Gewissheit, zur Zeit fester im Sattel zu sitzen denn je. Denn dass der von der Basis immer noch geliebte Karl-Theodor zu Guttenberg in die aktive Politik zurückkehrt, glaubt im CSU-Establishment keiner.“ [349] Seehofers Inkonsequenz zeigte sich an seinem Standpunkt zur Bundeswehrreform: „Einst war er dagegen gewesen. Zur Zeit ist er immer noch dafür, nicht aber für die Konsequenz, die Schließung von Standorten. Motto: Wasch mir den Pelz, aber mach ihn nicht nass. Womöglich denkt Seehofer, wer kann das schon wissen, im Herbst wieder ganz anders, er, der für Personen mit ganz schlechtem Gedächtnis ein guter Chef ist.“ [350]

Obwohl Seehofer als Wetterfahne dargestellt wird, musste man ihm attestieren, dass er zeitweise erfolgreich war, schrieb dies allerdings den Umständen und nicht einem durchdachten und sicheren Handeln zu: „Der notorische Spieler Seehofer ... hatte in den vergangenen Wochen und Monaten unverschämt oft einfach Glück: Erst erlegte sich sein ärgster Konkurrent Karl-Theodor zu Guttenberg mit seiner Dissertationsaffäre praktisch selbst. Dann spülte der wirtschaftliche Aufschwung unerwartete Steuermillionen in Bayerns Kassen, deren Höhe selbst optimistische Finanzpolitiker verdutzte – und schon ist der von vielen in der CSU bereits aufgegebene ausgeglichene Haushalt kein Problem mehr. Ob die Wähler Seehofers zweifellos instinktsicheren Schwenk in der Atompolitik honorieren, ist eine ganz andere Frage ... Als Alleinstellungsmerkmal für die CSU indes ist das

Münchens OB Ude hat mit seinen Ambitionen, als Ministerpräsident zu kandidieren, die SPD erstaunt und die CSU entsetzt

Der Überraschungscoup des Bürger-Kings

Noch bis vor Kurzem gab sich die CSU hoffnungsvollen Träumereien über die Rückkehr zur Alleinherrschaft hin. Derzeit fehlen den Christsozialen nur zwei Landtagsmandate zur absoluten Mehrheit. Und der Koalitionspartner FDP schwächelt in den Umfragen. Den jungen Oppositionsführer Markus Rinderspacher von der SPD betrachtete keiner der CSU-Granden als ernstzunehmende Bedrohung.

Seit Münchens populärer Oberbürgermeister Christian Ude (SPD) signalisiert hatte, seine bisherige Weigerung, in die Landespolitik zu wechseln, zu revidieren, ist plötzlich alles anders. Udes Kandidatur, heißt es in der CSU, „wäre die größte Herausforderung für die CSU seit 1954“. Damals hatte es die SPD geschafft, in einem Viererbündnis den Ministerpräsidenten – Wilhelm Hoegner – zu stellen und die CSU in die Opposition zu verbannen.

Dobrindts Überheblichkeit

Offiziell geben sich die Christsozialen cool bis herablassend, hinter den Kulissen ist man vielfach alarmiert. Die höhnische Bemerkung von CSU-Generalsekretär Alexander Dobrindt, Ude werde es ohnehin nur zum „zweiten Oppositionsführer hinter Frau Bause“ bringen, erregte parteiintern bereits Unmut. „Was soll das denn“, stöhnt ein altgedienter CSU-Mann, „das ist genau die Überheblichkeit, die die Leute nervt.“

Seehofer selbst, derzeit auf Urlaub im Altmühltal, hat sich zu seinem mutmaßlichen Herausforderer bislang nicht geäußert. Kein Wunder, juxt ein Parteifreund, Seehofer seien

Erobert Ude den Bayern-Thron? SZ PHOTO, STEPHAN RUMPF

die CSU ein größeres Problem“. Weitgehende Einigkeit herrscht in den Reihen der CSU indes darüber, dass Ude, in seiner Mischung aus Volkstribun und Weltbürger, stärker als Seehofer das großstädtische Publikum ansprechen könnte. Eigentlich, sagt ein CSU-Landtagsabgeordneter, „nimmt Ude der CSU das Prädikat bayerisch und weltoffen weg“.

eine Spitzenkandidatur Udes freien Lauf zu lassen: Ein führender Stadtrats-Genosse mosert: „Ude hatte das zuvor mit niemandem in der Partei abgesprochen.“ Markus Rinderspacher, Fraktionschef im Landtag, war spontan die eher spitze Bemerkung eingefallen, Ude eigne sich prinzipiell für alle Aufgaben – „vom Uno-Generalsekretär bis zum SPD-Kanz-

führung, „und eine Riesenbelastung“. Die Organisation könne man Ude abnehmen, durch Bayern touren aber, „das muss er schon selber“.

Auch die Aussicht, sich in einem Dreierbündnis mit Freien Wählern und Grünen zusammenzuraufen, sehen nicht alle Sozis als Zuckerschlecken: Trotz erkennbarer Gemeinsamkeiten, klagt Harald Güller, parlamentarischer Geschäftsführer der Landtags-SPD, seien Teile der FW „gefühlsmäßig sicher bei den Schwarzen“. Den Grünen wiederum, moniert SPD-Wirtschaftssprecher Thomas Beyer, mangele es am Gespür für die der SPD hochwichtige Sozialpolitik: „Das ist kein grünes Thema.“

Die Ude-Abwehrstrategie

Bei den Landtagsgrünen gilt: Erstmal abwarten. Udes mögliche Kandidatur, sagt Fraktionschef Martin Runge, „macht sicher das Ganze nicht uninteressanter“. Als „gmahde Wiesn“ solle man das Ganze noch nicht sehen. Und Sepp Dürr, ehemaliger Grünen-Fraktionschef, argwöhnt, dass mögliche SPD-Stimmengewinne durch Ude nicht automatisch zu einem Dreierbündnis SPD-Grüne-FW führen müssten – vor allem dann nicht, wenn die Grünen, wie er glaubt, vor der SPD lägen: Dürr kann sich vorstellen, dass SPD oder FW auch mit der CSU paktieren würden.

Euphorischer geben sich die Stadtratsgrünen. Deren Chef Siegfried Benker stellt klar: „Ude ist als einziger in der Lage, der CSU den Posten des Ministerpräsidenten abzujagen.“

Weil das auch die CSU weiß, überlegen die ersten schon, wie eine mögliche Ude-Abwehrstrategie ausschauen könnte:

BSZ vom 12. 8. 2011

Öko-Plädoyer kaum geeignet. Wofür die Christsozialen noch stehen, ... diese Frage muss die CSU noch beantworten. Die guten Wirtschaftsdaten, der ausgeglichene Haushalt allein werden es jedenfalls nicht richten – trotz dieser Erfolge nämlich hat die CSU bei sämtlichen Wahlen der letzten Jahre Stimmen verloren.“ [351]

Die Ankündigung des Münchner Oberbürgermeisters Christian Ude, 2013 als Spitzenkandidat der SPD bei der Landtagswahl antreten zu wollen, scheint nach Taschners Auffassung durchaus ein ernst zu nehmendes Problem für die CSU zu sein: „Wie es die nächsten zwei Jahre weitergehen soll, womit man im Wahlkampf gegen Christian Ude punkten will – das blieb nebulös. ‚Wir brauchen eine Vision für Bayern‘, grämt sich ein CSU-Stratege, ‚aber wir haben keine‘.“ [352]

Das Verhältnis von CSU und FDP in der Koalition

Anerkennend zählte im Februar 2009 ein Kommentar die Leistungen der Koalition aus CSU und FDP auf: „Schon auf der Kabinettsklausur vergangenen Dezember hat man angesichts der dräuenden Wirtschaftskrise ein Investitionsbeschleunigungsprogramm im Wert von 1,7 Milliarden Euro beschlossen. Die milliardenschwere Rettung der taumelnden Landesbank erfolgte rasch und einvernehmlich, der Entwurf des Doppelhaushaltes 2009/10 wurde im Rekordtempo aufgestellt. Reformen an den Hochschulen und eine Revision des Nichtraucherschutzgesetzes wurden verabschiedet.“ [353]

Dennoch verlief die Koalition nicht in harmonischen Bahnen. Im August 2009 liest man in der *Bayerischen Staatszeitung*: „Wer derzeit auf die bayerische Politlandschaft blickt, kommt aus dem Staunen nicht mehr heraus. Die schärfsten Attacken fährt die CSU dieser Tage nämlich nicht etwa gegen die Oppositionsparteien, sondern gegen den Koalitionspartner FDP. Seit Wochen ist Horst Seehofer, dessen Nervosität vor der Bundestagswahl offenbar täglich zunimmt, dabei, den kleinen Bündnispartner auf Serviettengröße zusammenzufalten ... Der Ministerpräsident will im Zuge seiner Richtlinienkompetenzen die Geschäftsordnung der Staatsregierung ändern: dergestalt, dass sich Regierungsmitglieder, also auch der stellvertretende FDP-Ministerpräsident Martin Zeil, jedwede Abwesenheit von Kabinettssitzungen vom Regierungschef genehmigen lassen müssen. Das aber widerspricht Seehofers Ankündigung eines kooperativen Regierungsstils ... Abgesehen

Koalitionspartner im Kabinett Seehofer sind Martin Zeil (links) und Wolfgang Heubisch von der FDP als Wirtschafts- bzw. Kunst- und Wissenschaftsminister. Zeil ist zudem Stellvertreter des Ministerpräsidenten.

von derlei Muskelspielen ist Seehofer emsig dabei, auch inhaltliche Gemeinsamkeiten mit dem Koalitionspartner FDP auszuräumen. Selbst für den Bereich Wirtschaftspolitik – der Paradedisziplin der Liberalen – sprach die CSU jetzt der FDP die Kompetenz ab.“[354] Diese Konfrontation zahlte sich dann allerdings bei der Bundestagswahl nicht aus: „Seehofers Kalkül war, den Liberalen im Vorfeld der Bundestagswahl durch Kraftmeierei Wähler abspenstig zu machen. Der Schuss ging bekanntlich nach hinten los. Die CSU stürzte bei der Wahl auf ein historisches Tief, die FDP stieg auf ein ebensolches Hoch.“[355]

Im April 2010 beobachtete Politikchefin Waltraud Taschner, dass sich etwas geändert hatte: „Horst Seehofer hat verstanden: Ständiges Sticheln gegen den Koalitionspartner ist schlecht fürs Image. Dass Bayerns Ministerpräsident im vergangenen Sommer kontinuierlich den Zoff mit den Liberalen suchte, verstimmte seine Parteifreunde und bescherte ihm selbst den Ruf des Krawallmachers. Seit Längerem gibt sich der Regierungschef deshalb konziliant, verzichtet auf öffentliche Demütigungen der FDP und begrub seinen als Schikane empfundenen Plan, die Geschäftsordnung des Kabinetts zu ändern, damit hatte er reisewillige (FDP-) Regierungsmitglieder disziplinieren wollen, die sich erkühnten, während der Kabinettssitzungen zu fehlen. Die Harmonie in der Koalition ist dennoch nicht gerade gewachsen. Denn Seehofer hat das Piesacken der FDP einfach outgesourct: Das übernehmen jetzt seine Minister.“[356]

War dieser Artikel noch „Schwarz-gelbes Dauerknirschen“ überschrieben, so lautete eine andere Schlagzeile knapp zwei Monate später: „Schwarz-gelbes Dauerlächeln“: „Dass es in Bayern zwischen den Koalitionären friedlich zugeht, hat vor allem Vernunftgründe. Dauerzoff oder gar ein Scheitern der Koalition, das ist allgemeine Einschätzung nach den Erfahrungen in Berlin, würde beiden Parteien schaden.“[357] Doch war die Harmonie brüchig: „Getrieben vom Ehrgeiz, für seine Partei die absolute Mehrheit zurückzuerobern, keilt Seehofer seit dem Koalitionsstart vor knapp zwei Jahren gegen die Liberalen. Staunend registrieren diese wie hurtig der Regierungschef die Rollen und vom Besänftiger zum Beißer mutieren kann. Untergeht in dem Kriegsgeschrei, dass CSU und FDP im Landtag meist kollegial zusammenarbeiten. Ob sie das auch in der nächsten Legislaturperiode tun, bleibt abzuwarten.“[358]

Hoffnungsschimmer für die SPD

Die Lage der SPD schien seit Jahrzehnten ununterbrochen hoffnungslos: „Während die CSU schon überlegt, ob es 2008 mit Stoiber noch gehen kann und für den Ernstfall mehrere Kandidaten zur Auswahl hat, weiß die SPD noch nicht einmal, wen sie dagegen ins Feld führen könnte. ‚Es wird halt wieder der Maget machen‘, heißt es. Die resignierte Aussage zeigt das ganze Elend der SPD. Maget hat schon 2002 katastrophal verloren und ist seitdem kein Siegertyp geworden.“[359]

Im Jahr 2006 beschrieb Michael Stiller die SPD als Partei ohne Konturen: „Zu besichtigen ist der dramatische Niedergang einer Volkspartei und ein seit bald einem halben Jahrhundert geltendes Szenario, das sich schon bald zum Naturgesetz verfestigt hat. In Bayern hat eine Partei die Macht und die anderen haben sie nicht ... Wie kaum ein anderer spiegelt

geheißen. Die SPD ist nun schon seit Jahren die Risikoversicherung der CSU. Sie kann gar nicht soviel verlieren, als dass ihr die SPD zu nahe kommen könnte. Nach der Bundestagswahl, wo es darauf angekommen wäre, aus den Fehlern Stoibers Kapital zu schlagen, erweisen sich die Bayer-Sozis durch programmatische Schwäche und personelle Auszehrung als Stoiber-Stabilisatoren.

BSZ vom 23. 12. 2005

Gerade Ansturm herrscht nicht in diesem Münchner Wahllokal, wo im Juni 2009 die Stimmen zur Europawahl abgegeben werden können. Die Wahlbeteiligung ist von 45,5 im Jahr 2004 auf 43 Prozent gesunken. Federn lassen müssen die sozialdemokratischen Kräfte, während sich die christlich-konservativen behaupten und die Grünen kräftig zulegen.

Maget das Dilemma seiner Partei wider. Er ist grundanständig wie die SPD, so freundlich wie die SPD, er ist bescheiden wie die SPD; er ist alles in allem aber auch zu brav wie die SPD, zu beliebig wie die SPD, zu mutlos wie die SPD ... Weil die SPD so erfolglos ist und das Image einer Selbstfindungsgruppe hat, zieht sie immer weniger Nachwuchs an ... Im Bemühen, das Wählerreservoir in allen Volksschichten wieder aufzufüllen, ist die SPD thematisch beliebig geworden ... Sie ist liberal, links und rechts, sie ist katholisch, protestantisch und freidenkerisch, sie ist gründlich und technikbegeistert, sie ist sudetendeutsch und antirevanchistisch, gewerkschaftlich und mittelstandsfreundlich, sie ist Opposition und Große Koalition, sie will alle bedienen und erbt nichts."[360] 2007 schilderte Michael Stiller den schlechten Zustand des Parteiapparats: „Die Organisation der SPD in Bayern ist desolat, funktionierende Ansprechstellen in der Fläche sind so selten wie Wasserstellen in der Wüste. Damit verbunden ist der Rückzug aus Organisationen und Vereinen, die das Wurzelgeflecht jeder Volkspartei bieten."[361]

Bei der Europawahl im Juni 2009 stürzten die Sozialdemokraten in Bayern auf unter 13 Prozent ab. Stiller urteilte, die SPD könne sich kaum noch Volkspartei nennen: „Doch nirgends bei den Spitzengenossen spürt man einen Ruck, teilnahmslos schauen sie zu, wie ihre einst so stolze Partei zerrieben wird ... der Niedergang der SPD hat politische Auswirkungen für ganz Bayern, denn die sozialdemokratischen Grundideen sind auch in Bayern aktueller denn je. Mit jedem verlorenen Prozentpunkt finden sozialdemokratische Anliegen weniger Gehör. Das ist nicht gut für das Land. Es rächt sich, dass die SPD jahrzehntelang ihre Hausaufgaben nicht gemacht hat: frisches Personal rekrutieren, die Ortsvereine straffen und stärken, neue Ortsvereine gründen."[362]

Einen Hoffnungsschimmer sah Kommentator Stiller allerdings in der Neubesetzung der wichtigsten Ämter der Partei. Die „Troika mit Rinderspacher und dem Landeschef Florian Pronold, die man in Österreich wegen ihres für politische Verhältnisse jugendlichen Alters ‚Buberlpartei' nennen würde, dazu die Generalsekretärin Natascha Kohnen. Die drei, alle um die 40 Jahre alt, scheinen gut zu harmonieren und bieten der bayerischen Sozialdemokratie eine realistische Chance zur Trendwende und zum Aufstieg aus dem Jammertal. Keinem der drei kann man den beispiellosen Niedergang der bayerischen SPD anrechnen. Und immerhin gibt es im bayerischen Parlament bereits eine Mehrheit jenseits der CSU, deren Werte keineswegs nach oben zeigen."[363]

Staatszeitungs-Redakteur Tobias Lill hatte wiederum 2011 den Eindruck, bei der SPD sehe man von „Aufbruch keine Spur".

Koalitionspartner FDP

Dem Wiedereinzug der FDP ins Maximilianeum im Jahr 1990 hatte Chefredakteur Carl Schmöller in seinem Kommentar zur Landtagswahl keine besondere Beachtung geschenkt.[364] Die Partei blieb auch nur für eine Legislaturperiode im Parlament. Erst 2006 lauteten die Prognosen für die Wahl 2008 wieder günstig.[365] Wenn auch nicht mit dem erhofften zweistelligen Ergebnis, so kam die FDP doch mit acht Prozent der Stimmen in den Landtag; es war ihr größter Wahlerfolg bei bayerischen Landtagswahlen: „Das Wahldesaster der CSU 2008 machte es möglich, dass die FDP plötzlich von einer Splittergruppe zu einer Schlüssel- und Koalitionspartei im Freistaat wurde. Es funktioniert sogar, wie die erste Etappe zeigt, die Horst Seehofers Regierung zurückgelegt hat. Die zwei FDP-Minister in seinem Kabinett machen eine ausnehmend gute Figur.“[366] 2011 aber schien sich ein drohender Absturz abzuzeichnen. Jetzt galt die FDP auf Bundesebene als „Partei der verpassten Chancen“, deren Umfragewerte auch in Bayern schlecht waren.[367]

Die FDP ist schon ein sonderbares Gebilde. Auf dürren Beinchen als Basis sitzt ein spilleriger Rumpf als Mittelbau und darüber ein gut ausgeprägter, ansehnlicher Kopf. Wenn der aber wackelt, bekommen die Bundeskanzlerin und der bayerische Ministerpräsident, der mit diesem liberalen Torso eine Partnerschaft eingehen musste, Fracksausen. Vielleicht hat der Wähler ja die durchorganisierten, in Flügel und Interessengruppen zersplitterten, zu ständigem Zank neigenden Großparteien satt und neigt zu neuer Übersichtlichkeit.

Keine Volkspartei, bestenfalls Klientelpartei sein zu müssen, hat seine Vorteile. Man braucht kein großes Programm für möglichst alle, sondern liest von den Lippen der Unternehmer, Anwälte, Ärzte und erfolgsorientierten Yuppies ab, was sie jeweils soufflieren. Ansonsten gilt: „Wir sind die feinste der Parteien.“ Der Kopf kann ungestört von einer nennenswerten Basis denken und lenken, Profilierungskämpfe in der zweiten Reihe bleiben aus, da es eine solche nicht gibt. Kein aufsässiger Bezirksvorsitzender stört. Streit, selbst konstruktiver, ist pfui, das machen nur die anderen.

BSZ vom 13. 5. 2009

Schwarz-grüne Annäherung

Im Juni 2009 beobachtete *BSZ*-Politikschefin Waltraud Taschner Ansätze für eine schwarzgrüne Annäherung.[368] Bernhard Hübner wertete die Oppositionsarbeit der Grünen positiv: „In Bayern haben sie das politische Gestalten aus der Opposition heraus perfektioniert. Dass die Landesbank-Affäre gerade so gründlich aufgearbeitet wird, daran sind die Grünen schuld.“[369] Als Sepp Daxenberger sich wegen seiner schweren Krankheit aus der Politik zurückziehen musste, unterstrich Hübner dessen Leistungen. Er habe die Grünen auch für heimatverbundene Bayern auf dem Dorf wählbar gemacht.[370] Sie verloren mit ihm ihre Integrationsfigur, was Hübner als großes ungelöstes Problem der Partei ansah.[371]

Ein Grüner, der die Achtung auch der politischen Gegner gewinnt: Sepp Daxenberger wird 1996 im oberbayerischen Waging am See erster Grünen-Bürgermeister Bayerns. 2008 kehrt er ins Maximilianeum zurück, dem er schon 1990 bis 1996 angehört hat.

Freie Wähler: Programmlosigkeit als Programm

Schon 1987 verfasste Chefredakteur Karlheinz Lange einen skeptischen Artikel zu den Gruppierungen freier Wähler: „Eine Partei muss eine demokratisch legitimierte, sie muss eine von den Mitgliedern aus freiem Willen gewählte Organisation darstellen. Aber sie muss auch ein ebenso legitimiertes Programm vorweisen können, das ein Modell des Zusammenlebens im demokratischen Staat vorstellt. Die beiden Grundforderungen machen die Parole von der Parteifreiheit zur Farce. Was auf kommunaler Ebene noch möglich ist, auf der großen politischen Bühne hat es keinen Platz: Die vornehm scheinende Abstinenz vom vermeintlich schmutzigen Geschäft, das man den Parteien überlässt ... eine ganz neue Politik mit Parteien der Parteifreien? Eine Illusion, der nachzulaufen sich nicht lohnt, solange die bestehenden Parteien nicht versteinert sind."[372]

2006 gaben die Freien Wähler ihren Ehrgeiz kund, ins bayerische Parlament zu kommen. Waltraud Taschner analysierte die Problematik, wobei sie von Langes früherem Urteil nicht sehr weit entfernt war: „Ein Parteiprogamm oder etwas Vergleichbares gibt es nicht. Wenn die Freien Wähler jetzt, wie von dem Vorsitzenden Hubert Aiwanger angekündigt, den Einzug ins Landesparlament anpeilen, wird sich das ändern müssen. Doch damit besteht die Gefahr, dass ihnen auf kommunaler Ebene die Grundlage wegbricht. Denn gerade ihre Programmlosigkeit ist den Parteifreien vor Ort Programm. Weil sie sich zu praktisch allen großen landespolitischen Themen ... kaum geäußert haben, konnten sie vor Ort jeweils ihr eigenes Süppchen kochen und Partikularinteressen pflegen – Sinn einer Partei aber ist es gerade, Einzelinteressen zu bündeln, Widersprüchliches auszugleichen und in ein Grundsatzprogramm zu gießen. Die Freien Wähler müssen jetzt zeigen, ob ihnen der Spagat gelingt, sich in den zentralen Politikfeldern auf bestimmte Themen festzulegen und dann mit einer Stimme zu sprechen, ohne dabei ihr kommunalpolitisches Gewicht zu verlieren."[373] Das fehlende Profil galt auch noch im Januar 2011 als Hauptproblem der Freien Wähler.[374]

Zugpferd: Hubert Aiwanger führt die Freien Wähler 2008 erstmals in den Landtag. Mit 10,2 Prozent der Stimmen sind sie drittstärkste Kraft im Maximilianeum. Aiwanger ist seither auch Fraktionsvorsitzender.

Den Freien Wählern fehlt es an Profil – auch weil neben Frontmann Hubert Aiwanger kein Neuer heranwächst

Einer für alles

Naturfotos schmücken die Homepage der Freien Wähler (FW). Im Wechsel mit einem Berg und einem nicht minder schönen See springen dem Besucher Margeriten ins Auge. Die Bilder zeigen ein bayerisches Idyll, mit dem die FW eines ihrer ureigensten Themen transportieren wollen: die Stärkung des ländlichen Raumes. Klickt man allerdings den Menüpunkt „Unsere Politik" an, so fallen Lücken auf, die in vier der zwölf Politikfelder klaffen, die für die FW wichtig sind: Zu den Punkten Arbeit, Finanzen, Gesundheit und Innere Sicherheit gibt es zumindest auf dieser Übersichtsseite keine Antworten. Ein wenig passt die virtuelle Ödnis zur – wenn man das Landtagswahl-Ergebnis 2008 heranzieht – nach CSU und SPD drittstärksten Partei in Bayern: Denn es fehlt ihr an Profil.

Der FW-Fraktions- und Bundesvorsitzende Hubert Aiwanger gilt als einziger profilierter Politiker in treten. 2008 hatten sie noch 10,2 Prozent geholt.

Die schlechten Werte kann Aiwanger überhaupt nicht nachvollziehen: „Sie entsprechen nicht meiner Wahrnehmung, bei unseren Neujahrsempfängen haben wir deutlich mehr Besucherandrang gehabt als in den vergangenen Jahren. Zu mir kommen auch Leute, die an der Seriosität des *BR* zweifeln und eine Kampagne dahinter vermuten. Hier müssen sich die Verantwortlichen mal erklären, wie so eine CSU-Mehrheit zustande kommt." Aiwanger sieht sich in seiner *BR*-Schelte bestätigt, denn bei einer Emnid-Erhebung hatten die FW ein paar Tage zuvor mit 6 Prozent noch ein etwas besseres, wenn auch nicht berauschendes Ergebnis erzielt.

Am Mittwoch legte das Forsa-Institut im Auftrag des *Stern* die aktuellste Umfrage für 2011 vor. Sie bringt schlechte Nachrichten, allerdings für die CSU, die auf alar- mischten Gefühlen, weil er weiß, dass seine Fraktion noch Arbeit vor sich hat, um 2013 der CSU erneut Wähler abspenstig zu machen. Wiederholt wurde Kritik laut, dass die FW eine One-Man-Show sind und neben Aiwanger kein Frontmann heranwächst, der ähnlich plakativ reden und anecken kann. Selbst FW-Kollegen finden, dass seine Machtfülle zu groß ist: „Hubert Aiwanger ist in meinen Augen unersetzlich, aber es sollten auch andere Leute neben ihm stehen und wahrgenommen werden", sagt etwa Manfred Pointner, finanzpolitischer Sprecher der FW.

„Wir brauchen keine Paradiesvögel"

Pointner sieht vor allem die anderen in der Pflicht, glaubt aber, dass der Sprung von der Kommunalpolitik in den Landtag für man- Pauli, die einst den Sturz von Ministerpräsident Edmund Stoiber (CSU) befördert hatte, haben die FW Mitte 2009 aus der Fraktion geworfen. Pauli hatte nach der verlorenen Europawahl eine eigene Partei gründen wollen. „Wir brauchen keine Paradiesvögel. Unser Profil ist gutbürgerlich, seriös und solide", sagt Aiwanger. Allerdings hatten sie Pauli gerade deswegen geholt, um mehr Aufmerksamkeit zu erzielen. Mittlerweile zeigen sie sich beleidigt, dass genau diese fehlt: „Im Radio hört man oft, die Opposition, das sind SPD und Grüne", sagt Hälsig. Und Pointner sieht es als „Dilemma, dass wir von der überörtlichen Presse nicht so wahrgenommen werden". So wird wohl wieder nur Aiwanger FW-Themen wie Breitbandversorgung, Hausärztemangel, wohnraumnahe Schulen, Ausbau der Staatsstraßen oder Seniorenbetreuung mundgerecht präsentieren.

Der FW-Chef plant bereits eine

BSZ vom 21. 1. 2011

Die Linkspartei: In Bayern nicht politikfähig

Auch das Auftreten der Linkspartei wurde von der Staatszeitung beachtet und skeptisch, aber ohne Polemik oder Verketzerung beurteilt. Über Klaus Ernst, der 2010 neben Gesine Lötzsch Vorsitzender der Gesamtpartei auf Bundesebene wurde, war man sich im Zweifel, „ob es ihm gelingen wird, die bayerische Linke zu beflügeln. Ernsts Image ... als Machtmensch der brutalen Art könnte einem Auftrieb im Freistaat eher schaden: Parteiinterne Kritiker bescheinigen ihm, missliebige Kollegen ohne Pardon abzusägen, sich aufbrausend und beratungsresistent zu gerieren. Nicht ohne Grund hat man ihm den Spitznamen bajuwarischer Volkstribun verpasst."[375] Der im April 2009 gewählte neue bayerische Landeschef Michael Wendl hielt sich nur gut zwei Monate im Amt: „Nachdem Bayerns Linke ... erfolgreich ihren Vorsitzenden ... aus dem Amt gemobbt hat, steht sie erneut als Chaos-Truppe da, die in erster Linie damit beschäftigt ist, sich selbst zu zerfleischen.

Welche Ziele die Linke, die bei der Bundestagswahl auf 6,5 Prozent im Freistaat kam, für Bayern hat, wofür sie konkret eintreten will, blieb sicher nebulös ... Die SPD und andere können beruhigt sein: Politikfähig, so scheint es, wird die Linke so schnell in Bayern auch nicht.“ [376]

Piraten auf dem Vormarsch

Der Piratenpartei widmete die Staatszeitung schon 2009 eine gewisse Aufmerksamkeit und erkannte bei ihr durchaus Potenzial: „Zwar haben die Piraten ihre Wähler meist im Norden, doch was kaum einer weiß: Ihr Flottenstützpunkt liegt in Bayern. Ein Drittel der Freibeuter lebt nach Parteiangaben im Freistaat. Zwar setzt die Gruppierung anders als die etablierten Parteien in ihrer Programmatik bislang beinahe ausschließlich auf das Thema Bürgerrechte – so lehnen die Piraten Vorratsspeicherung, Online-Durchsuchungen oder Internetzensur ab. Doch genau mit dieser klaren Abgrenzung scheinen sie bei einem beachtlichen Teil der 20 – 35jährigen, von denen viele bereits mit dem Computer aufgewachsen sind, erfolgreich zu sein.“ [377]

Ein Drittel der Mitglieder der Piratenpartei kommt aus Bayern – nun will die Bürgerrechtsbewegung den Bundestag entern

Die Freibeuter aus dem Freistaat

So also sieht er aus, der neue Kapitän der bayerischen Piratenpartei: Er trägt Brille, T-Shirt, Jeans und hat eine wuschelige Kurzhaarfrisur. Etwas bleich ist Klaus Mueller, der manchmal noch ein wenig unsicher wirkt, wenn er über die Ziele seiner Partei spricht. Der 29-jährige selbstständige IT-Experte sagt, er sei wie die meisten seiner Parteikollegen „Idealist“. Und tatsächlich erzählt er an diesem Nachmittag in einem Münchner Café Dinge, die auch von der erklärten Freidenkerin Gabriele Pauli stammen könnten. Etwa, dass er nicht mehr an die Demokratie der Parteien glaube. „Denn längst bestimmen die Lobbyisten, was in Berlin passiert.“

Er will keiner dieser Nachwuchspolitiker werden, die auf ihrem Weg ins Parlament vergessen, jung zu sein. Doch auch Mueller will in den Bundestag, kandidiert auf Platz 2 der Landesliste. Und seit wenigen Tagen ist der Freiberufler nun auch oberster Repräsentant der Piratenpartei in Bayern.

Noch vor einigen Wochen wäre diese Personalie nicht einmal eine Meldung wert gewesen. Doch seit die Ende 2006 gegründete Piratenpartei bei der Europawahl aus dem Stand bundesweit auf 0,9 Prozent

Bayerns Piratenchef Klaus Mueller bei einem Wahlkampfauftritt. FOTO MUELLER

nen-Abgeordnete bei der Abstimmung zum von der Leyen-Entwurf. Doch wütend sind die Piraten vor allem auf die Volksparteien. „Das Netz hat SPD und Union den Krieg erklärt“, behauptet Popp martialisch. Tatsächlich kommen die Freibeuter bei Wahlumfragen in Internetforen mitunter auf Mehrheiten, wie sie sonst nur Präsidenten in Bananenrepubliken erzielen.

Im Netz Wahlen gewinnen

Wie wichtig das Netz und die damit verbundene Aktivierung wahlmüder Jungwähler ist, zeigte US-Präsident Barrack Obama bei seinem Wahlerfolg – als er besonders stark auf E-Mail-Newsletter, Blogs und andere Online-Strategien setzte. Popp schwärmt: „Wir sind da noch weiter .“ So nutze man längst den Kurznachrichtendienst Twitter. Die großen Parteien würden das Internet dagegen „immer noch als riesiges Wahlplakat begreifen“.

Weil der ehemalige SPD-Politiker Jörg Tauss zur Piratenpartei überlief, haben diese bereits jetzt den Bundestag geentert. Beim Bundesparteitag am Sonntag hat die selbsternannte „digitale Bür-

BSZ vom 10. 7. 2009

Wandel in der Haltung zur Atomenergie

2008 hielt Chefredakteur Ralph Schweinfurth die Atomenergie einstweilen noch für unverzichtbar: „Bis die erneuerbaren Energien ... so weit sind, dass sie die so genannte Grundlast abdecken können, dauert es mindestens noch ein Jahrzehnt ... Nicht nur ehrlich, sondern sinnvoll wäre es deshalb, die Laufzeit bestehender Atomkraftwerke zu verlängern.“ [378] Grundsätzlich hielt er aber einen Ausstieg für möglich.[379] Nach der Katastrophe von Fukushima war er für ein schnelleres Ausstiegstempo: „Die dramatischen Ereignisse in Japans Atomkraftwerk Fukushima zwingen weltweit alle Befürworter der Kernenergie zum Umdenken. Nicht das Erdbeben, nicht der Tsunami, sondern ein simpler Stromausfall und das dadurch verursachte Versagen des Kühlsystems infolge der Naturkatastrophe hat zu Explosionen in drei Kraftwerksblöcken geführt. So ein Stromausfall ist hierzulande genauso möglich. Dann gerät auch das noch so sicherste deutsche Kernkraftwerk außer Kontrolle. Insofern ist es richtig, wenn Atomkraftgegner jetzt einen raschen und nachhaltigen Ausstieg fordern. Zwar kann man nicht morgen die Meiler abschalten, weil es dann zu Versorgungsproblemen kommt. Doch die Reaktoren noch 35 Jahre am Netz zu lassen, ist angesichts der Katastrophe in Japan unverantwortlich.“ [380]

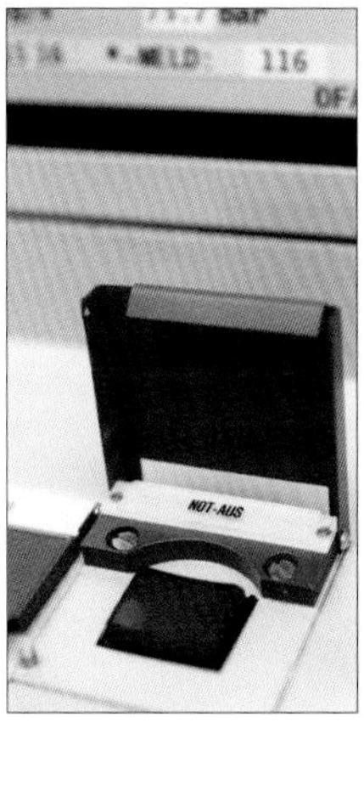

Den Daumen senkt Umweltminister Markus Söder wenige Tage nach der Fukushima-Tragödie im März 2011 – und Isar 1 wird (§19 AtG, Gefahr im Verzug) heruntergefahren. Hier der Not-Aus-Schalter im Kraftwerk. Das Aus für den 1979 in Betrieb genommenen Siedewasserreaktor bestätigt die Novellierung des Atomgesetzes im Juli des selben Jahres.

Eine Zeitung ändert ihren Charakter

Im Kapitel zur *Bayerischen Staatszeitung* in der *Enzyklopädie der bayerischen Tagespresse* zitieren die Autoren aus einer Warnung Wilhelm Emanuel Süskinds in der *Süddeutschen Zeitung* vom 26. Juni 1950: Für eine Staatszeitung bestehe „die Gefahr, dass eine starre Generallinie oder Regierungsfrömmigkeit, Gutbürgerlichkeit oder Funktionärsgesinnung daraus wird und dass bei dem allzu einseitig unterrichteten Leser der politische Lebenssaft eindickt wie Sirup".[340] Süskind, so fanden die Autoren, habe sich offensichtlich geirrt. Da die Staatszeitung immer auch Verlautbarungen oppositioneller Gruppen druckte, wenn auch die von Regierungsmitgliedern und hochrangigen Vertretern der Bürokratie bei weitem überwogen, kann von einer weitgehenden Einseitigkeit tatsächlich nicht die Rede sein. Die Kommentierung richtete sich allerdings bis zum Jahr 2005 nie bewusst oder offen gegen die Staatsregierung oder die CSU. Wenn diese sich beschwerte, war der Anlass meist unabsichtlich gegeben. Die Redaktion war bis zu einem gewissen Grad unabhängig und selbstständig. Allerdings sorgte man lange Zeit durch die Auswahl der Chefredakteure, bei der ja bis 1997 der Ministerpräsident mitzureden hatte, dafür, dass der Regierung genehme Leute eingesetzt wurden. In einer Rede Edmund Stoibers zur Verabschiedung Karlheinz Langes hieß es: „Unter der Überschrift *Bayerische Staatszeitung* hat sich kein regierungsfrommes Verlautbarungs- und Propagandaorgan entwickelt. Kennzeichen der *Bayerischen Staatszeitung* ist die objektive und sachliche Begleitung von Politik und Zeitgeschehen in großer geistiger und journalistischer Unabhängigkeit."[341]

Propagandaorgan war die *Bayerische Staatszeitung* nach Aufmachung, Stil und Inhalt tatächlich nie. Verlautbarungsorgan war sie allerdings auch noch lange unter Edmund Stoiber: Es gibt kaum eine Ausgabe ohne einen Namensbeitrag von einem Minister. 2005 setzte ein grundlegender Umschwung ein – die Regierung und die CSU wurden jetzt mit oft scharfer Kritik bedacht. Die ständigen Beiträge von Regierungsmitgliedern fielen weg. In vielen Bereichen herrschte mehr Aufgeschlossenheit. Eine Partei wie die Grünen galt nun als ernstzunehmend und respektabel, und die Atomenergie wurde nicht mehr uneingeschränkt als alternativlos hingestellt. Die Staatszeitung entwickelte sich im Vergleich zu früher zu einem sehr lebendigen Blatt. Allerdings opferte man für den neuen Stil die frühere Ausführlichkeit und Gründlichkeit.

Ressorts im Wandel

Von Rudolf Neumaier

Wer heute eine 100 Jahre alte Zeitung aufblättert, wird staunen über die Textfülle. Doch er wird auch Mühe haben, sich darin zurechtzufinden. Als Zeitungsleser des 21. Jahrhunderts ist man einen klaren Aufbau gewohnt: Jedes Ressort hat seine Seiten, und diese Seiten haben ihren festen Platz in den einzelnen Lagen des Blattes. Bilder erleichtern den Einstieg in die Texte, mitunter verleiten sie zum Zeitungschauen statt zum Zeitunglesen. Dass alles seine Ordnung hat und dass es auch noch passabel aussieht, dafür sorgen sogenannte Blattmacher – Redakteure, die sich vornehmlich mit der inhaltlichen und ästhetischen Gestaltung der Zeitung befassen. Vor 100 Jahren gab es noch keine Layoutexperten – und niemand sprach von Zeitungsdesign. Die Zeitung war, wie man heute abschätzig sagt, eine Bleiwüste. Darin unterschied sich die *Bayerische Staatszeitung* nicht von ihrer Konkurrenz auf dem Tageszeitungsmarkt.

Als die *Bayerische Staatszeitung* entstand, hatte sich die Aufgliederung der Zeitungsinhalte in Ressorts noch nicht eingebürgert. Organisatorisch mögen sich die Kollegen in der Redaktion einzelne Themengebiete je nach Neigung und Sachverstand aufgeteilt haben, auf dem Papier fand das aber keinen Niederschlag. Hier stand eine Zwischenbilanz zur laufenden Konzertsaison auf einer Seite mit dem Wochenbericht über die süddeutschen Holzmarktpreise und dem Wetterbericht, dort stand eine Ankündigung des Dienstbotenballs der Münchner Bühnenkünstler neben einem Beitrag über die „Oberpolizeiliche Regelung der Feuerbestattung" und einer Meldung über die Verhaftung des Bürgermeisters eines Pariser Vorortes. Und wenn ein Artikel zu lang für eine Seite war, gab es einen Überlauf auf eine hintere Seite.

Die Seiten dieser Zeitung waren zwar paginiert, das heißt mit einer Kopfzeile versehen, in der das Datum und die Seitenzahl angegeben waren. Die Ressortpaginierung kannte man aber noch nicht. Das einzige Navigationsprinzip zur Orientierung der Leser lautete: Das Wichtige wird wohl weiter vorne stehen, das weniger Wichtige eher auf den hinteren Seiten. Bei einer Publikation, die den Namen *Bayerische Staatszeitung* trug, erschloss sich von selbst, womit sie sich am intensivsten beschäftigen würde: mit Politik.

Laut Gründungsvertrag sollte die Staatszeitung in jeder Ausgabe mit mindestens vier redaktionellen Seiten erscheinen. Vorgesehen war darüber hinaus, dass neben den offiziösen Bekanntmachungen Berichte über bedeutende politische und nichtpolitische Ereignisse im In- und Ausland zu veröffentlichen seien. Als feste Bestandteile des Programms wurden auch der Münchner Kursbericht, der amtliche Wetterbericht sowie der Münchner Theaterzettel bestimmt.

Wie eine Präambel liest sich, was die Herausgeber in der ersten Ausgabe vom 1. Januar 1913 schrieben: „Sowohl auf dem Gebiete der inneren Politik des Reiches, wie je-

Bayerische Staatszeitung
Kgl. Bayerischer Staatsanzeiger
Nr. 1. München, Mittwoch, 1. Januar 1913 1. Jahrgang.
Aus dem Inhalt
Amtlicher Teil
Nichtamtlicher Teil.
Aufgaben der Bayerischen Staatszeitung.
Kaiser und Regent.

BSZ vom 1. 1. 1913

Bayerische Staatszeitung
Kgl. Bayerischer Staatsanzeiger
Nr. 1 München, Mittwoch, den 1. Januar 1913 1. Jahrgang
Amtlicher Teil.
Verzeichnis der von Seiner Königlichen Hoheit dem Prinz-Regenten anläßlich des Neujahrsfestes 1913 vollzogenen Auszeichnungen.

BSZ vom 1. 1. 1913

ner Bayerns kann hier eine Arbeit geleistet werden, deren Wert von der übrigen Presse erst dann richtig eingeschätzt werden wird, wenn der gegen die Staatszeitung eröffnete Kampf die erste Schärfe verloren haben wird. Es kann auf die Dauer der Regierung unmöglich das Recht bestritten werden, ihre Meinung in einer Weise und Form zum Ausdruck zu bringen, die jeden Zweifel darüber ausschließt, was sie zu bestimmten Tagesfragen zu sagen hat.“

Einerseits machte man sich die Pflege des monarchischen Gedankens sowie „die Liebe zum angestammten Herrscherhaus“ zur Aufgabe, andererseits galt es, die „Politik der Reichsleitung nach Kräften zu unterstützen“ und ihre Richtlinien „zu popularisieren“. Die Zeitschrift *Jugend* veranlasste das Erscheinen der neuen Zeitung zu beißender Satire: Sie parodierte die Staatszeitung auf einer ganzen Seite und stellte sie als Organ einer obrigkeitlich verfügten Volksverdummung dar: Sie wolle „Salvatorquelle des Regierungsgeistes in Bayern“ sein und „Weltanschauungsunterricht für alle Gutgesinnten bieten“, hieß es auf Seite 55 des zweiten *Jugend*-Heftes im Jahr 1913. In einer fingierten Stellenanzeige wird ein „Dementier-Apparat“ gesucht, „da der unsrige durch zu starke Beanspruchung Schaden gelitten hat“. Geworben wird mit dem Versprechen: „Wir bringen alles aus erster Hand.“

Für manche Beiträge der *Bayerischen Staatszeitung* traf das in der Tat zu. Womit ließe sich Journalismus schließlich besser verkaufen als mit exklusiven Beiträgen? Gleich auf der ersten Seite der Ausgabe Nummer 1 platzierte die Redaktion ostentativ eine Korrespondenz zwischen Kaiser Wilhelm und Prinzregent Ludwig. Der Inhalt war denkbar unspektakulär: Der Kaiser übermittelte unter der Überschrift „Segenswünsche“ dem Prinzregenten Neujahrswünsche, Ludwig erwiderte sie „gerührten Herzens“. Die Telegramme sind unkommentiert im Wortlaut wiedergegeben. Was die Redaktion mit der Veröffentlichung dieser Korrespondenz bezweckte, liegt auf der Hand: Zum einen vermittelte sie den Konkurrenzzeitungen, dass hier ein neues Organ in den Wettbewerb um lesende Kundschaft einsteige, das exklusiv auf Themen aus der Staatsleitung zugreifen kann; zum anderen reicherte sie mit den „Segenswünschen“ ihre Titelsei-

Bayerische Staatszeitung
Kgl. Bayerischer Staatsanzeiger

Nr. 182 München, Dienstag, den 4. August 1914 2. Jahrgang

An meine Bayern!

Deutschland hat den Kampf nach zwei Fronten aufgenommen. Der Druck der Ungewißheit ist von uns gewichen, das deutsche Volk weiß, wer seine Gegner sind. In ruhigem Ernst, erfüllt von Gottvertrauen und Zuversicht, scharen unsere wehrhaften Männer sich um die Fahnen. Es gibt kein Haus, das nicht teil hätte an diesem frevelhaft uns aufgedrungenen Krieg.

Bewegten Herzens sehen wir unsere Tapferen ins Feld ziehen. Der Kampf, der unser Heer erwartet, geht um die heiligsten Güter, um unsere Ehre und Existenz. Gott hat das deutsche Volk in vier Jahrzehnten rastloser Arbeit groß und stark gemacht, er hat unser Friedenswerk sichtbar gesegnet. Er wird mit unserer Sache sein, die gut und gerecht ist.

Wie unsere tapferen Soldaten draußen vor dem Feinde, so stelle auch zu Hause jeder seinen Mann. Wollen wir, jeder nach seiner Kraft, im eigenen Land Helfer sein für die, die hinausgezogen sind, um mit starker Hand den Herd der Väter zu verteidigen. Tue jeder freudig die Pflicht, die sein vaterländisches Empfinden ihn übernehmen heißt. Unsere Frauen und Töchter sind dem Land mit tatkräftigem Beispiele vorangegangen.

Bayern! Es gilt das Reich zu schützen, das wir in blutigen Kämpfen mit erstritten haben. Wir kennen unsere Soldaten und wissen, was wir von ihrem Mut, ihrer Manneszucht und Opferwilligkeit zu erwarten haben. Gott segne unser tapferes deutsches Heer, unsere machtvolle Flotte und unsere treuen österreich-ungarischen Waffenbrüder! Er schütze den Kaiser, unser großes deutsches Vaterland, unser geliebtes Bayern!

München, den 4. August 1914.

Ludwig.

BSZ vom 4. 8. 1914

te mit dem an, was man heute als Promi-Faktor bezeichnet: Bedeutende Personen geben Einblick in ihre Privatsphäre, indem sie die Leser an persönlich gehaltener Post teilhaben lassen.

Die erste Seite der Zeitung war – nicht anders als bei den Tageszeitungen der heutigen Zeit – der Politik gewidmet. Politische Ereignisse wurden referiert und mitunter auch kommentiert. Die Beiträge standen für sich allein, das heißt, sie waren keiner Rubrik untergeordnet. Die Überschriften der Hauptartikel waren durch eine etwas größere Schrift hervorgehoben, sie erstreckten sich aber nicht über die volle Spaltenlänge des jeweiligen Textes, sondern beschränkten sich auf nur eine Spalte. Nachgeordnete Artikel begannen mit einer lediglich gefetteten, nicht vergrößerten und im Telegrammstil formulierten Überschrift. Von Sommer 1914 bis in den Herbst 1918 wurden die Titelseite und oft noch die folgenden Seiten von der Berichterstattung über den Ersten Weltkrieg dominiert. Die Staatszeitung verlegte dafür im August 1914 ihre Produktionszeiten. Sie vermittelte fortan den Eindruck, sie könne ihr Publikum zuverlässig über den Verlauf von Gefechten bis hinein in strategische Details unterrichten. Teilweise zitierte man dafür ausführlich andere Zeitungen, wie am 27. September 1914, als Absätze aus der *Deutschen Tageszeitung* und aus dem *Manchester Guardian* übernommen wurden.

Konnten sich die Leser darauf verlassen, dass auf der ersten Seite kontinuierlich Politisches berichtet wurde, so gerieten die hinteren Seiten zu einer vergleichsweise bunten Wundertüte. In Ermangelung eines Ordnungsprinzips in Form einer klaren Ressortzuteilung in der Pagina führte die Staatszeitung zahlreiche Rubriken ein. Diese Rubriken bildeten gewissermaßen die Vorstufe der späteren Ressorts. Ihre Gewichtung nach Platzierung und Länge differierte je nach Nachrichtenlage. Nahezu täglich erschienen die Rubriken „Ausland“ und „Aus dem Reichstag“ beziehungsweise auch „Deutscher Reichstag“. Unter „Ausland“ waren Kurzmeldungen zu lesen wie diese: „Die holländische Abgeordneten-

Königstreu: Den Wittelsbachern ist die *Bayerische Staatszeitung* besonders verbunden – die „Liebe zur angestammten Herrscherfamilie“ ist ihr journalistische Pflicht. Und die Leserschaft ist natürlich auch neugierig zu erfahren, wer am Hof so ein und aus geht, was auf die Tafel kommt oder wann der Prinzregent bzw. ab November 1913 König Ludwig III. zur Jagd geht.

kammer hat mit 54 Stimmen der Rechten gegen 35 Stimmen der Linken die Gesetzesvorlage betreffend die obligatorische Invaliditäts- und Altersversicherung der Arbeiter angenommen." Bei den unter „Aus dem Reichstag" rubrizierten Beiträgen handelt es sich häufig um journalistisch kaum aufbereitete, jedoch ausführliche Wiedergaben von Debatten im Reichstag, beispielsweise um den Auszug eines Wortlautprotokolls der hundertsten Reichstagssitzung inklusive wörtlicher Einlassung eines Staatssekretärs über eine Interpellation „zur Stärkung des Deutschtums in den Provinzen Westpreußens und Posens".

Unter der Rubrik „Hof- und Personalangelegenheiten" machte die Staatszeitung von ihren exzellenten Verbindungen zum bayerischen Herrscherhaus Gebrauch: Es liest sich geradezu wie eine frühe Gesellschaftskolumne, wenn berichtet wird, welches Mitglied der Wittelsbacher-Familie mit welchen Gästen dinierte. Kostprobe: „Frau Prinzessin Leopold von Bayern gab am Mittwoch abend ein Familiendiner, zu dem geladen waren" – es folgt eine ausführliche Gästeliste. Man erfährt zwar nicht, welche Speisen aufgetragen wurden, aber man wird im folgenden Absatz über das Freizeitverhalten der Wittelsbacher unterrichtet: „Seine Königliche Hoheit der Prinzregent hat gestern nachmittag im Forstenrieder Park gejagt", heißt es am 31. Oktober 1913. Will man hier eine Ressortzuordnung definieren, käme wohl am ehesten die Klatschabteilung in Frage. Kollegen der heutigen Yellow Press wären jedenfalls dankbar für eine solche Grundversorgung mit Informationen.

Regelmäßig verwendete Rubriken in der jungen *Bayerischen Staatszeitung* waren darüber hinaus „Aus aller Welt", „Aus dem Reiche" und „Aus den Kreisen". Ihre Inhalte sind jedoch nicht mehr dem politischen Ressort zuzuordnen. Zumeist handelte es sich um Kurzmeldungen, die in heutigen Zeitungen unter der Pagina „Panorama" oder „Buntes" ihren Ort fänden. Berichtet wurde hier über alle denkbaren Ereignisse, die über Nachrichtenagenturen oder andere Quellen wie Korrespondenten in die Redaktion kamen. In den ersten Jahren ihres Bestehens muss die *Bayerische Staatszeitung* gute Kontakte nach Paris unterhalten haben, denn Kurznotizen aus Paris finden sich unter „Aus aller Welt" vergleichsweise häufig. So landeten selbst Notizen wie jene in der Zeitung, wonach bei einem U-Bahn-Bau ein Kanalrohr platzte und sich die Bauarbeiter in Sicherheit bringen mussten. Aus anderen europäischen Metropolen und aus „Neuyork" (New York) wurden Kuriositäten vermeldet, von denen hier eine als Beispiel wiedergegeben sei: Aus London wurde am 4. Juli 1913 berichtet, in der Bahnhaltestelle Leeds sei es zu einem Streik der Eisenbahner gekommen, der daher rührte, dass im Packwagen ein Huhn ein Ei gelegt habe, das der Zugführer unberechtigter Weise einsteckte. Sein Vorgesetzter habe ihn dabei beobachtet und ihn deshalb verhaften lassen. Aus Solidarität mit dem Verhafteten seien die Bahnmitarbeiter in den Ausstand getreten. Zahlreiche Beiträge unter der Rubrik „Aus aller Welt" bieten auch noch gut 100 Jahre nach ihrem Erscheinen beste Unterhaltung.

Zu den nahezu täglich veröffentlichten Rubriken gehörte „Aus der Landeshauptstadt". In ihren Anfangsjahren verstand sich die *Bayerische Staatszeitung* als Münchner Zeitung; ihre Berichterstattung galt vor allem dortigen Ereignissen. Teilweise lesen sich die Meldungen wie halbamtliche Mitteilungen – als verstünde sich die Staatszeitung auf dieser Ebene als eine Art Schwarzes Brett. Berichtet wurde zum Beispiel über behördliche Verlautbarungen wie die „Zurückeichung der Schankgefäße" sowie über Vermählungen und andere Familienereignisse, auch der Münchner Beerdigungszettel findet sich in dem Blatt. Daneben wurden Lotteriezahlen präsentiert, und eine längere Notiz war der Redaktion auch die Generalversammlung der Münchner Ortskrankenkasse wert.

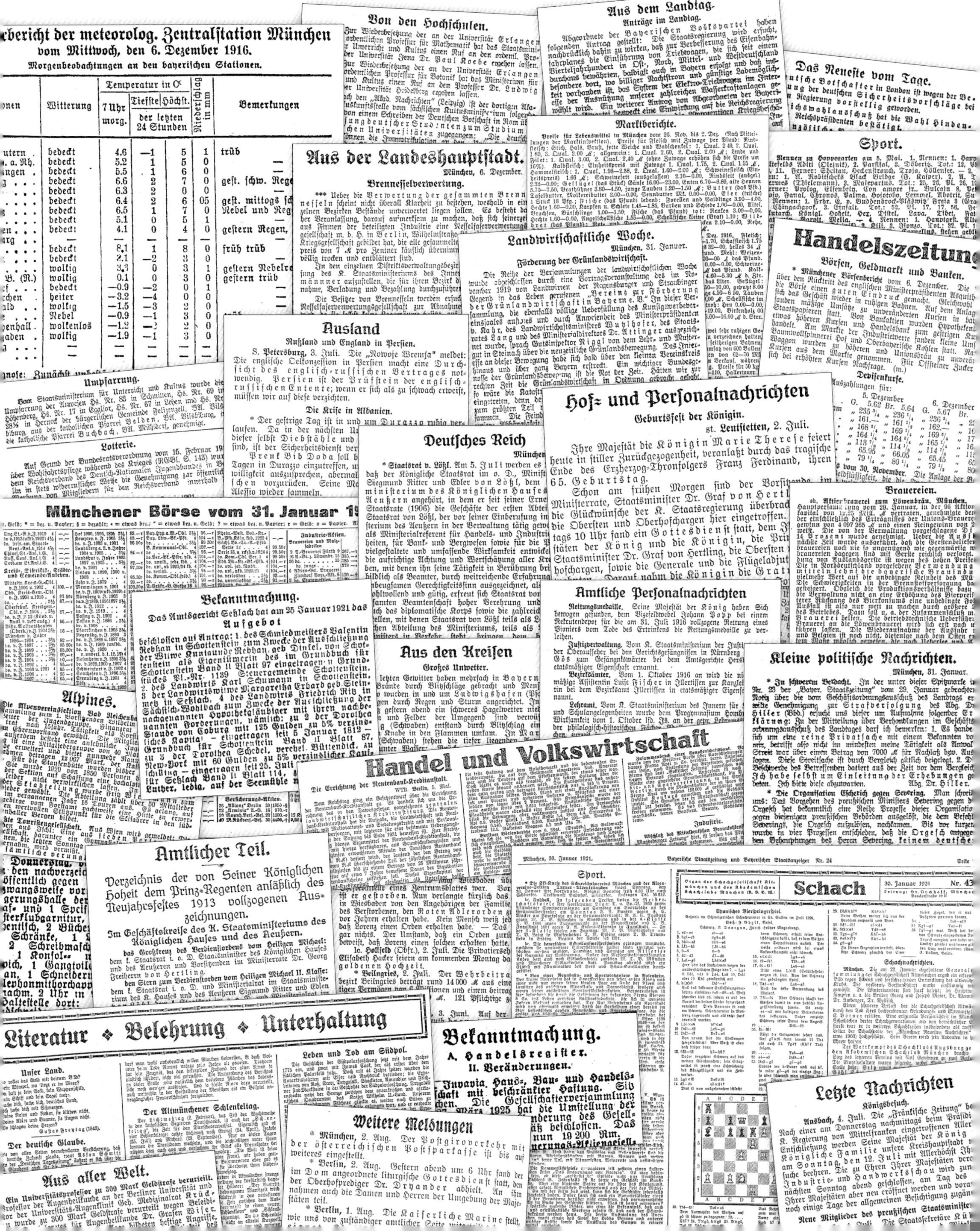
...bericht der meteorolog. Zentralstation München
vom Mittwoch, den 6. Dezember 1916.
Morgenbeobachtungen an den bayerischen Stationen.

Von den Hochschulen.

Aus dem Landtag.
Anträge im Landtag.

Das Neueste vom Tage.

Marktberichte.

Aus der Landeshauptstadt.
München, 6. Dezember.
Brennesselverwertung.

Sport.

Landwirtschaftliche Woche.
München, 31. Januar.
Förderung der Grünlandswirtschaft.

Handelszeitung
Börsen, Geldmarkt und Banken.
* Münchener Börsenbericht vom 6. Dezember.

Ausland
Rußland und England in Persien.
S. Petersburg, 3. Juli. Die „Nowoje Wremja" meldet: Die englische Oelkonzession in Persien macht eine Durchsicht des englisch-russischen Vertrages notwendig. Persien ist der Prüfstein der englisch-russischen Entente; wenn er sich als zu schwach erweist, müssen wir auf diese verzichten.
Die Krise in Albanien.

Umpfarrung.

Lotterie.

Hof- und Personalnachrichten
Geburtsfest der Königin.
st. Leutstetten, 2. Juli.
Ihre Majestät die Königin Marie Therese feiert heute in stiller Zurückgezogenheit, veranlaßt durch das tragische Ende des Erzherzog-Thronfolgers Franz Ferdinand, ihren 65. Geburtstag.

Devisenkurse.

Deutsches Reich
* Staatsrat v. Lößl.

Münchener Börse vom 31. Januar 19..

Brauereien.

Bekanntmachung.
Das Amtsgericht Seßlach hat am 25 Januar 1921 das Aufgebot

Amtliche Personalnachrichten
Rettungsmedaille.
Justizverwaltung.
Bezirksämter.
Lehramt.

Aus den Kreisen
Großes Unwetter.

Kleine politische Nachrichten.
München, 31. Januar.

Alpines.

Handel und Volkswirtschaft
Die Errichtung der Rentenbank-Kreditanstalt.
Industrie.

Amtlicher Teil.
Verzeichnis der von Seiner Königlichen Hoheit dem Prinz-Regenten anläßlich des Neujahrsfestes 1913 vollzogenen Auszeichnungen.
Im Geschäftskreise des K. Staatsministeriums des Königlichen Hauses und des Aeußern.

München, 30. Januar 1921 Bayerische Staatszeitung und Bayerischer Staatsanzeiger Nr. 24
Sport.
Schach
30. Januar 1921 Nr. 43
Spanisches Vierspringerspiel.
Schachnachrichten.

Literatur ✣ Belehrung ✣ Unterhaltung
Unser Land.
Der deutsche Glaube.
Leben und Tod am Südpol.
Der Altmünchener Schlenkeltag.

Bekanntmachung.
A. Handelsregister.
II. Veränderungen.

Weitere Meldungen
* München, 2. Aug. Der Postgiroverkehr mit der österreichischen Postsparkasse ist bis auf weiteres eingestellt.
* Berlin, 2. Aug. Gestern abend um 6 Uhr fand der im Dom angeordnete liturgische Gottesdienst statt, den der Oberhofprediger Dr. Dryander abhielt. An ihm nahmen auch die Damen und Herren der Umgebung der Majestäten teil.
* Berlin, 1. Aug.

Aus aller Welt.
Ein Universitätsprofessor zu 300 Mark Geldstrafe verurteilt.

Letzte Nachrichten
Königsbesuch.
Ansbach, 4. Juli. Die „Fränkische Zeitung" berichtet: Nach einer am Donnerstag nachmittags beim Präsidium der K. Regierung von Mittelfranken eingetroffenen Allerhöchsten Entschließung werden Seine Majestät der König und die Königliche Familie unsere Kreishauptstadt am Sonntag, den 12. Juli mit Allerhöchst Ihrem Besuche beehren.
Neue Mitglieder des preußischen Staatsministeriums.

Neuigkeiten aus aller Welt: Die *Bayerische Staatszeitung* hofft auf Informationen, die ihr die Gesandten aus dem Ausland übermitteln. Das bringt politischen Ärger – und den Spott zum Beispiel der Satireschrift *Simplicissimus* ein.

Liest man in den ersten Jahrgängen der Staatszeitung die Beiträge in der Rubrik „Aus der Landeshauptstadt", bekommt man nicht den Eindruck, dass die Redaktion die Mühen von Themensuche und Recherche auf sich nahm, um lokale Ereignisse näher zu beleuchten. Die Quantität an Nachrichten aus München dürfte den Lesern zwar kaum Anlass zu Beanstandungen gegeben haben. Der journalistische Gehalt dieser Beiträge war aber sehr dürftig. Was man heute als Lokalteil bezeichnet und was landauf, landab selbstverständlich als eigenständiges Ressort jeder Tageszeitung anerkannt ist, war damals noch derart stiefmütterlich betreut, dass es zumindest im Fall der Staatszeitung als Anhängsel von bestenfalls sekundärem journalistischen Belang gesehen wurde. Mithin wäre es angesichts dieser Lokalberichterstattung übertrieben, dafür Ressortstatus anzunehmen. Dem Rest Bayerns wurde unter der Rubrik „Aus den Kreisen" sogar noch weniger Platz eingeräumt als den Münchner Themen: nicht annähernd halb so viel. Die Staatszeitung fühlte sich eindeutig der höheren Politik verpflichtet.

Die Rubriken „Volkswirtschaft und Statistik" sowie „Handel und Industrie" und „Handelszeitung" sind Vorläufer des heutigen Wirtschaftsressorts. Auch hier lieferte die Staatszeitung Kurzmeldungen, und auch hier gingen die Redakteure nicht in die Tiefe. In referierendem Ton gab man Zahlen und Fakten wieder. Ein Beispiel: „Die Nähfadenfabrik vorm. Julius Schürer in Augsburg schließt nach Abzug der Amortisation … mit einem Reingewinn von 22 357 M." Es war üblich, solche Meldungen mit gefetteter Schrift zu beginnen, damit die Leser das Thema schnell erfassten. Eingeleitet wurde die Rubrik „Handelszeitung" regelmäßig mit einem Blick auf die „Münchner Börse", der kurze Beitrag ist im Gegensatz zu den folgenden Meldungen oft als geradezu analytisch zu bezeichnen. In der Ausgabe vom 8. März 1913 hieß es, die Börse sei an diesem Tag „sehr reserviert" gewesen, „da irgendeine Anregung politischer oder wirtschaftlicher Natur nicht vorlag". Darüber hinaus hielt die *Bayerische Staatszeitung* ihre Leser über die einzelnen Aktienkurse sehr genau auf dem Laufenden.

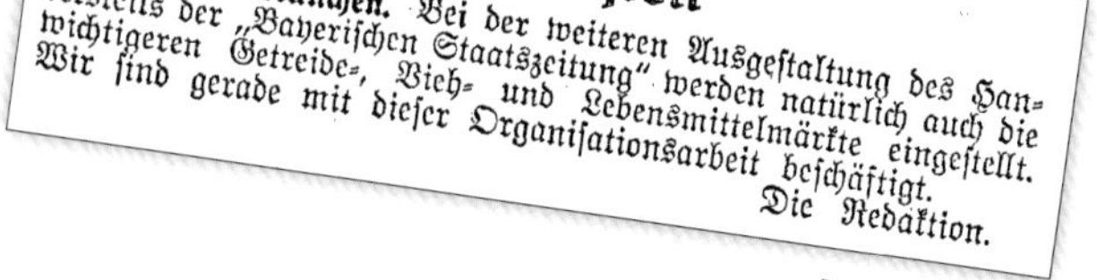
Briefkasten

J. L. in München. Bei der weiteren Ausgestaltung des Handelsteils der „Bayerischen Staatszeitung" werden natürlich auch die wichtigeren Getreide-, Vieh- und Lebensmittelmärkte eingestellt. Wir sind gerade mit dieser Organisationsarbeit beschäftigt.

Die Redaktion.

BSZ vom 4. 3. 1913

Drei Rubriken widmeten sich kulturellen Ereignissen, zwei davon sind in nahezu jeder Ausgabe der Anfangszeit zu finden: Unter „Literarisches“ wurden neue Bücher angezeigt, wobei sich die Notizen zumeist auf Angaben zum Inhalt der Bücher beschränkten. Ausführlichere Kritiken hingegen standen unter „Theater und Konzerte“: Hier wurde über Bühnenproduktionen und musikalische Aufführungen berichtet. Der Großteil der besprochenen Veranstaltungen hatte in München stattgefunden, doch wurden gelegentlich auch Kritiken und nachrichtliche Notizen über andere deutsche und sogar europäische Bühnen gedruckt. Die Kritiker der *Bayerischen Staatszeitung* führten eine scharfe Feder, wenn sie mit der Interpretation eines Werkes nicht einverstanden waren. Der Dirigent Bruno Walter musste sich nach einem Abonnementkonzert der Münchner Philharmoniker mit Stücken von Haydn und Beethoven sagen lassen, er sei zwar ein „eminenter Techniker und klar analysierender Künstler“, bei einer Haydn-Symphonie aber habe sich erwiesen, dass er „kein Mann des tiefen inneren Empfindens“ sei. Das Publikum war dem Beifall zufolge zufriedener mit dem Gehörten als der Rezensent, der maliziös zu bedenken gab, dass der Applaus auch dem Komponisten gegolten haben könnte.

Unter „Kunst und Wissenschaft“, jener Kulturrubrik, die vergleichsweise sporadisch erschien, wurden die Leser über Ausstellungen und andere Ereignisse in der bildenden Kunst informiert: Der Münchner Kunstverein brachte ebenso Ankündigungen unter wie diverse Galerien. Zudem wurde aus dem akademischen Betrieb berichtet: Vorträge von Gelehrten wurden ebenso erörtert wie die Personalsituation an der Münchner Universität. Auch unter dieser Rubrik wies die *Bayerische Staatszeitung* anfangs eine starke München-Fixierung auf.

Die Sportberichterstattung war mehrmals pro Woche Bestandteil der *Bayerischen Staatszeitung*. Sie wurde stets entweder auf der vorletzten oder auf der letzten Seite platziert. Deutlich lässt sich an der Nachrichtenauswahl ablesen, welche Sportarten sich damals – vor allem in München – großer Popularität erfreuten. Breiten Raum nahm zumeist der Pferderennsport ein, es gab sowohl Ankündigungen von den Rennbahnen als auch Ergebnisberichte. Auf Tabellen wurde verzichtet, alle Sportereignisse wurden in Textform abgehandelt und aufbereitet. Die am zweithäufigsten vertretene Sportart war Fußball, wobei sich die Meldungen auf Resultate von Vereinen ausschließlich Münchner Provenienz bezogen. Vergleichsweise selten tauchen in den Staatszeitungen der ersten Jahre Notizen von Sportarten wie Leichtathletik und Hockey beziehungsweise je nach Jahreszeit Eishockey und „Skiwettläufe“ sowie Tennis, Segeln und – bereits damals – Motorsport auf.

Nicht regelmäßig, aber häufig erschienen die Rubriken „Aus Welt und Leben“, „Heer und Flotte“, „Welt und Wissen“, „Gerichtssaal“, „Literarisches“, „Soziales“, „Kirchliches“, „Alpines“, „Dienstesnachrichten“ und „Aus Bädern und Erholungsheimen“. Die Berichterstattung über Bäder und Erholungsheime befasste sich mit

Fern der See – doch die Schauparade von Schiffen (hier gar mit Luftschiff) und Prominenz bei der Kieler Woche ist der *Bayerischen Staatszeitung* auf jeden Fall eine Meldung wert. Ohnehin widmet sie sich unter der Rubrik Sport immer wieder auch mal dem Segeln.

* **Kieler Woche.** Gestern früh wurde die Seewettfahrt und das Handicap des Kaiserlichen Jachtklubs und des Norddeutschen Regattavereins, Kiel—Travemünde, bei günstigem Wetter ausgesegelt. Der Kaiser begab sich gegen 8 Uhr an Bord des „Meteor“, um bei der Regatta mitzusegeln. Prinz Heinrich segelte auf „Hamburg II“ mit. Der Wind frischte sich am späteren Nachmittag auf, so daß die großen Jachten schon etwa um 9 Uhr das Ziel passieren konnten. Der „Meteor“ mit dem Kaiser an Bord wurde gegen 10 Uhr zur Liegestelle auf den Strom geschleppt, worauf der Kaiser an Bord der „Hohenzollern“ ging. Das Resultat des internen Handicaps für Motorjachten Kiel—Travemünde ist folgendes: 1. Glückauf, 2. Paz, 3. Falke, 4. Vogelsang.

Sport

Münchener Woche.

VI. Offene Segelwettfahrt,

veranstaltet vom Münchener Segler-Club.

F. Kl. **Starnberg,** 4. Juli. Kurz vor Startbeginn (10.30 Uhr) brachte ein nördlicher Gewitterwind heftigen Regen mit kurzem Hagel. Eine mit 2 Metersekunden einsetzende Windstärke versprach gute Fahrt, doch gestaltete sich dieser Tag mit stets umspringendem Wind, Flauten, wechselndem Wetter zu dem bisher unterschiedlichsten; es trat deshalb auch der gewiß seltene Fall ein, daß man vom Start mit Nordwind, zum Ziel mit Südwind und dabei lange Strecken mit Spinacker segelte. „Kismet“ startete mit 34 Sek. Startverspätung allein für seine 7 Meter-Jachten-Klasse. Mit Nordwest schloß sich ein idealer Start der Sonderklassen an; direkt vor der Linie „Marion“, die ebenso wie „Petropolis“ stets gut abkommt, späterhin aber mit dieser Jolle das Zurückfallen teilt. Sehr tapfer hielt sich heute „Seehund“. „Jugend“ führte vorerst, [...] „Seeschwalbe“ und „Föhn“ rückten nach. [...] „Jugend“ durch Spinackermanöver, [...]ten zuerst, dann erst, fast gleichzeitig [...]. Hier schon schob sich der Sechser [...]nenswerter Kraft alle Klassenboote [...] Kurs D stand „Erlkönig“ nur wenig [...]“; „Marion“ an vierter Stelle. Bei [...]“ überlegen vor und blieb Erster. [...]nd“. Da entstand im Kurs von D [...] der erst nach zirka 40 Min. Süd[...]holte noch „Lotos“ und ging als [...]ser starteten gleichfalls sehr schön: [...]urs überlegen voraus, „Preußen“, [...] gewinnen, separierte sich oft auf[...] Herzog von Calabrien gesteuert, [...]arke B sogar mit „Withore“ vor

F. 13. **Allgemeines Lawn-Tennis-Turnier des Münchener Sport-Clubs.** Am Donnerstag, 3. Juli, wurde das Turnier, das [...] der größten Tennisveranstaltungen war, die bisher in München [...]gefunden haben, beendet. Die Schlußergebnisse sind: Herren-[...] Meisterschaft von Bayern [...]zelspiel um die Meis[...] [...]nderpreis): 1. Bergmann (Dresden), 2. Logie (Leipzig), 3. [...] und Leutnant Lange (Danzig). [...]nn (Münchener Sport-Club) [...] die Münchener Meister[...] [...]ergmann (Dresden), 3. Leutnant [...]kfurt a. M.). Herreneinzel[...] [...] den Ehrenpreis der Technischen [...] Sport-Club), 2. Weill (Münchener [...] (Münchener Sport-Club) und [...] Dameneinzelspiel um [...] Meisterschaft von Bayern: 1. Frl. Bamberger (Frank-

vb. **Der Juli-Renntag in Riem,** der an diesem Sonntag als Abschluß des Halbjahres gelaufen wird, wurde auf besonderen Wunsch einiger Münchener Ställe von dem Juni-Meeting abgetrennt und für sich allein gestellt. Im größeren Interesse des Vereins und des Publikums dürfte es allerdings liegen, den Tag künftig wieder mit den anderen beiden [...] da dies zweifellos eine grö[...] Ställe ausüben wird. Ma[...]

[...] Bayern des M. S. C. mit einer Niederlage von [...] nun auch die F. A. Bayern [...] geschickt. — Spielvereinigung Fürth 3:5 nach Hause geschickt. — Spielvereinigung Fürth schlug im Kampfe um die Süddeutsche Meisterschaft Stuttgarter Kickers in Stuttgart 2:0 und sicherte sich dadurch zwei wichtige Punkte. — Rasenspieler Mannheim siegten über Frank[...] [...]ballverein 3:2.

den damals beliebten Kurorten – sie stellt so etwas wie eine Vorform des heutigen Reiseteils dar. Unter „Welt und Wissen“ wurden naturwissenschaftliche Entdeckungen vermeldet. Vergleichsweise ausführlich im Unterschied zu den übrigen Rubriken wurdc unter „Gerichtssaal“ über laufende Prozesse und Urteile geschrieben. Hier fällt auf, dass die deutliche Mehrzahl der Gerichtsberichte Münchner Verhandlungen galt; offenbar hatte die Staatszeitung in München einen oder mehrere Mitarbeiter, die sich vor allem auf Gerichte konzentrierten. Die Rubrik „Heer und Flotte“ war wohl eher als Ankündigungsplattform gedacht. Wenn sie erschien, hatte sie Themen wie die in Schleißheim anstehende „Hubertusjagd der Bayer. Militär-Reitschule“ zum Inhalt. Eine Spalte wurde stets für „Letzte Nachrichten“ freigehalten. Dabei handelte es sich um Meldungen, welche die Redaktion kurz vor der Imprimatur erreichten, wenn der Rest der Zeitung schon gesetzt war.

Während des Ersten Weltkriegs veränderte sich die politische Berichterstattung, was einherging mit der Neubesetzung der Chefredaktion. Max Scharre übernahm das Ruder im Jahr 1916. Nun sind häufig Schwerpunkt- beziehungsweise Sonderseiten zu registrieren. Bis 1918 war es natürlich der Krieg selbst, der die Titelseite beherrschte. Die Redaktion hatte dem Wunsch ihres Leiters gemäß nicht mehr den Anspruch, quantitativ eine hohe Quote an im Grunde wenig belangvollen Politiker-Verlautbarungen zu drucken. Sie schöpfte, um den Platz mit relevanteren Themen zu füllen, aus einem Fundus an Nachrichten, der durch das von Scharre neu gesponnene Korrespondentennetz offenbar konstant gut bestückt war. Die Kommentare wuchsen an Länge, markante Schlagworte wurden darin gesperrt gesetzt. Damit sollten die Leser zur Lektüre der Artikel animiert werden.

Überhaupt legte die Redaktion mit Beginn der 1920er Jahre mehr Wert auf ihr optisches Erscheinungsbild. Von den technischen Möglichkeiten, Fotos zu drucken, machte sie Gebrauch: Bilder wurden regelmäßig samstags platziert – für die anderen Tage reichten die Kapazitäten offenbar noch nicht. Darüber hinaus erhielten selbst kleine Meldungen eine eigene Überschrift.

Die Wirtschaftsberichterstattung wurde umfangreicher, sie etablierte sich – meist ganzseitig – zu einem nun auch für die Leser wahrnehmbaren eigenen Ressort. Als Klammerzeile stand über der Seite „Handel und Volkswirtschaft“ oder „Industrie, Handel und Volkswirtschaft“. Darunter waren die Spalten wiederum in Rubriken gegliedert: „Aus den Organisationen“, „Berg- und Hüttenwesen“, „Marktberichte“, „Messen und Ausstellungen“, um nur einige Beispiele zu nennen. Mitunter verbargen sich hinter diesen ein wenig betulich wirkenden Titeln recherchierte Hintergrundberichte. Tabellen wie die „Devisen-Notierungen“ wurden in aller Regel unterhalb des Falzes gedruckt.

Einen festen Platz bekam nach dem Ersten Weltkrieg die Kultur. Es bürgerte sich ein, dass sie im unteren Drittel der dritten Seite platziert wurde, an manchen Tagen – wohl je nach Materiallage – kam das untere Drittel auf der zweiten Seite hinzu. Die oberen Teile dieser Seiten waren dem politischen Ressort vorbehalten. Durch eine Abschlaglinie waren die Ressorts voneinander getrennt. Auf dem Kulturplatz wurde weiter vornehmlich über Münchner Ereignisse berichtet. Die Rubrik „Literarisches“ bekam mit „Bücher und Zeitschriften“ einen neuen Namen, in der „Lichtspiel-Rundschau“ ging es um aktuelle Kinoproduktionen.

Nahezu wöchentlich, gegen Ende der 20er Jahre bisweilen öfter, erschien die Schwerpunktseite „Aus der Welt der Frau“, wobei diese Zeile analog zur Wirtschaftsseite über die komplette Blattbreite gezogen war. Behandelt wurden auf dieser Seite Modethemen, zum Beispiel im November 1927 ein Beitrag mit dem Titel „Ich habe nichts zum Anziehen“ oder ein anderer mit der Überschrift „Handschuhe – Handtäschchen“. Daneben wurden Erziehungsfragen erörtert („Soll man Knaben zum häuslichen Arbeiten heranziehen oder nicht?“) und medizinische Hausmittel vorgestellt („Früchte als Medizin“).

München, 22./23. Dezember 1929. Bayerische Staatszeitung und Bayerischer Staatsanzeiger Seite 13

Aus dem Reiche der Mode.

Triumph des dreiviertellangen Mantels.

BSZ vom 22./23. 12. 1929

Die Rubrik „Aus aller Welt“ wurde im Lauf der Zeit ersetzt durch „Aus Welt und Leben“. Hier waren ebenfalls vermischte Meldungen zu finden. Von nicht zu unterschätzendem Nutzwert für die Leser der *Bayerischen Staatszeitung* waren juristische Unterweisungen in Form aufbereiteter wichtiger Gerichtsurteile unter dem Seitentitel „Rechtspflege und Verwaltung“; dort wurde über den Straßenverkehr mit seinen Überholregeln ebenso Auskunft erteilt wie über tarifliche Lohnsätze. Die Berichterstattung über Bayern außerhalb Münchens wurde auf eine ganze Seite ausgeweitet, diese war überschrieben „Aus Stadt und Land in Bayern“. Um sie zu füllen, griff man bisweilen auf Sportthemen zurück. Im Sport dominierte weiter der Pferdesport.

Der Wirtschaftsmotor kommt nach Einführung der Rentenmark 1923 so richtig auf Touren – das Geschäft mit dem Lifestyle floriert. 1925 erfindet Leo Maximilian Baginski zum Beispiel den Punktroller, ein Massagegerät für schöne Beine – die eine modisch gekleidete Dame natürlich auch gerne zeigt, fast kniefrei. Gerade durch die technisch verbesserte Bebilderung sind Modejournale voll im Trend – den sich auch die *Bayerische Staatszeitung* nicht entgehen lässt. Dass die „Neue Frau“ zunehmend die Hosenmode salonfähig macht, ist optisches Signal ihres Selbstbewusstseins: In Kriegszeiten hatte sie gelernt, in Overalls und Arbeitshosen in den Fabriken „ihren Mann zu stehen“.

Nach der Wiederbegründung

Beargwöhnt von Verbandsvertretern und Journalisten anderer Zeitungen kam die *Bayerische Staatszeitung* wenige Jahre nach dem Zweiten Weltkrieg als Wochenzeitung heraus. Wilhelm Emanuel Süskind schrieb am 31. März 1950, wenige Wochen vor Erscheinen ihrer Erstausgabe, über das Blatt in der *Süddeutschen Zeitung*: Wer eine Staatszeitung haben wolle, „der verwandelt damit eine Zeitung in einen Gebrauchsgegenstand“. Er verglich das Projekt mit einem Wasserhahn, der täglich „das gleiche gechlorte Trinkwasser verabreicht“. Unbegründet waren die Sorgen nicht, wenn man liest, was dann am 1. Juli im nicht namentlich gekennzeichneten Editorial unter der Überschrift „Wozu Staatszeitung“ als Zweck angegeben wurde: Die Aufgabe bestehe darin, „die Auffassung der Staatsregierung zu den politischen, wirtschaftlichen und kulturellen Tagesfragen“ darzustellen und „damit der sachlichen Aufklärung über die Arbeit der Regierung zu dienen“. Blättert man in den ersten sechs Jahrzehnten der *Bayerischen Staatszeitung*, keimt der Verdacht auf, dass die Einflussnahme der Staatsregierung auf die redaktionellen Inhalte stark differierte und die Redaktion nie so unabhängig war wie heute. Über die ersten fünf Jahrzehnte hinweg vermittelt die *Bayerische Staatszeitung* den Eindruck, dass sie für einen exakt definierten Leserkreis arbeitete: für Entscheidungsträger in Behörden und Kommunen und für Unternehmer, die sich vor allem über Ausschreibungen im Staatsanzeiger informieren wollten. In ihrer heutigen Erscheinungsform wirkt sie wesentlich ambitionierter.

In den Anfangsjahren nach seiner Wiederbegründung ist nicht festzustellen, dass das Blatt von Regierungspolitikern zum Zweck der eigenen Profilierung über Gebühr benutzt wurde. Freilich muss man aber auch bedenken, dass der heute in der Präambel des Pressekodexes verankerte journalistische Grundsatz, „nach bestem Wissen und Gewissen, unbeeinflusst von persönlichen Interessen und sachfremden Beweggründen wahr“ zu berichten, insofern beeinträchtigt war, als kritische Kommentare zur Politik der Staatsregierung kaum geduldet worden wären.

Auf der Titelseite widmete sich die Redaktion sehr häufig der internationalen Politik, der

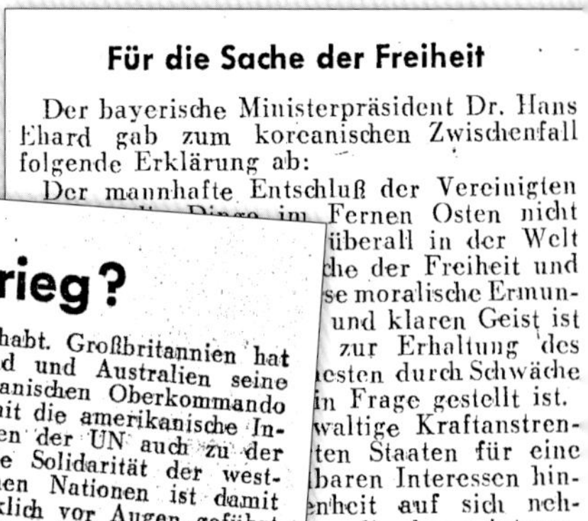

Für die Sache der Freiheit

Der bayerische Ministerpräsident Dr. Hans Ehard gab zum koreanischen Zwischenfall folgende Erklärung ab:

Der mannhafte Entschluß der Vereinigten ... Fernen Osten nicht ... überall in der Welt ... che der Freiheit und ... se moralische Ermun- ... und klaren Geist ist ... zur Erhaltung des ... esten durch Schwäche ... in Frage gestellt ist. ... waltige Kraftanstren- ... ten Staaten für eine ... baren Interessen hin- ... enheit auf sich neh- ... rn, die daran interes- ... nd äußerlich zu einer ... teidigung ihrer höch- ... führen.

Vor einem dritten Weltkrieg?

Die Menschheit steht vor schicksalsschwe- ren Entscheidungen. Sie bangt um die Frage, ob es gelingen werde, den Angriff der kom- munistischen Kräfte Nordkoreas auf Süd- korea zu lokalisieren oder ob sich der Kon- flikt zu einer weltweiten Auseinanderset- zung entwickeln werde.

Nach Art der Wochenendüberraschungen Hitlers marschierten mit Tanks und moder- ner Artillerie ausgerüstete Truppen über den 38. Breitengrad, unterstützt von einer Luft- waffe, die mit sowjetrussischen Maschinen ausgestattet ist. Die Welt hielt für 24 Stun- den den Atem an, und alle Augen richteten sich nach Washington. Präsident Truman un- terbrach seinen Urlaub. Die Chefs aller Waf- fengattungen und der „Gehirntrust“ der ame-

dens zur Folge gehabt. Großbritannien hat ebenso wie Holland und Australien seine Flotte dem amerikanischen Oberkommando unterstellt und damit die amerikanische In- tervention im Namen der UN auch zu der seinen gemacht. Die Solidarität der west- lichen demokratischen Nationen ist damit dem Kreml eindrücklich vor Augen geführt worden, und Moskau weiß, daß es, falls es Nordkorea offen unterstützen würde, einen Konflikt gegen die gesamte übrige Welt her- aufbeschwört. Die USA waren klug genug, zu erklären, daß sie nicht über die nordkorea- nische Südgrenze vorstoßen, sondern daß sie lediglich den alten Zustand wiederherstellen wollten. Der Kreml hat also die Möglichkeit, den Krieg in Korea, wie bisher, als inner-

BSZ vom 1. 7. 1950

Neuer Krieg: Im Juni 1950 überfällt Nordkorea Südkorea. Kolonnen von Flüchtlingen begegnen UNO-Soldaten, vor allem aus Amerika. Nach drei Jahren wird zwar ein Waffenstillstandsabkommen unterzeichnet – einen Friedensvertrag gibt es aber bis heute nicht. Der Krieg kostet etwa 940 000 Soldaten und drei Millionen Zivilisten das Leben.
Eine andere Front tut sich auf: Der „Kalte Krieg“ zwischen Ost und West verschärft sich. In den USA waltet Joseph McCarthy als Hardliner in der rigorosen Verfolgung von Kommunisten – echter und vermeintlicher. Dabei geht es nicht immer legal zu. *Radio Free Europe* (*RFE*) mit Hauptsitz in München (seit 1950) verbreitet über eine Kette von Sendern westliches Demokratieverständnis in Länder des Ostblocks. 1951 beginnt die Ausstrahlung von einer provisorischen Sendeanlage in Holzkirchen aus. Die Wiederbewaffnung Deutschlands ist für Bundeskanzler Konrad Adenauer erstrebtes Ziel – Innenminister Gustav Heinemann lehnt ab und tritt von seinem Amt zurück.

Ost-West-Konflikt war das beherrschende Thema. Die Staatszeitung nahm nun ihre Rolle als Wochenzeitung wahr, indem sie zum einen politische Analysen bot, zum anderen gleichsam protokollarisch die bedeutendsten Nachrichten aus den bayerischen Ministerien übermittelte, wofür unter Chefredakteur Josef Hermann Mauerer auf der zweiten Seite die Rubrik „Diese Woche in den Ministerien" eingeführt wurde. Die Leser erhielten Einblick in die Terminkalender der Minister, bekamen damit sozusagen deren Tätigkeitsnachweis auf den Tisch.

In den 1950er Jahren erinnerte die Staatszeitung, was die Navigation der Leser anging, noch an das Erscheinungsbild vor 1934: In der Pagina waren keine Ressorts angegeben, die Leser mussten sich anhand der Rubriken Orientierung verschaffen. Bis zur vierten Seite wurde politisch berichtet, wobei hier parlamentarische Beschlüsse erläutert, aber nicht kommentiert wurden. Wenn etwa die Landkreisordnung oder Wahlgesetze vorgestellt wurden, hatte dies den Charakter amtlicher Bekanntmachungen.

Auch nach dem Verlagswechsel von 1955 dominierten auf der ersten Seite weltpolitische Themen, obwohl vertraglich festgelegt war, dass die Beschreibung der bayerischen Verhältnisse den Vorrang habe. Das im Editorial zur Formatumstellung im Januar 1956 formulierte Ziel, die Demokratie zu festigen, verfolgte man durch die Darstellung der Dichotomie zwischen Sozialismus im Osten und Freiheit im Westen. Chefredakteur Karlheinz Lange verbesserte jedoch die Leserführung deutlich, indem er eine Ressortpaginierung einführte. Die Seite 2 war „Kommentare" überschrieben; im Herbst 1989 wurde sie in „Kommentare und Analysen" umbenannt, heute heißt sie „Blickpunkte". Neben den politischen Kommentaren aus der Redaktion und von freien Mitarbeitern war früher eine umfangreiche Presseschau („Blick in die bayerische Presse") platziert. Heute bringt die Seite neben Hintergrundberichten die Rubrik „Zehn Fragen an" und unter dem Motto „Die Frage der Woche" die gegensätzlichen Positionen zweier prominenter Gastschreiber; inzwischen können die Leser im Internetportal der *Bayerischen Staatszeitung* in Form einer Ja/Nein-Antwort ebenfalls dazu Stellung beziehen.

Mit Beginn der 1960er Jahre führte Karlheinz Lange die Seite „Aus Landtag und Senat" ein: Dort verteilten sich die Nachrichten auf die Rubriken „Parlament und Parteien", „Aus den Ausschüssen" sowie „Bayerische Personalien". Aus dem Impressum waren dann auch die Ressortaufteilung und die Aufgabenverteilung in der Staatszeitungsredaktion ersichtlich. Im Laufe der 1960er Jahre richtete Lange die Aufmachung des Blattes sehr stark auf Bundes- und Landespolitik aus, die Weltpolitik rückte in verkleinerter Form an die Stelle, die zuvor die bayerische Presseschau auf der zweiten Seite eingenommen hatte. Erläutert wurden auf den ersten beiden Zeitungsseiten Themen, die als relevant für die spezifische Leserklientel erachtet wurden: die Finanzierung der Polizei zum Beispiel oder Fragen der Daseinsvorsorge.

DIE FRAGE DER WOCHE *Soll man den Bundespräsidenten künftig direkt wählen?*

Von Christian Ude (SPD), Oberbürgermeister von München

JA

Auch wenn man größten Respekt hat vor den allermeisten bisherigen Staatsoberhäuptern der Bundesrepublik Deutschland und die ausgeklügelte Zusammensetzung der Bundesversammlung, die sowohl unser parlamentarisches System als auch unsere föderale Struktur widerspiegelt, zu schätzen weiß, kommt man meiner persönlichen Ansicht nach (auf Parteibeschlüsse kann ich mich da leider nicht berufen) nicht um die Feststellung herum: Nach über sechs Jahrzehnten der demokratischen Bewährung gibt es keinen hinreichenden Grund mehr, den Wählerinnen und Wählern die Wahl des Bundespräsidenten zu verweigern.

Im Sozialkundeunterricht haben wir alle brav gelernt, dass die Abkehr von der Volkswahl eine Reaktion des Grundgesetzes auf Weimarer Erfahrungen gewesen sei. Zieht dieses Argument heute wirklich noch? Ich glaube nicht. Vor allem aber halte ich ein anderes Argument für sehr viel stärker: Seit mittlerweile mehreren Jahren übertreffen sich sämtliche politische Parteien darin, dem Volk mehr Möglichkeiten der politischen Einflussnahme zu versprechen. Keine Talkshow vergeht, ohne mehr Partizipation und direkte Demokratie in Aussicht zu stellen. Diesen Worten müssen endlich Taten folgen.

Und die Verdächtigung, die Bürgerschaft könnte einem Fußballgott oder Schlagerstar erliegen, ist nach allen kommunalen Direktwahl-Erfahrungen wirklich abwegig.

Wir dürfen nicht weitere Jahrzehnte von mehr Bürgerbeteiligung reden, ohne sie tatsächlich einzuführen. Wie wenige Persönlichkeiten in der riesengroßen Bundesversammlung tatsächlich die Weichen stellen, ist bei den letzten Wahlen doch bestürzend deutlich geworden: Sie passen in eine Privatküche, notfalls auch in eine Aufzugskabine. „Mehr Demokratie wagen" das wäre doch auch ein mitreißender Ausweg aus der gegenwärtigen Krise, die unser Verhältnis zur Verfassung viel mehr in Mitleidenschaft ziehen kann, als es eine Abkehr von der bisherigen Regelung jemals auslösen könnte.

IHRE MEINUNG?

Stimmen Sie ab unter www.bsz.de/#vote

Von Prof. Ulrich Battis, Staatsrechtler, Humboldt-Universität Berlin

NEIN

Die Forderung, den Bundespräsidenten direkt durch das Volk zu wählen, ist populär. Sind doch in den letzten Jahren direkt-demokratische Formen auf Landes- und kommunaler Ebene eingeführt oder ausgebaut worden. Warum also keine Direktwahl des Bundespräsidenten?

Ganz einfach: Der Bundespräsident hat ein zwar funktionenreiches, aber politisch einflussarmes Amt inne (Dieter Grimm). Das Amt ist auf Repräsentation und Kontrolle ausgerichtet. Politisch ausschlaggebend ist es nur in eng begrenzten Ausnahmesituationen – Wahl des Bundeskanzlers (Art. 61 GG), Vertrauensfrage (Art. 68), Gesetzgebungsnotstand (Art. 81). Das Amt ist mit dem des Reichspräsidenten der Weimarer Reichsverfassung, des französischen Staatspräsidenten oder gar des US-amerikanischen Präsidenten nicht annähernd vergleichbar. Die aus der Direktwahl erwachsende zusätzliche Legitimation ginge ins Leere, könnte gar zu Dysfunktionalitäten führen, vergleichbar einem Trabi mit einem großvolumigen BMW-Triebwerk. Jeder Bundespräsident hat die „innere Stärke" des Amtes (Klaus Stern), insbesondere Vertrauen und Achtung der Bürgerinnen und Bürger durch das öffentliche Wort gewonnen. Die jeweils unterschiedliche Wirkkraft des öffentlichen Wortes hängt nicht von der Direktwahl ab.

Eine Erweiterung der Kompetenzen des Bundespräsidenten ist angesichts der Stabilität, aber auch der Erneuerungsfähigkeit des politischen Systems nicht geboten. Wegen der negativen Erfahrungen in der zweiten Amtszeit von Hindenburg haben sich die Väter und Mütter des Grundgesetzes bewusst für die Einschränkung der Kompetenzen des Bundespräsidenten entschieden. Sollte das Amt des Bundespräsidenten gar abgeschafft werden? Auch dazu ein klares Nein. Die identitätsstiftende Repräsentation des Gemeinwesens durch ein überparteiliches Staatsoberhaupt ist so wichtig wie die Nationalflagge und die Nationalhymne. Auch in Deutschland wird dies nicht nur bei Sportmeisterschaften deutlich.

BSZ vom 27. 1. 2012

Karlheinz Lange etablierte auf der Landtagsseite ein „Forum der Fraktionen", in welchem in jeder Ausgabe ein Abgeordneter ein selbst gewähltes Thema erörtern durfte, wobei die einzelnen Fraktionen nach einem streng beachteten Rotationsprinzip an die Reihe kamen. Lange schuf immer häufiger Platz auch für Beiträge von Mitgliedern der Staatsregierung. Die *Bayerische Staatszeitung* entwickelte sich allmählich zu jenem Regierungssprachrohr, vor dem Süskind und andere kritische Geister vor der Wiederbegründung gewarnt hatten. Sie wurde zu einem Honoratiorenblatt: Mandatsträger schrieben – und Mandatsträger waren allem Anschein nach auch die Zielgruppe. Der Justizminister durfte auf der Titelseite seine Meinung über „Berufsausbildung für Häftlinge" (4. August 1972) verbreiten, und zur Eröffnung der Olympischen Spiele 1972 wurde der „Gruß und Aufruf" des Ministerpräsidenten verlautbart. Daneben wies die Staatsregierung in blatthohen Anzeigen, die jedoch nicht als solche ausgezeichnet waren, auf ihre Leistungen hin. Unter Landeswappen und der Überschrift „Die bayerische Staatsregierung berichtet" wurden Erfolgszahlen mitgeteilt, etwa am 19. Juli 1974 aus dem Innenministerium: „Sicherheit. 750 Millionen DM in diesem Jahr für den Schutz der Bürger. Doppelt soviel wie 1969. Ein modernes Sicherheitsprogramm fasst alle Anstrengungen zusammen ... Technik. Ausrüstung der bayerischen Polizei mit modernen Waffen und schnellen Einsatzfahrzeugen vorbildlich in der Bundesrepublik. Neue Kameras, Videorecorder, Radargeräte, Hubschrauber und Kradstaffeln (‚Weiße Mäuse') dienen der Verkehrssicherheit ... Die bayerische Polizei klärt 57 % aller registrierten Straftaten auf. Mehr als in jedem anderen Land der Bundesrepublik. 10 % über Bundesdurchschnitt. 1973 gingen die Delikte erstmals zurück. Zahl der Verkehrsunfälle nimmt ab ... Bayern aktiv bei Sicherung der freiheitlichen Grundordnung. Neues Ordnungsrecht an den Hochschulen."

Die Frequenz persönlicher Stellungnahmen von Regierungspolitikern auf der Titelseite der Staatszeitung wurde von Jahr zu Jahr höher. Im Sommer 1980 zum Beispiel schrieb allein Ministerpräsident Franz Josef Strauß innerhalb weniger Wochen zwei große Beiträge: „Heimattreue und Verständigungswille" sowie „Zehn Jahre Sudetendeutsche Stiftung". Im Laufe der 1980er Jahre wurden die Texte aus den Federn der Minister zum Standardleitartikel der Zeitung. Da regierungsfremde Autoren – wie Bundespräsident Roman Herzog im Januar 1989 – nur selten zu Wort kamen, wirkte die Staatszeitung wie ein Schwesterorgan der CSU-Zeitung *Bayernkurier.*

Im Laufe der 1990er Jahre nahm die Redaktion beim Verfassen der Titelthemen wieder selbst das Heft in die Hand. Seit mehreren Jahren schreibt sie ihre Leitartikel selbst und

Ungebremste Motorisierung:
1951 stellt die Firma Fend ihren 50 km/h schnellen Kleinst-Wagen vor. Messerschmitt entwickelt die Kabinenroller weiter und präsentiert 1955 den KR 200, der mit 90 Sachen düst. Im gleichen Jahr rollt der einmillionste VW-Käfer vom Band. Derweil plagt die Städte der Verkehr: 1954 macht Kassel mit der ersten Fußgängerzone Deutschlands von sich reden. Beim Thema Einkaufsbummel kämpft München noch mit einem anderen Problem: 1954 wird gegen die Ladenöffnung am Samstagnachmittag demonstriert.

demonstriert damit ihre Unabhängigkeit. Die Weltpolitik ist in der *Bayerischen Staatszeitung* inzwischen ausgeblendet.

Berichte über Wirtschaftsthemen fanden in den Jahren nach dem Neustart in der Regel auf den beiden hinteren Seiten Platz. Das Agrarwesen wurde ebenso abgehandelt wie Geschäftsberichte von Unternehmen, Konzessionsverträge für die Energieversorgung und wirtschaftspolitische Fragen, die jeden Hausbesitzer tangierten, wenn es zum Beispiel um die Einführung einer Hagelpflichtversicherung ging. Selten ergriffen Politiker zu dieser Zeit selbst das Wort, wie Landwirtschaftsminister Alois Schlögl, der über den Stand der Flurbereinigung informierte. Zum eigenständigen Ressort avancierte die Abteilung Wirtschaft unter Chefredakteur Karlheinz Lange. War bis dahin oft nur eine oder gar nur eine halbe Seite für „Wirtschaft und Soziales" vorgesehen, so wuchs der Wirtschaftsteil nun auf bis zu vier Seiten an. Lange setzte energisch Akzente: Er ließ nicht nur über die Wirtschaft berichten, bei ihm waren Vertreter der Wirtschaft auch als Autoren eingeladen. Zum Jahresanfang 1972 etwa gab die Zeitung eine Beilage heraus, in der neben Staatsministern und Senatoren auch Bank- und Versicherungsdirektoren vorausblickten – eine solche Beilage gibt es bis heute, inzwischen aber zum Jahresende als „Bayerns Wirtschaft im Rückblick"; eine kritische Auseinandersetzung mit dem Wirtschaftsgeschehen liest man dort nicht. Die Themenvielfalt der Wirtschaftsseiten war traditionell enorm. Die Bilanz der Volksbank Dachau war ebenso eine Notiz wert wie der geforderte Ausbau des Nürnberger Flugplatzes. Bei den Aufmachertexten dieser Seiten handelte es sich oft um umfangreiche Kommentare, obwohl sie sich optisch nicht von den Nachrichten abhoben. Nach der Ära Lange wurden die Wirtschaftsseiten de nomine vorübergehend deutlich reduziert. Weil Sonderseiten wie „Neues Bauen in Bayern" gepflegt werden, die im Grunde Wirtschaftsberichterstattung für spezifische Branchen bieten, büßte die Staatszeitung ihre Wirtschaftskompetenz aber nicht ein.

Die Kulturberichterstattung entsprach in ihrer inhaltlichen Vielfalt zunächst weitgehend dem Zuschnitt des Kulturteils vor Auflösung der Staatszeitung 1934. Rezensionen über Filme und Bühnenproduktionen standen in den 1950ern auf einer Seite mit Artikeln über Hochschulthemen. Unter der Ägide von Karlheinz Lange bekamen auch die Kulturseiten eine eigene Pagina und ein schärferes Profil. Der Fokus wurde auf die Künste gerichtet: Konzerte, Theaterinszenierungen, Filme, Ballett, Malerei und Bildhauerei – die Staatszeitung engagierte in ihrem Bemühen um eine niveauvolle Kulturkritik kompetente Rezensenten. Bemerkenswert ist, wie konsequent sie darauf achtete, möglichst alle grö-

WIRTSCHAFT UND SOZIALES

Münchner – Landesmeister im Sparen und Kaufen

„Nicht auf den Wachstumslorbeeren ausruhen“

Auch im Winter an der Kapazitätsgrenze

Versicherungssumme von 30 Milliarden im Visier

WIRTSCHAFT

„Die Oberpfalz ist Zukunft“

> Unverzichtbar!

BSZ vom 28. 10. 1988 BSZ vom 18. 11. 2011

NEUES BAUEN IN BAYERN

Vollbiologische Kläranlage Gunzenhausen

BAUEN IN BAYERN

Ein Dach wie eine Wolke

Rudolf Ernst GmbH

miller INGENIEURBÜRO

BSZ vom 30. 8. 1985 BSZ vom 4. 3. 2011

ßeren bayerischen Städte zu berücksichtigen. Eine *Dreigroschenoper* im Landestheater Schwaben konnte neben einem Nürnberger *Falstaff* und einem Goldoni-Stück in München stehen. Freilich kam es vor, dass auf einer Kulturseite ausschließlich Münchner Veranstaltungen besprochen wurden, was dann an der Fülle und an der Qualität des Angebotes lag, aber dies war die Ausnahme. Bücher wurden auf gesonderten Seiten rezensiert. Die Kulturseiten bildeten und bilden in der Staatszeitung einen wichtigen Kontrast zu den Politik- und Wirtschaftsseiten, den sogenannten harten Inhalten der Zeitung, sie federn diese geradezu ab. Abwechslung und Auflockerung bieten auch Seiten wie „Freizeit & Reise“ und „Auto & Verkehr“. Eine Sportberichterstattung fand nach der Neugründung nicht mehr statt.

Die starke München-Fixierung war nach dem Neustart abgeschafft. Vielmehr griff die Redaktion Lokalthemen aus ganz Bayern auf – sie machte das Attribut bayerisch zum Programm ihrer Berichterstattung. Wenn sich lokal brisante Angelegenheiten durch Recherche überhöhen ließen, schafften sie es sogar auf die Titelseite. So wurde beispielsweise die Entscheidung der Stadtverwaltung von Regensburg als beispielhaft gelobt, Zeitungsverkäufern die Pacht für ihre Kiosk-Standplätze auf städtischen Arealen aufzukündigen, wenn sie „Publikationen für Naktkultur (sic) und mit überwiegend sexuellem Inhalt“ im Sortiment hatten. Damit sich nicht nur die Leser aus einer Stadt, in diesem Fall Regensburg, angesprochen fühlten, recherchierte die Redaktion, wie andere Kommunen solche Probleme handhabten.

Ansonsten spielte sich die Kommunalberichterstattung von den 1950er Jahren an auf den Seiten sechs oder sieben ab. Regelmäßig erschienen in den Anfangsjahren Landkreisporträts. Chefredakteur Lange griff diese Idee in den 1960ern erneut auf und begann eine Serie, in der er die Landkreise nicht nur porträtierte, sondern vor allem ihre Probleme in den Mittelpunkt rückte. Die Serie hieß denn auch „Probleme bayerischer Landkreise“; sie endete im Februar 1972. Dies hing womöglich mit dem im vorangegangenen Jahr vollzogenen Relaunch der Seiten drei und vier zusammen. Die Seite drei hieß nun „Umschau“; das Spektrum reichte von unterhaltenden Artikeln über bayerisches Brauchtum bis hin zu

KOMMUNALES UND UMWELT

Ernste Sorge um Bayerns

Technik und Vernunft im Verkehr

Hopfenrekord und Bettenkomfort

KOMMUNALES

Weibliche Führungskräfte haben es schwer

Archetypen dörflicher Charaktere

Wo Erde und Himmel verbunden sind

BSZ vom 1. 9. 1972 BSZ vom 4. 2. 2011

KULTUR

Alltag und Mythen der Technik

Mysterienspiel ohne Mätzchen

Sind Fixer-Väter primitiv?

KULTUR

Untergang der Tugend

Wirbeln und Wabern unter strenger Hand

Mit dem Charme einer Spieluhrmelodie

Sex and Crime am mexikanischen Grenzzaun

BSZ vom 15. 10. 1982 BSZ vom 15. 4. 2011

Fachthemen wie die Auswirkung der Volksschulreform in Unterfranken oder „Theorie und Praxis des Waldfunktionsplanes am Beispiel der Oberforstdirektion Regensburg" (17. November 1972).

Dahinter folgte eine Seite mit dem 1971 eingeführten Titel „Kommunales und Umwelt". Kommunalpolitiker konnten sich dort über viele gesetzliche Belange informieren, die Auswirkungen auf ihre Kommunen hatten. Ein fester Bestandteil dieser Seite wurde das „Bayerische Kaleidoskop", eine Kolumne, die schon lange zuvor eingeführt war und über Jahrzehnte hinweg von Erich Münsch, später auch von Redaktionsmitgliedern verfasst wurde. Diese Kolumne war eine um kuriose Meldungen erweiterte Politglosse, die über viele Jahre hinweg „Moral"-Reime enthielt. Zum Beispiel dichtete Münsch nach einem Verweis auf die Zunahme gewalttätiger Übergriffe: „In Bayern lebt sichs, sind wir ehrlich, / gemütlich noch, nicht nur gefährlich." Das „Bayerische Kaleidoskop" überdauerte bis in die Ära von Chefredakteur Carl Schmöller. Häufig waren auf dieser Seite auch Beiträge über die kommunalen Spitzenverbände Bayerns zu finden. In den 1980ern begann man, bayerische Bürgermeister zu porträtieren. Als dann in Zusammenarbeit mit dem Verband der Bayerischen Bezirke eine regelmäßig erscheinende und allein der Berichterstattung über Anliegen der Bezirke vorbehaltene Seite eingeführt wurde, gab es Porträts über Bezirksräte zu lesen. Einmal mehr zeigte sich hier, dass die Staatszeitung weniger für ein breites Publikum schrieb, sondern eher für Mandatsträger. Mit dem Städtetag, dem Landkreistag und dem Gemeindetag kam es zu ähnlichen Kooperationen. Als 1998 das Fachblatt *Gemeinde-Kurier* übernommen und inhaltlich in die Staatszeitung integriert wurde (anfangs war ein Teil der Kommunalseiten noch mit „Gemeindekurier" paginiert), erfuhr die Kommunalberichterstattung eine Ausweitung mitunter auf vier bis sechs Seiten – nie zuvor in ihrer 100-jährigen Geschichte hatte das Kommunalpolitische in der *Bayerischen Staatszeitung* einen solchen Umfang. Inzwischen ist das Seitenvolumen wieder etwas geschrumpft und richtet sich auch nach dem Umfang des Stellenmarkts, der aus dem Staatsanzeiger nach vorne geholt und an das Kommunalressort angegliedert wurde.

Brisantes in BSZ-Schlagzeilen

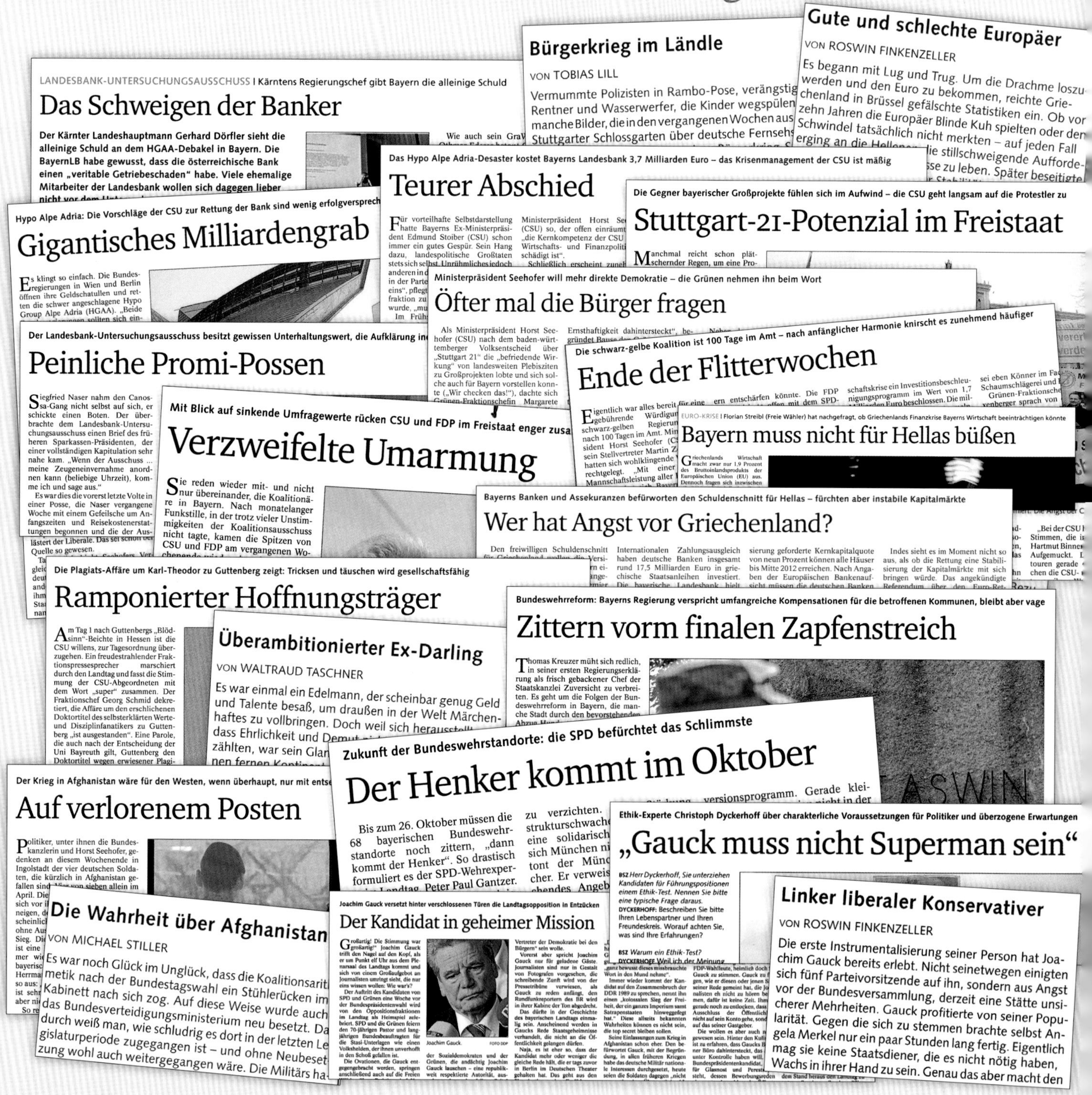

LANDESBANK-UNTERSUCHUNGSAUSSCHUSS | Kärntens Regierungschef gibt Bayern die alleinige Schuld

Das Schweigen der Banker

Der Kärntner Landeshauptmann Gerhard Dörfler sieht die alleinige Schuld an dem HGAA-Debakel in Bayern. Die BayernLB habe gewusst, dass die österreichische Bank einen „veritable Getriebeschaden" habe. Viele ehemalige Mitarbeiter der Landesbank wollen sich dagegen lieber

Bürgerkrieg im Ländle

VON TOBIAS LILL

Vermummte Polizisten in Rambo-Pose, verängstig Rentner und Wasserwerfer, die Kinder wegspülen manche Bilder, die in den vergangenen Wochen aus Stuttgarter Schlossgarten über deutsche Fernseh

Gute und schlechte Europäer

VON ROSWIN FINKENZELLER

Es begann mit Lug und Trug. Um die Drachme loszu werden und den Euro zu bekommen, reichte Grie- chenland in Brüssel gefälschte Statistiken ein. Ob vor zehn Jahren die Europäer Blinde Kuh spielten oder den Schwindel tatsächlich nicht merkten – auf jeden Fall erging an die Hellenen ... die stillschweigende Aufforde- ... sse zu leben. Später beseitigte

Das Hypo Alpe Adria-Desaster kostet Bayerns Landesbank 3,7 Milliarden Euro – das Krisenmanagement der CSU ist mäßig

Teurer Abschied

Für vorteilhafte Selbstdarstellung hatte Bayerns Ex-Ministerpräsident Edmund Stoiber (CSU) schon immer ein gutes Gespür. Sein Hang dazu, landespolitische Großtaten ...

Hypo Alpe Adria: Die Vorschläge der CSU zur Rettung der Bank sind wenig erfolgversprech

Gigantisches Milliardengrab

Es klingt so einfach. Die Bundesregierungen in Wien und Berlin öffnen ihre Geldschatullen und retten die schwer angeschlagene Hypo Group Alpe Adria (HGAA). „Beide

Die Gegner bayerischer Großprojekte fühlen sich im Aufwind – die CSU geht langsam auf die Protestler zu

Stuttgart-21-Potenzial im Freistaat

Manchmal reicht schon plätschernder Regen, um eine Pro-

Ministerpräsident Seehofer will mehr direkte Demokratie – die Grünen nehmen ihn beim Wort

Öfter mal die Bürger fragen

Als Ministerpräsident Horst Seehofer (CSU) nach dem baden-württemberger Volksentscheid über „Stuttgart 21" die „befriedende Wirkung" von landesweiten Plebisziten zu Großprojekten lobte und sich solche auch für Bayern vorstellen konnte („Wir checken das!"), dachte sich Grünen-Fraktionschefin Margarete

Der Landesbank-Untersuchungsausschuss besitzt gewissen Unterhaltungswert, die Aufklärung in

Peinliche Promi-Possen

Siegfried Naser nahm den Canossa-Gang nicht selbst auf sich, er schickte einen Boten. Der überbrachte dem Landesbank-Untersuchungsausschuss einen Brief des früheren Sparkassen-Präsidenten, der einer vollständigen Kapitulation sehr nahe kam. „Wenn der Ausschuss ... meine Zeugeneinvernahme anordnen kann (beliebige Uhrzeit), komme ich und sage aus."

Es war dies die vorerst letzte Volte in einer Posse, die Naser vergangene Woche mit einem Gefeilsche um Anfangszeiten und Reisekostenerstattungen begonnen und die der Aus-

Die schwarz-gelbe Koalition ist 100 Tage im Amt – nach anfänglicher Harmonie knirscht es zunehmend häufiger

Ende der Flitterwochen

Eigentlich war alles bereit für eine gebührende Würdigung der schwarz-gelben Regierung nach 100 Tagen im Amt. Ministerpräsident Horst Seehofer (CSU) und sein Stellvertreter Martin Zeil hatten sich wohlklingende ... rechtgelegt. „Mit einer ... Mannschaftsleistung aller ...

Mit Blick auf sinkende Umfragewerte rücken CSU und FDP im Freistaat enger zusa

Verzweifelte Umarmung

Sie reden wieder mit- und nicht nur übereinander, die Koalitionäre in Bayern. Nach monatelanger Funkstille, in der trotz vieler Unstimmigkeiten der Koalitionsausschuss nicht tagte, kamen die Spitzen von CSU und FDP am vergangenen Wo-

EURO-KRISE | Florian Streibl (Freie Wähler) hat nachgefragt, ob Griechenlands Finanzkrise Bayerns Wirtschaft beeinträchtigen könnte

Bayern muss nicht für Hellas büßen

Griechenlands Wirtschaft macht zwar nur 1,9 Prozent des Bruttoinlandsprodukts der Europäischen Union (EU) aus. Dennoch fragen sich inzwischen

Bayerns Banken und Assekuranzen befürworten den Schuldenschnitt für Hellas – fürchten aber instabile Kapitalmärkte

Wer hat Angst vor Griechenland?

Den freiwilligen Schuldenschnitt ... Internationalen Zahlungsausgleich haben deutsche Banken insgesamt rund 17,5 Milliarden Euro in griechische Staatsanleihen investiert. ... sierung geforderte Kernkapitalquote von neun Prozent können alle Häuser bis Mitte 2012 erreichen. Nach Angaben der Europäischen Bankenaufsicht ... Indes sieht es im Moment nicht so aus, als ob die Rettung eine Stabilisierung der Kapitalmärkte mit sich bringen würde. Das angekündigte Referendum ...

Die Plagiats-Affäre um Karl-Theodor zu Guttenberg zeigt: Tricksen und täuschen wird gesellschaftsfähig

Ramponierter Hoffnungsträger

Am Tag 1 nach Guttenbergs „Blödsinn"-Beichte in Hessen ist die CSU willens, zur Tagesordnung überzugehen. Ein freudestrahlender Fraktionspressesprecher marschiert durch den Landtag und fasst die Stimmung der CSU-Abgeordneten mit dem Wort „super" zusammen. Der Fraktionschef Georg Schmid dekretiert, die Affäre um den erschlichenen Doktortitel des selbsterklärten Werte- und Disziplinfanatikers zu Guttenberg „ist ausgestanden". Eine Parole, die auch nach der Entscheidung der Uni Bayreuth gilt, Guttenberg den Doktortitel wegen erwiesener Plagi-

Überambitionierter Ex-Darling

VON WALTRAUD TASCHNER

Es war einmal ein Edelmann, der scheinbar genug Geld und Talente besaß, um draußen in der Welt Märchenhaftes zu vollbringen. Doch weil sich herausstellte, dass Ehrlichkeit und Demut ... zählten, war sein Glan... nen fernen Kontinent...

Bundeswehrreform: Bayerns Regierung verspricht umfangreiche Kompensationen für die betroffenen Kommunen, bleibt aber vage

Zittern vorm finalen Zapfenstreich

Thomas Kreuzer müht sich redlich, in seiner ersten Regierungserklärung als frisch gebackener Chef der Staatskanzlei Zuversicht zu verbreiten. Es geht um die Folgen der Bundeswehrreform in Bayern, die manche Stadt durch den bevorstehenden Abzug ...

Zukunft der Bundeswehrstandorte: die SPD befürchtet das Schlimmste

Der Henker kommt im Oktober

Bis zum 26. Oktober müssen die 68 bayerischen Bundeswehrstandorte noch zittern, „dann kommt der Henker". So drastisch formuliert es der SPD-Wehrexperte ... Landtag Peter Paul Gantzer. ... zu verzichten. ... strukturschwache ... eine solidarisch... sich München ni... tont der Münc... cher. Er verweis... ... versionsprogramm. Gerade klei-

Der Krieg in Afghanistan wäre für den Westen, wenn überhaupt, nur mit entse

Auf verlorenem Posten

Politiker, unter ihnen die Bundeskanzlerin und Horst Seehofer, gedenken an diesem Wochenende in Ingolstadt der vier deutschen Soldaten, die kürzlich in Afghanistan gefallen sind ...

Ethik-Experte Christoph Dyckerhoff über charakterliche Voraussetzungen für Politiker und überzogene Erwartungen

„Gauck muss nicht Superman sein"

BSZ Herr Dyckerhoff, Sie unterziehen Kandidaten für Führungspositionen einem Ethik-Test. Nennen Sie bitte eine typische Frage daraus.

DYCKERHOFF: Beschreiben Sie bitte Ihren Lebenspartner und Ihre Freundeskreis. Worauf achten Sie, was sind Ihre Erfahrungen?

BSZ Warum ein Ethik-Test?

Die Wahrheit über Afghanistan

VON MICHAEL STILLER

Es war noch Glück im Unglück, dass die Koalitionsarithmetik nach der Bundestagswahl ein Stühlerücken im Kabinett nach sich zog. Auf diese Weise wurde auch das Bundesverteidigungsministerium neu besetzt. Da durch weiß man, wie schludrig es dort in der letzten Legislaturperiode zugegangen ist – und ohne Neubesetzung wohl auch weitergegangen wäre. Die Militärs ha-

Joachim Gauck versetzt hinter verschlossenen Türen die Landtagsopposition in Entzücken

Der Kandidat in geheimer Mission

„Großartig! Die Stimmung war großartig!" Joachim Gauck trifft den Nagel auf den Kopf, als er um Punkt elf Uhr aus dem Plenarsaal des Landtags kommt und sich von einem Großaufgebot an Journalisten umringt sieht.

Joachim Gauck. FOTO DDP

Linker liberaler Konservativer

VON ROSWIN FINKENZELLER

Die erste Instrumentalisierung seiner Person hat Joachim Gauck bereits erlebt. Nicht seinetwegen einigten sich fünf Parteivorsitzende auf ihn, sondern aus Angst vor der Bundesversammlung, derzeit eine Stätte unsicherer Mehrheiten. Gauck profitierte von seiner Popularität. Gegen die sich zu stemmen brachte selbst Angela Merkel nur ein paar Stunden lang fertig. Eigentlich mag sie keine Staatsdiener, die es nicht nötig haben, Wachs in ihrer Hand zu sein. Genau das aber macht den

Megaflop: Die BayernLB, die Hausbank des Freistaats, übernimmt 2007 über die Hälfte der Aktien an der österreichischen Bank Hypo Group Alpe Adria (HGAA) – 2009 gibt sie das Pleitepaket für 1 Euro zurück. Missmanagement auch in anderen Fällen: Der Landtag setzt 2008 einen Untersuchungsausschuss ein.

Verstrickt in mehrere politische Affären, zum Beispiel um den CDU-Parteispendenskandal, setzt sich der Rüstungslobbyist Karlheinz Schreiber nach Kanada ab. Nach jahrelangem juristischen Gerangel wird er 2009 nach Deutschland ausgeliefert und 2010 wegen Steuerhinterziehung vom Augsburger Landgericht zu zehn Jahren Haft verurteilt. Das Berufungsverfahren läuft noch.

Mal lächeln, mal knurren sie sich an: Die Mehrheit im Landtag ist für die CSU seit 2008 perdu – sie tut sich mit der FDP zusammen. Diese stellt mit Martin Zeil den Stellvertreter des Ministerpräsidenten.

Die Flaute hält an – Griechenland treibt dem Staatsbankrott entgegen: Das Land häuft über Jahre Schulden um Schulden an, überschreitet massiv die EU-Grenze beim Haushaltsdefizit von drei Prozent, operiert nach außen mit falschen Zahlen. 2010 kommt der große Knall, der bis heute nachhallt. Die ganze Finanzpolitik der Europäischen Union ist auf dem Prüfstand. Griechenland bekommt Rettungspakete nur unter strengen Auflagen.

Wutbürger ist ein Neologismus, der mit dem Protest gegen den Umbau des Stuttgarter Hauptbahnhofs verbunden wird. Eine Volksabstimmung 2011 bestätigt das geplante Projekt.

Gestolpert: Karl-Theodor zu Guttenberg ist neuer Superstar der CSU und Bundesverteidigungsminister. Dann kommt heraus, dass er in seiner Doktorarbeit zu viel abgekupfert hat. 2011 gibt er alle politischen Ämter auf. Bundespräsident Christian Wulff werden seine Freundschaften zum Verhängnis: Die Staatsanwaltschaft gibt bekannt, gegen den Bundespräsidenten zu ermitteln – nach eineinhalbjähriger Amtszeit zieht Wulff aus Schloss Belvue aus. Neuer Bundespräsident wird Joachim Gauck.

Die neue Bundeswehr. Ende 2001 erteilt der Bundestag das Mandat zur Beteiligung deutscher Soldaten im Krieg in Afghanistan, im Januar 2012 wird es um ein Jahr verlängert. Bis dahin sind über 50 deutsche Soldaten gefallen. An Auslandseinsätzen nehmen Grundwehrdienstleistende nicht teil – auch nicht nach dem Wandel der Bundeswehr hin zur Freiwilligenarmee: Die Wehrpflicht ist seit Juli 2011 ausgesetzt.

Beilagen für noch mehr Stoff

Mit einem Umfang von acht Seiten erschien die Beilage *Der Heimgarten* von 1923 an bis 1934 einmal pro Woche. Heute würde man ein solches Produkt als Magazin-Beilage bezeichnen. Heimgarten – Jacob und Wilhelm Grimm verorten diesen Begriff in ihrem *Deutschen Wörterbuch* in Bayern und Schwaben und übersetzen ihn folgendermaßen: „besuch machen, in gesellschaft gehen oder sein, auch traulich kosen, plaudern". Dementsprechend lautete der Untertitel der Beilage „Blätter für Literatur, Belehrung und Unterhaltung". Sie enthielt Kurzgeschichten und Gedichte, aber auch essayistische Beiträge, kunstgeschichtliche Abhandlungen und Reisebeschreibungen. Wenn es galt, Platz zu füllen, griff man auf Kurzzitate von Dichtern oder Philosophen zurück. *Der Heimgarten* bildete alles andere als die Avantgarde seiner Zeit ab, doch er hatte – womöglich gerade deshalb – eine große Leserschaft. Als die Staatszeitung 1934 eingestellt wurde, versuchte Chefredakteur Friedrich Möhl wenigstens diese Beilage zu retten: Er wies Ministerpräsident Ludwig Siebert in einem Brief darauf hin, dass in einer Vielzahl von Leserzuschriften aus dem gesamten deutschen Sprachraum um das Fortbestehen der Zeitung gebeten werde. Für die letzte Ausgabe verfasste Möhl selbst ein Abschiedsgedicht von fünf Strophen. Es begann: „‚Heimgartens' Ende! – Heut zum letzten Male / darf ich Euch führen in mein trautes Land, / das ich gepflegt im heimatlichen Tale, / vom Lärm des Tages sorglich abgewandt."

Von September 1952 an erschien monatlich die Beilage *Unser Bayern*. Sie wurde von keinem geringeren als Max Spindler mitinitiiert, dem großen Landeshistoriker. Spindler erkannte das populäre Potenzial der Geschichtswissenschaft und sah eine Chance für die eigene Disziplin: Je besser die Landesgeschichte präsentiert wurde, desto nützlicher und profitabler war das für sein Institut und seine Mitarbeiter. *Unser Bayern* sollte laut Editorial der Erstausgabe „in Zusammenarbeit mit dem Seminar für bayerische Geschichte an der Universität München, der Bayerischen Akademie der Wissenschaften, mit wissenschaftlichen Vereinigungen und Stiftungen unsere Leser vertraut machen mit interessanten Epochen, Richtungen, Ereignissen aber auch Publikationen aus der bayerischen Geschichte, wobei wir unter Historie ebenso Quellenkunde verstehen wie politische, staatsrechtliche, soziale, Kunst- und Literaturgeschichte, und wobei wir Geschichte nicht als Flucht in die Vergangenheit betrachten, sondern in ihrem lebendigen Bezug auf Fragen und Erfordernisse der Gegenwart". Spindler brachte Schüler bei diversen Medien unter – für *Unser Bayern* schrieben zum Beispiel die späteren Regensburger Professoren Kurt Reindel und Wilhelm Volkert als Fachmann für Heraldik; als *Unser Bayern*-Autoren kamen später der Landeshistoriker Wilhelm Störmer ebenso wie der bedeutende Kunstsammler und -historiker Friedbert Ficker hinzu. In jüngerer Zeit liest man auch mal so prominente Namen wie Peter Gauweiler und Altabt Odilo Lechner, Hans-Michael Körner, Dirk Götschmann und Winfried Nerdinger. Seit mehreren Jahren ist der

Schriftsteller Bernhard Setzwein Kolumnist der Seite 2, die unter dem Motto steht „Unser noch unerforschtes Bayern".

Dieses Monatsmagazin erschien zunächst im Halbformat der Staatszeitung, heute ist es eine DIN A4-Beilage. Von 1956 an war *Unser Bayern* im Vergleich zum *Heimgarten* reich illustriert, es erschien fortan nicht mehr auf Zeitungspapier, sondern auf hochwertigerem satinierten Papier. In der Anfangszeit waren oft ganze Hefte einem Schwerpunktthema gewidmet, allein die Rubrik „Neue bayerische Gemeindewappen" und Buchbesprechungen wichen davon ab. Unter der Redaktion von Arthur Hübscher gegen Ende der 1950er Jahre und vor allem unter Hans Krieger von Beginn der 1960er Jahre an gestaltete sich das Themenspektrum mannigfaltig. Häufig wurden historische Persönlichkeiten vorgestellt und Stadtporträts abgedruckt. Die wappenkundliche Kolumne existierte bis in die 1980er Jahre. Eine Zäsur erlebte die Beilage in den 1990ern. Sie wurde unter der Leitung von Karin Dütsch optisch modernisiert und inhaltlich erweitert: Neben kultur- und kunsthistorischen Themen wurde das Spektrum auf die Bereiche Umwelt und Natur erweitert. Es erschienen Serien zu Eigenarten Bayerns (Krachert – global), zum Jubiläum „200 Jahre Königreich Bayern" und zu „Wasser – Bayerns kostbares Nass", die dann auch in Büchern gesondert herausgegeben wurden. Schwerpunkthefte widmeten sich dem Jubiläum „60 Jahre bayerische Verfassung" oder der speziellen Frage, was Ludwig II. als königlichen Bauherrn charakterisierte.

Was sich anhört wie ein Sozialkundebuch für den Schulunterricht, war in der Tat als Arbeitsmaterial für die Staatsbürgerkunde gedacht: *Der Staatsbürger*, erstmals der Staatszeitung im Januar 1953 beigelegt, wandte sich anfangs an junge Menschen, wie schon die Diktion der Überschrift eines Beitrags in der zweiten Nummer deutlich zeigt: „Die Feinde des Staates sind auch deine Feinde". Auch diese Beilage erhielt im Jahr 1956 satiniertes Papier. Ihre Inhalte wandelten sich im Laufe der Jahre. Man griff aktuelle Themen auf und bot dazu viele Hintergrundinformationen. Das hundertste Jubiläum des Deutschen Museums konnte ebenso Anlass für eine umfangreiche Berichterstattung geben wie der Strukturwandel im südostbayerischen Chemiedreieck.

Im Jahr 1972 begann eine Kooperation der *Bayerischen Staatszeitung* mit der Landeszentrale für politische Bildung. Letztere bestritt zunächst zwei Seiten im *Staatsbürger*, von 1979 an sechs Seiten. Die Staatszeitung profitierte insofern von der Zusammenarbeit, als die Landeszentrale eine größere Auflage des *Staatsbürgers* abnahm und über ihren eigenen Adressverteiler (kostenlos) vertrieb. Im Juli 2005 erschien die letzte Ausgabe der Beilage *Der Staatsbürger*. Die Bayerische Landeszentrale für politische Bildung legt der *Bayerischen Staatszeitung* inzwischen vierteljährlich ein eigenes Heft bei (*Einsichten und Perspektiven*).

Bayerische Staatszeitung

Bayern forscht

Materialforschung

Die Fußball-EM naht. Und wieder gibt es einen neuen Ball. Der soll noch runder und noch schneller sein.

12 WISSENSCHAFT

So schief dreht sich der blaue Planet

Uni Passau berät Asien in Sachen Regierungsführung

Dem *Staatsbürger* folgte die zweimonatliche, reich bebilderte Beilage *Bayern forscht* mit Hintergrundberichten, Porträts und Meldungen zu aktuellen Forschungsthemen von Bayerns Hochschulen, von der Bayerischen Akademie der Wissenschaften, den Max-Planck-Instituten, der Fraunhofer Gesellschaft und der Helmholtz-Gesellschaft (früher GSF). Nach zwei Jahren wurde die Beilage ins Hauptblatt integriert: Als „Bayern forscht" und jetzt „Wissenschaft" paginierte Seite mit unregelmäßigem, aber recht häufigem Erscheinungsturnus. Die Artikel sind meist Veröffentlichungen der Forschungseinrichtungen oder Beiträge aus Fachpressediensten.

Unter *www.maximilianeum.de* ist im Internet das Online-Magazin des Bayerischen Landtags abrufbar. Zwischen 1989 und 2007 bot die *Bayerische Staatszeitung* mit der Printbeilage *Maximilianeum* diese Plattform, auf der sich der Landtag an alle wenden konnte, die „über den parlamentarischen Alltag in Bayern, über aktuelle politische Themen und über die Geschichte des Parlamentarismus in unserem Freistaat mehr wissen wollen". Herausgeber der Beilage war der Landtag, der auch die Kosten für Redaktion (für die die *Bayerische Staatszeitung* verantwortlich zeichnete), Druck und Vertrieb übernahm. Zusätzlich gibt es in der Staatszeitung die Rubrik „Aus dem Maximilianeum" (ebenfalls mit Unterstützung des Landtags), die im Laufe der Jahre auf heute zwei Seiten reduziert wurde. Neben Hintergrundberichten zum aktuellen Parlamentsgeschehen ist dort als wiederkehrendes Element das „Forum der Fraktionen" platziert, wo Abgeordnete aller im Landtag vertretenen Parteien zu aktuellen Fragen Stellung beziehen.

Jahrgang 15 / Nr. 1 Februar 2003

Maximilianeum

Aus dem Bayerischen Landtag

Den Amtsschimmel zügeln, die Lebensqualität verbessern

Der *Bayerische Staatsanzeiger* ist seit seinem Bestehen das Medium, in dem amtliche Ausschreibungen in Bayern präsentiert werden. Wenn die *Bayerische Staatszeitung* Probeabonnenten in einem Standardbrief begrüßt, verweist sie zuallererst auf diese Exklusivität als „kompetenter Begleiter zum Thema Ausschreibung und Vergabe in Bayern". Der Leser wird aufgefordert: „Schöpfen Sie mit dem *Bayerischen Staatsanzeiger* das Potenzial öffentlicher Anträge aus. Denn bei uns erhalten Sie Zugang zu den öffentlichen Ausschreibungen des Freistaates Bayern – und das jede Woche neu." Ihre Kernleserschaft sieht die Zeitung heute im Bau- und Baunebengewerbe. Das wird auch im Brief an Probeleser herausgestellt. Am Ende wird angemerkt, das Angebot werde „durch eine umfassende und unabhängige Berichterstattung mit den Schwerpunkten Politik, Wirtschaft und Kommunales" aus Bayern „abgerundet" – die Kulturberichterstattung wird ebenso wenig erwähnt wie die einzigartige Magazinbeilage *Unser Bayern*. Der redaktionelle Teil der Zeitung rundet das Angebot ab? Nicht mehr? Die *Bayerische Staatszeitung* untertreibt hier maßlos. Mit ihrer journalistischen Leistung dürfte sie wesentlich offensiver zu Markte gehen.

AUS DEM MAXIMILIANEUM 5

Bayern muss nicht für Hellas büßen

STANDPUNKTE DER FRAKTIONEN

6 AUS DEM MAXIMILIANEUM

Schulabgänger und Wiederholer an Bayerns Schulen

Popmusik, Wasserquelle, Schleierfahndung

ZOLLAMT

BSZ vom 5. und 13. 1. 2012

Quelle für Bayerns Zeitgeschichte

Von Karl-Ulrich Gelberg

Um es vorwegzunehmen: Die *Bayerische Staatszeitung* ist für jeden Historiker, der sich mit der Geschichte des Freistaats Bayern seit 1945 beschäftigt, eine unverzichtbare Quelle ersten Ranges, vor allem zur ersten Orientierung. Das liegt an ihrem „offiziösen" Charakter, was mit „halbamtlich" übersetzt wird. Dies ist ihr Alleinstellungsmerkmal. Sie fungierte über weite Strecken mit Beiträgen der Ministerpräsidenten, von Staatsministern und Beamten als offizielles Sprachrohr der Exekutive. Nun könnte man einwenden, dies sei ein Nachteil, weil es sich nicht um kritischen Journalismus handle. Doch das Gegenteil ist der Fall: Denn auf diese Weise kann man politische Themen identifizieren, und es wird gleich dazu die Regierungsperspektive geboten, die der Historiker dann in einem zweiten Schritt mit anderen Presseorganen vergleichen oder beim Blick in die Akten sehen kann, ob und welche Übereinstimmungen bzw. Diskrepanzen zwischen öffentlichen Bekundungen und den tatsächlichen Fakten oder Motiven existieren. So kann er – mit Hilfe der Staatszeitung – die staatliche Politik beschreiben und beurteilen.

Einige Beispiele für diese Sicht auf die Exekutive, die bis vor etwa zehn Jahren wesentlichen Raum einnahm: Der Leiter der Staatskanzlei der von 1954 bis 1957 regierenden Viererkoalition, der Rechtsanwalt Albrecht Haas (FDP), präsentierte mit dem Artikel „Thema Verwaltungsvereinfachung" (12. Februar 1955) ein programmatisches Ziel der aktuellen Regierung, von dem dann am Ende vor allem die *Bereinigte Sammlung des Bayerischen Landesrechts* übrig blieb, die ein Autor namens „Dr. Vogel" in der Staatszeitung vorstellte („Die Sammlung des bayerischen Landesrechts", 28. Mai 1955) – der spätere Münchner Oberbürgermeister Hans-Jochen Vogel (SPD). Max Streibl (CSU), seit 1970 erster bayerischer Staatsminister für Landesentwicklung und Umweltfragen, zog am 11. Januar 1974 unter der Überschrift „Umweltschutz – 3 Jahre Bewährung des Bayerischen Modells" eine erste Bilanz der Arbeit seines Ressorts. Interessant daran ist, dass Streibl, bei seiner Ernennung noch als Planungsminister tituliert, bereits nach drei Jahren den Schwerpunkt seiner Arbeit im Umweltschutz sah.

Schwerpunktthema Föderalismus

Wie nur wenige andere Themen stand für die *Bayerische Staatszeitung* sehr lange der Föderalismus im Fokus der Berichterstattung. Ministerpräsident Hans Ehard (CSU), der bei den Grundgesetzberatungen den Bundesrat durchgesetzt hatte, war der Auffassung, dieser allein reiche nicht, um die Rechte der Länder im Sinne einer föderalistischen Verfassung festzuschreiben. Darüber entscheide erst die Verfassungspraxis. Dies mahnten daher

Bayerische Staatszeitung und Bayerischer Staatsanzeiger

Föderalisierung der Außenpolitik?

Nach einer Bonner Meldung, die wir dér in Berlin erscheinenden Zeitung „Der Kurier" entnehmen, soll die Erklärung, die der bayerische Ministerpräsident gegenüber der Presse zum Zeitpunkte des Eingreifens der Vereinigten Staaten in den Korea-Konflikt abgegeben hat, im Auswärtigen Ausschuß des Bundestages eine heftige Kritik hervorgerufen haben. Die Sitzungen dieses Ausschusses sind bekanntlich vertraulich. Wir können uns deshalb auf keinen authentischen Bericht über den Vorfall stützen. Es dürfte aber zutreffen, daß die genannte Erklärung des bayerischen Ministerpräsidenten (siehe Staatszeitung Nr. 1 vom 1. 7. 1950) tatsächlich die Bemerkung hervorgerufen hat, Bundesregierung und Parlament könnten eine Föderalisierung der Außenpolitik nicht gutheißen.

Es ist uns nicht bekannt, wie die anwesende Bundesregierung in der Person des Bundeskanzlers auf diese Bemerkung reagiert hat. Auf jeden Fall war sie fehl am Platze. Zunächst war der Gegenstand, der den bayerischen Ministerpräsidenten genau so wie andere Politiker in Deutschland zu einer Äußerung veranlaßte, gar kein Gegenstand deutscher Außenpolitik, soweit man von einer solchen überhaupt bereits sprechen kann. Es handelte sich um den Entschluß der Vereinigten Staaten, in die fernöstlichen Dinge einzugreifen. Die weltbewegende Wirkung dieses bedeutsamen Entschlusses hat überall einen starken Eindruck in der Welt hervorgerufen und die Gemüter aufs tiefste bewegt. Auch in Bayern. In einer solchen Situation hat das Volk ein Interesse daran, zu hören, wie seine Regierung darüber denkt. Wenigstens ist es in Bayern so, wo die Staatsregierung vom Volk wirklich als Regierung empfunden wird. Die Äußerung des bayerischen Ministerpräsidenten, die den mutigen Entschluß der amerikanischen Regierung begrüßte, hatte den Zweck, die öffentliche Meinung im Lande zu beruhigen und ängstliche Gemüter zu stärken. Dies zu tun, ist nicht nur das Recht, sondern die Pflicht der Regierung.

BSZ vom 8. 7. 1950

er und seine Mitarbeiter künftig gebetsmühlenartig in der Staatszeitung an. Als besonders prestigeträchtig erschien Ehard die Durchsetzung eines Mitwirkungsanspruchs der Länder in der Außenpolitik. Als er im Juli 1950 das Eingreifen der USA im Korea-Konflikt begrüßte, erwiderte allerdings der Auswärtige Ausschuss des Bundestags, man könne eine Föderalisierung der Außenpolitik nicht hinnehmen. Dies nahm der stellvertretende Leiter der bayerischen Staatskanzlei, Karl Schwend, zum Anlass, in einem „Föderalisierung der Außenpolitik" überschriebenen Artikel (8. Juli 1950) grundsätzlich zu erklären, der Anspruch Ehards leite sich aus dem föderalistischen Charakter des Grundgesetzes her. Neben Karl Schwend war in jenen Jahren insbesondere Ernst Deuerlein das Sprachrohr der Staatsregierung in föderalistischen Angelegenheiten. Als Oberregierungsrat in der Staatskanzlei fundierte der gelernte Historiker die föderalistische Politik Bayerns historisch, verfasste zahlreiche Reden für den Ministerpräsidenten und schrieb über das Thema in der *Bayerischen Staatszeitung* viele Artikel unter seinem Namen, mit Kürzel oder ungezeichnet.

Nachdem die Viererkoalition aus SPD, Bayernpartei, FDP und GB/BHE Ende 1954 die CSU in der Regierung abgelöst hatte, gab es anfangs Zweifel an deren föderalistischer Zuverlässigkeit, die die neue Staatsregierung unter der Führung Wilhelm Hoegners (SPD) jedoch rasch zerstreuen konnte. Besondere Freude bereitete es dem bayerischen Finanzminister Friedrich Zietsch (SPD), föderalistische Positionen vor allem gegenüber Bundesfinanzminister Fritz Schäffer (CSU) zu vertreten. Davon zeugt sein Beitrag „Hände weg vom Grundgesetz. Finanzminister Friedrich Zietsch gegen den Bonner Finanzzentralismus" (23. April 1955).

Finanzexperten mit unterschiedlichen Ansichten über den Föderalismus: Bayerns Finanzminister Friedrich Zietsch (oben) von der SPD legt sich gern mit seinem Bundeskollegen Fritz Schäffer an, der aus dem Freistaat stammt und CSU-Mitglied ist.

Als Königin Elisabeth II. am 21. Mai 1965 die Landeshauptstadt München besuchte, nahm Ministerpräsident Alfons Goppel dies zum Anlass, die Eigenstaatlichkeit Bayerns dadurch zu unterstreichen, dass neben der deutschen Nationalhymne auch die Bayernhymne erklang, was zu Irritationen führte. Mehr als ein Jahr später verteidigte Ministerialrat Konrad Stollreither („Bayern-Hymne", 15. Juli 1966) diese Praxis. Der Schlussabsatz seines Artikels lautete: „Auch in Anschauung aller Missdeutungen, zu denen das Bayernlied vor einem Jahr geführt hat, ist nicht ersichtlich, warum wir Bayern dieses Lied nicht beibehalten und weiterpflegen sollten. Weder staatsrechtliche noch völkerrechtliche Normen stehen dem entgegen. Eine Beeinträchtigung unserer bundesdeutschen Gesinnung kann niemand darin sehen, dass wir Bayern unser Bayernlied ebenso gebrauchen, wie etwa unsere Nachbarn in Tirol das Andreas-Hofer-Lied. Am wenigsten aber kann das Singen oder Spielen dieses bayerischen Liedes den Interessen der Bundesrepublik zuwiderlaufen, denn gerade dadurch wird deutlich, dass die Bundesrepublik Deutschland ein Bund deutscher Länder ist."

Auch in den 1970er Jahren änderte sich an diesem Schwerpunkt wenig: Der Seite-Eins-Artikel des späteren Chefredakteurs Carl Schmöller zu Beginn des Jahres 1974 trug die Überschrift „Bundesstaat am Scheideweg. Gedanken zur Jahreswende“ (4. Januar 1974) und beklagte besonders den Bedeutungsverlust der Länderparlamente.

Als nach der Wiedervereinigung Deutschlands Max Streibl am 20./21. Dezember 1990 die erste Konferenz der Ministerpräsidenten der Länder nach München in den Konferenzsaal des Wirtschaftsministeriums in der Prinzregentenstraße einlud, dem historischen Ort der ersten gesamtdeutschen Ministerpräsidenten-Konferenz (6. bis 8. Juni 1947), unterstrich er damit den Führungsanspruch Bayerns im Kreis der Länder in einem größer gewordenen Deutschland. Die Regierungschefs verabschiedeten eine föderalistische „Münchner Erklärung“; sie findet sich im Abdruck in der *Bayerischen Staatszeitung* (4. Januar 1991).

Die Arbeit des Landtags

Neben der Exekutive stand fast gleichberechtigt die Arbeit der Legislative im Zentrum der Aufmerksamkeit der *Bayerischen Staatszeitung*. Allgemein war die Berichterstattung über die Arbeit des bayerischen Landesparlaments in früheren Jahrzehnten in der Presse umfangreicher und wohl auch profunder als gegenwärtig – so auch in der Staatszeitung, die dem Landesparlament zum Beispiel in der Rubrik „Aus den Ausschüssen des Landtags“ breiten Raum einräumte. Dies galt mit Abstrichen auch für die zweite Kammer, für den zum 1. Januar 2000 aufgelösten Bayerischen Senat. Zur Landtagsberichterstattung gehört auch die Rubrik „Forum der Fraktionen“, in der zum Beispiel Hildegard Hamm-Brücher, die Vorsitzende der FDP-Fraktion, am 22. Februar 1974 forderte: „Parlamentsreform: Jetzt muss gehandelt werden.“ Ebenso gab es früher die Rubrik „Aus Parlament und Parteien“.

Aus Parlament und Parteien

Parlamentarische Beschlüsse

Gegen Frühjahrsschulbeginn. Der Kulturpolitische Landtagsausschuß hat nach mehrstündiger Debatte über die Regierungsvorlage zur Änderung des Schulpflichtgesetzes mit 15 gegen 9 Stimmen (der SPD und FDP) die Verlegung des Schuljahrbeginns auf das Frühjahr abgelehnt.

Das Wohnungsbaubeihilfengesetz ist vom Landtag in der vom Haushaltausschuß vorgeschlagenen Fassung verabschiedet worden.

Das Landtagsplenum hat in seiner letzten Sitzung über einige Anträge Beschluß gefaßt. In der Ausschußfassung wurden angenommen:

Wachablösung mit Glamour-Faktor

LANDTAG UND SENAT

Das Parlament in dieser Woche

Gegen variablen Kinosteuersatz

Frage und Antwort im

Forum der Fraktionen

Karl-Heinz Müller (SPD)

Vieles versäumt vieles verschleppt vieles verschludert!

STANDPUNKTE DER FRAKTIONEN Wie soll der Freistaat künftig mit NS-Schriften umgehen?

„Nur wissenschaftlich kommentiert verkaufen“

„Ein generelles Verbot löst das Problem nicht“

„Tabuisierung ist der falsche Weg“

„Jeder muss sich selbst ein Bild machen können“

„Historisch-kritische Editionen sind nötig“

Dort fand die Staatszeitung vom 10. Mai 1968 zum Beispiel erwähnenswert, dass Landtagsvizepräsident Wilhelm Hoegner an einer Jungbürgerfeier in Allach teilgenommen hatte. Jungbürgerfeiern nach Schweizer Vorbild, die Hoegner aus seinem Exil kannte, gab es in den 1950er und 1960er Jahren auch in Bayern. In einer kleinen Feierstunde sollte den neuen wahlberechtigten Staatsbürgern die Bedeutung des Wählers in der Demokratie vermittelt werden.

Rechts- und Verwaltungsgeschichte

Zielgruppe der *Bayerischen Staatszeitung* in den 1950er und 1960er Jahren war in besonderer Weise auch die bayerische Beamtenschaft. Dies gilt zum Beispiel für bilanzierende Artikel wie „Die bayerische Gesetzgebung im Jahre 1954" (29. Januar und 5. Februar 1955). Deshalb finden sich dort auch viele rechts- und verwaltungsgeschichtlich interessante Beiträge, die an die Diktion der *Bayerischen Verwaltungsblätter* erinnern. So zog Finanzpräsident Arthur Moser eine Bilanz des kurz vor der Auflösung stehenden Bayerischen Landesamtes für Vermögensverwaltung und Wiedergutmachung („Ein Amt hat seine Schuldigkeit getan. Das Bayerische Landesamt für Vermögensverwaltung und Wiedergutmachung", 19. März 1955). Und nachdem 1955 der nach Kriegsende in der französischen Besatzungszone liegende Landkreis Lindau wieder in den Freistaat Bayern eingegliedert wurde, listete ein Dr. K. Schweiger detailliert die rechtlichen Rahmenbedingungen dieser Eingliederung auf (2. Juli 1955). 1956 erschien tatsächlich ein ähnlicher Beitrag aus seiner Feder in den Verwaltungsblättern.

Der Chronik verpflichtet

Neben dem bereits Genannten erfüllte die Staatszeitung viele Jahrzehnte lang auch die Funktion einer Chronik, die in ihrer Detailliertheit für die Ministerpräsidenten und Mitglieder der Staatsregierung nahezu die Form eines Itinerars besitzt, das es ermöglicht, genau nachzuvollziehen, was sie gemacht oder wen sie getroffen haben. Das gibt es so nirgendwo, da andere Medien darüber nicht berichteten oder nur in Auswahl. Dabei wechselten die Rubrikennamen immer wieder. Sie hießen „Aus dem Kalender der Staatsregierung", „Die Woche in den Ministerien", „Bayerische Wochenchronik" bzw. „Politik und Verwaltung", „Aus der Staatskanzlei" (mit den Beschlüssen des Ministerrats), „Bayerisches Kaleidoskop" und „Bayerische Personalien". Der Inhalt: öffentliche Besuche, Einweihungen, Amtseinführungen, Besuche ausländischer Gäste beim Ministerpräsidenten und den Mitgliedern der Staatsregierung oder protokollarische Angelegenheiten.

Dazu zwei Beispiele: Am 5. März 1955 wird festgehalten, dass Ministerpräsident Wilhelm Hoegner (SPD), Regierungschef der Viererkoalition, Papst Pius XII. zum 79. Geburtstag und dem 16. Jahrestag seiner Thronbesteigung telegrafisch die ehrfurchtsvollen und ergebenen Glückwünsche der Staatsregierung übersandt hat. Was auf den ersten Blick protokollarischer

Normalfall zu sein scheint, ist nicht ohne Brisanz, war der bayerische Regierungschef doch konfessionslos. Außerdem hatte die Viererkoalition gerade einen Lehrerbildungsgesetzentwurf eingebracht, für den eine Änderung des bayerischen Konkordats notwendig gewesen wäre. Am 12. März 1955 hält die Staatszeitung fest, der Papst habe Hoegner gedankt und seiner Hoffung Ausdruck gegeben, dass in Bayern „die Rechte der Kirche zum Wohle des ihm so teuren Volkes gewahrt bleiben". In der Diktion des Vatikans war dies ein deutliches Signal an die Adresse der Staatsregierung, nicht am Konkordat zu rütteln und den Lehrerbildungsgesetzentwurf fallen zu lassen. Das Beispiel zeigt: Auch in Protokollarischem, scheinbar Nebensächlichem kann sich handfeste Politik manifestieren.

Ein zweites Beispiel: Am 2. August 1955 war Kronprinz Rupprecht von Bayern gestorben. Die Staatszeitung widmete diesem Ereignis die halbe Seite Eins und zitierte aus dem Beileidstelegramm des sozialdemokratischen Ministerpräsidenten: „Die Erinnerung an den letzten bayerischen Generalfeldmarschall der bayerischen Armee, den hohen Förderer der Wissenschaften und Künste und den Erben einer großen verpflichtenden Tradition wird im bayerischen Volke fortleben." Auch in diesem Fall verbirgt sich hinter dem protokollarischen Ton eine höchst politische Aussage: die Instrumentalisierung der Wittelsbacher – mit deren jeweiligen Chefs des Hauses alle Staatsregierungen seit 1945 in fruchtbarer Weise harmonieren – für die eigenstaatlichen Ziele des Freistaates und hohe Anerkennung vor allem für die mäzenatische Seite ihres Wirkens, was politisch unproblematisch ist und in deren Tradition man sich sieht.

Bayerns Krone verloren – militärische Würde gewonnen: Kronprinz Rupprecht ist bayerischer und preußischer Generalfeldmarschall im Ersten Weltkrieg. Als Gegner Hitlers geht er 1939 ins Exil nach Italien. Er stirbt 1955 im heimischen Leutstetten.

In den 1960er Jahren knüpfte Bayern zunehmend internationale Kontakte. Entsprechend breiten Raum nahmen seitdem Berichte über Staatsbesuche ausländischer Regierungschefs und Delegationen ein. So empfing Wirtschaftsminister Otto Schedl den Handelsminister des Irak, Shukri Saleh Zaki (3. Mai 1963), um über Handels- und Investitionsvorhaben zu sprechen. Anschließend besuchte man die Firma Siemens. Ebenfalls 1963 kam das afghanische Königspaar Mohammed Zahir Schah und Königin Homeira nach Bayern (12. August 1963) und besuchte Garmisch-Partenkirchen sowie die Zugspitze. Ein Abstecher nach Bayern gehörte damals häufig zum offiziellen Besuchsprogramm in der Bundesrepublik.

Kulturgeschichtliche Quelle

Als Alfons Goppel (CSU) 1962 zum ersten Mal Ministerpräsident wurde, hielt die Staatszeitung unter der Überschrift „Übergabe der Amtsgeschäfte" (14. Dezember 1962) fest: „Ministerpräsident Goppel hat sich am Dienstag im Innenministerium verabschiedet und am Mittwoch die Angehörigen der Staatskanzlei um sich versammelt. Ministerialdirektor Dr. Baer gab in aller Namen das Versprechen ab, die ganze Arbeitskraft für die Unterstützung des Regierungschefs einzusetzen. Der bisherige Leiter der Staatskanzlei und nunmehrige Staatsminister für Bundesangelegenheiten, Dr. Heubl, drückte die Überzeugung aus, dass der Geist im Hause der gleiche bleibe. Der Ministerpräsident dankte für die Zusicherung vertrauensvoller Zusammenarbeit und sprach die Hoffnung aus, das seinem Vorgänger entgegengebrachte Vertrauen auch für sich erwerben zu können." Banal könnte man meinen. Interessant ist jedoch das Atmosphärische, das der vielleicht etwas betuliche Ton der Berichterstattung transportiert: Wird so doch der familiäre Stil in der damals viel kleineren Staatskanzlei erkennbar. Hier kann man fragen: Macht man das heute noch so, und wenn, wird darüber überhaupt noch berichtet? Wohl eher nicht. Und das wiederum macht es wertvoll, dass die *Bayerische Staatszeitung* 1962 diese Dinge erwähnt.

Um diesen Aspekt der Berichterstattung abzurunden: Am 23. Dezember 1976 berichtet die Staatszeitung mit Bild von der traditionellen vorweihnachtlichen Feier, die Alfons Goppel jedes Jahr mit seinem Kabinett und Spitzenbeamten in der Staatskanzlei abhielt. Das Bild zeigt den Landesvater am Tisch mit Weihnachtsgesteck und brennenden Kerzen, der mit dicker Hornbrille seinem Kabinett aus den Tagebüchern des evangelischen Schriftstellers und Kirchenlieddichters Jochen Klepper vorlas, der 1942 mit seiner jüdischen Frau und seinen zwei Stieftöchtern, denen die Deportation drohte, den Freitod wählte. Nicht Ludwig Thomas *Heilige Nacht*, sondern das Tagebuch eines evangelischen Schriftstellers, das ein Dokument der Bedrückung im Nationalsozialismus, der Bewahrung des Glaubens und einer intensiven Auseinandersetzung mit dem Selbstmord ist: Dies ist eine in vielerlei Hinsicht überraschende Momentaufnahme, die zu verschiedenen Interpretationen anregt.

Kulturgeschichtlich interessant wäre auch eine vergleichende Analyse der Berichterstattung der Staatszeitung zu runden Geburtstagen der Ministerpräsidenten. Die Dramaturgie hat bis in die 1990er Jahre oft höfische Züge, die Texte in der Staatszeitung sind entsprechend. Roswin Finkenzeller, heute Kolumnist der Staatszeitung, mokierte sich über diesen staatstragenden Ton anlässlich des 60. Geburtstags von Ministerpräsident Max Streibl, damals noch in der *Frankfurter Allgemeinen Zeitung* (7. Januar 1992) unter der Überschrift „Fast schon im Stil von Franz Josef Strauß". Über die Feierlichkeiten in Streibls Heimatort Oberammergau war dort zu lesen: „Zur Heimat gehört aber auch ein Bürgermeister der auf eigene Gedanken zum Jubiläum weitgehend verzichtet und stattdessen vorliest, was der *Bayerischen Staatszeitung* zum festlichen Thema eingefallen ist." Finkenzellers Beobachtung ist besonders bemerkenswert, wenn man weiß, wie sehr sich Streibls Nachfolger Edmund Stoiber bemühte, dem Amt des Ministerpräsidenten ein ganz neues Image zu geben.

Infrastruktur im Wandel

Eine Analyse des interessanten Bildteils kann im Rahmen dieses Beitrags nicht geleistet werden. Auffällig ist, dass neben Porträts von Kabinettsmitgliedern, hohen Ministerialbeamten und Behördenleitern zum Amtsantritt oder anlässlich ihres Ausscheidens die schnelle Veränderung der Infrastruktur reflektiert wird, die den Wandel Bayerns vom Agrar- zum Industriestaat abbildet. Solche Berichte, zum Beispiel über den Bau von Autobahnen und Kraftwerken, nahmen breiten Raum ein. Angesichts der aktuell kontrovers geführten Debatte um den Bau des Pumpspeicherkraftwerks Riedl im Landkreis Passau sei die Aufnahme auf der Titelseite vom 1. März 1974 genannt, die den Bau des Pumpspeicherkraftwerks im Sindersbachtal bei Gemünden zeigt; die Bildunterschrift konstatiert nüchtern, dass dafür 100 Hektar Spessartwald geopfert werden mussten.

In diesem Kapitel der Festschrift kann allenfalls angerissen werden, was die *Bayerische Staatszeitung* für Bayerns Zeitgeschichte bietet. Sie erfüllt all das, was eine serielle Quelle leisten kann: Eingangs war von der Erstorientierung die Rede. Die Staatszeitung ist eine Themenfundgrube und kann insofern zahlreiche Forschungsimpulse geben. In gleicher Weise erfüllt sie eine Fundamentierungsfunktion. Ist man andernorts auf ein Thema gestoßen und sucht Belege für die Position der Staatsregierung und der Staatsministerien zu Gesetzen, Projekten oder Themen der Zeit, so wird man in der *Bayerischen Staatszeitung* sicher fündig. Die Quelle könnte noch umfassender und intensiver genutzt werden, wenn sie auch digital verfügbar wäre und im Volltext durchsucht werden könnte. Dies ist der bayerischen Landesgeschichte zu wünschen.

Bühne für die Kommunen

Von Michael Stephan

Als die *Bayerische Staatszeitung* zusammen mit dem *Kgl. Bayerischen Staatsanzeiger* (für den amtlichen Teil) am 1. Januar 1913 zum ersten Mal erschien, spielte Kommunales keine dezidiert herausgehobene Rolle. Im programmatischen Vorwort in der ersten Ausgabe des neuen „Regierungsorgans" heißt es unverbindlich, der Inhalt des nichtamtlichen Teils decke „alle politischen und kulturellen Vorkommnisse des In- und Auslandes" ab. Als „vornehmste Richtschnur" wird allgemein „die Pflege des monarchischen Gedankens, die Liebe zum angestammten Herrscherhaus sowie die Förderung der Interessen aller Volkskreise unseres weiteren und engeren Vaterlandes" angegeben.

Die bayerischen Kommunen hatten sich seit der Gemeindeordnung von 1869 aus der absoluten Kuratel des monarchischen Staates gelöst und erste Ansätze eines kommunalen Selbstverwaltungsrechts entwickeln können. Die Regierungspolitik, wie sie die *Bayerische Staatszeitung* in ihrem ursprünglichen Selbstverständnis vermitteln wollte, konnte schon deshalb nicht auch die Kommunalpolitik einschließen oder gar den Kommunen eine Bühne der Selbstdarstellung bieten.

Nichtsdestotrotz verpflichtete die Staatsregierung nicht nur die staatlichen Behörden und Verwaltungen zum Abonnement der Staatszeitung, sondern mit einer Verordnung vom 25. November 1912 auch alle Gemeinden. Einige von ihnen (zum Beispiel Starnberg) versuchten, sich diesem Bezugszwang zu widersetzen, scheiterten aber in gerichtlicher Auseinandersetzung. Aus diesem Grund finden sich in vielen Kommunalarchiven Ausgaben der *Bayerischen Staatszeitung* bis zum Gründungsjahr zurück überliefert.

Wenn auch die Kommunen in der bis 1934 täglich erscheinenden *Bayerischen Staatszeitung* in den ersten Jahren nicht selbst zu Wort kamen, sind doch Ansätze einer kommunalen Berichterstattung vorhanden. Von Anfang an gab es mit Rubriken wie „Aus der Landeshauptstadt" oder „Aus den Kreisen" immerhin rudimentäre Ansätze zu einem Ressort „Kommunales".

Schauen wir uns diese Rubriken einmal näher an. In der ersten Ausgabe vom 1. Januar 1913 wird „Aus der Landeshauptstadt" unter der Überschrift „Milchkrieg?" über die drohende Sperre der Milcheinfuhr nach München berichtet, weiter über die Weihnachtsfeier der Freiwilligen Sanitätskolonne München im Saal der Hackerbrauerei und über den Dienstbotenball der Münchner Bühnenkünstler im Deutschen Theater am 14. Januar. Ganz Ähnliches finden wir dort unter der Rubrik „Aus den Kreisen": ein Zugunglück nahe der Station Bruckberg bei Moosburg mit drei Toten, die Eingemeindung von Lechhausen und Hochzoll in die Stadt Augsburg zum 1. Januar und die Begnadigung eines wegen der Ermordung seiner Geliebten zum Tod verurteilten Bäckers in Würzburg zu lebenslanger Zuchthausstrafe.

Die Beschwerden der Gemeinden Starnberg und Pfaffenberg wegen des Bezugs der Bayerischen Staatszeitung von dem Verwaltungsgerichtshofe verworfen.

Der Verwaltungsgerichtshof verkündete heute die Entscheidung über die Beschwerden der Gemeinden Starnberg und Pfaffenberg, die in beiden Fällen gleich ausfiel. Wir bringen den Wortlaut des Bescheides in Sachen der Beschwerde der Gemeinde Starnberg.

„Im Namen Seiner Majestät des Königs von Bayern.

In der Sache, betreffend den Bezug der „Bayerischen Staatszeitung, Kgl. Bayerischen Staatsanzeigers" durch die Gemeinde Starnberg, beschließt der K. Verwaltungsgerichtshof im Zweiten Senat auf Grund der in öffentlicher Sitzung vom 20. Juni 1913 gepflogenen Verhandlung:

1. Die Beschwerde des Stadtmagistrats Starnberg gegen den Kollegialbescheid der K. Regierung von Oberbayern, Kammer des Innern, vom 29. April 1913, wird verworfen.
2. Die Stadtgemeinde Starnberg hat die Kosten des Verfahrens auch in diesem Rechtszuge zu tragen.
3. Die Gebühr für den gegenwärtigen Bescheid wird auf 30 Mark festgesetzt.

Entscheidungsgründe: Die rechtliche Würdigung ergab: Die Gemeinde Starnberg findet sich dadurch beschwert, daß sie zum Halten der Bayerischen Staatszeitung, Kgl. Bayerischer Staatsanzeiger, für verpflichtet erklärt und daß hierdurch der Gemeinde eine gesetzlich nicht begründete Leistung auferlegt worden sei.

Es frägt sich demnach, ob die Auferlegung einer solchen Last berechtigt erscheint.

Eine gesetzlich nicht begründete Leistung käme dann in Frage, wenn der Kgl. Bayerische Staatsanzeiger nicht als Amtsblatt im Sinne des Art. 38 Abs. 1 der Gemeindeordnung für die Landesteile diesseits des Rheins vom 29. April 1869 zu erachten wäre, da die Gemeinden nur zum Halten solcher Amtsblätter verpflichtet werden können.

Die Entscheidung dieser Frage kommt als Rechtsfrage gemäß Art. 10 Ziff. 2 des Verwaltungsgerichtsgesetzes dem K. Verwaltungsgerichtshofe zu.

Nach Art. 38 Abs. 1 Gem.O. gehört „die Anschaffung der Gesetz- und Amtsblätter" zu den Obliegenheiten aller Gemeinden.

Da es sich im gegebenen Falle nicht um ein Gesetzblatt handelt, so bleibt nur zu prüfen, ob der Kgl. Bayerische Staatsanzeiger sich als Amtsblatt im Sinne des Art. 38 Abs. 1 darstellt.

Der Kgl. Bayerische Staatsanzeiger enthält Bekanntmachungen amtlichen Inhalts, die an die verschiedensten Stellen gerichtet sind. Er enthält namentlich auch solche Bekanntmachungen, die zeitlich und örtlich für alle Gemeinden Wert haben und zur Erfüllung ihrer Zwecke unbedingt zur Kenntnis der Gemeinden gelangen müssen.

Beispielsweise sind in dieser Beziehung wegen ihrer besonderen Dringlichkeit und ihrer allgemeinen, wenn auch unter Umständen vorübergehenden Bedeutung für die Gemeinden regelmäßig im Staatsanzeiger zu veröffentlichen: Bekanntmachungen über gesundheitspolizeiliche Schutzmaßregeln (Entschließung des K. Staatsministerium des Innern vom 21. Dez. 1912, den Kgl. Bayerischen Staatsanzeiger betr.), über seuchenpolizeiliche Anordnungen (Min.-Bekanntmachung vom 4. Jan. 1913, über den Vollzug des Viehseuchengesetzes und des bayer. Ausführungsgesetzes hierzu, G. u. VBl. S. 4), über Verfügungen im Konkursverfahren (§ 2 der Bekanntmachung des K. Staatsmin. d. Justiz v. 13. Dez. 1912, die zur Veröffentlichung gerichtlicher Bekanntmachungen bestimmten Blätter betr., Justizministerialblatt S. 341) und ähnliche Veröffentlichungen aus anderen Verwaltungsgebieten (vgl. auch über den Vollzug polizeilicher Anordnungen und über öffentliche Bekanntmachung der den Wirkungskreis der Gemeinden betreffenden Gesetze, Verordnungen und Erlasse durch Magistrat und Bürgermeister, Art. 92 Abs. 2, 138 Abs. 1, 156 Abs. 2 bzw. 94 und 131 Abs. 3 der Gem.O.).

Art. 38 steht unter dem zweiten Abschnitt der Gemeindeordnung, der von den Gemeindebedürfnissen und den Mitteln zu deren Befriedigung handelt.

Anschließend an den Wortlaut des § 22 des revidierten Gemeindeedikts vom 17. Mai 1818/1. Juli 1834 hatte ursprünglich der Entwurf eines Gesetzes, die Gemeindeordnung betr., in Art. 20 die Bestimmung enthalten:

„Als Teile des ganzen Staatskörpers sind die Gemeinden den allgemeinen Staatszwecken untergeordnet und verpflichtet, an allen Staatslasten teilzunehmen. Als einzelne Körperschaften haben sie alles dasjenige zu leisten, was zur Erreichung ihrer gemeindlichen Zwecke erforderlich ist . . . ."

Wenn auch auf Anregung des Abg. Dr. Edel Art. 20 des Entwurfes — weil rein theoretischen Wertes — gestrichen und auf Grund der Ausschußverhandlungen vom Gesetzgeber schließlich durch die Bestimmungen in Art. 38 der Gem.O. ersetzt wurde (Verhandl. der Kammer der Abg. 1866/69, I. Abt., Beilagenband Gesetzentwürfe und Vorträge S. 5, 114 und 145; II. Abt. Protokolle S. 467 uff.), so hat doch Art. 38 nach dem Gesetzentwurf den Gedanken zur Grundlage, daß die dort aufgeführten Obliegenheiten, darunter „die Anschaffung der Gesetz- und Amtsblätter", zur „Erreichung des gemeindlichen Zweckes" erforderlich sind.

Danach haben die Gemeinden das zu leisten, was zur Erfüllung der ihnen gesetzlich zugewiesenen Aufgaben notwendig ist.

Es bedürfen daher die Gemeinden des Staatsanzeigers zur Erreichung ihrer Zwecke.

Von diesem Gesichtspunkte aus kann also nicht bezweifelt werden, daß der Staatsanzeiger ein Amtsblatt im Sinne des Art. 38 Abs. 1 Gem.O. ist.

Aus der oben berührten Eigenschaft der mehr vorübergehenden Bedeutung einzelner Bekanntmachungen erklärt sich, weshalb — wie in der Beschwerde eingewendet — der Staatsanzeiger nicht gebunden und längere Zeit aufbewahrt zu werden braucht.

Jedenfalls wird durch eine solche Anordnung mit Rücksicht auf den Zweck der Erfüllung gemeindlicher Obliegenheiten die Natur des Staatsanzeigers als eines Amtsblattes nicht geändert.

Ob es angezeigt war, die Veröffentlichungen des Staatsanzeigers mit einer Tageszeitung, der „Bayerischen Staatszeitung", zu verbinden, ist als Frage des Verwaltungsermessens gemäß Art. 13 Abs. 1 Ziff. 3 des Verwaltungsgerichtsgesetzes der Zuständigkeit des K. Verwaltungsgerichtshofes entzogen.

Als gesetzlich unzulässig kann aber eine solche Verbindung nicht angesehen werden, d. h. der Staatsanzeiger verliert durch seine Verbindung mit der Staatszeitung nicht die Eigenschaft als Amtsblatt im Sinne des Art. 38 Abs. 1 der Gem.O. Denn wenn es von der K. Staatsregierung im Interesse des öffentlichen Dienstes und einer geordneten Geschäftsführung für angemessen erachtet wird, das Halten des von ihr auf Grund der K. Verordnung vom 25. Nov. 1912, den Kgl. Staatsanzeiger betr. — G. u. VBl. 1912 S. 1215 — geschaffenen Amtsblattes mit Entschließung der K. Staatsministerien des Innern beider Abteilungen vom 3. Dez. 1912 den Gemeinden zur Pflicht zu machen, so kann hierzu keine Ungesetzlichkeit im Sinne des Art. 10 Ziff. 2 des Verwaltungsgerichtshofgesetzes erblickt werden.

Selbstverständlich vermöchte eine etwaige Unzweckmäßigkeit für sich allein eine im übrigen gesetzliche zulässige Einrichtung nicht zu einer ungesetzlichen oder unrechtmäßigen zu machen (vgl. hierzu auch die ungedruckte Entscheidung des Verwaltungsgerichtshofes vom 24. 10. 1890, das Rechnungswesen der Kirchenstiftung Schönfeld, BA. Eichstätt, für 1889, hier die Haltung des Bezirksamtsblattes betr.).

Diese Art der kommunalen Berichterstattung mit im Grunde vermischten Nachrichten prägte die erste Phase der *Bayerischen Staatszeitung*. Berichtet wurde in diesen Nachrichten weniger aus der Lokalpolitik, es ging vor allem um Personalia (Stellenbesetzungen, Geburtstage, Ehrungen, Todesfälle und Beerdigungen), aber auch um das Vereinsleben, Sport, Kultur und das Wetter.

Diese scheinbar nebensächlichen Meldungen bergen einen hohen zeitgeschichtlichen Informationsgehalt. So überlagert mit der Mobilmachung am 2. August 1914 der Erste Weltkrieg für die nächsten vier Jahre alle Themen. Trauergottesdienste für Gefallene in München, Feldpostverkehr und die Lage der Lazarette im Land beherrschen die Lokalberichterstattung. Eine ähnliche Zäsur findet im November 1918 mit der Revolution und dem Ende der Monarchie in Bayern statt. Die Herausgeber und die Redaktion der *Bayerischen Staatszeitung* fragen sich in der Ausgabe vom 10. November, ob man die „vertragsmäßig zuerteilte Aufgabe als amtliches Verkündungsorgan der Staatsregierung" noch erfüllen könne, verspricht aber, weiter zu arbeiten wie alle staatlichen und kommunalen Behörden zur „Aufrechterhaltung der öffentlichen Ruhe und Ordnung" und „im Interesse der Rechtssicherheit der Bürger". Detailliert werden nun „Die Ereignisse in München" und die „Bewegung in Bayern" geschildert. Daneben prägen wieder zeittypische Themen die lokalen Nachrichten: die Ernährungsfrage und die Lebensmittelversorgung, Verkehrseinschränkungen sowie die grassierende Grippeepidemie.

Mit der Demokratisierung des öffentlichen Lebens in Bayern bekommt die Kommunalpolitik in der *Bayerischen Staatszeitung* stärkeres Gewicht. Die Politik der Arbeiter-, Bauern- und Soldatenräte prägen auch die lokalen Nach-

Die Fahnenkomp. d. II. Bayer. Inf. Regmts. holt die Fahne von d. Residenz zum Ausmarsch ins Feld. 7.8.14
Schleich

An die Waffen!
Am 30. Juli ruft Russland die Generalmobilmachung aus – am Tag darauf auch das Deutsche Reich. Überall in den Städten sammeln sich Soldaten. Eine bayerische Fahnenkompanie marschiert erst noch zur Münchner Residenz, um die Fahne fürs Feld abzuholen.

Die Mobilmachung in München

hält andauernd die Hauptstadt, aber auch ihre nähere und weitere Umgebung in Atem. Gestern wie heute sieht man durch die Stadt Pferdekolonnen führen, Reservisten in singenden Gruppen, von Unteroffizieren mit Gewehr geführt, durchziehen die Straßen. Schwer genug mag ihnen der Abschied von den Eltern, von Frau und Kindern geworden sein. In banger Sorge legten die Landleute Sense und Rechen nieder, um sie mit dem Schwert zu vertauschen, denn draußen harren noch gewaltige Erntearbeiten der Erledigung. Schon haben verschiedene Sommergäste sich bereit gefunden, mitzuhelfen. Es sind ja auch die Wehrkraftjungen als freiwillige Erntearbeiter aufgeboten, sie allein dürften aber kaum genügen, da sie ja verschiedener landwirtschaftlicher Arbeiten, wie des Mähens, vollkommen unkundig sind. Auch auf dem Lande hat man durch Ausschellen die Leute versammelt und ihnen die wichtigsten Bekanntmachungen verlesen, die Leute aufgeklärt, daß sie auf spionageverdächtige Personen acht haben, an unbekannte Automobilbesitzer kein Benzin abgeben, daß man Hunde, die allenfalls mit irgendwelchen Zetteln angetroffen werden, abfängt, Brieftauben, die zufliegen oder ermattet Rast machen, ... bringt, daß man

BSZ vom 4. 8. 1914

Aus der Landeshauptstadt

th Milchkrieg? Die verschiedenen, an der Milchversorgung
der Hauptstadt beteiligten Gruppen, Produzenten und Händler,
haben in letzter Zeit mehrfach Versammlungen abgehalten, in denen
wieder einmal die Frage der Preisregulierung erörtert wurde. In
einer gestern nachmittag im Hackerbräukeller abgehaltenen Versammlung der Milchproduzenten des bayerischen Oberlandes nun
wurde, da eine Einigung mit den Großabnehmern nicht zu erzielen
war, die Sperre der Milcheinfuhr nach München von
Neujahr ab angedroht. Der Vorsitzende der Versammlung, Eich-
ner, (Jasberg), erstattete einen eingehenden Bericht über die Ver-
mittlungsverhandlungen vor der städtischen Lebensmittelkommission und erklärte, daß er eigenmächtig namens der Verbandsmit-
glieder dem Milchgroßhandel zugestanden habe, beim Abschluß
eines neuen Vertrages mit einem Jahr Gültigkeit 1½ Pfg. weniger zu fordern und prozentuale Abstufungen für die Sommermehr-
lieferungen festzusetzen. Danach soll dem Großhandel die Milch
von einem der Münchener Bahnhöfe ab in sechs Monaten des
Jahres 16½, in den übrigen sechs Monaten 17 Pfg. pro Liter
kosten. Diese Forderungen der Produzenten wurden von den Mitgliedern der städtischen Lebensmittelkommission als berechtigt anerkannt. Die Vertreter des Milchgroßhandels ließen sich aber
darauf nicht ein, sondern schlugen einen Halbjahresvertrag vor
und wollten bei einmaliger Lieferung 16½ Pfg. loco München
zubilligen. Daraufhin habe er erklären müssen, auf dieser
Grundlage nicht weiter verhandeln zu können. Der Milchwirt-
schaftliche Verein (Großhandel) beschloß dann am Samstag nachmittag im Kollergarten in seiner außerordentlichen Generalversammlung nach einem Referat des Vorsitzenden Reindl mit großer
Mehrheit, den Produzenten die Höchsteinkaufspreise von 16 und
16½ Pfg. zu gewähren, außerdem aber, was besonders wichtig ist
und den Hauptstreitpunkt bildet, keinen korporativen Lieferungs-
vertrag mit den Produzenten abzuschließen. Der Referent erklärte, die Verantwortung dafür, daß in München ein Milchkrieg
ausbreche, müsse der Zehn-Männer-Clique im Milchwirtschaftlichen
Verein, Hanselmann und Genossen zugeschoben werden. Die Versammlung möge beschließen, was zu tun sei. Er schilderte die
Folgen eines Milchkrieges für die arme Münchner Großstadtbe-
völkerung und mahnte zur Ruhe und Besonnenheit. In der an-
schließenden Diskussion schilderte Gutsverwalter Maier von Un-
terzeismering als Mitglied des Milchwirtschaftlichen Vereins
München die dort herrschenden Interessengruppen und gab namens zahlreicher Freunde und Gesinnungsgenossen des Münchner
Großhandels die Erklärung ab, daß die Verantwortung für einen
Milchkrieg der Gruppe Hanselmann und Ebner sowie der Milch-
... Endlich beschloß die Versammlung ein-

BSZ vom 1. 1. 1913

* **Abgabe von Pferdefleisch in Volksküchen.** Es sind mehrfach
Wünsche laut geworden, daß in den Volksküchen Pferdefleisch und
-wurst zur Verwendung gebracht werden solle. Der Arbeitsaus-
schuß der städtischen Volksküchen hat beschlossen, in einer Küche zunächst probeweise Fleisch und Wurst von Pferden zu verwenden. Zu

21. Ausgabe.

Die einliegenden Reichs-Fleischmarken sind gültig vom 2. bis 29. Oktober, die Brot- und Mehlmarken vom 4. bis 15. Oktober, die Marken aller anderen Waren in der Zeit vom 2. bis 15. Oktober.

Lebensmittelheft A

Stadt München.

Vor- und Zuname des Inhabers ....

Wohnung ....

Nicht übertragbar! **Rückseite beachten!** Unveräußerlich!

Dieses Heft berechtigt gegen Abgabe der einliegenden Marken zum Einkauf von nachstehenden Lebensmitteln und anderen Bedarfsgegenständen: Brot, Mehl, Fleisch, Butter, Fett usw., Grieß, Graupen, Hülsenfrüchte, Milch, Eier, Teigwaren, Zucker, Kartoffeln.

Für verloren gegangene oder zu früh verbrauchte Hefte werden neue Hefte **nicht** abgegeben.

Um der auf stärkeren Brotverbrauch angewiesenen Bevölkerung die Zuweisung einer größeren Brotmenge zu ermöglichen, ist für die übrige Bevölkerung in diesem Lebensmittelhefte A ein geringerer Brotverbrauch als im Lebensmittelhefte B vorgesehen. Von dem Gemeinsinn aller wird erwartet: Größte Sparsamkeit beim Brotverbrauch!

21. Ausgabe.

Lebens- und Futtermittel aller Art

sowie andere Gegenstände des täglichen Bedarfes

* **Familienunterstützungen für Frauen und Kinder der einberufenen Mannschaften** werden nicht im Wehramt, sondern ausschließlich im Rathaus angemeldet und ausbezahlt und zwar
unter Abänderung der in Nummer 181 mitgeteilten Anordnung, daß
für Angehörige, deren Namen den Anfangsbuchstaben A mit L
haben, die Anmeldung im Saale V (links vom Eingang) erfolgt,
für diejenigen, deren Namen mit den Buchstaben M mit Z beginnen, in der Ratstrinkstube (rechts vom Eingang). Die Aus-
zahlung erfolgt in allen Fällen im Historischen Luitpoldmuseum
(Eingang vom Kassenhof). Jede andere Inanspruchnahme des
Saales V und der Ratstrinkstube unterbleibt bis auf weiteres.

BSZ vom 5. 8. 1914

Kreditbewilligung.

Gestern vormittag fanden zwei geheime Sitzungen der städ-
schen Kollegien statt. Der Magistrat und das Gemeindekol-
gium bewilligten gemeinsam einen Kredit für Bedürfnisse, die d
Stadt durch die Kriegsereignisse erwachsen. Referent Dr. vo
Borscht stellte die bezüglichen Anträge, welche er mit ein
patriotischen Ansprache einleitete und die in folgender Fassung ei
stimmig angenommen wurde:

1. Im Benehmen mit den zuständigen caritativen Organ
sationen eine Sammlung einzuleiten, die dazu dienen soll, di
zurückbleibenden Angehörigen unserer Sol
daten vor materieller Sorge zu schützen.

2. Als Beitrag der Stadtgemeinde für diese Sammlung die Summe von 50 000 ℳ aus der Betriebsreserve zur Verfügung zu stellen.

3. Die Löhne der zu den Waffen gerufenen Arbeiter nach
Maßgabe des in jedem einzelnen Falle durch einen besonderen
Kumulativausschuß zu prüfenden Bedürfnisses in entsprechenden
Abstufungen als Ehrengabe für ihre Familien zu verwenden.

4. Die Gehaltsbezüge der zum Kriegsdienste einge-
zogenen Beamten und Lehrer den reichsgesetzlichen Bestimmungen gemäß weiterzubezahlen.

5. Für den Fall, daß wider Erwarten die Lebensmittel
eine erhebliche Verteuerung erfahren, wird der Betrag
von einer Million Mark als Vorschuß aus Anlehensmitteln
zur Inangriffnahme aller notwendig erscheinenden Maßnahmen
bereitgestellt. Die angekauften Vorräte sind zu mäßi-
gem Preise im Kleinverkauf an die Kreise des
Mittelstandes und der Geringbemittelten abzugeben.

6. Alle bereits begonnenen Bauten und Unternehmungen der Stadtgemeinde sind fortzuführen, die
Inangriffnahme neuer Bauführungen dagegen, soweit solche nicht unbedingt nötig sind, zu unterlassen.

7. Die bestimmte Erwartung wird ausgesprochen, daß die
zurückbleibenden Beamten und Arbeiter nach Kräften für die in den
Krieg ziehenden eintreten und so die Stadtgemeinde in der Fürsorge für die zurückgebliebenen Familienangehörigen derselben
unterstützen.

8. Für alle Vorkehrungen, die zum Vollzuge dieser Beschlüsse
erforderlich sind, einen Wohlfahrtsausschuß im Sinne des Art. 106
der Gemeindeordnung zu bilden, der insbesondere in ständiger Füh-
lung mit der Lebensmittelkommission bleibt.

Mit einem warmempfundenen Abschiedsgruße an die helden-
mütigen Krieger schloß Oberbürgermeister Dr. von Borscht die
Sitzung.

BSZ vom 5. 8. 1914

Aus der Landeshauptstadt.

München, 2. Juni.

Ein Haushaltstarif der Elektrizitätswerke.

Mit Beschluß des Stadtrates vom 22. Mai 1928 kommt nunmehr bei den städt. Elektrizitätswerken ein „Haushalttarif" zur Einführung. Der neue, zur wahlweisen Anwendung für Wohnungen bestimmte, im Anzeigenteil dieses Blattes veröffentlichte Tarif wird im allgemeinen jenen Abnehmern eine Vergünstigung bringen, welche ihren bisherigen Durchschnittsverbrauch überschreiten und den Strombezug insbesondere auf die Verwendung von elektrischen Haushaltgeräten aller Art ausdehnen.

Der neue Haushalttarif baut sich auf eine nach der Zahl der Wohnräume zu bemessende Grundgebühr und auf einen ermäßigten Kilowattstunden-Preis auf. Als Räume gelten alle bewohnbaren Zimmer nebst Küche; Nebenräume wie Kammer, Bad usw. bleiben dagegen unberücksichtigt. Die jeweilige Grundgebühr bemißt sich nach den aus dem Anzeigenteil ersichtlichen Sätzen. Der Preis für eine Kilowattstunde beträgt bei der Möglichkeit, den Strom beliebig für Beleuchtung und für elektrische Haushaltgeräte aller Art zu benützen, 15 Rpfg. Dabei ist für die Messung des Gesamtstrombezuges nur mehr ein Zähler erforderlich, dessen Benützungsgebühr in der Grundgebühr enthalten ist. Nach vorstehendem Tarif müßte beispielsweise für eine Wohnung — bestehend aus 1 Wohnzimmer, 2 Schlafzimmern, 1 Küche, 1 Bad, 1 Kammer und sonstigen Nebenräumen — nach der im Anzeigenteil enthaltenen Aufstellung bezahlt werden: a) als monatliche Grundgebühr (für 4 Räume) 3.20 RM; b) als Strompreis (ohne Rücksicht auf die Verwendungsart, also für Beleuchtung, Kochen, Bügeln, Heizen usw.) 15 Rpfg. die Kilowattstunde.

Bei Verwendung von Wärmespeichergeräten und bei Entrichtung einer höheren Grundgebühr gibt der neue Haushalttarif weiters die Möglichkeit von verbilligtem Nachtstrombezug ohne Rücksicht auf die Verwendungsart und zwar für die Zeit von 22 Uhr bis 6 Uhr 6 Rpfg. die Kilowattstunde, für die Zeit von 6 Uhr bis 22 Uhr 15 Rpfg. die Kilowattstunde. Für die Messung des Gesamtstrombezuges wird in diesem Falle ein Doppeltarifzähler nebst Umschaltuhr erforderlich. Die für diesen Strombezug erhöhte Grundgebühr bemißt sich nach den aus dem Anzeigenteil ersichtlichen Sätzen. Die Erhöhung der Grundgebührensätze gründet sich darauf, daß neben den Wärmespeichergeräten auch alle sonstigen Haushaltgeräte und die gesamte Beleuchtung in der Zeit von 22 Uhr bis 6 Uhr zu dem verbilligten Strompreis von 6 Rpfg. die Kilowattstunde in Betrieb genommen werden [...] Außerdem ist in der erhöhten Grundgebühr die Benützungs[...] für die zum Doppeltarifzähler benötigte Umschaltuhr enthalten[...]

Für die Einräumung des Haushalttarifes mit verbil[...] Nachtstrombezug ist Bedingung, daß mindestens ein Ger[...] Wärmespeicherung betrieben wird.

Bei Uebergang von einer anderen Tarifart auf den [...] Haushalttarif erfolgt die Berechnung nach dem neuen Tarif er[...] für den der Feststellung der Tarifunterlagen folgenden A[...]zeitaum.

Gleichzeitig wurde noch eine Aenderung bzw. Erweiterun[...] bisherigen Wärmespeichertarifes (§ 3/Vb der Gemeindesatzung[...] schlossen und der Strompreis für den Nachtstrombezug von 7 [...]

BSZ vom 5. 12. 1919 und 2. 6. 1928

Aus dem städtischen Verwaltungsausschuß.

r. Zur Erweiterung des Areals des Schwabinger Elektrizitätswerkes kauft die Stadt ein benachbartes Grundstück zum Preise von 31 080 M.

Die Stadtgemeinde München richtete an den Bürgermeister von Wien ein Telegramm: „Von der Not der stammverwandten Oesterreicher unterrichtet, wird die Münchener Bevölkerung bestrebt sein, nach besten Kräften zu helfen."

Wegen Mangel an Heizmaterial werden die Brausebäder am Bavariaring ganz geschlossen, die Brausebäder an der Hainhauser- und Plinganserstraße am Montag, Dienstag und Mittwoch. Die Einsätze für Wäsche werden erhöht. Die übrigen Brause- und [...] vormittags ge-[...]

Die neuen Münchener Großsiedlungen.

Die ersten großen Bauabschnitte der Großsiedlungen der Gemeinnützigen Wohnungsfürsorge A.G. sind nun fertiggestellt und seit Anfang Oktober restlos bezogen. Der zweite, auf das Bauprogramm 1929 treffende Teil befindet sich in voller Arbeit. Von dem großen, 12 000 Wohnungen umfassenden und für drei Jahre aufgestellten Bau-Programm hat die Gemeinnützige Wohnungsfürsorge A.G. fünf Großsiedlungen mit insgesamt 6 000 Wohnungen zu erstellen. Mit den Arbeiten für den Bauteil 1928 mit 1648 Wohnungen wurde im November 1928 begonnen; die Wohnungen waren Ende September bezugsfertig. Der Bauteil 1929 mit 3100 Wohnungen wurde im heurigen Sommer angefangen und soll in der Zeit von Januar bis April nächsten Jahres bezugsfertig werden. Der Bauteil 1930 mit 1000 Wohnungen wird nächstes Frühjahr in Angriff genommen und im Herbst 1930 bezugsfertig sein. Um einen Ueberblick über den Stand der Bauarbeiten und über das bereits Geschaffene zu geben, veranstaltete die Wohnungsfürsorge A.G. am Dienstag nachmittag eine Besichtigungsfahrt, bei der alle am Bau- und Wohnungswesen beteiligten staatlichen und städtischen Behörden und auch die Architekten- und Künstlerschaft vertreten waren.

Die Siedlung Neuhausen erhebt sich in bester Wohnlage auf dem weiten Gelände zwischen Arnulfstraße, Hirschgarten, Nibelungen- und Renatastraße als eine Stockwerkssiedlung mit Erdgeschoß und drei Obergeschossen mit 1500 Wohnungen. Hiervon sind 339 Wohnungen, 8 Läden und eine Wirtschaft fertig und bezogen, 775 Wohnungen mit 9 Läden und 3 Wirtschaften befinden sich im Bau, 386 Wohnungen verbleiben für den Bauabschnitt 1930. Die Siedlung wird von der Stupf-, Schluder- und Wendl-Dietrichstraße und großen Anlagen-Innenhöfen und breiten Wohnstraßen aufgeteilt. Die Wohnungen bestehen zum größten Teil aus Wohnküche, zwei Zimmern, Kammer und Bad, zum kleineren Teil aus mehrräumigen Wohnungen, 3 bis Häuser erhalten je eine maschinell eingerichtete Waschküche. Das Gesamtprojekt umfaßt 1800 Wohnungen.

[...]heim an der Fürstenriederstraße [...]siedlung mit [...]

Neu-Harlaching am Hohen Weg ist ebenfalls eine Flachbausiedlung in bester Lage und in lockerer Aufteilung. Das Gesamtprojekt umfaßt 1800 Wohnungen, wovon 1000 für den dreijährigen Bauabschnitt vorgesehen sind. Bezogen sind 310 Wohnungen mit 13 Läden, im Bau befinden sich 568 Wohnungen mit 13 Läden; für den Bauabschnitt 1930 sind 122 Wohnungen vorgesehen. Die Wohnungen bestehen fast durchwegs aus Wohnküche, zwei Zimmern, Kammer und Bad.

Die Siedlung am Walchenseeplatz in Obergiesing, in dem noch wenig bebauten Gebiet zwischen Tegernseerlandstraße, Ostfriedhof und Stadelheim ist wieder eine Hochbausiedlung mit Erdgeschoß und drei Obergeschossen und berechnet für 1200 Wohnungen. Davon sind bezogen 358 Wohnungen und 20 Läden, in Bau 512 Wohnungen mit 13 Läden, d. s. 870 Wohnungen; über den Ausbau im Bauabschnitt 1930 ist noch keine Entscheidung getroffen. In dieser Siedlung wird auch eine Zentralwäscherei mit Zentralbad errichtet. Die großzügig angelegte Siedlung ist auch insoferne bemerkenswert, als der Entwurf von einer weiblichen Hand stammt und dessen Schöpferin Frl. Regierungsbaumeister Joh. Loep ist. Den Mittelpunkt der Gesamtanlage bildet der jetzt ganz eingeschlossene Walchenseeplatz.

Die größte Siedlung mit 3500 Wohnungen ist Neu-Ramersdorf an der äußeren Rosenheimerstraße. Auf den Bauabschnitt 1928 treffen davon 436 Wohnungen, auf den laufenden Bauabschnitt 1072 Wohnungen mit 47 Läden und auf den nächstjährigen Abschnitt 490 Wohnungen. Die Anlage besteht nur aus dreistöckigen Häusern mit je 8 Wohnungen in mächtigen Blöcken um gewaltige Innenplätze. Wenn einmal mit Höfen, Straßen, Plätzen und Anlagen fertiggestellt, wird diese Siedlung die mächtigste Wohnbauanlage sein.

Eine derart gewaltige Bauaufgabe in einer zeitlich und räumlich so konzentrierten Form, wie sie sich in diesen Siedlungen zeigt, war in München noch nicht zu verzeichnen. Und an ihnen sind alle Stadien eines Baues zu gleicher Zeit zu verfolgen: vom Grundaushub, zur Fundamentierung und zum Rohbau bis zum fertigen bewohnten Haus. Die Bewohner haben allerdings noch [...] Mißlichkeiten zu leiden, die sich im Winter noch [...]mangel in den Wohnungen, [...]

BSZ vom 8. 11. 1929

richten. So wird über die Tätigkeit des städtischen Arbeitsausschusses und über das Wirken der Münchner Kasernenräte berichtet. Daneben finden nun auch Debatten, Anträge und Beschlüsse der verschiedenen Fraktionen im Münchner Gemeindekollegium in der *Bayerischen Staatszeitung* Erwähnung.

Die unruhigen Monate nach der Ermordung des bayerischen Ministerpräsidenten Kurt Eisner, dem die *Bayerische Staatszeitung* am 25. Februar 1919 einen würdigen Nachruf widmet, prägen in zeittypischer Weise auch die lokalen Nachrichten; erst ab Sommer 1919 fährt man hier wieder in ruhigerem Gewässer. Wenn am 14. Januar 1921 über die Genehmigung des Münchner Gemeindehaushalts berichtet wird, dann ist das schon wieder „business as usual".

Am 9. November 1923 spiegeln die Meldungen der Staatszeitung in der Rubrik „Aus der Landeshauptstadt" (Polizeistunde abends ab 9 Uhr und Verbot des *Völkischen Beobachters*) die Dramatik der Meldung auf der Titelseite dieser Ausgabe: „Ein nationalsozialistischer Putsch". Nach dem Niederschlagen des Hitlerputsches dominiert dieser die Meldungen auch im Münchner Lokalteil. Am 13. November 1923 werden die „Vorgänge in München" ausführlich dargestellt, der Stadtrat spricht in seiner Sitzung den Angehörigen der erschossenen Mitglieder der Landespolizei seine Anteilnahme aus, der Bürgerrat München fordert zur Unterstützung der Staatsregierung und des Generalstaatskommissars Gustav von Kahr auf. Nicht nur an diesen dramatischen politischen Ereignissen des Jahres 1923 kann man bei der *Bayerischen Staatszeitung* eine starke Münchenfixierung feststellen. So war schon ab Februar 1921 die Rubrik „Aus den Kreisen" aus dem Hauptteil in den zweiten, den amtlichen Teil des Staatsanzeigers gerückt.

Münchner Themen überwiegen zu dieser Zeit: Am 3. April 1925 finden wir einen Bericht über den 18. Bayerischen Städtetag, der im stadteigenen Hotel Vier Jahreszeiten abgehalten wurde (mit 1. Bürgermeister Karl Scharnagl als Gastgeber). In den Ausgaben vom 6. bis 8. Mai 1925 wurden je zwei Sonderseiten zur Eröffnung des Deutschen Museums in München eingeschaltet; am 13. April 1928 erstattete das Statistische Amt der Stadt München einen Bericht über die Entwicklung im Jahr 1927; und auch die Einführung eines Haushaltstarifs der städtischen Elektrizitätswerke wurde am 2. Juni 1928 erläutert.

Erst Ende der 1920er Jahre (zum Beispiel in der Ausgabe vom 5. Oktober 1929) gibt es dann die Rubrik „Aus Stadt und Land in Bayern", in der kleinere und vermischte Nachrichten aus allen bayerischen Kreisen (also den Regierungsbezirken) einschließlich der Pfalz ihren Platz hatten. Auch größere Reportagen mit kommunalem Bezug wurden nun häufiger, so am 8. November 1929 über „Die neuen Münchner Großsiedlungen" der Gemeinnützigen Wohnungsfürsorge A.G. (GEWOFAG) in Neuhausen, Friedenheim, Neu-Harlaching, Obergiesing (Walchenseeplatz) und Neu-Ramersdorf.

Die nationalsozialistische Machtergreifung am 30. Januar 1933 hatte für die *Bayerische Staatszeitung* in der Aufmachung und im Er-

Aus der Landeshauptstadt.

München, 9. Nov.

Polizeistunde um 9 Uhr.

Die Polizeistunde ist heute auf abends 9 Uhr festgesetzt worden. Von diesem Zeitpunkt an darf niemand mehr auf den Straßen sein.

*

Zeitungsverbot.

Das Erscheinen des „Völkischen Beobachters" und des „Heimatlandes" ist verboten worden.

Neues Milchpreissystem.

In der Landesfettstelle fand am 8. November eine Sitzung des paritätischen Ausschusses zur Festsetzung der Frischmilchpreise im schwäbisch-oberbayerischen Milchgebiet und für ... ferungen nach München ...

Die Vorgänge in München.

Der gestrige Tag ist im allgemeinen, abgesehen von den Studentenumzügen in der Ludwigstraße, ruhig verlaufen. Ansammlungen kamen wieder verschiedentlich vor, wurden aber ohne Widerstand zerstreut.

Kundgebungen der Studenten.

Am Samstag, Sonntag und Montag haben die Studenten
mehrmals in der Universität Versammlungen abgehalten. Bereits
am Samstag nachmittag ist eine Abordnung zu Generalstaatskommissar von Kahr geschickt worden, um ihm den Standpunkt
der Studenten zu präzisieren. Die größte von allen Studenten-
versammlungen in diesen Tagen war die gestern vormittag im
Lichthof der Universität abgehaltene. Die Studenten
waren dorthin in großem Zuge unter Vorantragung schwarz-weiß-
roter Fahnen marschiert. Kapitän Ehrhardt sprach zu den
Studenten. Er führte aus, es sei Wahnsinn, eine Politik der Straße zu treiben, wenn keine Macht hinter
dieser Politik stünde. Bei dem entstehenden Lärm und den stür-
mischen Zurufen mußte sich Kapitän Ehrhardt des öfteren mit
scharfen Worten Ruhe verschaffen. Wenn man etwas erreichen
wolle, so sagte Kapitän Ehrhardt weiter, so sei Disziplin
nötig. Er sei bereit, sich an Stelle der toten Führer der Sache
zur Verfügung zu stellen. Alle wirklich völkischen Gruppen sollen
... werden. Die Kräfte müßten jetzt gespart werden für
... würde und für den man dann ... Fall.

... nachmittags erklärt, daß eine
sprechung am 6. November, 4.30 Uhr
Reichsdiktatur von Bayern aus geschaffen werden müsse.
Die Wahrheit ist, daß auch bei dieser Gelegenheit Herr v. Kahr
betonte, daß eine Reichsdiktatur nur von Bayern aus völlig
aussichtslos sei. Im übrigen hat Herr von Kahr erklärt, er
sei fest entschlossen, gegen jeden Verband, der aus sich selbst heraus
einen gewaltsamen Umschwung herbeizuführen sucht, mit Waffen-
gewalt vorzugehen.
3. Dr. Weber sagt: „Von irgend einer Bedrohung mit der
Waffe bei den Verhandlungen kann keine Rede sein. Irgend eine
Waffe wurde nicht gezeigt."
Die Wahrheit ist: Die Bedrohung mit der Waffe ist nach-
drücklich erfolgt und durch drohende Worte und Gesten noch verstärkt worden.
4. Dr. Weber behauptet, Kahr habe sich mit der Schutzhaft der
Minister einverstanden erklärt.
Die Wahrheit ist, daß Kahr sich nach dem Aufenthaltsort der
Minister erkundigte, hierauf jedoch nur die Antwort erhielt, sie
seien in Schutzhaft. Kahr verlangte sodann, daß die Minister an-
ständig behandelt und ihre Familien verständigt werden ...

Vor der Mündung der Pistole!

Die „Corresp. Hoffm." teilt folgende Aussprache Hitlers a...
dem Bürgerbräukeller am 8. November 1923 mit:
... bei Abführung der Ueb...
Hitler, mit der Pistole fuchtelnd, ... und Seißer aus dem S...
fallenen Herren v. Kahr, v. Lossow ... „Gespräche unter...
... Schwerbewaffnete vorn und hinten. ... sprich, wird erschoss...

Aus der Landeshauptstadt.

München, 13. Nov.

e. **Die Teilnahme des Stadtrates.** Zu Beginn der heutigen Stadtratssitzung berichtete Bürgermeister Schmid über die am Montag vormittag im Westfriedhof und im alten nördlichen Friedhof erfolgte Beerdigung der am Freitag gefallenen Angehörigen der Landespolizei; an beiden Beerdigungen, die überaus ergreifend gewesen seien, war der Stadtrat durch eine Abordnung vertreten; er ließ einen Kranz niederlegen und seiner tiefen Trauer und aufrichtigen Anteilnahme für die in herber Pflichterfüllung Gefallenen in kurzen Worten Ausdruck verleihen; den schuldigen Dank und das innige Beileid bringt der Stadtrat auch den Angehörigen der Toten zum Ausdruck; ebenso spricht er den Familien der auf der anderen Seite Gefallenen das wärmste Mitgefühl aus.

e. **Die Benützung der alten Friedhöfe.** Einen sehr begrüßenswerten und schon längst notwendigen Antrag stellte Stadtrat Scharnagl (Bayer. Vp.), indem er verlangt, daß in den im inneren Stadtbezirk gelegenen sogenannten alten Friedhöfen wieder Beerdigungen jener Personen zugelassen werden, die für sich und ihre nächsten Angehörigen bereits Gräber dort besitzen. In der Begründung ist ausgeführt, daß unter den heutigen Verhältnissen der bisherige Standpunkt der Auflassung der alten Friedhöfe nicht mehr aufrecht zu erhalten sei; ... diese Friedhöfe auch nicht ...

BSZ vom 9. und 23. 11. 1923

scheinungsbild zunächst keine Auswirkungen. Auf der Leitseite am 10. Februar 1933 fragte ein ungenannter Schreiber vor der Reichstagswahl am 5. März noch im Kommentar mit kritischem Ansatz „Wohin geht der Weg?“, aber in der Folgezeit ist die Berichterstattung ganz von den Ereignissen der Gleichschaltung und Umwälzungen der Zeit geprägt.

Ein Jahr Münchener Stadtrat

Die Neugestaltung der politischen Verhältnisse im Reich und in den Ländern brachte naturgemäß und selbstverständlich auch eine völlige Umwandlung in den Gemeinden und ihren Körperschaften. Die Lawine des 5. März rollte auch über die Rathäuser hinweg und begrub mancherlei unter sich, Systeme, Parteien und Personen.

Die Gleichschaltung im Rathaus

Als am Donnerstag 9. März, der Hauptausschuß des Münchener Stadtrates seine übliche Sitzung abhielt und im gewohnten Geplätscher seine formellen Beschlüsse über kleine und kleinere Angelegenheiten faßte, war draußen auf den Plätzen und Straßen schon das Volk zu Haufen zusammengeströmt, um dem kommenden Neuen besonderen Nachdruck zu verleihen. In den damaligen Vormittagsstunden haben die Mitglieder des Stadtrates kaum daran gedacht, daß sie ihre letzte Sitzung abhielten, und daß am Nachmittag schon die Hakenkreuzfahne vom Turm herabhängen würde. Der Sitzungsdienst fiel dann auch mehrere Wochen aus, am 18. März trat Oberbürgermeister Dr. Scharnagl von seinem Amt zurück und Stadtrat Fiehler wurde sein kommissarischer Nachfolger, der dann die Geschäfte bis zur Neugestaltung des gesamten Stadtrates führte. Zunächst wurden den sozialdemokratischen Stadträten ihre Verwaltungsbereiche und Korreferate entzogen; im April erfolgte auf Grund des Gleichschaltungsgesetzes die Auflösung des Stadtrates und dann seine Neubildung, die aber nicht durch eine Wahl erfolgte, sondern durch Einreichung von Vorschlägen auf der Grundlage der Wahlziffern der Reichstagswahl vom 5. März. Dabei kamen unter Ausschaltung der Kommunisten nur noch vier Parteien in Betracht. Am 26. April trat der so neugebildete Stadtrat zu seiner ersten Sitzung zusammen. Dabei wurde Stadtrat Karl Fiehler zum 1. Bürgermeister gewählt. Reichskanzler Adolf Hitler und dem Reichsstatthalter Ritter von Epp wurde das Ehrenbürgerrecht der Stadt München verliehen. Die sechs noch vorhandenen Sozialdemokraten beteiligten sich an dieser Ehrung nicht. Die Zusammensetzung des Stadtrates und seine parteipolitische Gliederung war jedoch ein unhaltbarer Zustand; am 9. Mai, also bald nach dem Tag der nationalen Arbeit, wurden denn auch die Sozialdemokraten aus dem Stadtrat ausgeschlossen und aus dem Sitzungssaal entfernt. Eine weitere Gleichschaltungsaktion folgte am 11. Juli mit der Aufforderung an die Stadtratsmitglieder der 1933 aufgelösten und verbotenen Bayerischen Volkspartei, an den Sitzungen nicht mehr teilzunehmen und die Mandate niederzulegen. Die freigewordenen Stadtratssitze wurden dann durch die NSDAP. besetzt, die damit alleinige Macht auch in der Gemeindeverwaltung hatte.

Dieses in der 530jährigen Geschichte der Stadtverwaltung und der Stadtverfassung einzigartige und einmalige Geschehen wurde mit einer würdevollen Festsitzung am 25. Juli begangen. Mit der Bestätigung des 1. ehrenamtlichen Bürgermeisters Fiehler als berufsmäßiger Bürgermeister mit dem Titel Oberbürgermeister endete diese neugestaltende Epoche im Münchener Stadtrat.

Die Tätigkeit des Stadtrates

Es war eine große und erfolgreiche Arbeit, die der neue Stadtrat in den vergangenen fünf Monaten seiner Amtswaltung geleistet hat. Das Hauptgewicht fiel dabei naturgemäß auf das Gebiet der Arbeitsbeschaffung. Davon sind als die hauptsächlichsten Projekte zu nennen der noch nicht ganz vollendete Ausbau der Hindenburgstraße, die endlich durchgeführte Erweiterung der inneren Schwanthalerstraße, die Kanalisation der Herzog-Wilhelm- und der Herrnstraße, der Bau des Hauptsammelkanals Milbertshofen-Moosach, die Herstellung der Straßen in der Mustersiedlung Ramersdorf, die Fertigstellung des Straßenbahnhofes Westend, die Schulhausbauten in Ramersdorf und Milbertshofen, der Ausbau des Flughafens, der Beginn des Umbaues der Donnersbergerbrücke und der Heimeran-Straßenunterführung und die Inangriffnahme des Millionenprojektes des Hochzonenbehälters Kreuzpullach. Zu nennen sind auch die umfangreichen Wasserversorgungsarbeiten in den eingemeindeten Vororten Denning, Daglfing und Johanniskirchen und der Ausbau des Friedhofes am Perlacher Forst.

Auf dem Gebiete des Wohn- und Siedlungswesens sind weitere 400 Reichskleinsiedlerstellen in Vorbereitung und insgesamt 1800 Wohnungen errichtet und in Planung genommen worden. Eine unerfreuliche Aufgabe war die Sanierung mehrerer Baugenossenschaften und die Abwicklung des Fragenkomplexes um die Gemeinnützige Wohnungsfürsorge AG. Auch die von den städtischen Werken durchgeführten Bauten und Arbeiten haben zur Unterstützung des Wirtschaftslebens kräftig beigetragen durch Gleis- und Straßenbauten, Beleuchtungsverbesserungen, Ausdehnung der Gasversorgung und Verbesserung der Einrichtungen.

Kunst und Kultur wurden gefördert durch den Zuschuß von 400 000 RM zum „Haus der Deutschen Kunst“, durch Bereitstellung großer Mittel zum Ankauf von Kunstwerken und zur Unterstützung notleidender Künstler und durch eine Reihe von Einzelmaßnahmen, zu denen auch die Neugründung der „Neuen Münchener Kammerspiele“ und die Beihilfe zur Sanierung des Tierparks gehört.

*

Mit neuem Antrieb und neuen Plänen tritt auch der Stadtrat München in das neue Jahr ein. Dazu ein dreifaches Sieg-Heil ihm und der lieben Münchener Stadt.

BSZ vom 2./3. 1. 1934

In der Rubrik „Aus der Landeshauptstadt“ finden wir am 23. März einen Bericht über den Amtswechsel von OB Karl Scharnagl zu Karl Fiehler, einen Tag später eine Reportage über einen „Besuch im Konzentrationslager Dachau“. Im lokalen Teil wird am 26./27. März über die Ehrenbürgerrechte für Adolf Hitler in Aibling, Edenkoben, Königssee und Plattling berichtet. Die Rubrik „Aus Stadt und Land in Bayern“ widmete sich am 28. März ganz den „Maßnahmen in Bayern“. Diese Rubrik wurde in den Folgemonaten noch weiter ausgebaut, ganzseitig und oft mit einem Foto als Aufmacher.

Doch mit der Verfügung der Staatsregierung vom 12. Juni 1934 wurde die *Bayerische Staatszeitung* mit Nr. 147 im 22. Jahrgang eingestellt. Mit der Schlagzeile „Das Ende der Bayerischen Staatszeitung“ erschien das Blatt am 30. Juni 1934 zum letzten Mal.

Nach dem Ende der NS-Zeit und dem Zweiten Weltkrieg, als auch Bayern seine alte Staatlichkeit wiedererlangt hatte (zunächst unter amerikanischer Besatzungshoheit), kam es für das traditionsreiche Blatt zur Wiedergeburt – am 1. Juni 1946 war es so weit. Ministerpräsident Wilhelm Hoegner schrieb im Geleitwort: „Mit dem heutigen Tag erscheint zum ersten Mal der *Bayerische Staatsanzeiger*, damit hat Bayern wieder seine Staatszeitung.“ Dieser *Bayerische Staatsanzeiger* im Umfang von vier Seiten und einer Auflage von 50 000 Exemplaren wurde vom Presse- und Informationsamt der Staatsregierung herausgegeben; er enthielt neben Artikeln allgemein interessierenden Inhalts sämtliche amtlichen Bekanntmachungen der Ministerien und oberen Verwaltungsbehörden.

Zur Zielgruppe gehörten von Anfang an die Kommunen. So heißt es in einem Schreiben des Innenministeriums an die Regierungspräsidenten vom 25. Mai 1946 : „Der Bayer. Staatsanzeiger erscheint zunächst in einer Zwangsauflage. Jede dem Bayr. Staatsministerium des Innern unterstellte Verwaltungsbehörde hat den Bayer. Staatsanzeiger zu abonnieren. Um einigermaßen sicher die Zahl der Exemplare, die hiernach im Zuständigkeitsbereich des Bayr. Staatsministeriums des Innern benötigt werden, feststellen zu können, wollen die Regierungen möglichst unverzüglich nach Erholung der Stellungnahmen der Landräte und Gemeinden die erforderliche Zahl für den Regierungsbezirk hierher melden. Um eine raschestmögliche Zuleitung des Staatsanzeigers bei den betreffenden Behörden zu gewährleisten, wird ersucht, das Erforderliche zu veranlassen, dass sämtliche Verwaltungsdienststellen bis zu den Bürgermeistern der Landgemeinden den Bayer. Staatsanzeiger bei dem zuständigen Postamt abonnieren. Schätzungsweise verbleiben nach Abzug

COBURG – 30 Jahre bayerisch
Coburgs Anschluß an Bayern
Von Oberbürgermeister Dr. Langer
Im Schatten der fränkischen Krone

Neunhundert Jahre Nürnberg
Nürnbergs wechselvolle Geschichte
Von Oberbürgermeister Dr. Ziebill

Lob auf Würzburg
Gestalt und Wesen einer neuerstehenden Stadt

München, Sommer 1950

Fremde, Käse und Fabriken
Das Allgäu in seinen lebendigen Kräften – Ein Wirtschaftsbericht anläßlich der Allgäuer Festwochen
Panorama von Kempten

Amberg, die Eisenstadt
Schwerindustrie und Glashütten – Kräftiger Mittelstand – Gute Schulen

der Zwangsauflage für die ersten Monate 6000 Exemplare des Bayer. Staatsanzeigers, später etwa 15 000 für jeden Regierungsbezirk, die für den freien Verkauf zur Verfügung stehen." (Beispielsweise für Rechtsanwälte, Notare, Verlage, Selbstverwaltungskörperschaften, Verbände etc.)

Der stellvertretende Regierungspräsident Richard Balles sandte am 29. Mai 1946 einen Abdruck dieses Schreibens an die oberbayerischen Landräte und die Oberbürgermeister der Städte München, Ingolstadt, Rosenheim und Freising. Im Fall Münchens musste Balles am 15. Juni 1946 ein mahnendes Schreiben an Oberbürgermeister Karl Scharnagl hinterher schicken, in dem er um „sofortige (im Original vom Empfänger rot unterstrichen) Erledigung der Reg.Entschl. vom 29. Mai 1946" ersuchte. Scharnagl antwortete am 21. Juni 1946: „Im Bereich der Stadtverwaltung Münchens werden rund 200 Exemplare des Bayer. Staatsanzeigers benötigt. Sie werden von der Firma Trunk, Zeitschriftenvertrieb, insgesamt beschafft und von dort den Bestellern durch die Post zugestellt." (Alle Zitate: Stadtarchiv München, Bürgermeister und Rat 2386).

Der Druck dieses *Bayerischen Staatsanzeigers* erfolgte von der ersten Nachkriegsnummer an im Süddeutschen Verlag. Einen Wechsel in Herausgeber- und Verlegerschaft gab es nach vier Jahren. Nach Verhandlungen mit dem Pflaum-Verlag erschien dort ab 1. Juli 1950 wieder die *Bayerische Staatszeitung*, aber diesmal als Wochenzeitung mit 16 Seiten Umfang. Im Leitartikel „Wozu Staatszeitung" wurde die zukünftige Richtung als dienendes Organ der jeweiligen Staatsregierung angegeben. Oberstes Ziel war „Aufklärung über die Arbeit der Regierung"; der *Bayerische Staatsanzeiger* fungierte weiter als „amtliches Publikationsorgan". Wie bereits das programmatische Vorwort der ersten Ausgabe der *Bayerischen Staatszeitung* im Jahr 1913 erwähnte auch der Leitartikel von 1950 keine redaktionelle Ausrichtung speziell zur Kommunalverwaltung oder -politik.

Doch gleich in dieser ersten Ausgabe vom 1. Juli 1950 ist ein Unterschied festzustellen. Den Kommunen wird erstmals eine Bühne bereitet, auf der sie in ihrer historischen Entwicklung, mit ihren Vorzügen und auch Strukturproblemen vorgestellt werden; es ist zudem Platz für Selbstdarstellungen. So widmet sich die Zeitung auf zweieinhalb Seiten der Stadt und dem Landkreis Coburg, eingeleitet von einem längeren Artikel des Oberbürgermeisters Walter Langer über „Coburg – 30 Jahre bayerisch. Coburgs Anschluss an Bayern". Dieses redaktionelle Angebot wird eine Woche später mit drei Sonderseiten über Nürnberg fortgesetzt; diesmal mit einem Artikel von Oberbürgermeister Otto Ziebill über „Neunhundert Jahre Nürnberg". In diese neue Reihe mit kommunalem Schwerpunkt gehört auch der ausführliche, mehrseitige Wirtschaftsbericht vom 26. August 1950 anlässlich der Allgäuer Festwochen und der 2000-Jahrfeier der Stadt Kempten. Die Lokalthemen stammen nun verstärkt aus ganz Bayern, die frühere Fixierung auf München wird aufgegeben. Das hing auch damit zusammen, dass die Redaktion für einen exakt definierten Leserkreis arbeitete, der von den bisherigen Beziehern des Staatsanzeigers geprägt war: die Entscheidungsträger in Behörden und Kommunen in ganz Bayern.

Ein weiterer Grund für die stärkere Betonung des Kommunalen und der kommunalen Selbstverwaltung liegt außerdem an der abgestuften kommunalen Gesetzgebung, die eines der beherrschenden innenpolitischen Themen der damaligen Zeit war. Die Diskussionen um die Gemeindeordnung (21. Dezember 1951), die Landkreisordnung (6. Februar 1952) und abschließend der Bezirksordnung (7. Mai 1953) fanden entsprechenden Widerhall in der *Bayerischen Staatszeitung*.

Ligaaufstieg: Der Bayerische Landtag beschließt im Januar 1952 eine neue Gemeindeordnung – daraufhin werden in den nächsten zwei Jahren 42 Orte im Freistaat zu Städten erhoben. So auch das oberfränkische Wallenfels. Zu dessen Stadterhebung trägt sich Innenminister Wilhelm Hoegner ins Goldene Buch ein, neben ihm Bürgermeister Hans Engelhardt.

Ambitioniert begann am 3. Januar 1953 eine Serie mit ausführlichen Porträts der Landkreise – den Auftakt machte Feuchtwangen. Bis zur Gebietsreform von 1972 gab es noch 143 Landkreise – allerdings wurde nur ein Bruchteil davon in der Staatszeitung vorgestellt, so zum Beispiel Landsberg (28. Februar 1953), Waldmünchen im Böhmerwald (20. Juni 1953), Riedenburg (23. Januar 1954), Uffenheim (13. März 1954), Gunzenhausen (10. April 1954), Viechtach (12. Juni 1954), „Rhönkreis Mellrichstadt im nordwestlichen Zonenwinkel“ (10. Juli 1954) oder „Passau zwischen Sorge und Hoffnung“ (14. August 1954). Allmählich schlief die Serie ein, bis 1964 ein neuer Anlauf genommen wurde.

Das Jahr 1956 brachte erneut eine Veränderung für die *Bayerische Staatszeitung*. Ab Nr. 1 vom 7. Januar 1956 erschien die Zeitung nicht mehr im Richard-Pflaum-Verlag, sondern im neu gegründeten Verlag Bayerische Staatszeitung GmbH. Unter der Überschrift „Im neuen Format“ wird auf das größere Format und die neue Aufmachung hingewiesen. Aufgaben und Zielsetzungen von Staatszeitung und Staatsanzeiger blieben gleich. Auch zum Kommunalen findet sich wieder nichts Programmatisches.

Aber in dieser Ausgabe gibt es zum ersten Mal eine neue lokale Seite mit der Überschrift „Lasten und Leistungen – Plagen und Pläne“, auf der aus der Verwaltung der mittleren und unteren Ebene, geordnet nach Regierungsbezirken, berichtet wird.

In diesen ersten Monaten des Jahres 1956 setzte die *Bayerische Staatszeitung* ein Zeichen für Bayerns Ansprüche auf die (nach 1945 verlorene) Rheinpfalz mit einer Aufsatzserie über pfälzische Städte wie Pirmasens oder Kaiserslautern (7. April 1956). Bereits in früheren Jahren hat die Staatszeitung die alte Verbundenheit von Bayern und der Pfalz in Artikeln festgehalten, so etwa in einem ausführlichen Städteporträt zum 100. Geburtstag von Ludwigshafen am Rhein (18. April 1953). Doch mit dem gescheiterten Volksbegehren im April 1956 platzte der politische Traum von einer Wiedervereinigung (nur 7,6 Prozent der Pfälzer votierten für Bayern).

Junger OB: Mit 34 Jahren wird der SPD-Stadtrat und Rechtsreferent Hans-Jochen Vogel Oberbürgermeister Münchens. Mit 64,2 Prozent verweist er 1960 seinen Hauptkonkurrenten von der CSU, Josef Müller, auf den zweiten Platz (22,1 Prozent). Vogel ist der erste OB, dessen Amtszeit erst nach sechs Jahren und nicht wie bisher nach vier Jahren endet. 1966 wird er mit 78 Prozent der Stimmen wiedergewählt. Aushängeschild seiner Amtszeit ist der Ausbau Münchens im Zeichen der Olympischen Spiele von 1972. Dann geht er in die Bundespolitik; 1981 wird er Regierender Bürgermeister von Berlin.

Fester Bestandteil der Bayernseite (meist Seite 4) wurde seit Mai 1956 das „Bayerische Kaleidoskop“, eine Kolumne von Erich Münsch (freier Mitarbeiter), der kommunale Ereignisse oft ironisch kommentierte. Am 28. Juli 1956 nimmt er eine Bürgerversammlung in Oppenbach im Landkreis Schrobenhausen aufs Korn, die ungewöhnlich gut besucht war, weil der Bürgermeister Freibier versprochen hatte; das sei – so Münsch – eine Methode, an die Wilhelm Hoegner als Vater der bayerischen Gemeindeordnung beim Artikel „Bürgerversammlung“ sicher nicht gedacht hat. Münsch bewies mit seiner Kolumne, die bis in die 90er Jahre Bestand haben sollte (seit Ende der 80er Jahre von verschiedenen Redaktionsmitgliedern geschrieben), ein gutes Auge für kommunalpolitische Belange.

Die großen Städte gerieten ab 1960 stärker in den Fokus der Staatszeitung. Am 1. April 1960 gab es einen großen Bericht über die Kommunalwahlen mit Fotos der gewählten Oberbürgermeister (Hans-Jochen Vogel in München) und der Bürgermeister größerer Städte. Die Ausgabe vom 24. März 1961 war (am Beispiel München) mit dem Titel „Wenn eine Großstadt im Verkehr zu ertrinken droht“ aufgemacht. Ebenfalls 1961 wurden in einer mehrteiligen Serie „Formen interkommunaler Zusammenarbeit“ vorgestellt.

1964 startete die neue Serie „Probleme bayerischer Landkreise“, beginnend mit Bamberg, gefolgt in unregelmäßigem Abstand von Roding, Berchtesgaden, Wolfratshausen und Traunstein. 1965 erschienen Porträts der Landkreise Schwabmünchen, Rehau, Bayreuth, Kempten, Kulmbach, Altötting, Erding („Im Schatten der Großstadt“), Passau, Wegscheid und Hersbruck. 1966 wurden Landkreisporträts von Hammelburg, Dachau, Sonthofen, Augsburg, Nabburg, Memmingen, Griesbach und Forchheim veröffentlicht. 1967 gab es mit Coburg nur eine Folge. Nach längerer Pause wurde die Reihe 1968 wieder aufgenommen mit Schweinfurt („Ein ‚Schlaflandkreis‘ der nicht schläft“) und Würzburg. 1969 folgten Weißenburg, 1970 Starnberg, Staffelstein und Eschenbach. Die Serie endete am 19. Februar 1971 mit der 31. Folge, diesmal über Wunsiedel. Zum Abschluss der Serie hieß es: „Die Staatszeitung wird künftig den Regionen und ihren Problemen verstärkt ihre Aufmerksamkeit widmen.“

Die Einstellung der Serie hatte auch mit der Gemeinde- und Gebietsreform zu tun, die sich verstärkt ab 1970 in der Diskussion (auch in der *Bayerischen Staatszeitung*) befand. Ab 1. Juli 1972 gibt es statt 143 nur mehr 71 Landkreise; auch bei den Regierungsbezirken kam es mit diesem Tag zu einer Neuabgrenzung. Mit Wirkung vom 1. Mai 1978 wurde dann die Gemeindegebietsreform vollzogen. Gab es vorher 7023 Gemeinden, so waren es danach nur noch 2039. Auch auf die *Bayerische Staatszeitung* wirkte sich das aus, hatte sie auf einen Schlag doch etwa 5000 potenzielle Abonnenten weniger.

Wege aus dem Verkehrschaos:

Der Stachus gilt schon in den 1950er Jahren als verkehrsreichster Platz Europas – Autos, Busse, Lastwagen und Straßenbahnen passieren ihn in alle Himmelsrichtungen, damals auch noch durch die Neuhauser Straße, die erst 1972 als Fußgängerzone ausgewiesen wird. Jenseits der technischen Leistungsschau geht es bei der Deutschen Verkehrsausstellung, die nach 1925 auch 1953 in München stattfindet, um Verkehrskonzepte für Großstädte, die im Stau zu ersticken drohen. Das Thema Verkehr verfolgt die *Bayerische Staatszeitung* konsequent: Einerseits berichtet sie über große, überregionale Infrastrukturmaßnahmen wie Autobahn- und Flughafenbau oder Veränderungen des Schienennetzes, andererseits widmet sie sich den Verkehrsproblemen innerhalb der Kommunen.

Deutsche Verkehrsausstellung.

Die Anwesenheit zahlreicher Pressevertreter aus ganz Deutschland hat dem Präsidenten der Deutschen Verkehrsausstellung Anlaß gegeben, die im Werden begriffenen weiten … räume auf der Theresienhöhe den Pressevertrete… Rundgang zu zeigen. Der Einladung war sehr z… geleistet worden. Namens des Präsidiums der Au…

„Kooperatives Management" des Verkehrs soll den drohenden Kollaps verhindern

Mit Unterstützung des Freistaats arbeitet BMW an einem Feldversuch im Münchner Norden

Die Innenstädte sind zugeparkt, zu Stoßzeiten fließt der Verkehr nur zäh, kleinste Störungen verursachen Staus – dies alles belegt eindeutig, daß unser Straßennetz die gegenwärtig gut 30 Millionen Personenkraftwagen nicht verkraftet, zumal ihre Zahl noch steigen soll, um weitere zehn Millionen nach Schätzungen von Fachleuten. Abhilfe schaffen können nach Ansicht von BMW-Chef Eberhard von Kuenheim nicht rigorose Einschränkungen für den Individualverkehr in den Zentren, zumal nach seiner Meinung „nicht der Erfolg des Automobils, sondern der Mißerfolg der öffentlichen Verkehrsmittel" die Probleme verursache und im übrigen die Straßen nur örtlich und …

Im Beisein von Ministerpräsident Max Streibl und Innenstaatssekretär Peter Gauweiler, der die Federführung übernommen hat, wurde das Projekt jetzt im Münchner BMW-Forschungszentrum vorgestellt. An dem Projekt sind rund vierzig Partner beteiligt, neben den zuständigen Ministerien des Freistaates und den Fachreferenten der Landeshauptstadt München die Regierung von Oberbayern, Gemeinden und Landkreise, Betriebe des öffentlichen Personennahverkehrs, Automobilclubs und der Rundfunk sowie verschiedene Firmen und Forschungseinrichtungen. Der Freistaat fördert das Vorhaben …

Hilfe dieser und anderer Daten soll, entsprechend dem Verkehrsaufkommen auf den Zufahrtsstraßen zur Innenstadt, der Schadstoffbelastung oder der Parkraumsituation beispielsweise mittels automatischer „Wechselverkehrszeichensteuerung" der Urlaubsverkehr um Münchens Zentrum herumgeleitet oder der Pendlerstrom zum Anfahren noch freier MVV-Parkplätze aufgefordert werden. Geschwindigkeitsvorgaben können flexibel an die Verkehrserfordernisse oder die Wetterverhältnisse angepaßt werden.

In einem zweiten Schritt ist dann an die Einführung neuer Systeme der Verkehrsleittechnik gedacht, die in das kooperative Verkehrsmanagement einzubeziehen wären. Mit ihrer Hilfe soll „die individuelle Beeinflussung" des einzelnen Verkehrsteilnehmers erreicht werden, so Staatssekretär Gauweiler, die später die gängige kollek…

Verkehrsuntersuchung Großraum München

Neue Wege bei der Lösung von Verkehrsproblemen in einem Ballungsraum

Die dynamische Entwicklung der Bevölkerung in den Ballungsräumen, die beschleunigte Verstädterung und der Wandel der Gesellschaft lassen mit wachsender Deutlichkeit erkennen, daß die den Städten gestellten Aufgaben mit den herkömmlichen Konzepten der Stadtentwicklung und der Verkehrsplanung kaum noch lösbar erscheinen. Auf dem Sek… … haben die Vielzahl der im Großraum … Im Fernver…

Ausarbeitung der Aufgabenstellung durch die Träger der Untersuchung und die Erarbeitung eines Arbeitsprogramms durch die Gutachter im Einvernehmen mit den Auftraggebern.

Im Rahmen der Bestandsaufnahme und … werden derzeit alle verkehrlichen, raum… schen, landesplanerischen und städtebauliche… benheiten erfaßt und die Analyse der e… Daten sowie der Gewohnheiten und statistis… … im Verhalten der Bev…

Der Autobahnring München – Vorgeschichte und abschließende Planung

München, Weltstadt im Herzen Europas, hat innerhalb seiner Region die Stellung einer Solitärstadt: Es ist nicht nur Verwaltungs-, Bildungs-, Kunst-, Kultur- und Fremdenverkehrszentrum unseres Landes, sondern auch dessen größter Industrieort. Die Folge davon sind außerordentlich stark ausgeprägte Entwicklungstendenzen innerhalb und außerhalb des Burgfriedens mit einem überdurchschnittlichen Bevölkerungswachstum durch Wanderungsgewinn sowie einem sehr starken Berufspendelverkehr. In Verbindung mit dem allgemeinen Wachstum der Motorisierung hat dies hier zu einer Verkehrssituation geführt, die nur durch verkehrs- und strukturgerechte Er…

- den weiträumigen Durchgangsverkehr aus dem Stadtgebiet und den Ortschaften entlang der behelfsmäßigen Umfahrungsstrecke im Osten herauszunehmen und unbehindert durch die Region München hindurchzuführen,
- eine Verteilerfunktion für den starken Ziel- und Quellverkehr zu übernehmen, der sodann auf dem zeitschnellsten Weg sein Ziel in der Innenstadt bzw. seine Route zum Fernziel im Außenraum erreichen kann,
- den Regionalverkehr im Einflußbereich der Stadtregion aufzunehmen, und schließlich auch noch
- Teile des …

… Verkehrsausstellung 1953

Am Samstag, den 20. Juni, 10.30 Uhr, wird auf dem Gelände des Münchener Ausstellungsparks die Deutsche Verkehrsausstellung 1953 feierlich eröffnet. Der Vorstand des Vereins Deutsche Verkehrsausstellung 1953 e. V., Staatsminister a. D. Frommknecht, hält die Begrüßungsansprache, anschließend nehmen Wirtschaftsminister Dr. Seidel, Oberbürgermeister Wimmer, der Bundespostminister Dr.-Ing. Schuberth und der Bundesverkehrsminister Dr.-Ing. See… Die Eröffnungsansprache h… …err der Ausstellung, Bunde… …or Dr. Heuss.

Die Deutsche Verkehrsau… die größte deutsche Ausstell… und zugleich die erste Au… …n Jahren wieder eine… …en Überblick über de… …d unserer Verkehrsmitt… die Probleme und L… …en Verkehrs bietet.

…n hat alles getan, um … würdigen, repräsentati… …. Das Ausstellungsgel… …etzte deutsche Verkehr… aufgenommen hat, ist … …rt, die gartenarchitekto… … erneuert, eine riesige … eine Kongreßhalle mit … …eu errichtet worden. Au… …en, eine Seilbahn, eine… …chen Bundesbahn und …

desrepublik, Berlin und Hamburg, mit ihren besonderen Verkehrsproblemen, die Verkehrsmittelindustrie mit ihren Zulieferindustrien, — sie alle vergegenwärtigen ihren heutigen Leistungsstand. In diese umfassenden Leistungsschau wird zunächst die eine große Aufgabe der Ausstellung sichtbar gemacht: den Besucher mit den verschiedenen Verkehrsträgern und den großen Verkehrsinstituten vertraut zu machen; eine zweite, nicht …

Stadtauto bietet Raum für Radl

Zwei Personen haben soviel Platz wie in Mittelklassewagen

Was sich in großen Mittelklassewagen nur mit äußersten Schwierigkeiten einrichten läßt, scheint für eine neue Fahrzeuggeneration verblüffend einfach zu sein: Mit einem von Berliner Studenten entwickelten Stadtflitzer läßt sich ohne aufwendige Dachträgersysteme ein Fahrrad in der Fahrgastzelle mitnehmen – so kann man größere Entfernungen bequem mit dem Auto zurücklegen, dann parken …

berichtet. Im „Hyco-Car" (hybridgetriebenes Compact-Fahrzeug), einer Weiterentwicklung des City-Cars, finden zwei Erwachsene, ein Jugendlicher und ein Kindersitz mit Kleinkind in Reboard-Anordnung Platz. Wahlweise ist es aber auch möglich, den Kinder- und den Beifahrersitz auszubauen, um statt dessen ein Fahrrad im Innenraum …

Verkehr – Lebensfrage der Wirtschaft

Brennende Probleme – Offene Wünsche – Fehlende Mittel

… des Verkehrs ist die Ge… …wicklung der Menschheit. … Möglichkeit, praktisch jede … und Art von Gütern an jeden … …ken — wir hätten heute an … Milliarden nur einige Dutzend … …en auf der Welt; die Indu… …en verhungern, die Ernten … wir sind schon zu weit ge… … überhaupt keine Industrie, … hätte weder die Düngemittel …

Ergebnis eines Umsturzes der bisherigen industriellen Struktur zugunsten der Industrie im Nordwesten der Bundesrepublik. Es wäre dazu gekommen, daß der noch verbliebene frachtbedingte Absatzraum der Nürnberger Industrie völlig verschwindet, und daß z. B. ein Betrieb in Oberhausen seine Fertigung zu den Frachtkosten in Nürnberg absetzen könnte, die der Nürnberger Betrieb bereits für die Fracht von Walzmaterial aufwenden muß. Das sah die Bundesbahn dann ein und legte einen …

… schen Fortschritte auf dem Gebiet des St… …ßenverkehrs niemals mehr die Wiederherst… …lung der früheren Stellung beider Konk… …renten zueinander möglich machen.

Über den Streit um das Stückgut ist … nicht zu vergessen, daß die Eisenbahn be… lich des Massengutes in der Binnenschiff… einen anderen, älteren Konkurrenten hat, … dem bis vor einigen Jahren sehr viel … Rede war und dessen volkswirtschaftliche … deutung mindestens so groß ist wie di…

Bürgermeister-Porträt:

Alfred Seidler, Burgau

Im Arbeitskreis Abfallwirtschaft des Bayerischen Städtetages hakte er dieser Tage bei der Hauptausschußsitzung in Neu-Ulm wiederholt mit bohrenden Fragen am Mikrophon nach, als ihm die Fachleute am Podium nicht präzise genug formulierten. Bürgermeister Alfred Seidler, 57, SPD, seit 1966 an der Spitze der schwäbischen Markgrafenstadt Burgau (7900 Einwohner) zwischen Augsburg und Ulm gibt … zufrie… Grun… Frage… auer … Ein…

…stungszentrum, eine Dreifachsporthalle, fünf Turnhallen, ein Auto- und Motorradmuseum, Tennisplätze: Das sind nur einige Stichpunkte aus dem Zug um Zug verwirklichten Programm.

In 28 von den insgesamt 66 Vereinen ist Seidler selbst Mitglied. Der Kammerchor Burgau ist über die Grenzen Schwabens hinaus bekannt und geschätzt, seine …

Bürgermeister-Porträt:

Anton Forster, Spalt

„In Spalt, in Spalt, dou wer'n die Leit gor alt. Sie kenna nix dafier, dös macht ös goute Bier". So steht es auf den Bieruntersetzern der mittelfränkischen „Hopfen-Stadt" Spalt, die in diesen Tagen zu Beginn der Ernte des „grünen Goldes" intensiver denn je vom würzigen Lupulin-Geruch ihres weltberühmten Aromahopfens erfüllt … Einwohner-Stadt Spalt …

… bereits gefluteten Igelsbachtalsperre (ein qkm) und der Brombachvorsperre (vier qkm), die schon heute zahlreiche Wassersportler anziehen. Forster hofft, daß die positiven Seiten überwiegen und man negativen Begleiterscheinungen rechtzeitig einen Riegel vorschieben kann.

Bedächtig spannt Forster, 1982 mit dem Bundesverdienstkreuz ausgezeichnet, den … in die Adenauer-Ära. Eigent…

Bürgermeisterporträt

Jochen Fischer, Waldkraiburg

Eine schöne Altstadt hat Waldkraiburg nicht. Auch einen Bürgerstolz, der in Jahrhunderten gewachsen ist, kann die Stadt nicht pflegen. Während Nachbarstädte wie Mühldorf oder Wasserburg mit den Pfunden ihrer Geschichte wuchern können, bleibt Waldkraiburg (Landkreis Mühldorf) mit seinen fünfzig Jahren eine junge Kommune. Erst jetzt kristallisiere sich bei den Bürgern das Gefühl heraus, mehr als nur ein…

…che Stadt errichtet." Aus dem Waldgebiet wurde buchstäblich eine Stadt aus dem Boden gestampft: „Hier war nichts – außer Trümmer, Bunker und Wald." Im Wildwuchs gedieh auf den Ruinen und Baracken ein provisorischer Ort, der nach zehn Jahren seines Bestehens bereits 1960 zur Stadt erhoben wurde. Die Einwohner halfen sich selbst. Eine Ausnahmegenehmigung erlaubte ihnen, auch am Sonntag ihre Häuser…

Waldkraiburgern vorenthalten worden. So habe eine der größten Städte der Region kein Finanzamt, kein Krankenhaus, kein Arbeitsamt, keinen Notar. Fischer bedauert: „Wir sind immer nur Außenstelle." Und das, obwohl Waldkraiburg kräftig in die Kreisumlage zahle: „Wenn wir schon Mittelzentrum sind, dann wollen wir mittelzentrale Aufgaben auch erfüllen." Stück für Stück kämpfe Waldkraiburg um Einrich…

Auch andere Veränderungen in der Landespolitik wirkten sich direkt auf den Ressortzuschnitt der Staatszeitung aus. Am 8. Dezember 1970 wurde ein neues Staatsministerium für Landesentwicklung und Umweltfragen eingerichtet (mit Max Streibl als Staatsminister). Bereits ab 1. Januar 1971 hatte die Seite 4 der Staatszeitung die Überschrift „Kommunales und Umwelt". Dort gab es weiter Informationen für Kommunalpolitiker über alle gesetzlichen Belange mit Auswirkungen auf die Kommunen und ab 1982 als neue Rubrik den „Kommunalpolitischen Kommentar" von Heinz Burghart (zum Beispiel am 15. Oktober 1982: „Unsere Städte müssen bauen lernen"). Diese Kolumne rückte später auf die Seite 2 vor; sie endete im Jahr 2000. Alternierend erschien an dieser Stelle auch eine „München-Kolumne" von Erich Hartstein.

Zu dieser stärkeren Betonung der Kommunalpolitik in der Staatszeitung gehört die Serie „Bürgermeister-Porträt" auf der Seite „Kommunales und Umwelt", die ebenfalls in dieser Zeit startete. Diese Serie hatte bis hinein ins zweite Jahrtausend Bestand. Bei der Auswahl wurde auf das Gleichgewicht der Parteizugehörigkeiten geachtet und darauf, dass kein Regierungsbezirk zu häufig berücksichtigt wurde. Vor Kommunalwahlen machte die Serie Pause – um zu verhindern, dass die *Bayerische Staatszeitung* zur Bühne für den Wahlkampf wird.

Im Laufe der Zeit erhielten nacheinander die kommunalen Spitzenverbände (Verband der Bayerischen Bezirke, Bayerischer Städtetag, Bayerischer Landkreistag, Bayerischer Gemeindetag) mehr Raum zur Darstellung ihrer Anliegen und Probleme, redaktionell verantwortet von den Spitzenverbänden (mit eigenem Seitenimpressum). Auf den Seiten „Aus den Bayerischen Bezirken" werden beispielsweise unter der Überschrift „Das Porträt" Bezirksräte vorgestellt (wie am 26. März 1993 der SPD-Fraktionsvorsitzende Heribert Niedermeier oder am 18. September 1998 die CSU-Sozialexpertin Hanna Stützle). Ferner liest man Berichte über die verschiedenen Bezirkseinrichtungen, etwa über die Bezirkskrankenhäuser. Die Seiten der Bayerischen Bezirke erhielten in den vergangenen Jahren mehr Raum: Alle 14 Tage gibt es auf zwei Seiten Informationen in Wort und Bild über den Verband der Bezirke zum einen und die sieben Bezirke zum anderen. Dort steht auch die Gastkolumne von Hannes Burger („Burgers Bayern", Überschrift in Frakturschrift); seine Kommentare sind meist ein Plädoyer für die Tätigkeit dieser dritten kommunalen Ebene und verteidigen die Bezirke gegen übermäßige Reformbestrebungen und gegen Forderungen nach ihrer Auflösung.

10 FREITAG, 21. OKTOBER 2011 VERBAND DER BEZIRKE BAYERISCHE STAATSZEITUNG NR. 42

VERÖFFENTLICHUNG DES VERBANDS DER BAYERISCHEN BEZIRKE

In der Bezirksverwaltung in Landshut werden Skulpturen und Bilder von Gerhard und Jochen Michel gezeigt

Windstärke 8 für Don Quichotte

Vom Nordkap über die Antarktis in den Bayerischen Wald werden Besucher der Ausstellung von Gerhard und Jochen Michel entführt, die Bezirkstagspräsident Manfred Hölzlein unlängst eröffnete. Eine Weltreise durch grandiose Landschaften in Pastell und …

Haderthauer lobt Einsatz der Bezirke für Werkstätten

„Für die Teilhabe am Arbeitsleben sind die Werkstätten für Menschen mit Behinderung unverzichtbar. Diese ermöglichen rund 33 000 Betroffenen eine berufliche Bildung und Beschäftigung, die der allgemeine Arbeitsmarkt so nicht bietet", betonte in diesen Tagen Bayerns Sozialministerin …

BAYERISCHE STAATSZEITUNG NR. 41 AUS DEN LANDKREISEN FREITAG, 14. OKTOBER 2011 11

VERÖFFENTLICHUNG DES BAYERISCHEN LANDKREISTAGS

Zukunftsaufgabe Energiewende: Bayerns Landkreise wollen frühzeitig eingebunden werden

Dezentrale Energieversorgung ermöglichen

Schattenwurf, Eiswurf und Geräuschentwicklung – Energieerzeugungsanlagen wie Windparks stoßen immer noch auf keine volle Akzeptanz bei den Bürgern. Optimale Standorte müssen daher gefunden und das Land- …

… eine dezentrale Energieversorgung möglich. Die einzelnen Landkreise sollen möglichst energieautark werden, so dass sich keine Überlandleitungen durchs ganze Land ziehen müssen. Für den Landkreis Miesbach ist die …

Hubert Faltermeier löst Bruni Mayer im Präsidium ab

Landrat Hubert Faltermeier (Freie Wähler) aus Kelheim ist ab 30. November 2011 neuer 3. Vizepräsident des Bayerischen Landkreistags. Bei der außerordentlichen Landkreisversammlung am 12. Oktober 2011 in Bad Birnbach im Landkreis Rottal-Inn erhielt …

BAYERISCHE STAATSZEITUNG NR. 51/52 AUS DEN GEMEINDEN FREITAG, 23. DEZEMBER 2011 11

VERÖFFENTLICHUNG DES BAYERISCHEN GEMEINDETAGS

Die Bundeswehrreform trifft bayerische Kommunen besonders hart

Gemeinden stehen vor Herkulesaufgabe

Die Bundeswehrreform trifft Bayern besonders hart. Von insgesamt 50 700 Dienstposten an 68 Standorten löst Verteidigungsminister Thomas de Maizière (CDU) etwa 20 000 auf. Der Bayerische Gemeindetag fordert deshalb die Staatsregierung auf, sich Gedanken zu machen, wie man die Maßnahmen abmildern kann. „Bayerns Gemeinden und Städte tragen die Bundeswehrreform mit. Schließlich hat sich die verteidigungspolitische Lage grundlegend geändert", sagt Gemeindetagspräsident Uwe Brandl. Die Kasernenschließungen müssten aber sozialverträglich aufgefangen werden. Von der Staatsregierung erwartet Brandl ein Umwandlungskonzept für die Standorte. Gerade in strukturschwachen Gebieten sei die Bundeswehr eine wichtige Stütze für die Wirtschaft. Die Staatsregierung dürfe die Kommunen nicht im Regen stehen lassen.

Zu den drei Standorten im Freistaat, die ihre Tore für immer schließen, gehören neben Kaufbeuren Fürstenfeldbruck und Penzing bei Landsberg am Lech. …

Kommunalwaldpakt sichert langfristig die Bewirtschaftung

Bayerns Ministerpräsident Horst Seehofer (CSU), Gemeindetagspräsident Uwe Brandl und Städtetagsvorsitzender Ulrich Maly unterzeichneten jetzt den neuen Kommunalwaldpakt („Gemeinsame Erklärung zur Sicherung der vorbildlichen Waldbewirtschaftung im Kommunalwald"), mit dem eine Vereinbarung zwischen der Staatsregierung, dem Bayerischen Gemeindetag und dem Bayerischen Städtetag aus dem Jahre 2004 fortgeschrieben wird.

Hintergrund ist die vom Freistaat Bayern 2004 beschlossene Forstreform, die unter anderem einen Personalabbau bei den staatlichen Forstbehörden von 20 Prozent bis 2019 beinhaltet. Gleichzeitig müssen und wollen die Kommunen ihre Wälder im Gemeinwohlinteresse in besonderem Maße und vorbildlich pflegen, erhalten und verbessern.

„Die Kommunen bewirtschaften rund 277 000 Hektar Wald in Bayern. Unsere Gemeinden stehen dabei zu ihren Verpflichtungen gegenüber der Allgemeinheit, gerade auch mit Blick auf die Bedeutung des Waldes bei der Bekämpfung …

Von Juli 1994 an erschien zunächst in vierwöchigem Turnus, dann bis etwa 2002 in unregelmäßigem Abstand die Seite „Aus den bayerischen Städten", in denen „Positionen, Meinungen, Berichte und Analysen zu kommunalpolitischen

Ingolstadts Oberbürgermeister Lehmann über Volkszorn, repräsentative Demokratie und das Beschwerdemanagement der Kommunen

„Der Wutbürger wird zur Gefahr für unsere Städte“

Lebensgefahr für Feuerwehrmänner

Bürgermeistergespräch in Niederbayern zum Thema Mittelschul-Verbünde

„Die Schule im Dorf ist unseren Gemeinden heilig“

Der Flughafen Memmingen hat die hoch gesteckten Erwartungen nur teilweise erfüllt

Unsanft gelandet in der Wirklichkeit

Der Freistaat will bei der Unterbringung von Asylbewerbern jetzt in großem Stil Landkreise und Städte in die Pflicht nehmen

Kommunen droht eine Kostenlawine

Landräte wollen Partnertausch

In Darmstadt diskutierten Verwaltungsexperten mit Wissenschaftlern über die Aufgaben und Möglichkeiten von Kommunen in der Krise

Wie sozial kann die Stadt der Zukunft sein?

Auch in Bayerns Bussen besteht ein Sicherheitsrisiko

Themen aus Sicht des Bayerischen Städtetags veröffentlicht werden“. Mit programmatischen Worten machte der Landshuter Oberbürgermeister Josef Deimer, der auch Senatsmitglied und Vorsitzender des Bayerischen Städtetags war, die Staatszeitung zur Bühne für Kommunalpolitiker und Experten aus den Städten: „Die *Bayerische Staatszeitung* hat sich zur Aufgabe gemacht, das kulturelle und wirtschaftliche Leben in Bayern widerzuspiegeln. Die Städte verstehen sich als wichtiger Teil dieses Staatswesens. Sie prägen das Gesicht dieses Landes entscheidend. Und die Städte sind das Spiegelbild unserer gesellschaftlichen Befindlichkeit. Deshalb halte ich es für legitim und notwendig, dass sich die Städte stärker als bisher zu Wort melden.“

Eine erhebliche Ausweitung der Kommunalberichterstattung erfolgte in der *Bayerischen Staatszeitung* nach 1998 mit dem Kauf des *Gemeinde-Kuriers*. Dieses unabhängige Fachblatt für die bayerischen Gemeindevertreter, Gemeindebehörden und Landratsämter war 1952 von Erich Fleischer gegründet und vom Verlag „Die bayerische Gemeinde“ herausgegeben worden. Nach der Übernahme wurde der *Gemeinde-Kurier* mit mehreren Seiten in die Staatszeitung integriert; die Seitenpaginierung trug den Titel *Gemeinde-Kurier,* und schon auf der Titelseite der Staatszeitung wurde explizit auf diese Blatterweiterung hingewiesen.

Der *Gemeinde-Kurier* bot neben Kommentaren, Kurznotizen und Terminübersichten Raum für Artikel von Landräten, Bürgermeistern, Bezirkstagspräsidenten und Landkreistagspräsidenten zur Darstellung von Problemen oder zum Vorstellen neuer Projekte. Außerdem wurde der Stellenmarkt, der zuvor Bestandteil des Staatsanzeigers war, unmittelbar im Anschluss an den *Gemeinde-Kurier* platziert. Nie zuvor war in der *Bayerischen Staatszeitung* in diesem Umfang über Kommunalpolitisches geschrieben worden.

Ab 23. Juni 2000 kam auf den Seiten *Gemeinde-Kurier* als neue Rubrik das „Kommunale Forum“ hinzu: eine weitere Bühne für kommunale Vertreter und Mandatsträger. Die Bericht-

KOMMUNALFINANZIERUNG

Stadt spart sich fast 300 000 Euro

Einsparungen im zweistelligen Prozentbereich

KOMMUNALFAHRZEUGE

Ideal für kommunalen Straßen- und Wegebau

VERKEHRSKONZEPTE

Schülerbeförderung im Wandel der Zeit

STADTMÖBLIERUNG

Schlechte Zeiten für Stinker

Rieseneimer gegen Mülllawinen in den Stadtparks

erstattung auf diesen Seiten (der *Gemeinde-Kurier* verschwand im Laufe der Jahre in der Paginierung) umfasst längere Artikel, Reportagen, Interviews und Serien, wie beispielsweise ab dem 25. Januar 2008 die in Kooperation mit dem Stadtarchiv München erstellte Reihe über die Münchner Oberbürgermeister, die zum 850. Jubiläum der urkundlichen Erstnennung Münchens auch als Buchveröffentlichung der *Bayerischen Staatszeitung* erschienen ist (Volk Verlag, München).

Aktuell sind in der *Bayerischen Staatszeitung* zum Thema Kommunales folgende Rubriken zu unterscheiden: „Kommunales" (mehrseitig), unter anderem mit Artikeln, Interviews, Kommentaren – insgesamt eine solide Berichterstattung über die Kommunen. „Kommunales Forum": Hier kommt regelmäßig der Vorsitzende des Bayerischen Städtetags oder das geschäftsführende Vorstandsmitglied beim Bayerischen Städtetag zu Wort – alternierend mit führenden Vertretern der anderen kommunalen Spitzenverbände. „Aus den bayerischen Gemeinden" ist eine Veröffentlichung des Bayerischen Gemeindetags (einmal im Monat), „Aus den Bayerischen Bezirken" des Verbandes der Bayerischen Bezirke (zweiwöchentlich). Im Anschluss an den Kommunalteil erscheint der Stellenmarkt, der auf die Klientel der Staatszeitung ausgerichtet ist, also staatliche Behörden und ihre Mitarbeiter, Bürgermeister, Gemeinde-, Kreis- und Bezirksräte (zum Beispiel 14. Oktober 2011: LH München sucht Leiter(in) fürs Kommunalreferat). Neben der Rubrik „Kommunales" gibt es immer wieder Sonderseiten als Verlagsveröffentlichung wie „Stadtmöblierung", „Kommunale Finanzen" oder zur Messe „Kommunale 2011" in Nürnberg, bei der die Staatszeitung in jüngerer Zeit mit eigenem Stand vertreten ist.

An die Leserschaft in den Kommunen richten sich auch viele Printprodukte, die der Verlag Bayerische Staatszeitung GmbH in den vergangenen Jahren zusätzlich ins Portfolio aufgenommen hat, so das jährlich erscheinende *Kommunale Taschenbuch*.

Hauptgeschäftsführer Reiner Knäusl vom Bayerischen Städtetag, der Ende 2011 in Ruhestand ging, kommentierte in einem Abschiedsinterview in der *Bayerischen Staatszeitung* (16. Dezember 2011) das Verhältnis der kommunalen Spitzenverbände zum Freistaat: „Die kommunale Ebene wird ernster genommen als früher" – eine Aussage, die auch für die *Bayerische Staatszeitung* gilt, die 1913 mit marginaler Berichterstattung begonnen hat, heute aber den Kommunen eine wichtige Bühne bereitet.

Die Chefredakteure

Von Petra Raschke

Seit ihrer Gründung vor 100 Jahren hatte die *Bayerische Staatszeitung* acht Chefredakteure. In den Anfangsjahren bestand zwischen dem Hauptschriftleiter und der bayerischen Staatsregierung eine sehr enge Beziehung. So konnte der Chefredakteur vertragsgemäß nur nach vorheriger Genehmigung durch den Vorsitzenden im Ministerrat berufen werden. Das fasste Georg Freiherr von Hertling von der Zentrumsfraktion, der diese Position von 1912 bis 1917 innehatte, auch als Vorschlagsrecht auf.[1]

Philipp Frick: Nah am Zentrum

Als im Herbst 1912 – wenige Monate vor Erscheinen der ersten Staatszeitung – ein geeigneter Mann für die Position des Chefredakteurs gefunden werden musste, fiel die Wahl Hertlings auf Philipp Frick (1857 – 1935).[2] Geboren in Mußbach/Rheinpfalz, war Frick nach seinem Studium in Freiburg und München, wo er Mitglied katholischer Studentenverbindungen war, bei verschiedenen Zeitungen in ganz Deutschland als Redakteur tätig: zunächst bei der katholischen *Pfälzer Zeitung*, dann beim *Westpreussischen Volksblatt* in Danzig, bei der *Schlesischen Volkszeitung* in Breslau, bei der *Donauzeitung* in Passau und schließlich bei der *Germania* in Berlin. Ab 1891 übernahm er die Leitung des *Bayerischen Kuriers* und ab 1893 führte er die *Augsburger Postzeitung*. 1903 kam Frick an die Spitze der neu gegründeten *Bayerischen Zentrums-Parlaments-Korrespondenz* in München – und von dort zur *Bayerischen Staatszeitung*.

Als diese im Januar 1913 mit Frick als ihrem Chefredakteur erstmalig erschienen war, hagelte es in der Tagespresse heftige Kritik; sie richtete sich vor allem gegen den Zentrum-nahen Frick. Doch die Verlagsgeschäftsführer Oldenbourg stärkten Frick den Rücken und lobten, dass er und seine Redaktionskollegen „sich außerordentlich Mühe geben, die *Bayerische Staatszeitung* im Sinne des mit Nr. 1 ausgegebenen Programms zu redigieren".[3] Um aber Polemiken zu vermeiden, wurde Frick im Impressum nicht als verantwortlicher Redakteur genannt. Unterdessen pflegte Ministerpräsident Hertling den Chefredakteur allwöchentlich zu empfangen, um ihn über die politische Lage und die Absichten der Regierung zu informieren. Damit sollte die Staatszeitung in der Lage sein, „im Sinne der Regierung ihre Tätigkeit (zu) entfalten".[4] Im Sommer 1916 jedoch wurde aus wirtschaftlichen Gründen der Wechsel in der Blattleitung unumgänglich. Philipp Frick sei mit seinem „zu stark ausgeprägten parteipolitischen Standpunkt … der weiteren Verbreitung der Staatszeitung … in hohem Maße hinderlich", schrieb Geschäftsführer Hans Oldenbourg am 19. Juli 1916 an Hertling und kündigte Frick den Vertrag als Chefredakteur.[5]

Max Scharre: „Viel Arbeit war umsonst vertan“

Nun kam Max Scharre (1867 – 1955) zum Zug.[6] Er stammte aus Kelbra am Kyffhäuser und sammelte schon während der Schulzeit Erfahrungen in Zeitungsbetrieben seiner Verwandtschaft. Nach dem Studium der Geschichte und Nationalökonomie in Gießen und Halle war er seit 1890 als verantwortlicher Redakteur tätig: bei der *Kreiszeitung* in Homburg v. d. Höhe, beim *Iserlohner Kreisanzeige*r und bei der *Thüringer Zeitung* in Erfurt. 1900 wechselte Scharre zur *Saale-Zeitung* nach Halle a. d. Saale und wurde dort Chefredakteur. 1904 kam er zur *Münchener Zeitung*.

Die Hauptschriftleiterstelle bei der *Bayerischen Staatszeitung* übernahm er am 1. Oktober 1916. Liberaler, Norddeutscher und Protestant: Scharres Berufung zum Chefredakteur der Staatszeitung provozierte heftige Polemik in der Zentrumspresse. Doch Scharre war sehr betriebsam; es gelang ihm, die Zeitung auszubauen und erfolgreich zu platzieren. Gleichzeitig war er im Münchner Journalisten- und Schriftstellerverein engagiert, was seine Position festigte.[7]

Über seine erste Zeit bei der Staatszeitung schrieb er 20 Jahre später: „Der neue Chefredakteur war von Anfang an bemüht, die Staatszeitung zu einer modernen Tageszeitung zu machen, indem er das parteipolitische Moment, das bisher einen übermäßig großen Raum einnahm, etwas zurückdrängte und die Tagesereignisse, das Kulturelle, also Kunst, Wissenschaft und Belehrung, und die Unterhaltung mehr zu Wort kommen ließ.“[8]

Rückblickend hatte es Scharre nie leicht. Die Staatszeitung durfte keinen „dem Ansehen und den Intentionen der Staatsregierung abträglichen Inhalt“ haben. Aber weil die Staatsregierungen häufig wechselten, wechselten auch die Intentionen. Die Konflikte waren vorprogrammiert. Scharre musste in den vielen Jahren seiner Verantwortung als Chefredakteur von 1916 bis 1933 die Interessen einer „monarchischen, einer revolutionären, einer Räte-, einer sozialdemokratischen, einer bürgerlich-demokratischen, einer bürgerlichen, einer Volkspartei- und einer nationalsozialistischen Regierung vertreten“.[9] Als 1933 die Nationalsozialisten an die Macht kamen, waren Scharres Tage als Hauptschriftleiter gezählt. Im September 1933 musste er aus nichtigem Anlass zurücktreten: Wenige Tage zuvor war Schriftleiter Hansjörg Maurer mit dem Braunhemd in der Redaktion erschienen und Scharre hatte dies mit der Bemerkung „Was soll das eigentlich heißen? Hoffentlich wird das kein Dauerzustand!“ kommentiert.[10] Verbittert schrieb Scharre 1937: „Aus! Viel Arbeit war umsonst vertan!“[11]

Friedrich Möhl: Väterlicher Förderer

Scharres Nachfolger und letzter Chefredakteur vor Einstellung der Staatszeitung 1934 wurde Friedrich Möhl (1875 – 1957), schon seit 1929 für das Feuilleton des Blattes verantwortlich.[12] Möhl war der Sohn des Kgl. Bayerischen Hofgartendirektors Jakob Möhl und hatte bereits als Jugendlicher Zeitungsartikel verfasst. Er studierte Jura, Philosophie und Staatswissenschaften in München und promovierte 1903 in Staatswissenschaften. Nach einer Tätigkeit als Redakteur bei der *Memminger Zeitung* ging er 1904 zu den *Münch-*

ner Neuesten Nachrichten. Ab 1917 war Möhl Hauptschriftleiter der *München-Augsburger Abendzeitung*, bis 1929 war er auch Herausgeber von *Bayern und Reich. Deutsche Wochenschrift*.

Friedrich Möhl blieb allerdings nur noch wenige Monate Chefredakteur der *Bayerischen Staatszeitung*. In keiner Zeitung habe ein schöneres, vertrauensvolleres Zusammenhalten und Zusammenarbeiten zwischen dem Verlag und allen Angestellten und Arbeitern bestanden als in der *Bayerischen Staatszeitung*, schrieb er in der letzten Ausgabe des Blattes vom 30. Juni 1934, bevor die Zeitung eingestellt wurde.[13]

Wie man sich die Persönlichkeit Chefredakteur Möhls vorzustellen hatte, lässt sich aus einem Brief herauslesen, den Jahre später der Schriftsteller Josef Maria Lutz an Möhl anlässlich dessen 80. Geburtstag schrieb: „Mit Freude denke ich an die Tage der Staatszeitung. Es war so ein gemütliches und gemütvolles Zusammenarbeiten, ein so väterliches-freundliches Fördern von Ihrer Seite. Wenn ich ein Manuskript ablieferte, so hatten Sie stets Zeit zu einer kleinen Plauderei. Sie konnten so prachtvoll anregen, und man ging immer reicher von Ihnen weg, als man gekommen war. Ich sehe Sie immer noch mit der geliebten Pfeife am Schreibtisch sitzen. Es war eine schöne und fruchtbare Zeit.“[14] Der Pfaffenhofener Autor hat das Stück *Der Brandner Kaspar schaut ins Paradies* nach einer Erzählung von Franz von Kobell geschrieben, ebenso den Text der Bayernhymne.

Josef Hermann Mauerer: Aufbau der neuen Staatszeitung

Als nach der nationalsozialistischen Herrschaft und dem Zweiten Weltkrieg der Richard-Pflaum-Verlag mit der Aufgabe betraut worden war, für den Freistaat wieder eine Staatszeitung herauszubringen, wurde Josef Hermann Mauerer (1910 – 1983) erster Chefredakteur der 1950 wiederbegründeten *Bayerischen Staatszeitung*.[15] Auch 1950 hatte der Ministerpräsident das Vorschlagsrecht für die Besetzung der Stelle, damals war der CSU-Politiker Hans Ehard an der Regierung; Josef Mauerer gehörte ebenso wie der Verleger Richard Pflaum zum Gründerkreis der CSU.[16] Geboren im niederbayerischen Innernzell (Landkreis Freyung-Grafenau), studierte Mauerer zunächst Philosophie und Theologie in Passau und München, dann Germanistik, Geschichte und Kunstgeschichte in Leipzig. Nach Kriegsdienst und Kriegsgefangenschaft wurde er 1946 Pressereferent der CSU und unter anderem Lizenzträger der halbmonatlich herausgebrachten Schrift *Bayer. Rundschau*, dem Vorläufer der CSU-Parteizeitung *Bayernkurier* (3. Mai 1950 erstmals erschienen). 1949 zog sich Mauerer aus der aktiven Parteiarbeit zurück und widmete sich dem Aufbau der *Bayerischen Staatszeitung*, die im Juli 1950 erstmals herausgegeben wurde.

Josef Mauerer etablierte die *Bayerische Staatszeitung* nunmehr als Wochenzeitung und führte 1952 bzw. 1953 die Beilagen *Unser Bayern* und *Der Staatsbürger* ein. Unter Mauerer vollzog sich auch der Verlagswechsel Ende 1955 zum heute noch bestehenden Verlag Bayerische Staatszeitung GmbH mit den Gesellschaftern Süddeutscher Verlag und Münchner Zeitungsverlag. Allerdings wäre es dabei beinahe zur Entlassung Mauerers gekommen.[17] 1957 verließ er die Staatszeitung. Er wurde Redakteur und später Leiter der Abteilung Politik beim *Bayerischen Rundfunk*. Außerdem unterrichtete er an der Deutschen Journalistenschule in München.

Karlheinz Lange: Neue Ressorts etabliert

An Mauerers Stelle bei der *Bayerischen Staatszeitung* als Chefredakteur trat im September 1957 Karlheinz Lange (1922 – 1999).[18] Wer hätte es damals gedacht, dass das langjährige SPD-Mitglied Lange drei Jahrzehnte lang die Redaktion der Staatszeitung leiten würde? In dieser Zeit standen, abgesehen von Wilhelm Hoegner (SPD), vier Ministerpräsidenten der CSU an der Spitze der bayerischen Staatsregierung: Hanns Seidel, Hans Ehard, Alfons Goppel und Franz Josef Strauß.

Karlheinz Lange stammte aus Dresden und studierte nach dem Kriegsdienst, aus dem er verwundet zurückgekehrt war, Geschichte, Literaturgeschichte, Philosophie und Zeitungswissenschaften in Leipzig und München. Nach der Promotion 1946 arbeitete er als Nachrichtenredakteur bei *Radio München*, anschließend war er bis 1949 Lokalredakteur in Straubing. Nach einer vierjährigen Phase als freier Journalist übernahm er 1953 die Aufgabe eines Pressereferenten beim Staatsministerium für Arbeit; von dort ging er zur Staatszeitung. „Das Leben in Bayern widerzuspiegeln und die auf das Land wirkenden Kräfte zu würdigen – und natürlich im Anzeiger die Funktion des Verkündigungsorgans der Staatsregierung zu erfüllen“, so sah Lange die Aufgabe der Staatszeitung.[19]

Dass es für Karlheinz Lange nicht immer einfach war, Chefredakteur der *Bayerischen Staatszeitung* zu sein, zeigt exemplarisch die Diffamierung der Zeitung als „Kampfblatt gegen die CSU“ im September 1970. Im *Bayernkurier* war ein Artikel mit der Überschrift „Verfälschung eines Titels“ erschienen. Der Staatszeitung wurde darin unterstellt, sie würde für die Ostpolitik Willy Brandts Stimmung machen. Deswegen wäre zu prüfen, welche Möglichkeiten offenstünden, „dem Missbrauch des Zeitungstitels“ ein Ende zu setzen.[20] Lange überstand diesen Angriff ebenso wie andere und konnte in seiner Zeit als Chefredakteur die Zeitung weiterentwickeln, sie anschaulicher gestalten, neue Rubriken wie zum Beispiel „Das Forum der Fraktionen“ einführen und die kommunale Berichterstattung ausbauen.

Carl Schmöller: Mehr Kommunales und eine neue Parlamentsbeilage

Nach der Pensionierung von Karlheinz Lange im Jahre 1987 wurde Carl Schmöller (* 1935) Chefredakteur.[21] Er gehörte der Staatszeitung seit 1978 als Redakteur an und war unter anderem für die Seite 3 (Umschau), für Wirtschaft, Touristik und Beilagen zuständig. In Vilsbiburg/Niederbayern geboren, volontierte er nach seiner Schulzeit beim *Alt-Neuöttinger und Burghauser Anzeiger* in Altötting und in Vilsbiburg. Anschließend ging er als politischer Redakteur zum *Freisinger Tagblatt*. 1963 wurde er – damals 28 Jahre alt – unter dem Parteivorsitzenden Franz Josef Strauß Pressesprecher der CSU und Chefredakteur des *Bayernkuriers*. Er blieb dort bis 1965. Anschließend arbeitete er für die *Schwäbische Zeitung* in Leutkirch und war, bevor er zur Staatszeitung wechselte, von 1968 bis 1978 Korrespondent für München und Bayern bei der *Stuttgarter Zeitung*.

Auch Carl Schmöller passte das Profil der *Bayerischen Staatszeitung* den sich ändernden Bedingungen in der Presselandschaft an. So wurde das Kommunalressort gestärkt: Nachdem der Verlag den *Gemeinde-Kurier* übernommen hatte, wurde der Seitenumfang erheblich ausgeweitet; hinzu kamen eigene Seiten der kommunalen Spitzenverbände. In Schmöllers Ära fiel auch die Etablierung der neuen Beilage *Maximilianeum*, die ab 1989 im Auftrag des Bayerischen Landtags zehnmal jährlich erschien und über die Arbeit des Parlaments berichtete.

Peter Jakob Kock: Mehr Geschichte

Im Jahr 2000 ging Carl Schmöller in Ruhestand, und sein Stellvertreter Peter Jakob Kock (* 1946) übernahm die Leitung der *Bayerischen Staatszeitung*.[22] Geboren im oberbayerischen Seeon, studierte Kock in München Geschichte. Schon während des Studiums war er beim *Bayerischen Landtagsdienst* tätig, später auch beim *Bayerischen Rundfunk*. Nach seiner Promotion übernahm er 1981 die Leitung des *Landtagsdienstes*. 1987 kam Kock als Redakteur zur *Bayerischen Staatszeitung*. Ab ihrem ersten Erscheinen 1989 war er 17 Jahre lang verantwortlicher Redakteur für die Beilage *Maximilianeum* (die ab 2007 nicht mehr als Printobjekt erschien, sondern in Verantwortung des Landtags als online-Version fortgeführt wurde). Kock ist versierter Kenner des Geschichte des Bayerischen Landtags. So veröffentlichte er unter anderem: *Der Bayerische Landtag – eine Chronik* (2006) sowie *Das Maximilianeum, Biografie eines Gebäudes* (2008). Während seiner Tätigkeit bemühte sich Kock, der Zeitung mehr Raum für Rückschau und geschichtliche Hintergründe zu geben. Kock war bis Ende 2004 Chefredakteur der Staatszeitung.

Ralph Schweinfurth: Aufgefrischte Optik

Mit Ralph Schweinfurth (* 1969) kam 2005 ein gebürtiger Franke (Nürnberg) an die Spitze der Redaktion.[23] Schweinfurth studierte an den Universitäten Erlangen/Nürnberg und in Bergen/Norwegen Theaterwissenschaften, nordische Philologie und Publizistik. Von 1992 an – anfangs noch neben dem Studium – bis Ende 1997 war er als freier Journalist tätig, beispielsweise für die *Nürnberger Zeitung*, den *Fränkischen Tag* (Bamberg), den *Donaukurier* (Ingolstadt), das *Opernglas* (Hamburg) und auch schon für die *Bayerische Staatszeitung*, wo er dann 1998 ein Volontariat begann; er wurde als Wirtschaftsredakteur übernommen und ist seit 2005 Chefredakteur. Seither hat die Rubrikenvielfalt in der *Bayerischen Staatszeitung* weiter zugenommen, neue Schwerpunkte wurden eingeführt. Gleich zu Beginn seiner Verantwortung als Chefredakteur erhielt die *Bayerische Staatszeitung* im Juli 2005 ein neues Erscheinungsbild, den Zeitungstitel ziert seitdem das blaue *BSZ*-Logo.

Buchmacher am Werk

Wenn Altabt Odilo Lechner süffisant behauptet, dass man vom Klischee eines christlichen Bayern Abschied nehmen müsse, wenn Peter Gauweiler den homo politicus bavaricus mit seiner ewigen Eifersucht auf die glücklichen Großen charakterisiert, wenn Alfred Biolek verrät, was er an Bayerns Küche schätzt, wenn Helmut Haberkamm erklärt „Die Bavaria is die Franken ihr Domina“: Dann klingelt in der Redaktion der *Bayerischen Staatszeitung* laufend das Telefon. Mit Nachdruck muss man erklären, dass ein Nachdruck der *Unser Bayern*-Hefte leider nicht möglich ist. Aber dann entschließt sich der Staatszeitungsverlag, in Zusammenarbeit mit dem SüdOst Verlag (Waldkirchen), die Serie *Krachert – global. Über Bayern* reich illustriert noch einmal als Buch herauszugeben. Das ist anno 2004. Und da steht schon ein Großereignis an, das nach der nächsten *Unser-Bayern*-Serie schreit: *Eine Krone für Bayern. 200 Jahre Königreich*. Diesmal beugt die Redaktion dem Telefonkollaps vor und gibt die Serie als Buch nicht nur vor Abdruck der Beiträge in *Unser Bayern*, sondern auch noch ein halbes Jahr vor dem eigentlichen Jubiläumsjahr 2006 heraus. Der SüdOst Verlag bewerkstelligt schon nach zwei Monaten die zweite Auflage. Sensation des Buches ist das erstmals veröffentlichte Tagebuchfragment der Pfanni Kreitmeyer, einer königlichen Wäschebeschließerin, die in der Münchner Residenz überall ihre Augen und Ohren hatte. Das Buch kommt auch „oben“ gut an: Beim Neujahrsempfang in der Bayerischen Vertretung in Berlin ist es das Geschenk von Bundes- und Europaministerin Emilia Müller und Edmund Stoiber an die zahlreichen Gäste – der Minis-

terpräsident findet bei der Vorstellung des Buches viele lobende Worte und hält über eine Stunde tapfer beim Buchsignieren durch. Eine Ausstellung mit den hintergründigen Illustrationen von Rosemarie Zacher und den Fotografien von Uwe Kielas umrahmen dieses Event zum Jahresauftakt 2006. In München geht es weiter: Auf Einladung der Bayerischen Schlösserverwaltung zeigen Rosemarie Zacher und Uwe Kielas ihre Arbeiten zu dem Buch diesmal im Original und in ehrwürdigen Vitrinen wohl gesichert in einem Raum der Münchner Residenz, wo die große Ausstellung der Schlösserverwaltung zu „200 Jahre Königreich" zigtausende Besucher anzieht; die kleine, aber feine *BSZ*-Schau lassen sich auch Herzog Franz von Bayern und der damalige Finanzminister Kurt Faltlhauser nicht entgehen. Karin Stoiber kommt ebenfalls: Die First Lady möchte die Originale der Exponate aus der Berliner Ausstellung sehen. Zum Jahresende 2006 gibt es noch ein unerwartetes Angebot: Die Messe „Heim und Handwerk" thematisiert ebenfalls das königliche Ereignis und lädt ein zur Buchpräsentation. Der König vom Buchcover weist auffallend den Weg durch die Messehallen. Zur Publikumslesung kommt die SPD-Abgeordnete Hildegard Kronawitter, die in charmantem Tonfall Passagen aus Pfanni Kreitmeyers Tagebuch zum Besten gibt.

So viel erfolgreicher Ausbruch aus dem Redaktionsalltag beflügelt (obendrein das Lob des *Bayerischen Fernsehens,* des *Bayerischen Rundfunks* und der überregionalen Presse): 2008 kommt das nächste Buch mit Beiträgen aus *Unser Bayern* heraus, diesmal in Kooperation mit dem Bayerischen Landesamt für Umwelt und dem Erich Weiß Verlag. Es geht ums *Wasser. Bayerns kostbares Nass.* Abermals veröffentlicht die *BSZ* bis dahin Unbekanntes, wenn auch nur bruchstückhaft: Libretto und Partitur der opera buffa *Die Maßkrugsucher von München.* Spielszenen daraus sind an der Isar verortet – in die der damalige Umweltminister Otmar Bernhard bei der Buchpräsentation steigt, amüsiert beobachtet von Münchens Umwelt-Bürgermeister Hep Monatzeder. Die Diskussion über aktuelle Probleme mit dem kühlen Nass verfolgen im Müllerschen Volksbad auch die Landräte Johanna Rumschöttel (München) und Karl Roth (Starnberg). Letzterer beweist obendrein sein schauspielerisches Talent: Der Aufforderung von Kabarettistin Lizzy Aumeier, mit ihr Szenen aus dem Film *Titanic* nachzuspielen, kann er nicht widerstehen. Lizzy Aumeier hat zum zweiten Mal für die humorvolle Präsentation eines *BSZ*-Buches gesorgt.

Zu lachen haben die Gäste auch im Münchner Rathaus beim Auftritt des „Ude-Doppelpacks": Das OB-Double Uli Bauer tritt bei der Vorstellung des Buches *Die Münchner Oberbürgermeister: 200 Jahre gelebte Stadtgeschichte* auf – im Publikum natürlich der echte Christian Ude, obendrein Alt-OB Georg Kronawitter. Das Buch entstand in Absprache mit dem Münchner Stadtarchiv aus einer Serie der *Bayerischen Staatszeitung;* Anlass war die 850-Jahr-Feier Münchens 2008, Kooperationspartner ist der Volk Verlag. *(dü)*

Das Wirtschaftsunternehmen

Von Petra Raschke

München, 26. November 1912, 5 Uhr nachmittags: Im Staatsministerium des Innern erscheinen zwei Herren, um bei Oberregierungsrat Freiherr von und zu Aufseß einen Vertrag zu unterzeichnen.[1] Es sind der Kommerzialrat Hans Oldenbourg und sein Bruder Paul, Geschäftsführer der erst wenige Wochen zuvor gegründeten Monachia-Verlagsgesellschaft m.b.H. Den Vertrag, um den es geht, hat tags zuvor Prinzregent Luitpold „allergnädigst zu genehmigen geruht".

Mit der Unterzeichnung verpflichtet sich das Unternehmen, ab Januar 1913 mit Ausnahme der Sonn- und Feiertage täglich eine Zeitung herauszugeben. Sie soll den Titel *Bayerische Staatszeitung* und den Untertitel *Kgl. Bayerischer Staatsanzeiger* tragen und außerdem das bayerische Staatswappen führen. Im Vertrag steht auch, dass die Monachia-Verlagsgesellschaft in Kürze ihre Firma in Bayerische Staatszeitungs-Verlags G.m.b.H. umbenennen würde.[2] Tatsächlich wurde diese Gesellschaft schon einen Tag später, am 27. November 1912, ins Handelsregister eingetragen.[3] Der Firmensitz lag in der Münchner Frauenstraße. Hans und Paul Oldenbourg führten die Geschäfte; sie verfügten über langjährige Erfahrungen im gleichnamigen Familienunternehmen R. Oldenbourg, dem bekannten und florierenden Schulbuch- und Wissenschaftsverlag in der Glückstraße – ganz nah zum Münchner Odeonsplatz und den Regierungsgebäuden.[4] Wohl nicht nur der räumlichen Nähe wegen unterhielten die Verleger viele Kontakte zu Beamten und Würdenträgern und galten als sehr regierungstreu.[5]

Schon etliche Jahre zuvor, im Januar 1897, war der ältere Bruder von Hans und Paul, Generalkonsul Rudolf August von Oldenbourg, mit Carl von Mayer, Staatsrat und Ministerialdirektor im Außenministerium, in Kontakt getreten wegen des Vorhabens, für Bayern eine offiziöse Zeitung zu begründen. Daraus wurde zunächst nichts. Es sollten 15 Jahre vergehen, bis Ministerpräsident Georg von Hertling im Juli 1912 bei Rudolf August von Oldenbourg anfragte, ob er sich für dieses Projekt noch interessiere.[6] Oldenbourg starb zwar im August desselben Jahres, doch seine Brüder Hans und Paul übernahmen sein „Kind" und entwickelten die Idee bis zur Realisierung.

In der neu gegründeten „Bayerischen Staatszeitungs-Verlags G.m.b.H." hielt die Firma R. Oldenbourg mit 200 000 Mark 60 Prozent der Anteile. Mit von der Partie war ein weiterer Vertreter der Familie, der Schwiegersohn von Rudolf August von Oldenbourg, Wilhelm Cornides Edler von Krempach. Cornides fungierte allerdings nur als Mittelsmann und gab seine Anteile (160 000 Mark) bereits wenige Tage nach Eintragung ins Handelsregister an eine Reihe hochrangiger „Reichsräte der Krone Bayerns" ab.[7] Dazu gehörten Theodor Freiherr von Cramer-Klett, Aloys Fürst von Löwenstein-Wertheim-Rosenberg, Ernst Graf von Moy, Bertram Fürst von Quadt zu Wykradt und Isny sowie aus der Augsburger Fuggerdynastie Graf Carl Ernst Fugger von Glött, erster Präsident der Kammer der Reichsräte. Gut ein halbes Jahr später trat Aloys Fürst von Löwenstein die Mehrheit seiner Anteile an den Würzburger Kohlenhändler und Schiffsreeder Josef Carl Neckermann ab.[8] Neckermann war durch seine Monopolstellung als Kohlenlieferant der Kgl. Bayerischen Eisenbahn reich geworden und galt als der „Rockefeller Würzburgs".[9] Im März 1920 übernahm Neckermann weitere Anteile.

Am 1. Januar 1913 erschien die erste Ausgabe der *Bayerischen Staatszeitung*. Durch den Vertrag mit der Staatsregierung waren Behörden und Verwaltungen, aber auch Gemeinden und Pfarrkirchenstiftungen zum Abonnement verpflichtet. Der Verlag rechnete mit rund 15 000 Pflichtabonnenten.[10] Einige Gemeinden und Institutionen versuchten, sich dem Zwang zum Bezug der Staatszeitung zu widersetzen, so zum Beispiel die Gemeinden Starnberg und Pfaffenberg und die protestantische Kirchenstiftung Schopflohe. Alle scheiterten jedoch vor Gericht.[11]

Um noch mehr Abonnenten zu gewinnen, verschickte der Verlag ab Januar 1913 Zeitungsausgaben an „ausgewählte Adressen aus allen Ständen im ganzen Königreich". Holzhandlungen wurden angeschrieben, Banken und Geschäftsleute mit Freiexemplaren versorgt, und sogar Studentenvereinigungen erhielten Werberundschreiben.[12] Wer sich für das Abonnement entschieden hatte, wurde schließlich fein säuberlich in ein Buch eingetragen. Alphabetisch sortiert, reicht die Liste der Bezieher von Abbach bis Zweibrücken.[13] Darüber hinaus wurde das Blatt auch einzeln verkauft: bei Straßenhändlern, in Kiosken, Zigarrengeschäften und in Bahnhofsbuchhandlungen. Letzteren hatte der Verlag zu Werbezwecken Celluloidplaketten mit dem Zeitungskopf angeboten.[14]

Die Staatszeitung startete im Jahr 1913 mit einer Auflage von über 20 000 Exemplaren. Durchschnittlich umfasste sie zwölf Seiten. Die fast tägliche Erscheinungsweise erforderte einen großen Betrieb: Neben den Redakteuren und dem Büropersonal von Verlag und Vertrieb waren Handsetzer beschäftigt, die den Text aus einzelnen beweglichen Bleibuchstaben und Zwischenräumen zusammensetzten, Maschinensetzer, die sich für längere Textpassagen einer Setzmaschine bedienten, die ganze Satzzeilen liefern konnte, Korrektoren, die nach Fehlern suchten, Stereotypeure, die von den gesetzten Druckseiten durch Abformen und Abguss Buchdruckplatten erstellten und schließlich Drucker, die die großen Druckpressen in der angegliederten verlagseigenen Rotationsdruckerei bedienten. Wieviel „Manpower" damals nötig war, wird aus einer internen Gegenüberstellung des Verlags ersichtlich. Um den Satz für zehn Zeitungsseiten herzustellen, mussten allein neun Maschinensetzer, alternativ 27 Handsetzer acht Stunden lang arbeiten.[15]

Rund ein Fünftel des Seitennettoumfangs füllten die Anzeigen.[16] Dem Untertitel *Kgl. Bayerischer Staatsanzeiger* entsprechend füllten viele amtliche Anzeigen den Platz: Bekanntmachungen der Obersten Hofstellen und Staatsministerien, von Gerichten, Gemeindeverwaltungen, Notariaten und Schulbehörden, von Holzversteigerungen der Forstbehörden, Ausschreibungen von Staatsarbeiten und Lieferungen an Staatsbetriebe.

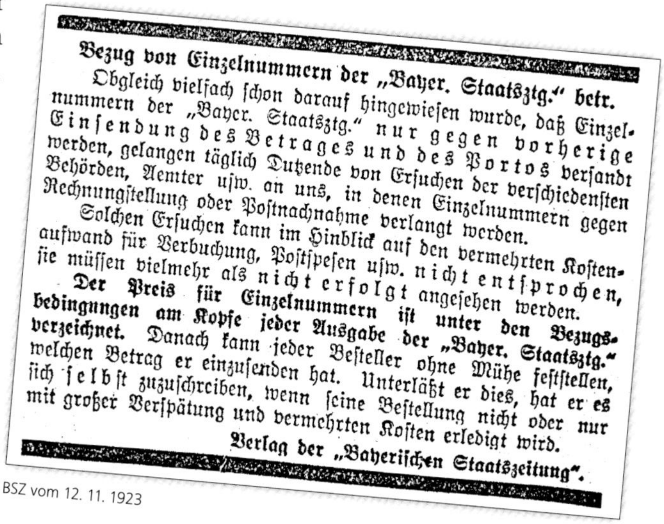
Bezug von Einzelnummern der „Bayer. Staatsztg." betr.

Obgleich vielfach schon darauf hingewiesen wurde, daß Einzel-
nummern der „Bayer. Staatsztg." nur gegen vorherige
Einsendung des Betrages und des Portos versandt
werden, gelangen täglich Dutzende von Ersuchen der verschiedensten
Behörden, Aemter usw. an uns, in denen Einzelnummern gegen
Rechnungstellung oder Postnachnahme verlangt werden.

Solchen Ersuchen kann im Hinblick auf den vermehrten Kosten-
aufwand für Verbuchung, Postspesen usw. nicht entsprochen,
sie müssen vielmehr als nicht erfolgt angesehen werden.

**Der Preis für Einzelnummern ist unter den Bezugs-
bedingungen am Kopfe jeder Ausgabe der „Bayer. Staatsztg."
verzeichnet.** Danach kann jeder Besteller ohne Mühe feststellen,
welchen Betrag er einzusenden hat. Unterläßt er dies, hat er es
sich selbst zuzuschreiben, wenn seine Bestellung nicht oder nur
mit großer Verspätung und vermehrten Kosten erledigt wird.

Verlag der „Bayerischen Staatszeitung".

BSZ vom 12. 11. 1923

In der Staatszeitung gab es auch Privatanzeigen, die im Umfang sogar mehr ausmachten als die amtlichen Anzeigen (1913 etwa 55 Prozent aller Inserate). Die Privatanzeigen wurden von der renommierten Anzeigenexpedition Rudolf Mosse abgewickelt, die überall in Bayern Agenturen unterhielt.[17] Mosse lieferte eine bunte Mischung von Inseraten, primär ausgelegt auf Behörden und ihre Beamten aus München und Umgebung. Da waren Anzeigen von Stempelfabrikanten, Schreibmaschinenhändlern, Möbelherstellern und anderen Lieferanten der Behörden, die Inserate von Münchner Geschäften, die Gala-Uniformen, Stolas und Muffe für die Damen oder „geschmeidige" Vier-Zylinder-Tourenwagen anpriesen; man entdeckt Anzeigen von Schulen und Internaten, von Möglichkeiten, wo man die Sommerfrische oder eine Kur genießen konnte. Der Schweizerische Bankverein warb für die Aufbewahrung und Verwaltung von Wertpapieren, „Geradehalter" und „Augenschoner" wurden ebenso offeriert wie das „Amerikanische Schwitz-Badekabinett" für die Anwendung zuhause. Schließlich gab es in der Staatszeitung immer wieder Hochzeits- und Wohnungsanzeigen sowie großformatige Zigarrenwerbung. All diese Inserate hatten für den neuen Verlag eine nicht gerade geringe Bedeutung: Schon 1913 bescherten sie ihm beinahe 50 Prozent der Einnahmen.[18]

Trotzdem brachte das Unternehmen in seinen ersten Jahren den Gesellschaftern nur Verluste ein. Man habe „unerforschliches Neuland betreten", hieß es in einem Bericht der Geschäftsführer vom Februar 1914, die Lage sei „sehr ernst, aber nicht hoffnungslos". Durch gezielte Werbung versuchte man mehr Abonnenten zu gewinnen, die Einnahmen aus Privatanzeigen zu steigern und die Zahl an Ausschreibungen und Terminveröffentlichungen zu erhöhen.[19]

Dann brach im Sommer 1914 der Erste Weltkrieg aus. Anfang 1915 konnten die Gebrüder Oldenbourg in ihrem Bericht an die Gesellschafter nur feststellen, „dass der Abschluss des Jahres 1914, in welches fünf Kriegsmonate fallen, kein günstiger geworden ist".[20] Man hatte sich entschlossen, die Zeitung in der nachrichtenreichen Kriegszeit auch an Sonn- und Feiertagen erscheinen zu lassen. Dazu kamen die täglichen Telegramm-Anschläge, die erhebliche Kosten verursachten. Kriegsbedingt waren die Einnahmen aus den Anzeigen eingebrochen. Unter den verbliebenen Annoncen in den

Kriegsjahren waren dann solche, in denen Ernstfallstiefel, Regenfeldhemden, Kriegsseife und Zigarren als „Liebesgaben“ für Soldaten beworben wurden.

Defizitär ging es bis nach Ende des Ersten Weltkrieges weiter. Trotz Bemühungen des Verlages beispielsweise um Feldpost-Abonnements, durch die sich die „zur Fahne Einberufenen … den Fortbezug der *Bayerischen Staatszeitung* auch im Felde … sichern“ konnten.[21] Vor allem die Papierpreise zogen an. Der Staatszeitungsverlag schloss in jedem Jahr mit einem Minus ab.[22]

Während der Novemberrevolution 1918 und der Räterepublik kam es zu Versuchen, die G.m.b.H. aufzukaufen – zum Teil verbunden mit politischen Absichten der damaligen Regierung Kurt Eisner, zum Teil aus rein geschäftlichen Erwägungen. Doch alle Kaufversuche scheiterten, die Gebrüder Oldenbourg entschieden schließlich Mitte Dezember 1918, das Unternehmen definitiv nicht in andere Hände zu geben.[23]

Inzwischen begann sich das Anzeigengeschäft in der Staatszeitung zu erholen: 1918 belegten die Anzeigen fast 30 Prozent des Platzes.[24] Die Inserate waren wieder vielfältiger – trotzdem war darin die Armut der Zeit offensichtlich. Das Umarbeiten von Uniformen und das Umfassionieren von Hüten wurden angeboten, man warb für den Verkauf von Kriegsgerät oder für Lose zugunsten von Kriegsbeschädigten. Auch die Auflage der Zeitung stieg. 1919 wurden fast 35 000 Exemplare gedruckt.

Eigentlich hätte man nun auch für den Verlag Gewinne erwarten können. Weil aber die Papierpreise in die Höhe schnellten, ebenso Löhne, Gehälter und Postgebühren, verbesserte sich in dieser Nachkriegszeit nicht gerade die wirtschaftliche Situation des Verlags.

Schließlich folgte die Inflation. Die Preise stiegen ins Unermessliche. 1923 lagen die Einnahmen aus Abonnements und Einzelverkauf bei mehr als 68 Billiarden Mark.[25] Anfang November 1923 kostete die Ausgabe A der Zeitung 1 881 000 000 Mark, und am 12. November 1923 wurde von den Abonnenten als erste Rate eine Nachzahlung in Höhe von 40 Milliarden Mark eingefordert. Es blühten die Anzeigen für den Kauf von Brillanten und Juwelen, Zahngold und Pelzen zu al-

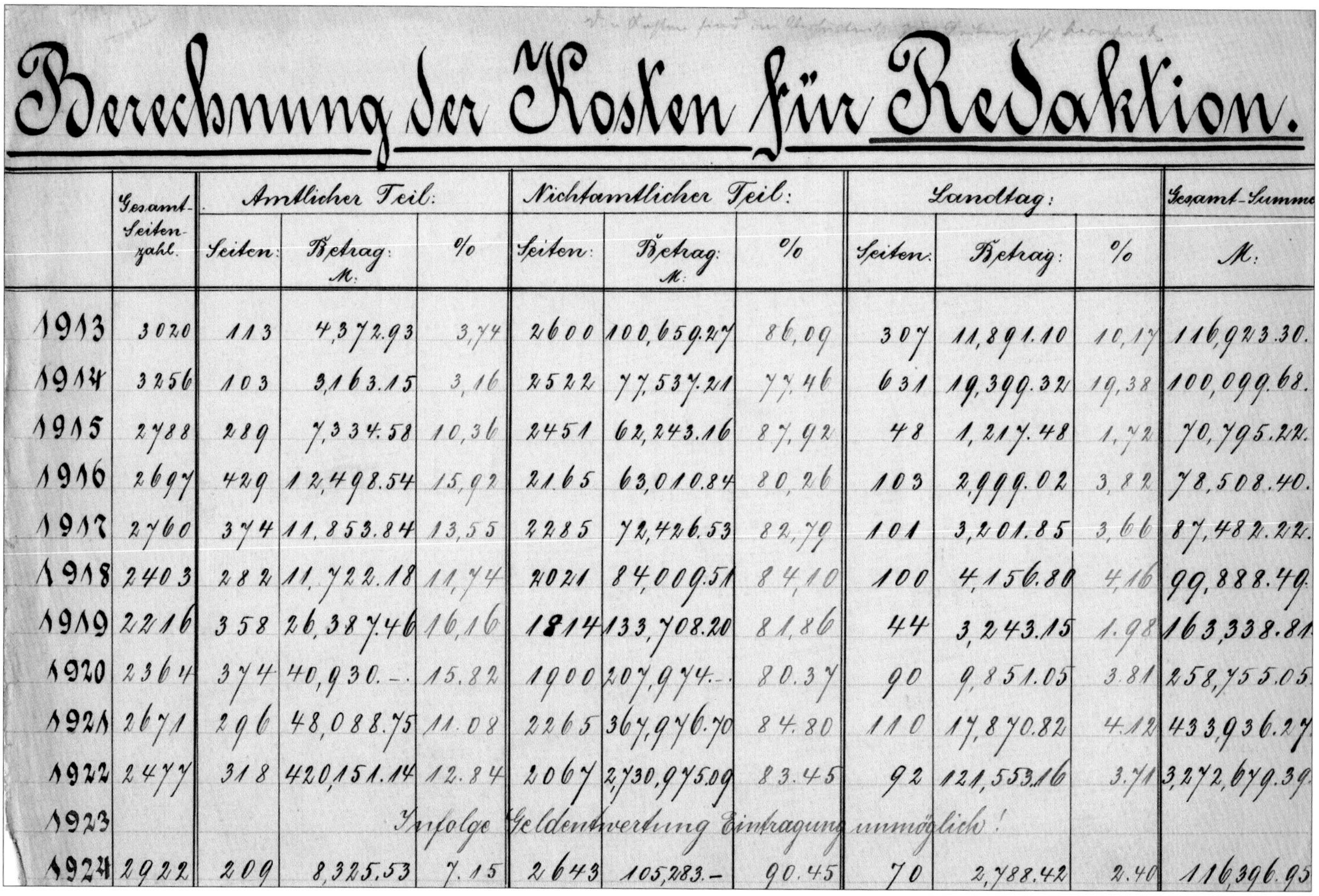

Berechnung der Kosten für Redaktion.

	Gesamt-Seitenzahl.	Amtlicher Teil:			Nichtamtlicher Teil:			Landtag:			Gesamt-Summe
		Seiten:	Betrag: M:	%	Seiten:	Betrag: M:	%	Seiten:	Betrag:	%	M:
1913	3020	113	4,372.93	3,74	2600	100,659.27	86,09	307	11,891.10	10,17	116,923.30.
1914	3256	103	3,163.15	3,16	2522	77,537.21	77,46	631	19,399.32	19,38	100,099.68.
1915	2788	289	7,334.58	10,36	2451	62,243.16	87,92	48	1,217.48	1,72	70,795.22.
1916	2697	429	12,498.54	15,92	2165	63,010.84	80,26	103	2,999.02	3,82	78,508.40.
1917	2760	374	11,853.84	13,55	2285	72,426.53	82,79	101	3,201.85	3,66	87,482.22.
1918	2403	282	11,722.18	11,74	2021	84,009.51	84,10	100	4,156.80	4,16	99,888.49.
1919	2216	358	26,387.46	16,16	1814	133,708.20	81,86	44	3,243.15	1.98	163,338.81
1920	2364	374	40,930.–.	15.82	1900	207,974.–.	80.37	90	9,851.05	3.81	258,755.05
1921	2671	296	48,088.75	11.08	2265	367,976.70	84.80	110	17,870.82	4.12	433,936.27
1922	2477	318	420,151.14	12.84	2067	2,730,975.09	83.45	92	121,553.16	3.71	3,272,679.39
1923		Infolge Geldentwertung Eintragung unmöglich!									
1924	2922	209	8,325.53	7.15	2643	105,283.–	90.45	70	2,788.42	2.40	116,396.95

lerhöchsten Tagespreisen. Erst die Währungsreform beendete den galoppierenden Preisanstieg.

Im August 1924 erfolgte die Umstellung des Gesellschaftskapitals auf Goldmark (GM).[26] Die G.m.b.H. war im Frühjahr 1925 auf vier Anteilseigner verteilt: die Firma Oldenbourg mit 120 000 GM, Freiherr von Cramer-Klett und Josef Carl Neckermann mit jeweils 30 000 GM und schließlich Graf Fugger von Glött mit 10 000 GM. Die Geschäftsführung der Gesellschaft lag inzwischen in den Händen von Paul Oldenbourg, sein Bruder Hans war 1922 gestorben.

Mitte der 1920er Jahre ging es mit der Staatszeitung wirtschaftlich bergauf und sie warf Gewinne ab. Die Auflagenzahlen pendelten sich bei rund 23 000 Exemplaren ein. Die Einnahmen aus den Anzeigen nahmen von Jahr zu Jahr zu.[27] Die Anzeigen selbst bieten ein gutes Spiegelbild der Gesellschaft jener Zeit. Die Kraftverkehr Bayern GmbH gab die Parole aus: „Lernt Autofahren". Damenhüte von einfacher bis zu feinster Ausführung wurden angepriesen. Es gab Inserate für elegante Straßenanzüge, für extra starke Stehkrägen oder für Herren- und Damenstoffe in erstklassigen Qualitäten mit bequemer Teilzahlung „für die verehrlichen Beamten". Auch Hausgrundstücke in Obermenzing, dem „bevorzug-

10 Seiten „Bayer. Staatszeitung"

Gegenüberstellung von Maschinen- und Handsatzbetrieb.

10 Seiten = 4140 Zeilen

Maschinensatz

1 Setzer liefert bei 8stündiger Arbeitszeit, davon 1/2 Std. Putzen 1/2 Std Pause = 7 Std. Setzzeit
1 Std. 70 Zln (7 Std) 490 Zeilen
9 Setzer liefern die gebrauchte Satzmenge von 4410 Zeilen

Löhne: Minim. 57.60 wöchentlich
9 Setzer erhalten Mk. 518.40
1 Vorarbeiter 70.-
~~1 Metallumschmelzer 48.-~~
(~~Stereotypeurs~~ anteilig)

Sa. Mk. 636.40

× 52 Wochen Mk. 33,092.-
Metall-Verlust 1,000.-
Sa. Mk. 34092

Zusammenstellung:
Handbetrieb
Löhne Mk 69,212.-
Neu Anlage-Werte von 18640 Mk 15% Abschr. 2,796.-
Sa. Mk. 72008.-
Maschinenbetrieb 34092.-
Sa. Mk 37916.-
(Differenz)

Handsatz

1 Setzer liefert bei 8stündiger Arbeitszeit, 6½ Std. Setzzeit und 1½ Std. Ablegezeit
1 Std. 25 Zln (6½ Std) 162 Zln
Es werden 27 Setzer gebraucht um herzustellen: 4374 Zln

Löhne: Minim. Mk 48.- wöchentlich
27 Setzer erhalten Mk. 1296.-

Sa. Mk. 1296.-
1 Putzfrau mehr 15.-
2 Räume mehr 20.-
Mk. 1331.-
× 52 Wochen " 69,212.-

Anlage-Werte:
20 Regale Mk 400.-
30 Kästen " 300.-
Schriften
27 Petitkästen à 40 Kilo à Mk 8.- 8640.-
10 Borgis " " 3200.-
5 Garmond " " 1600.-
10 Nonp. " " 4000.-
Winkelhaken, Schiffe usw 500.-
Sa. Mk. 18,640.

In Rauch gehen Millionen von Banknoten auf: Die Hyperinflation 1923 hat Deutschland fest im Griff. Auch für eine Ausgabe der *Bayerischen Staatszeitung* müssen plötzlich Milliarden gezahlt werden. Die Not ist groß – der schmelzende Wert ihrer Ersparnisse bringt auch der Mittelschicht Armut. Die Zahl der Hungernden und Obdachlosen steigt, das Hamstern von Lebensmitteln oder Brennstoff gehört zum Alltag.

ten Wohnort der Beamten“, oder Waldplätze in der Waldkolonie Trudering für 15 Pfennige pro Quadratfuß wurden annonciert.

Die Bayerische Staatszeitung-Verlags G.m.b.H. bescherte der Firma Oldenbourg und den anderen Teilhabern stabile Einnahmen. Auch die Regierung konnte regelmäßigen Zahlungseingang verbuchen, weil nach dem Vertrag von 1912 der vierte Teil des Reingewinns aus dem Verlagsunternehmen an den Vorsitzenden des Ministerrates für gemeinnützige Zwecke abgeführt werden musste. Allerdings gab es Gewinnschwankungen. Unter der Regierung Held (zwischen 1924 und 1933) wurden Behörden zusammengelegt und fielen so als Bezieher der Staatszeitung weg. Und so ging in den Jahren 1928 und 1929 der Gewinn wieder zurück.[28]

Als im Frühjahr 1933 die Nationalsozialisten an die Macht kamen, florierte die *Bayerische Staatszeitung* trotz leichter Einbußen nach wie vor. Einem Gutachten der Süddeutschen Treuhandgesellschaft zufolge erwirtschaftete der Verlag in den Jahren von 1930 bis 1933 einen Betriebsüberschuss in Höhe von fast 300 000 Reichsmark, von dem ein Viertel (über 70 000 Reichsmark) vertragsgemäß direkt in die Staatskasse floss, ganz abgesehen von den Steuern, die zu entrichten waren.[29]

Schon kurz nach der Machtübernahme durch die Nationalsozialisten geriet der Verlag unter Druck. Längst hatte die NSDAP die Zeitung im Visier. Im Februar 1933 klagten die staatlichen Behörden gegen die Gesellschafter, weil es Unstimmigkeiten bei der Bilanzierung während der Jahre 1925 bis 1927 gegeben haben soll. So seien an die Teilhaber Oldenbourg, Cramer-Klett, Neckermann und Fugger Darlehen vergeben worden, die nicht bei der Gewinnermittlung berücksichtigt worden seien; dementsprechend sei auch der staatliche Anteil geringer ausgefallen. Man bemühte sich um einen Vergleich, der aber von dem inzwischen von der NSDAP eingesetzten Ministerpräsidenten Siebert nicht unterschrieben wurde. Die Nationalsozialisten wollten das Unternehmen *Bayerische Staatszeitung* ganz einstellen. Der *Völkische Beobachter* sollte an die Stelle der Staats-

Der Börsencrash
1929 setzt sich von New York aus wie eine Schockwelle nach Europa fort: In Amerika spricht man vom „Schwarzen Donnerstag“, in Deutschland wegen der Zeitverschiebung vom „Schwarzen Freitag“, es folgt noch der „Tragic Tuesday“, an dem der Dow Jones weiter fiel. Millionen Anleger haben sich im Aktien-Hype verspekuliert und stehen vor dem Nichts. Die Vereinigten Staaten fordern nun zuvor großzügig erteilte Kredite in Milliardenhöhe (und mit meist kurzen Laufzeiten, die bislang allerdings oft kulant verlängert wurden) aus Europa zurück. Die Weltwirtschaftskrise nimmt ihren fatalen Lauf – Deutschland ist nach den USA am zweitstärksten betroffen.

zeitung treten und das einträgliche Geschäft übernehmen. Wesentlich daran beteiligt war Max Amann, seit Juni 1933 Reichsleiter für die Presse und erbitterter Gegenspieler von Friedrich Oldenbourg, dem zweitgeborenen Sohn von Paul Oldenbourg und Vorstand im Börsenverein der Deutschen Buchhändler.[30]

Börsenpanik in New-York.

Schwere Verluste an der Effektenbörse.

tu. New-York, 25. Okt. (Drahtb.)

Nachdem schon an der New-Yorker Mittwochbörse eine größere Anzahl Papiere starke Kurseinbrüche erlitten haben, haben sich am Donnerstag die Verkäufe aus dem ganzen Lande in riesigem Ausmaße fortgesetzt, so daß von einer Börsenpanik gesprochen werden kann. Besonders die schweren Papiere wie U. S. Steel Corporation, ferner Radio Corporation, General Motors und General Electric, sind stark in Mitleidenschaft gezogen. Das Eingreifen der Großbanken, die die angebotenen Aktien paketweise übernahmen, konnte eine Beruhigung des Marktes zunächst nicht herbeiführen. Auf neue Interventionen hin mit den Rekordumsätzen der letzten Tage in Uebereinstimmung zu bringen suchten. Eines der größten Restaurants stellte 100 Feldbetten auf, um den Bankangestellten wenigstens einige Stunden Schlaf zu verschaffen. Wahrscheinlich wird der Börsenvorstand auf Antrag der Maklerhäuser die Börse an zwei aufeinanderfolgenden Samstagen schließen.

Die Auffassung in Berlin.

Berlin, 25. Okt. (Drahtb.)

In Berliner Bank- und Börsenkreisen bilden die Vorgänge an der New-Yorker Börse das Hauptgesprächsthema. Im allgemeinen herrscht eine beruhigte Auffassung vor und das um so mehr, als heute vormittag aus Amerika keinerlei

BSZ vom 26. 10. 1929

Inzwischen war auch an den Inseraten in der *Bayerischen Staatszeitung* der Machtwechsel abzulesen. Es gab Anzeigen der Deutschen Arbeitsfront mit dem Aufruf: „Meister! Gehilfen! Kaufleute! Angestellte! Schließt, Hand in Hand, die Reihen!“ Mütter sollten zum Eintritt in die NS-Volkswohlfahrt bewogen werden, oder es wurde der Kauf von „Arbeitsbeschaffungslosen“ beworben. Die Reichsbahndirektion warb für Fahrten des Sonderverwaltungszugs in die „Ostmark“ oder nach Garmisch, letztere unter dem Motto, dass jeder Münchner einmal auf die Zugspitze solle.

Am 21. März 1934 wurde dem Verlag von der bayerischen Staatsregierung der Vertrag mit sofortiger Wirkung gekündigt. Der 1912 auf 30 Jahre geschlossene Vertrag wäre eigentlich noch bis 1942 gültig gewesen. Die *Bayerische Staatszeitung* sollte zum 1. April 1934 eingestellt werden. Den zahlreichen Mitarbeitern in Redaktion, Satz, Druck und Vertrieb drohte die Arbeitslosigkeit. Die Redakteure schrieben an Reichspropagandaminister Joseph Goebbels und an andere Reichsminister, der Verlag legte Rechtsverwahrung ein. Schließlich wurde die Frist bis zur Einstellung der Staatszeitung bis zum 1. Juli 1934 verlängert.[31]

In dieser schwierigen Zeit schrieb Wilhelm Oldenbourg, der älteste Sohn von Hans Oldenbourg, in einem Brief vom 26. Mai 1934 an den Geschichtsprofessor und Herausgeber der *Historischen Zeitschrift*, Friedrich Meinecke: „Meine Firma steht zur Zeit in einem schweren Kampf mit der bayerischen Staatsregierung, die die von uns verlegte Staatszeitung entgegen dem mit uns geschlossenen Vertrag stillegen will."[32] Wenige Tage zuvor, am 23. Mai 1934, hatte sich der Verlag in einer Denkschrift an Ministerpräsident Siebert gewandt, worin die gravierenden wirtschaftlichen Auswirkungen für den Staat angeführt wurden, wenn die Staatszeitung eingestellt würde. Doch Siebert antwortete, die Staatszeitung habe die nationalsozialistische Sache und auch den Führer stets bekämpft, ihn (den Ministerpräsidenten) anfangs zwar gelobt, später aber ebenfalls bekämpft. Deshalb sei der Beschluss gefasst worden, dass die Staatszeitung möglichst bald zu verschwinden habe; sie habe keine Existenzberechtigung mehr. Dass die gesamte Belegschaft arbeitslos werde, könne er auch nicht ändern.[33]

Das Ende der *Bayerischen Staatszeitung* während der nationalsozialistischen Herrschaft war nicht mehr aufzuhalten. Am 12. Juni 1934 erfolgte die Bekanntmachung an sämtliche Staatsministerien, dass für die Behörden und die Gemeinden an die Stelle des Pflichtbezugs der *Bayerischen Staatszeitung* mit Wirkung vom 1. Juli 1934 der Pflichtbezug des *Völkischen Beobachters* träte. In der letzten Ausgabe der Staatszeitung am 30. Juni 1934 war dann der verzweifelte Aufruf der Belegschaft abgedruckt, unterzeichnet vom Betriebszellenobmann, andere Verleger und Druckereibesitzer sollten doch freiwerdende Stellen in ihren Betrieben mit dem arbeitslos gewordenen Personal der Staatszeitung besetzen. Nur drei Angestellte wären bislang untergebracht.[34] Doch auch das brachte nicht viel. Für die Angestellten wurde vom Oldenbourg-Verlag schließlich ein Unterstützungsfonds eingerichtet. Das Inventar des abgewickelten Unternehmens wurde nach und nach verkauft.[35] Für die Druckmaschinen gab es Anfragen sogar aus Übersee.

In Liquidation: Die Abkürzung „i. L." kennzeichnet die Briefköpfe des Verlags, der seit Einstellung der *Bayerischen Staatszeitung* vorerst noch weiterbesteht und das Inventar aus dem Druckbetrieb verkauft.

Für die Fa. Oldenbourg bedeutete die Schließung einen herben Schlag. Friedrich Oldenbourg hielt 1936 fest, „dass die im Jahre 1934 erfolgte Stillegung der *Bayerischen Staatszeitung* wie begreiflich wirtschaftlich schwere Schatten auf meine Firma geworfen hat, Schatten, die – rein wirtschaftlich betrachtet – überhaupt nur ertragen werden konnten, weil meine Firma trotz der vorangegangenen Krisenjahre, die nur Verluste gebracht haben, doch vergleichsweise gesund war. Psychologisch aber führte sie begreiflicherweise dazu, dass die Unternehmungslust stark eingedämmt wurde." Das Kapitel *Bayerische Staatszeitung* war für die Firma Oldenbourg und die anderen Anteilseigner damit abgeschlossen.[36]

Die Wiederbegründung der Bayerischen Staatszeitung

Nach dem Zweiten Weltkrieg und der Kapitulation 1945 wurde von der US-Militärregierung im September 1945 das Land Bayern in seinen Grenzen von 1933, allerdings ohne die Rheinpfalz, wiederhergestellt. In dieser Gründungsphase des Freistaats bestand von damaliger Regierungsseite der Wunsch, Amtsstellen und Öffentlichkeit wieder mittels eines Amtsblattes über die wichtigen Verordnungen und Bekanntmachungen zu unterrichten.[37] In den bereits lizensierten Zeitungen fehlte jedoch der Raum für derartige Veröffentlichungen. So erschien am 1. Juni 1946 mit einer Auflage von 50 000 Exemplaren erstmals wieder ein *Bayerischer Staatsanzeiger*. Der damalige bayerische Ministerpräsident Wilhelm Hoegner schrieb in seinem Geleitwort, dass Bayern damit wieder „seine Staatszeitung" habe.[38]

Das neue Amtsblatt unterschied sich sehr vom früheren Erscheinungsbild der Staatszeitung. Es umfasste nur vier Seiten und beeinhaltete weder Leitartikel noch private Inserate oder Bekanntmachungen politischer Parteien. Von einer „richtigen" Zeitung konnte also keine Rede sein. Gedruckt wurde der vom Informations- und Presseamt der bayerischen Staatsregierung herausgegebene Staatsanzeiger vom Süddeutschen Verlag, der auch die *Süddeutsche Zeitung* herausgab; diese war nach Kriegsende das erste Blatt in Bayern, das eine Presselizenzierung bekommen hatte. Der Oldenbourg-Verlag erhielt, wie auch andere Verlage, keine Lizenz, weil man ihm vorwarf, mit dem NS-Staat kooperiert zu haben.[39]

Im August 1949 wurde der Lizenzzwang aufgehoben. Damit entfiel der Hinderungsgrund für die Staatsregierung, wieder eine Staatszeitung im eigentlichen Sinn herauszugeben. Das war die Stunde des Verlegers Richard Pflaum, der zu den führenden Mitgliedern der 1945 gegründeten CSU gehörte und gute Beziehungen zur Staatskanzlei pflegte.[40] Sein Verlag war 1946 mit der Lizenznummer 172 der US-Militärregierung wieder neu erstanden.[41] In seinem Verlagsprogramm führte er Standardwerke zur bayerischen Geschichte ebenso wie zahlreiche Zeitschriften aus dem Gesundheitsbereich (*Bayerisches Ärzteblatt*, *Der Bayerische Apotheker*, etc.), für Handwerk und Gewerbe (*Der Konditormeister*, etc.) sowie die *Bayerische Gemeindezeitung*. So entwickelte sich der Pflaum-Verlag in der Nachkriegszeit zu einem der führenden bayerischen Zeitschriftenverlage.[42] Warum also nicht auch die *Bayerische Staatszeitung* verlegen?

Am 29. April 1950 kam es zwischen dem Pflaum-Verlag und der bayerischen Staatsregierung zum „Vertrag über den Ausbau des Staatsanzeigers zu einer Staatszeitung". Darin war kein Zwangsabonnement mehr vorgesehen, jedoch – vergleichbar zum Vertrag von 1912 – musste pro Monatsabonnement

BAYERISCHER STAATSANZEIGER
Preis 20 Pfg.
Nr. 1 / 1. Jahrgang
Herausgegeben vom Informations- und Presseamt der Bayerischen Staatsregierung
München, 1. Juni 1946

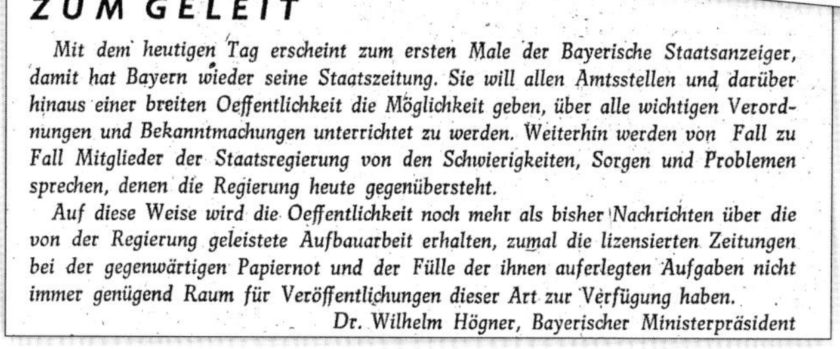
ZUM GELEIT

Mit dem heutigen Tag erscheint zum ersten Male der Bayerische Staatsanzeiger, damit hat Bayern wieder seine Staatszeitung. Sie will allen Amtsstellen und darüber hinaus einer breiten Oeffentlichkeit die Möglichkeit geben, über alle wichtigen Verordnungen und Bekanntmachungen unterrichtet zu werden. Weiterhin werden von Fall zu Fall Mitglieder der Staatsregierung von den Schwierigkeiten, Sorgen und Problemen sprechen, denen die Regierung heute gegenübersteht.

Auf diese Weise wird die Oeffentlichkeit noch mehr als bisher Nachrichten über die von der Regierung geleistete Aufbauarbeit erhalten, zumal die lizensierten Zeitungen bei der gegenwärtigen Papiernot und der Fülle der ihnen auferlegten Aufgaben nicht immer genügend Raum für Veröffentlichungen dieser Art zur Verfügung haben.

Dr. Wilhelm Högner, Bayerischer Ministerpräsident

BAYERISCHER STAATSANZEIGER

Mit Genehmigung der Militärregierung Bayerns herausgegeben vom Presse- u Informationsamt der Bayer. Staatsregierung, München Prinzregentenstr. 7. Der „Bayerische Staatsanzeiger" erscheint wöchentlich samstags und ist von den Verwaltungsdienststellen bei den zuständigen Postämtern zu bestellen Bezugsgebühr monatlich 90 Pfennig

Schriftleiter: Albert König, München Prinzregentenstraße 7, Tel 32 661/305

Druck: Süddeutscher Verlag, München

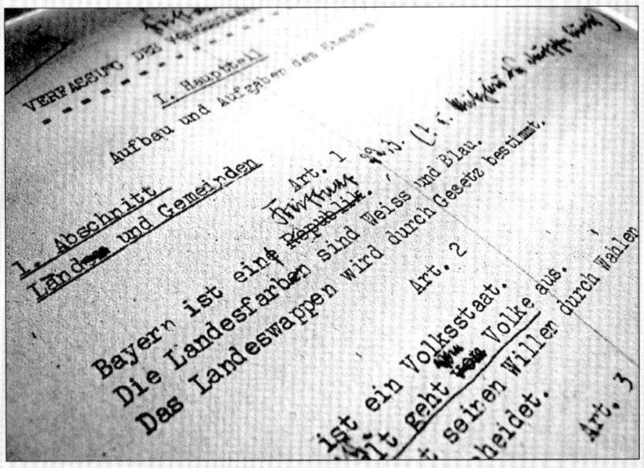

1946 bis 1950

Betont föderalistisch gibt sich die Bayerische Verfassung, die nach Genehmigung durch die US-Militärregierung und nach einer Volksabstimmung am 1. Dezember 1946 zum 8. des gleichen Monats in Kraft tritt. Das Grundgesetz tritt am 23. Mai 1949 um 0.00 Uhr in Kraft – es begründet damit die Bundesrepublik Deutschland.

Die Herbergssuche von Bayerns 1946 gewählten Abgeordneten hat am 11. Januar 1949 ein Ende: Die neue Bleibe des Landtags im Maximilianeum begutachten prominente Gäste wie der Präsident des Parlamentarischen Rats, Konrad Adenauer, Bayerns Kultusminister Alois Hundhammer, der Präsident des Wirtschaftsrats, Erich Köhler und der bayerische Wirtschaftsminister Hanns Seidel (von links). Köhler ist übrigens der erste Bundestagspräsident – die erste Bundestagswahl findet am 14. August 1949 statt.

In „Räuberzivil" packt sich Münchens OB Thomas Wimmer eine Schaufel und macht mit beim von ihm initiierten „Rama dama": Weg mit den Trümmerhaufen! An der Spitze der Aufbauarbeit im Freistaat steht seit Dezember 1946 Ministerpräsident Hans Ehard (Mitte), hier „sekundiert" vom US-Hochkommissar für Deutschland (1949 bis 1952), John McCloy, und dem amerikanischen Militärgouverneur für Bayern, Murray D. van Wagoner (rechts).

Da staunt man, was alles über Nacht in die Schaufenster gehängt wurde! Die Währungsreform im Juni 1948, die Umstellung von Reichsmark auf D-Mark, verbindet Ludwig Erhard mit dem Aufheben von Rationierung und Preisbindung – eine kritisierte Alleinentscheidung Erhards, der Direktor der Verwaltung für Wirtschaft des Vereinigten Wirtschaftsgebiets ist. Es dauert eine Weile, bis seine Rechnung aufgeht – aber Anfang der 50er Jahre blüht das Wirtschaftswunder tatsächlich auf. Im Juni 1949 eröffnet in Augsburg das erste deutsche Selbstbedienungsgeschäft.

Preis 20 Pfg.

BAYERISCHER STAATSANZEIGER

Nr. 2 / 1. Jahrgang — Herausgegeben vom Informations- und Presseamt der Bayerischen Staatsregierung — München, 8. Juni 1946

Der bayerische Verfassungsentwurf von 1946

Von Ministerpräsident Dr. Wilhelm Högner

I.

Der Ausdruck Verfassung ist nur für die rechtliche Organisation von Staaten gebräuchlich. Eine Staatsverfassung ist der Inbegriff der Bestimmungen über die Einrichtungen, d. h. den Aufbau und die Aufgaben eines Staates, insbesondere über den Träger der unmittelbaren, einheitlichen und ausschließlichen Staatsgewalt und die Art, wie sie ausgeübt wird. Wenn also eine bayerische Verfassung entworfen werden soll, wird zunächst zu untersuchen sein, ob das heutige Bayern als Staat anzusehen ist. Zum Wesen eines Staates gehören ein bestimmtes Staatsgebiet, ein Staatsvolk und Zusammenhalt durch eine besondere Organisation, die eine Vereinigung von Staatsregierung und Regierten darstellt. Man kann füglich daran zweifeln, ob Bayern nach der Gleichschaltung von 1933, insbesondere nach der Einsetzung eines Reichsstatt-

Staatsgewalt nicht mit zukünftig getroffenen Maßnahmen einer von dem Kontrollrat errichteten zentralen deutschen Behörde in Widerspruch kommen darf. In der Verfassung wurde deshalb absichtlich eine Bestimmung des Inhalts vermieden, daß Bayern unbeschadet des höchsten Anordnungsrechts der Besetzungsmacht auf allen Gebieten die unumschränkte Staatshoheit besitze, wie es zum Begriffe der ungeteilten Souveränität gehört. Im Entwurf sind jedoch die Zuständigkeiten zwischen dem künftigen Reiche und dem Staate Bayern nicht abgegrenzt, weil diese Abgrenzung nicht Sache einer Landesverfassung, sondern einer etwaigen künftigen Reichsverfassung ist. Sodann enthält der Entwurf Bestimmungen, die ihrem Wesen nach in eine künftige Reichsverfassung gehören. Das gilt insbesondere für die Abschnitte über Wirtschaft und Arbeit, nicht aber für die Freiheit ...

Der III. Hauptteil (Das Wirtschaftsleben) enthält die Abschnitte: 1. Die Planwirtschaft; 2. Gemeineigentum und Privateigentum; 3. Geld- und Kreditwesen; 4. Handel und Gewerbe; 5. Die Landwirtschaft und 6. Die Arbeit.

Hilfsmaterial des Schrifttums zum Bayerischen Verfassungsentwurf sind der ursprüngliche Entwurf des Ministerpräsidenten, die Protokolle über die vierzehn Sitzungen des Vorbereitenden Verfassungsausschusses nebst Beilagen, der aus den Beratungen des Verfassungsausschusses hervorgegangene Entwurf und der Bericht über die Arbeiten des Ausschusses, der nach Weisung der Militärregierung der Verfassunggebenden Landesversammlung vorgelegt wird.

IV.

... Aufbau des bayerischen Staates nach dem ...

Communiqué über die Sitzung des Ministerrates am 5. Juni

In der Sitzung des Ministerrates vom 5. 6. 1946 wurde zunächst Bericht über die Sitzung des Länderrates vom 4. 6. 1946 erstattet. Er nahm mit Genugtuung und Dankbarkeit die gestrigen Erklärungen des Generals Clay über weitere Lebensmittellieferungen aus den USA nach Deutschland entgegen.

Hierauf wurde die vom Sozialpolitischen Ausschuß des Länderrates entworfene neue Sozialversicherungsordnung durchberaten. Das Kabinett kam zu dem Entschluß, daß dieser Entwurf eine brauchbare Grundlage für weitere Verhandlungen darstellt. Es müsse aber noch eine genaue versicherungsmathematische Untersuchung über die finanziellen Auswirkungen dieses Gesetzes durchgeführt werden, und da bisher nicht alle Kreise Gelegenheit gehabt hätten, zu diesem Entwurf ... Entwurf noch einmal von einem ... Ausschuß

Endgültige Ergebnisse der Flüchtlings- und Evakuiertenzählung

Zählung der nach dem 1. September 1939 bis 15. November 1946 nach Bayern r. d. Rh. zugezogenen Personen

Herkunftsgebiet	Bayern r. d. Rh. ohne Lindau	Oberbayern	Ndb./Opf.	Ofr./Mittelfr.	Unterfr.	Schwaben
...nheimische Bevölkerung	6 633 216	1 793 154	1 433 923	1 756 754	790 024	859 361
...ichtbayerische amerikanische Zone	37 433	9 221	3 388	5 531	11 021	8 272
...ranzösische Zone	23 830	7 285	3 595	5 129	4 543	3 278
...ritische Zone	76 628	22 354	13 614	15 851	13 960	10 849
...ussische Zone	86 754	24 374	21 303	23 729	7 820	9 528
...erlin	76 557	23 902	15 918	21 962	5 944	8 831
Summe Evakuierte (refugees):	301 202	87 136	57 818	72 202	43 288	40 758
...hem. deutsche Gebiete östlich Oder und Neiße	544 100	93 359	197 335	166 994	38 236	48 176
...üchtlinge aus dem Auslande	1 089 860	269 003	242 107	244 955	101 583	232 212
Summe Flüchtlinge (expellees):	1 633 960	362 362	439 442	411 949	139 819	280 388
...usländer: von der UNRRA betreut	267 386	93 831	55 467	45 958	31 425	40 705
nicht betreut	134 384	55 571	30 474	28 457	[illegible]	14 008

Struktur und Aufbau der Verwaltung Bayerns

Zusammengestellt vom Informations- und Presseamt der Bayerischen Staatsregierung

Seite 2 — BAYERISCHER STAATSANZEIGER Nr. 1

Neue Spruchkammer-Urteile

Am 3. Juni 1946 fand in Deggendorf in Anwesenheit von Vertretern der Behörden und der örtlichen Militärregierung die erste Verhandlung der Spruchkammer Deggendorf unter dem Vorsitz von Landgerichtsrat Dr. Liebknecht (CSU.) statt. Von den ... vorliegenden Fällen wurden neun mündlich ... im nachfolgenden die ...

Fall 1: Aktivist: Eingereiht in Gruppe 2, kein ... ein Lager, 40%ige Einziehung des Verm...
Fall 2: Bewährungsgruppe: 2 Jahre Bewährun... den Ruhestand ohne Kürzung der Pens... RM 1500.—.
Fall 3: 2 Jahre Bewährung, Sühne RM 500.—
Fall 4: Mitläufer: Sühne RM 600.—.
Fall 5: Mitläufer: Sühne RM 50.—.
Fall 6: Mitläufer: Sühne RM 50.—.
Fall 7: Mitläufer: Sühne RM 600.—.
Fall 8: Mitläufer: Sühne RM 1200.—.
Fall 9: Mitläufer: Sühne RM ...
Fall 10: Schriftlicher Fall: Entlas...

Einheitliche Treibstoffmarken

Die Landesstelle für Mineralöl gibt bekannt ... der letzten Sitzung des Unterausschusses Mineralöl beim Länderrat in Stuttgart wurde beschlossen: Ab 1. Juli 1946 einheitliche Treibstoffmarken für die ... US.-Zone einzuführen. So ist es jetzt möglich, ... oder Württemberg mit ihre...

Öffentliche Bekanntmachungen

Eröffnung der Bayer. Verwaltungsschule durch Staatsminister Seifried

Durch Gesetz vom 21. 12. 45 wurde die Bayer. Verwaltungsschule als Körperschaft des öffentlichen Rechts neu gegründet. Ihr obliegt in erster Linie die fachliche Ausbildung der Beamten und Angestellten des mittleren und gehobenen Verwaltungsdienstes des Staates, der Gemeinden und Gemeindeverbände einschließlich der Sparkassen; auch kann ihr die Ausbildung anderer Beamten- und Angestelltengruppen sowie die Durchführung von Fachprüfungen für Beamte und Angestellte übertragen werden.

Staatsminister Seifried erklärte hierauf die Bayer. Verwaltungsschule in ihrer neuen Rechtsform für eröffnet. Er wies in seiner Ansprache darauf hin, daß der Schule die hohe Aufgabe zukomme, charakterfeste Mitarbeiter in Staat und Gemeinden auszubilden. ...

...huhe für die arbeitende Bevölkerung

Das Staatsministerium für Wirtschaft führt ... Gewerkschaften eine Sonderaktion zur Versorgung der Bevölkerung mit Schuhen durch. Die Aktion ... durchgeführt. Die größeren Industriebetriebe ... stellen im Benehmen mit ihren Betriebsräten ... bis zu 20 Prozent ihrer Belegschaft für Lederschuhwerk vorgeschlagen werden. ...

Mitteilungen des Ministerpräsidenten Dr. Hans Ehard

an den Länderrats-Ausschuß des Bayerischen Landtages in der Sitzung vom 15. Dezember 1948

Aus dem Justizministerium

1

Bericht über das Gesetz zur Ahndung nationalsozialistischen Unrechts

Nach dem Gesetz zur Ahndung nationalsozialistischer Straftaten sind Verbrechen und Vergehen, die während der nationalsozialistischen Gewaltherrschaft aus politischen, rassischen oder religionsfeindlichen Gründen nicht bestraft wurden, zu verfolgen, wenn Grundsätze der Gerechtigkeit, insbesondere die Gleichheit aller vor dem Gesetz, die nachträgliche Sühne verlangen. Die Staatsanwaltschaft wird nur tätig, wenn ein öffentliches Interesse an der Verfolgung besteht. Auf Antrag des Verletzten kann auch das Gericht ...

Besitz, Verkauf und Inbetriebnahme von Kraftfahrzeugen

Das Presseamt der Bayerischen Staatskanzlei gibt bekannt: Das Amt der Militärregierung für Bayern hat nunmehr in einer Anordnung die Frage der Besitzverhältnisse, den Verkauf und die Inbetriebnahme von Kraftfahrzeugen insbesondere durch Ausländer geregelt. In dieser sehr umfassenden Weisung ist zunächst klar herausgestellt, was unter den Begriffen „Ausländer", „Verschleppte Personen", „militärisches Personal" und „Deutsche Zivilisten" zu verstehen ist. Diesen folgen ins einzelne gehende Bestimmungen über den Besitz, Verkauf und die Inbetriebnahme von Kraftfahrzeugen durch den genannten Personenkreis.

Voraussetzung für den Besitz oder Betrieb eines Kraftfahrzeuges ist immer, gleichgültig ob es sich dabei um einen In- oder Ausländer ...

An sämtliche Ernährungsämter, Abt. A und B

Betreff: Ersatzweise Abgabe von Eiern statt Hülsenfrüchten in der 89. Zuteilungsperiode

In Durchführung einer Entschließung des Hauptausschusses für Ernährung und Landwirtschaft des Länderrates in Stuttgart vom 31. 5. 46 wird bestimmt, daß für die nicht zur Auslastung kommende, in der Entschl. Nr. B 160/46 vom 16. 5. 46 ...

Aus dem Arbeitsministerium

7

Wir beginnen in unserer heutigen Nummer mit kurzen Abrissen über die Entstehung und den Arbeitsbereich einzelner Ministerien, die wir in der nächsten Nummer des „Bayerischen Staatsanzeigers" fortsetzen.

Das Bayerische Arbeitsministerium wurde am 20. Juni 1945 durch ... ins Leben gerufen ... ein spezielles Gesetz der Militärregierung ... der Sozialdemokratischen Landtag... das der frühere Vorsitzende der ... Albert Roßhaupter, zum Arbeitsminister bestellt wurde ... tion, ... in schwerer Zeit seinem Lande al... hauptet hatte schon einmal in ... dem Zusammenbruch 1918 im ... ster gedient, als er nach dem ... der bayerischen Armee leitete ... Eisner die Demobilmachung ... bestimmend gewesen sein ...

Inkraftsetzung des Kontrollratsbefehls Nr. 3 vom 17. 1. 1946

Der Kontrollratsbefehl Nr. 3 vom 17. 1. 1946 ist in allen ... Teilen in Kraft. In diesem Befehl wird durch den Kontrollrat ... Alliierten Nationen folgendes angeordnet:

1. Die gesamte arbeitsfähige Bevölkerung wird durch Registrierung bei den Arbeitsämtern erfaßt. Nähere Bestimmungen über Durchführung der Registrierung werden durch das Bayerische Arbeitsministerium demnächst erlassen werden.
2. Sämtliche Betriebe und Behörden dürfen Arbeitskräfte nur durch das zuständige Arbeitsamt einstellen. Die Entlassung von ... nehmern unterliegt nach wie vor der Genehmigung durch das Arbeitsamt.
3. Die Arbeitsämter sind berechtigt, Personen, die sich nicht willig zur Arbeitsaufnahme bereit erklären, durch Arbeits...

Verordnung über die Errichtung eines Wirtschaftsbeirates

beim Bayer. Staatsministerium für Wirtschaft

§ 1

In Würdigung der sozialen Bedeutung und Tragweite aller wirtschaftlichen Maßnahmen wird beim Bayerischen Staatsministerium für Wirtschaft ein Wirtschaftsbeirat errichtet, der sich bis zur Höchstzahl von 40 Mitgliedern paritätisch aus Vertretern aller Berufsstände und sozialer Schichten zusammensetzt.

... Beirates dient dem Zwecke, eine ... berufstätigen Schichten sowie zwi... und der gesamten Oeffentlichkeit ...

Verordnung über die Einführung des Flüchtlingsausweises

Auf Grund des Flüchtlingsnotgesetzes vom 14. 12. 1945 (Bayer. GuVoBl. Nr. 1/1946) wird folgendes angeordnet:

§ 1 Zweck des Flüchtlingsausweises

Zur genauen Erfassung und zur angemessenen Betreuung der Flüchtlinge wird ein Flüchtlingsausweis geschaffen.

§ 2 Begriff des Flüchtlings

Flüchtlinge (expellees) im Sinne dieser Verordnung sind:

1. Alle Personen deutscher Staats- oder Volkszugehörigkeit, die ...

... in Blockschrift auszufüllen und dem Flüchtlingskommissar einzusenden.

Wechselt ein Flüchtling seinen Wohnsitz, so haben die Meldebehörden ein Ab- und Anmeldeformular dem örtlich zuständigen Flüchtlingskommissar zu übersenden.

§ 7 Strafandrohung

Wer es unterläßt, die Ausstellung eines Flüchtlingsausweises zu beantragen, wird mit Geldstrafe bis zu 150.— oder mit Haft bestraft.

Wer unrichtige Angaben zur Erlangung eines Flüchtlingsausweises macht oder wer die mehrfache Ausstellung eines Flüchtlings...

ein gewisser Betrag an eine vom Ministerpräsidenten zu bestimmende Kasse abgegeben werden. Außerdem wurde festgelegt, dass der Süddeutsche Verlag, der bisher den Druck für den Staatsanzeiger besorgt hatte, für den entgangenen Auftrag vom Pflaum-Verlag eine Entschädigungszahlung erhalten sollte.[43]

Am 1. Juli 1950 erschien mit 16 Seiten Umfang die erste Ausgabe dieser neuen *Bayerischen Staatszeitung*, nunmehr als Wochenzeitung. Anfangs lag die Abonnentenzahl bei rund 25 000. Etwa zwei Drittel der Erlöse kamen im ersten Jahr des Erscheinens aus dem Verkauf und etwa ein Drittel aus den Inseraten. Anders als vor dem Zweiten Weltkrieg waren es nun die amtlichen Anzeigen, die dem Verlag die meisten Einnahmen brachten. Es gab auch Privatanzeigen, doch insgesamt war der Anzeigenteil dünn. Dementsprechend waren die wirtschaftlichen Ergebnisse nicht befriedigend. 1950 wies der Pflaum-Verlag einen durch die Staatszeitung verursachten Verlust in Höhe von über 60 000 DM aus.[44]

Die Staatszeitung musste attraktiver, lesenswerter werden: Mehr Seiten, mehr Themen, mehr Beiträge in lockerem Stil und Zeitungsbeilagen, das forderte auch der damalige Chefredakteur Josef Hermann Mauerer in einem Memorandum Anfang 1951. Im April 1951 starb Richard Pflaum; seine Tochter Elfriede Meckel-Pflaum übernahm die Verlagsleitung. Einiges änderte sich: So wurde im September 1952 erstmalig die Beilage *Unser Bayern* präsentiert. Im Januar 1953 folgte dann als weitere Beilage *Der Staatsbürger*. Tatsächlich konnte man Ende 1952/1953 eine leichte Zunahme des Zeitungsbezugs feststellen – doch eine wirtschaftliche Trendwende war nicht in Sicht.[45]

Erst im Sommer 1955 wurden von Seiten der Staatsregierung konkrete Schritte unternommen – es kam schließlich zum Verlagswechsel. Einem Zeitungsverlag, der eine bessere Vertriebsorganisation, bessere Werbemöglichkeiten und eine größere Intensivierung des Anzeigenteils gewährleisten konnte, sollte die Herausgabe der *Bayerischen Staatszeitung* übertragen werden. Dem Pflaum-Verlag wurde am 22. Juni 1955 gekündigt. Für den damaligen Ministerpräsidenten Wilhelm Hoegner kamen, wie in der Ministerratssitzung am 30. August 1955 protokolliert wurde, nur die beiden großen Münchner Zeitungsverlage, der Süddeutsche Verlag und der Münchner Zeitungsverlag, für die Herausgabe der Staatszeitung infrage – und zwar in Zusammenarbeit.[46]

Zur Tellus Bavaria, zur Allegorie auf die „bayerische Erde", hat Hans Krumpper 1623 Hubert Gerhards Bronzefigur (etwa 1590) umgestaltet – die Skulptur bekrönte den Dianatempel im Münchner Hofgarten. Heute ist dort eine Kopie zu sehen, das Original steht im Kaisersaal der Residenz. „Wir meinen", heißt es 1952 programmatisch in der ersten Ausgabe der damals neuen Beilage *Unser Bayern*, „dass die tellurische Bavaria in ihrer festgefügten Art, mit ihrem fröhlichen Scharm und mit dem unaufdringlichen Hinweis auf die Notwendigkeiten einer christlichen Staatsgestaltung kein unpassendes Symbol ist für die Zielsetzung unserer Heimatbeilage".
Seitdem steht sie unverändert im Kopf der Beilage – auch wenn der sich in den vergangenen Jahrzehnten einige Male optisch wandelte.
Für das Serienprojekt (und gleichnamige Buch) *Krachert-global. Über Bayern* im Jahr 2005, das mit viel Hintersinn das Wesen Bayerns beschreibt, hat Illustratorin Rosemarie Zacher die Tellus Bavaria in eine Ausschneidepuppe verwandelt. Nach Belieben kann sie der Leser seinem Verständnis vom modernen Bayernbild anpassen. Die Ausschneidebögen erschienen in einer limitierten Auflage – und waren in Nullkommanichts ausgegeben.

Einer Bruchlandung gleicht die Volksabstimmung am 23. Oktober 1955 im Saarland: Nein, die Bevölkerung dort will nichts wissen von einer europäisierten Saar („Saarstatut"), einem quasi außerstaatlichen Territorium. Diesen Kompromiss haben Deutschland und Frankreich im Gerangel um das Gebiet im Jahr vorher ausgehandelt. Das Saarland wird nun doch Deutschland zugeschlagen. Eine saubere Landung in München-Riem legt dagegen am 1. März 1955 die Crew einer Lufthansamaschine hin – es ist der erste Flug der Gesellschaft nach dem Krieg.

Der Verlag Bayerische Staatszeitung seit 1955

Am 3. November 1955 wurde ein neues Unternehmen ins Leben gerufen: der Verlag Bayerische Staatszeitung GmbH. Als Gesellschafter fungierten – wie von Hoegner gewünscht – mit einer Stammeinlage von jeweils 25 000 DM die Süddeutsche Verlag GmbH und die Münchner Zeitungsverlag GmbH & Co. Die ersten Geschäftsführer des Unternehmens waren Hans Dürrmeier vom Süddeutschen Verlag und Ludwig Vogl vom Münchner Zeitungsverlag. Der Pflaum-Verlag, der seine Kündigung nicht ohne Widerspruch hinnehmen wollte und das Schiedsgericht angerufen hatte, erhielt eine Abfindung und verzichtete auf die Urheberrechte an den Beilagen *Unser Bayern* und *Der Staatsbürger*.

Mit dem neuen Verlag wurde von Seiten des Freistaats der „Vertrag über Verlag, Druck und Vertrieb der *Bayerischen Staatszeitung*" geschlossen. Für die Erlaubnis zum Führen des Titels war eine Einmalzahlung an den Freistaat Bayern zu leisten, zudem verpflichtete sich der Verlag, pro Abonnent einen bestimmten Anteil an die bayerische Staatsoberkasse zu Gunsten der bayerischen Staatskanzlei zu entrichten.

Zur Durchführung der Geschäfte hatten die Gesellschafter eine Arbeitsteilung vereinbart: Der Münchner Zeitungsverlag übernahm den Vertrieb, das Anzeigengeschäft, die allgemeine Verwaltung und betreute auch die Redaktion. Der Süddeutsche Verlag zeichnete für die technische Herstellung verantwortlich.[47]

Am 7. Januar 1956 erschien die *Bayerische Staatszeitung* erstmals unter der neuen Führung, in einem größeren Format und einer veränderten Aufmachung. Der neue Verlag wolle die Zeitung „mit größeren Mitteln und Möglichkeiten weiterentwickeln helfen", war in der ersten Ausgabe zu lesen.[48]

Der damals gegründete Verlag Bayerische Staatszeitung GmbH besteht – mit kleinen Veränderungen – bis heute fort. Freilich gab es in der über ein halbes Jahrhundert währenden Geschäftsführung mehrfache Wechsel. Im Jahr 1971 fand zudem ein Rollentausch zwischen den beiden kooperierenden Verlagen statt: Die kaufmännischen Auf-

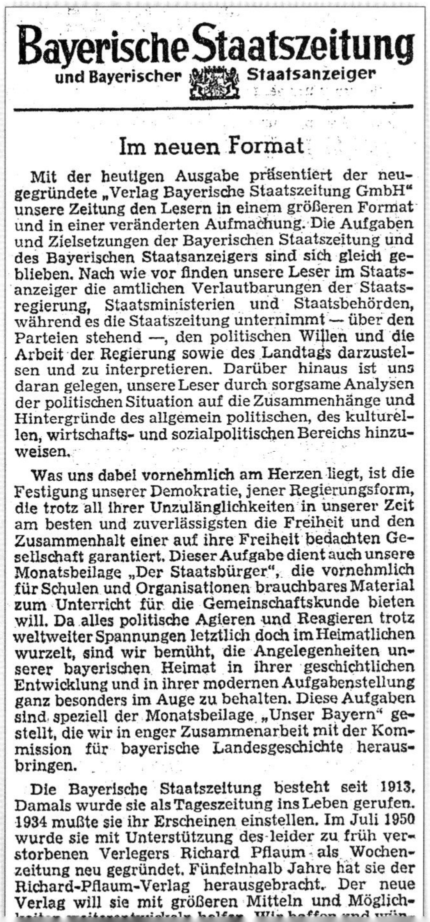

Bayerische Staatszeitung
und Bayerischer Staatsanzeiger

Im neuen Format

Mit der heutigen Ausgabe präsentiert der neugegründete „Verlag Bayerische Staatszeitung GmbH" unsere Zeitung den Lesern in einem größeren Format und in einer veränderten Aufmachung. Die Aufgaben und Zielsetzungen der Bayerischen Staatszeitung und des Bayerischen Staatsanzeigers sind sich gleich geblieben. Nach wie vor finden unsere Leser im Staatsanzeiger die amtlichen Verlautbarungen der Staatsregierung, Staatsministerien und Staatsbehörden, während es die Staatszeitung unternimmt — über den Parteien stehend —, den politischen Willen und die Arbeit der Regierung sowie des Landtags darzustellen und zu interpretieren. Darüber hinaus ist uns daran gelegen, unsere Leser durch sorgsame Analysen der politischen Situation auf die Zusammenhänge und Hintergründe des allgemein politischen, des kulturellen, wirtschafts- und sozialpolitischen Bereichs hinzuweisen.

Was uns dabei vornehmlich am Herzen liegt, ist die Festigung unserer Demokratie, jener Regierungsform, die trotz all ihrer Unzulänglichkeiten in unserer Zeit am besten und zuverlässigsten die Freiheit und den Zusammenhalt einer auf ihre Freiheit bedachten Gesellschaft garantiert. Dieser Aufgabe dient auch unsere Monatsbeilage „Der Staatsbürger", die vornehmlich für Schulen und Organisationen brauchbares Material zum Unterricht für die Gemeinschaftskunde bieten will. Da alles politische Agieren und Reagieren trotz weltweiter Spannungen letztlich doch im Heimatlichen wurzelt, sind wir bemüht, die Angelegenheiten unserer bayerischen Heimat in ihrer geschichtlichen Entwicklung und in ihrer modernen Aufgabenstellung ganz besonders im Auge zu behalten. Diese Aufgaben sind speziell der Monatsbeilage „Unser Bayern" gestellt, die wir in enger Zusammenarbeit mit der Kommission für bayerische Landesgeschichte herausbringen.

Die Bayerische Staatszeitung besteht seit 1913. Damals wurde sie als Tageszeitung ins Leben gerufen. 1934 mußte sie ihr Erscheinen einstellen. Im Juli 1950 wurde sie mit Unterstützung des leider zu früh verstorbenen Verlegers Richard Pflaum als Wochenzeitung neu gegründet. Fünfeinhalb Jahre hat sie der Richard-Pflaum-Verlag herausgebracht. Der neue Verlag will sie mit größeren Mitteln und Möglich-

BSZ vom 7. 1. 1956

Für staatliche und kommunale Verwaltungen und Betriebe
POHLSCHRÖDER Büromöbel
VS schulmöbel
S. Ackermann & Co.
Energie versorgung in Bayern
Golfkrise ohne Nachteile für die Energieversorgung des
bürotechnik und datenverarbeitung
beilage zur bayerischen staatszeitung nr. 41 vom 12. oktober 1990
beratung-information-orientierungshilfe für behörden, firmen und verbände
Revolution in den Büroräumen
Bayerns Industrie
Beilage der Bayerischen Staatszeitung Nr. 29 vom 19. Juli 1985
Bayerns Industrie profitiert von ihrem hohen technologischen Niveau
DIE STIMME DER WIRTSCHAFT
VERÖFFENTLICHUNG DER VBW – VEREINIGUNG DER BAYERISCHEN WIRTSCHAFT E. V.
VERKEHRSKONZEPTE
Schülerbeförderung im Wandel der Zeit
GEOINFORMATIONSSYSTEME
Bürgerinformationen rund um die Uhr – per Mausklick
ABWASSER
Instandsetzung statt Abriss
Reinigung wird wichtiger
WASSERWIRTSCHAFT
Neue Wege bei der Trinkwasserversorgung

gaben liegen seither in der Hand des Süddeutschen Verlags, die technischen beim Münchner Zeitungsverlag.[49] Die Umstellung von Bleisatz auf Fotosatz und die Einführung von Redaktionssystemen brachten große Umstrukturierungen in den technischen Abläufen und in der journalistischen Arbeit mit sich. Und seit 1997 liegt auch der *Bayerische Staatsanzeiger*, der bis dahin von Mitarbeitern der Staatskanzlei redaktionell betreut wurde, in Verantwortung des Staatszeitungsverlags.[50]

Wie in ihrer ersten Ausgabe im Januar 1956 erhofft, gelang es, die Staatszeitung im Laufe der Jahre fortzuentwickeln und insbesondere den Anzeigenteil auszubauen. Für den Verlag erhöhten sich die Einnahmen aus Inseraten kontinuierlich und betrugen 1987 beispielsweise fast 70 Prozent der Gesamteinnahmen.[51] Es waren vor allem die Ausschreibungen im Staatsanzeiger, die eine solide finanzielle Grundlage bescherten. Zu den einträglichen Anzeigen gehörten lange Zeit beispielsweise auch die Veröffentlichungen von Insolvenzen – bis sich die Rahmendaten veränderten. Die Veröffentlichung findet heute in Online-Plattformen statt. Von entscheidender wirtschaftlicher Bedeutung für den Verlag sind die Bekanntmachungen von öffentlichen Ausschreibungen und Teilnahmewettbewerben im Staatsanzeiger. Machten diese in den 1950er und 1960er Jahren nur ein bis zwei Zeitungsseiten pro Ausgabe aus, haben sie in den folgenden Jahrzehnten erheblich an Volumen zugenommen: 40 Seiten (bei einem Zeitungsumfang von 70 Seiten) sind in jüngerer Zeit keine Seltenheit. Aus dem „mageren Blättchen" Anfang der 1950er Jahre ist im Sinne des Wortes ein „gewichtiges Blatt" entstanden.

Aber nicht nur im Staatsanzeiger wuchs das Anzeigenaufkommen – auch die Staatszeitung, der redaktionelle Teil wurde mehr und mehr als Umfeld für Anzeigen gesucht. In den 1960er Jahren gab es häufig gemischte Anzeigenseiten, in denen beispielsweise unter der Überschrift „Für staatliche und kommunale Verwaltungen und Betriebe" Firmen die unterschiedlichsten Produkte anboten: von Schulmöbeln über Fußbodenpflegemittel, Klaviere bis zu Heftpflastern.[52] Um diesen „Marktplatz" im redaktionellen Umfeld attraktiver zu gestalten, werden seit den 1970er Jahren verschiedene Themenseiten gestaltet, auf denen Text und Anzeigen aufeinander abgestimmt sind.[53] Das inhaltliche Spektrum hat sich im Laufe der Jahre analog zu den Abonnenteninteressen, den politischen und gesellschaftlichen Gegebenheiten gewandelt. Sonderseiten mit den Titeln „Das eigene Heim" oder „Bürotechnik und Datenverarbeitung" (übrigens: im August 1970 warb ein führender bayerischer Elektrokonzern in der Staatszeitung damit, dass gerade der 1000.

Computer in Auftrag sei[54]) sind heute Fachthemenseiten beispielsweise zu Energiesparmaßnahmen, erneuerbare Energien oder alternativem Fahren gewichen. Auch die Reiseseiten wurden Anfang der 1970er Jahre entwickelt – an ihnen lässt sich wunderbar der Wandel der Gesellschaft ablesen: „Samstagfrüh mit dem Polsterwagen zum Gardasee, Samstagabend mit dem Liegewagen nach Jugoslawien“, hieß es 1971 in der Anzeige eines Münchner Reisebüros.[55] Heute stehen die Reiseseiten beispielsweise unter dem Motto „Wellness“, es gibt Traumreiseangebote für Kreuzfahrten und besondere Reisen für die Generation 50+.

Das Fachthema „Neues Bauen in Bayern“ gibt es ebenfalls seit den 1970er Jahren. Lange firmierte die umfassende Beilage im Herbst eines jeden Jahres unter dem Titel „Stein auf Stein“. In ihr werden, begleitet von objektbezogenen Anzeigen, neue öffentliche Bauvorhaben aus Bayern umfassend vorgestellt.[56] Vom neuen Weidener Bauhof im „Westernlook“ über die Sanierung des Burgturms in Bad Abbach bis hin zum Neubau der Staatskanzlei in München reichen die beschriebenen Projekte: Es ist eine repräsentative Zusammenschau des alljährlich aktuellen staatlichen Baugeschehens in Bayern. Überhaupt ist das Thema Bauen in der *Bayerischen Staatszeitung* immer weiter diversifiziert worden, inzwischen gibt es viele Sonderseiten zu speziellen Bauthemen: Sei es zu Bauen mit Glas, Beton, Ziegel oder mit Holz, seien es Beilagen zu Sportstättenbau, Kindergartenbau, Ökologisches Bauen etc., um nur einige der vielen Spezialtitel zu nennen.[57] Der Umfang ist so gestiegen, das sich mit Friedrich H. Hettler ein Redakteur ausschließlich dem Thema Bauen widmet.

Insbesondere die Fachthemen machen deutlich, wen die *Bayerische Staatszeitung* heute als Zielgruppe ansprechen will: Einerseits – wie seit Anbeginn – die öffentliche Hand mit politischen Mandatsträgern und den staatlichen Behörden (auch den Universitäten) und ihren Mitarbeitern, Bürgermeistern, Gemeinde-, Kreis- und Bezirksräten. Der umfangreiche „Stellenmarkt“ zielt genau auf diese Klientel; im Laufe der Jahre wurde diese Rubrik aus dem Staatsanzeiger nach vorne in die Staatszeitung geholt und ist heute mit deutlich gestiegenem Anzeigenaufkommen ins Kommunalressort eingebunden.

Die andere große Zielgruppe bildet das Bau- und Baunebengewerbe einschließlich der in diesem Bereich tätigen Planer, Ingenieure und Architekten. Dazu gehören auch Entscheider in kleinen und mittelständischen Betrieben, in Energieversorgungsunternehmen und Stadtwerken sowie in Banken und Versicherungen.[58]

18 FREITAG, 20. MAI 2011 SCHUL- & KINDERGARTENBAU BAYERISCHE STAATSZEITUNG NR. 20
VERLAGSVERÖFFENTLICHUNG
Raummodule verschaffen einer Münchner Hauptschule mehr Platz
Farbenfroher Hingucker
BAUINFO Hauptschule Bernaysstraße

22 FREITAG, 27. MAI 2011 BAUEN MIT HOLZ BAYERISCHE STAATSZEITUNG NR. 21
VERLAGSVERÖFFENTLICHUNG
Renovieren und modernisieren mit Holz
Holzhäuser haben einen hohen Vorfertigungsgrad und sind energieeffizient
Ökologisch korrektes Wohnen

BAYERISCHE STAATSZEITUNG NR. 5 BAUEN MIT BETON FREITAG, 4. FEBRUAR 2011 19
VERLAGSVERÖFFENTLICHUNG
Auf Nummer sicher mit Beton
Im Brandfall ein Lebensretter
Gesund wohnen mit Beton
Keine Chance für Smog, Schimmel und Schadstoffe

22 FREITAG, 25. MÄRZ 2011 HALLENBAU BAYERISCHE STAATSZEITUNG NR. 12
VERLAGSVERÖFFENTLICHUNG
Einwandige, isolierte Hallensysteme
Schnell und sicher aufgebaut
Komplette Rettungswache aus dem Systembaukasten
Großer Raumbedarf rasch und wirtschaftlich realisiert

BAYERISCHE STAATSZEITUNG NR. 9 BARRIEREFREIES BAUEN FREITAG, 4. MÄRZ 2011 21
VERLAGSVERÖFFENTLICHUNG
Treppenlifte helfen, das persönliche Umfeld im Alter zu erhalten
Mehr Lebensqualität
Möglichst lange zu Hause wohnen
Seniorengerecht umbauen

BAYERISCHE STAATSZEITUNG NR. 20 HAUS- & GEBÄUDETECHNIK FREITAG, 20. MAI 2011 17
VERLAGSVERÖFFENTLICHUNG
Wärmepumpe – Ein Heizsystem der Zukunft
Erneuerbare Energien bestmöglich nutzen
Weniger Heizkosten dank Flächenheizungen
Fördermaßnahmen der KfW

22 FREITAG, 4. MÄRZ 2011 STRASSEN- & BRÜCKENBAU BAYERISCHE STAATSZEITUNG NR. 9
VERLAGSVERÖFFENTLICHUNG
Verbesserter Lärmschutz beim Ausbau der A 8
Größter Stahlbrückenbau der Geschichte
Staatsstraßenausbauvorhaben im ländlichen Raum
Keine Benachteiligung
Altglas kommt auch beim Straßenbau zum Einsatz
Sinnvolle Variante der Wiederverwendung

Die Abonnentenzahlen der Staatszeitung hatten sich von den 1960er bis Anfang der 1970er Jahre auf durchschnittlich 19 000 Bezieher eingependelt. Nach der Gebietsreform auf Kreis- und auf Gemeindeebene 1972 und 1978 fielen aufgrund von Behördenzusammenlegungen zahlreiche Abonnenten weg. Der Tiefpunkt war kurz vor 1980 mit rund 17 000 Abonnenten erreicht, dann zeitigten Werbekampagnen eine allmähliche Erholung.[59] Die Abonnentenzahlen stiegen bis 1998 auf über 21 000 an; die Druckauflage betrug rund 23 000 Exemplare. Doch dieser Höhepunkt sollte nicht lange währen, seither ist der Zeitungsbezug rückläufig – die *Bayerische Staatszeitung* bleibt nicht von den Veränderungen am Zeitungsmarkt durch neue Medien und elektronische Plattformen verschont. Aktuell hat die *BSZ* eine verbreitete Auflage (Print und digital) von etwa 18 000 Exemplaren.[60]

Doch gerade bei der *Bayerischen Staatszeitung* ist die statistische Größe „Abonnentenzahl" allein nicht aussagekräftig. Entscheidend ist ein sehr hoher Leserschlüssel, der in den Jahren 2008/2009 mittels Umfragen festgestellt wurde. Demzufolge halten durchschnittlich 100 000 Leser allwöchentlich die Staatszeitung in Händen.[61] Ein Grund dafür ist der Behördenumlauf: Nicht selten wird das Blatt von bis zu zehn Mitarbeitern „abgezeichnet". An diese Leserschaft vor allem richten sich die Printprodukte, die der Verlag in den vergangenen Jahren zusätzlich ins Portfolio aufgenommen hat. Zu nennen sind das jährlich herausgegebene *Kommunale Taschenbuch* und seit 2010 das *Bayerische Gesetz- und Verordnungsblatt*. Der Verlag hat dafür die Herstellung und den Vertrieb übernommen. Andere Bücher entstanden aus Serien in der Staatszeitung und ihrer Beilage *Unser Bayern,* so ein Band mit Porträts der Münchner Oberbürgermeister aus dem Jahr 2008 und die von der Gautinger Künstlerin Rosemarie Zacher illustrierten Beiträge unter den Titeln: *Krachert-global. Über Bayern* (2004), *Eine Krone für Bayern. 200 Jahre Königreich* (2005) und *Wasser. Bayerns kostbares Nass* (2008).

Mit zunehmender Bedeutung des Internets wird seit Ende der 1990er Jahre die gedruckte Staatszeitung durch einen Online-Auftritt ergänzt. Diese Web-Präsenz enthält ausgewählte Beiträge aus der Zeitung sowie Zusatzangebote wie ein Votingtool, Bildstrecken und die Möglichkeit, mit der Redaktion über Blogfunktion in Dialog zu treten. Zusätzlich gibt es die Zeitung als digitales Produkt im kostenpflichtigen Abonnement.[62] Durch das Internet kam für den Verlag ein Geschäftsfeld hinzu, das in den vergangenen Jahren kontinuierlich gewachsen ist. Printumsätze haben sich in digitale Umsätze gewandelt. Es wurde eine Online-Ausschreibungsdatenbank entwickelt, bei der unter anderem die im Staatsanzeiger veröffentlichten Texte online abrufbar sind. Im Jahr 1999 gründete der Verlag hierfür eine Tochterfirma, die Staatsanzeiger Online Logistik GmbH (SOL), die heute unter Staatsanzeiger eServices firmiert.[63] Die Tochterfirma bietet in Bayern neben der Vergabeplattform mit ihrer Ausschreibungsdatenbank noch weitere Dienste an. Dazu gehören beispielsweise die Unterstützung der Vergabeabwicklung für Ausschreiber, Recherchen und Unterlagenbeschaffung für Bewerber. Behörden erhalten über Staatsanzeiger eServices Zugang zu allen gängigen Formularen im öffentlichen Dienst. Der Verlag ist außerdem an einem weiteren Vergabeportal mit Sitz in Stuttgart beteiligt. Es handelt sich um das deutschlandweite Portal *Vergabe24.*[64]

Das Unternehmen *Bayerische Staatszeitung* ist gut gerüstet für weitere Veränderungen auf dem Zeitungsmarkt und im Hinblick auf die zunehmende Verlagerung von Geschäftsabwicklungen in das Internet.

In der digitalen Welt

Von Jan Peter Gühlk

Die *Bayerische Staatszeitung* feiert im Jahr 2012 ihre 100-jährige Geschichte. Im Herbst 1912 wurde der Verlag Bayerische Staatszeitung gegründet – die erste Ausgabe des neuen Blatts erschien im Januar 1913. Zwangsweise 1934 eingestellt, wurde die Zeitung nach dem Zweiten Weltkrieg im Jahr 1950 wiederbegründet. Als Lizenzprodukt des Freistaats Bayern bringt die *Bayerische Staatszeitung* in ihrer gedruckten Version als einzige bayerische Wochenzeitung Aktuelles und Hintergründe aus Politik, Kommunalem, Wirtschaft und Kultur in unvergleichlicher Weise. Herausgegeben wird die *Bayerische Staatszeitung* seit 1955 von einer Verlagsgemeinschaft zwischen Münchner Zeitungsverlag und Süddeutschem Verlag; beide Häuser halten jeweils 50 Prozent am Gemeinschaftsunternehmen.

Die *Bayerische Staatszeitung* steht immer im Kontext politischer, wirtschaftlicher und gesellschaftlicher Rahmenbedingungen – sie ist ein einmaliger Spiegel der Zeitgeschichte, besonders der bayerischen Landesgeschichte. Der Vertrag zwischen dem Verlag Bayerische Staatszeitung GmbH und dem Freistaat Bayern vom 2./3. November 1955 nennt auch explizit, dass „die Darstellung der bayerischen Verhältnisse den Vorrang hat". Die Redaktion hat sich durch die Zeiten hindurch einen unabhängigen und kritischen Blick erarbeitet.

Die politische Berichterstattung der *Bayerischen Staatszeitung* befasst sich mit allen wesentlichen Entwicklungen im Freistaat – und zwar auf allen Ebenen politischen Handelns: Der Arbeit der Staatsregierung und

Bayerischer Staatsanzeiger

Bayerische Staatszeitung, Herzog-Rudolf-Straße 3, 80539 München, Telefon: 089 / 29 01 42-60/67, Fax: 089 / 29 01 42-73/74

Nummer 4 67. Jahrgang Amtliche Veröffentlichungen München, 27. Januar 2012

Staatskanzlei

Studiengänge der Verwaltungs- und Wirtschafts-Akademie Schwaben in Kempten und Nördlingen mit dem Abschluss „Betriebswirt (VWA)"

Erscheinungsweise: wöchentlich Freitag
Annahmeschluss: Dienstag, 16 Uhr

Amtliche Veröffentlichungen

Nichtamtliche Veröffentlichungen

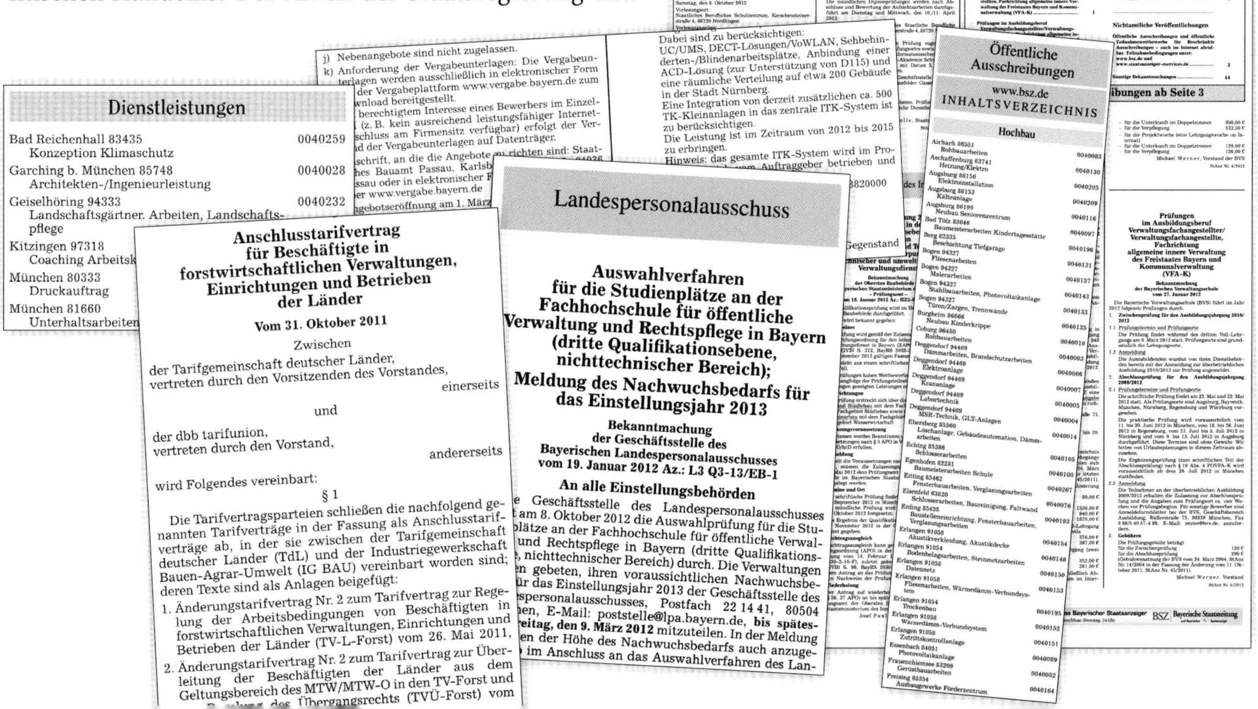

Dienstleistungen

Bad Reichenhall 83435	0040259
Konzeption Klimaschutz	
Garching b. München 85748	0040028
Architekten-/Ingenieurleistung	
Geiselhöring 94333	0040232
Landschaftsgärtner. Arbeiten, Landschaftspflege	
Kitzingen 97318	
Coaching Arbeitsk	
München 80333	
Druckauftrag	
München 81660	
Unterhaltsarbeiten	

j) Nebenangebote sind nicht zugelassen.
k) Anforderung der Vergabeunterlagen: Die Vergabeunterlagen werden ausschließlich in elektronischer Form der Vergabeplattform www.vergabe.bayern.de zum Download bereitgestellt.

Dabei sind zu berücksichtigen: UC/UMS, DECT-Lösungen/VoWLAN, Sehbehinderten-/Blindenarbeitsplätze, Anbindung einer ACD-Lösung (zur Unterstützung von D115) und eine räumliche Verteilung auf etwa 200 Gebäude in der Stadt Nürnberg.
Eine Integration von derzeit zusätzlichen ca. 500 TK-Kleinanlagen in das zentrale ITK-System ist zu berücksichtigen.
Die Leistung ist im Zeitraum von 2012 bis 2015 zu erbringen.

Öffentliche Ausschreibungen

www.bsz.de

INHALTSVERZEICHNIS

Hochbau

Anschlusstarifvertrag für Beschäftigte in forstwirtschaftlichen Verwaltungen, Einrichtungen und Betrieben der Länder

Vom 31. Oktober 2011

Zwischen

der Tarifgemeinschaft deutscher Länder, vertreten durch den Vorsitzenden des Vorstandes, einerseits

und

der dbb tarifunion, vertreten durch den Vorstand, andererseits

wird Folgendes vereinbart:

§ 1

Die Tarifvertragsparteien schließen die nachfolgend genannten Tarifverträge in der Fassung als Anschlusstarifverträge ab, in der sie zwischen der Tarifgemeinschaft deutscher Länder (TdL) und der Industriegewerkschaft Bauen-Agrar-Umwelt (IG BAU) vereinbart worden sind; deren Texte sind als Anlagen beigefügt:

1. Änderungstarifvertrag Nr. 2 zum Tarifvertrag zur Regelung der Arbeitsbedingungen von Beschäftigten in forstwirtschaftlichen Verwaltungen, Einrichtungen und Betrieben der Länder (TV-L-Forst) vom 26. Mai 2011,
2. Änderungstarifvertrag Nr. 2 zum Tarifvertrag zur Überleitung der Beschäftigten der Länder aus dem Geltungsbereich des MTW/MTW-O in den TV-Forst und ... des Übergangsrechts (TVÜ-Forst) vom

Landespersonalausschuss

Auswahlverfahren für die Studienplätze an der Fachhochschule für öffentliche Verwaltung und Rechtspflege in Bayern (dritte Qualifikationsebene, nichttechnischer Bereich); Meldung des Nachwuchsbedarfs für das Einstellungsjahr 2013

Bekanntmachung der Geschäftsstelle des Bayerischen Landespersonalausschusses vom 19. Januar 2012 Az.: L3 Q3-13/EB-1

An alle Einstellungsbehörden

...e Geschäftsstelle des Landespersonalausschusses ...t am 8. Oktober 2012 die Auswahlprüfung für die Studienplätze an der Fachhochschule für öffentliche Verwaltung und Rechtspflege in Bayern (dritte Qualifikationsebene, nichttechnischer Bereich) durch. Die Verwaltungen ...en gebeten, ihren voraussichtlichen Nachwuchsbedarf für das Einstellungsjahr 2013 der Geschäftsstelle des Landespersonalausschusses, Postfach 22 14 41, 80504 ...en, E-Mail: poststelle@lpa.bayern.de, **bis spätestens Freitag, den 9. März 2012** mitzuteilen. In der Meldung ...en der Höhe des Nachwuchsbedarfs auch anzugeben ... im Anschluss an das Auswahlverfahren des Lan-

BSZ Gegründet 1912
Bayerns Wirtschaft
Jahresbeilage der Bayerischen Staatszeitung vom 16. Dezember 2011
Unruhigere Zeiten werfen ihre Schatten voraus
„Auf starker Basis ins Jahr 2012"
Programm Aufbruch Bayern
„Mit Kraft in die Zukunft"

BSZ Gegründet 1912
Bauen in Bayern
Jahresbeilage der Bayerischen Staatszeitung vom 25. November 2011
Aus dem Inhalt
Wie ein Schiff
Innenminister Joachim Herrmann (CSU) über Schwerpunkte der Energiewende
Riesenchance für die Baubranche

Bayerische Staatszeitung Nr. 23
Ausschreibung & Vergabe
Freitag, 10. Juni 2011 15
Wenn gegen das Vergaberecht verstoßen wurde
Rückforderung von Zuwendungen
Mit der E-Vergabeplattform von SOL können Bieter einen Informationsvorsprung realisieren
Details einer Ausschreibung einsehen

des Landtags wird genauso viel Aufmerksamkeit gewidmet wie dem Wirken kommunaler Gremien. Eine derart umfassende Landtagsberichterstattung und Reflektion kommunaler Belange ist in Bayern einmalig. Die *Bayerische Staatszeitung* leistet damit einen relevanten Beitrag zum politischen Diskurs in Bayern.

Im Fokus der Wirtschaftsberichterstattung steht besonders der Bausektor. Dies ist dem Interesse der Nutzer des *Bayerischen Staatsanzeigers* geschuldet. Dort finden sich für das bayerische Bauhaupt- und Baunebengewerbe Aufträge der öffentlichen Hand. Die öffentliche Hand wiederum stellt durch die Bekanntmachung von Vergabeverfahren im Staatsanzeiger trotz der zunehmenden Bedeutung des Internets sicher, eine große Zahl von potenziellen Auftragnehmern für die jeweils ausgeschriebene Leistung zu erreichen. Dem Auftrag des Lizenzgebers gemäß pflegt die *Bayerische Staatszeitung* einen Kulturteil, der überregional die facettenreiche bayerische Kulturlandschaft auch jenseits von „Leuchttürmen" abbildet. Eine Besonderheit bietet die Staatszeitung ihren Lesern einmal pro Monat mit *Unser Bayern*. Die Beilage widmet sich kunst- und kulturhistorischen Themen. Das Heft ist begehrt: Gerade im Behördenumlauf wird es oft gleich zu Beginn aus dem Hauptblatt herausgenommen – dann kommen Leser immer wieder sogar persönlich in die Redaktion, um sich ein verpasstes Exemplar abzuholen. In einer limitierten Auflage gibt es *Unser Bayern* für Sammler auch als Jahresband.

Einen stark nachgefragten Leserservice bietet die Zeitung mit ihren zahlreichen Fachthemen. Die Redaktion beobachtet Trends und vertieft die allgemeine Berichterstattung über neue Lösungen und Produkte. Regelmäßig finden sich in der *Bayerischen Staatszeitung* Fachbeiträge aus den Bereichen Bau und Architektur, Wissenschaft, Bildung und Beruf, erneuerbare Energien, Kommunalfinanzen und Service für den Mittelstand, um nur einige zu nennen. Besonderen Anklang finden die Berichte über Neubauten im Freistaat: Sei es über ein neues Polizeipräsidium, eine neue Sportarena, eine neue Brücke oder eine neue Schule – sämtliche bautechnischen Details finden sich in den ausführlichen und allgemeinverständlichen Beschreibungen; ergänzt wird der Printbeitrag in aller Regel mit Bildstrecken auf der Homepage der *Bayerischen Staatszeitung*.

Ein Alleinstellungsmerkmal der Staatszeitung sind ihre Kooperationspartnerschaften mit verschiedenen Institutionen. So erscheint in Zusammenarbeit mit dem Bayerischen Landtag zu dessen Sitzungswochen stets eine umfassende Berichterstattung über die parlamentarische Arbeit. Gemeinsam mit dem Verband der Bayerischen Bezirke erscheinen alle zwei Wochen zwei Sonderseiten zu deren Arbeit im Freistaat; Themen sind vorwiegend „Hilfe zur Pflege“, „Forensik“ und „Kulturarbeit“ – eben die angestammten Aufgaben der dritten kommunalen Ebene in Bayern. In Kooperation mit dem Bayerischen Gemeindetag erscheint einmal monatlich eine Sonderseite zum Geschehen in Bayerns kleineren Kommunen und zu politischen Themen, die vor allem Dörfer und Kleinstädte tangieren. Mindestens acht Mal pro Jahr liest man die Sonderseite „Die Stimme der Wirtschaft“; dort präsentiert die vbw – Vereinigung der Bayerischen Wirtschaft e. V. ihre Positionen zu aktuellen gesellschaftlichen, politischen, sozialen und wirtschaftlichen Themen.

Die Nutzung von gedruckten Zeitungen geht zurück. Das bedeutet allerdings nicht, dass Zeitungen überflüssig wären. Die Inhalte werden weiter – angesichts der Informationsfülle im Internet vielleicht sogar dringender als zuvor – benötigt, um strukturiert und verlässlich Hintergründe zu beleuchten, Orientierung zu geben und um dem Diskurs eine Plattform zur Verfügung zu stellen. Doch eine Zeitung kann sich nicht mehr allein als Printobjekt am Markt behaupten. Sie wird heute durch Onlineauftritt, E-Paper und Apps ergänzt. Jeder Verbreitungsweg erfordert dabei eine dem Medium entsprechende Herangehensweise und Präsentation. Die digitalen Medien ermöglichen, zusätzliche Informationen bereitzustellen und einen Nutzen anzubieten, der in der gedruckten Zeitung wegen ihrer Erscheinungsfrequenz oder Begrenztheit auf das Medium Papier nicht gewährt werden kann.

Deswegen gibt es schon seit Jahren die *Bayerische Staatszeitung* nicht nur gedruckt. Unter *www.bsz.de* findet man im Netz jeden Freitagmorgen aktuell die wichtigsten Artikel. Hinzu kommen Blogs, Bildstrecken und interaktive Elemente. Das Onlineangebot gibt der Zeitung die Möglichkeit, aus dem Korsett des wöchentlichen Erscheinungstages der Printausgabe auszubrechen. Abonnenten können zudem auf die E-Paper-Ausgabe der Staatszeitung zugreifen und das Blatt am Bildschirm lesen. Ergänzend gibt es Angebote für mobile digitale Endgeräte – die bisherigen Erfahrungen zeigen, dass die Leser der Staatszeitung diesen Service zunehmend schätzen.

Als hundertprozentiges Tochterunternehmen der *Bayerischen Staatszeitung* ist die Staatsanzeiger Online Logistik GmbH – seit 2011 unter der Marke Staatsanzeiger eServices – seit über zwölf Jahren erfolgreich im Markt für digitalen Service rund um Ausschreibung und Vergabe aktiv. Die *Bayerische Staatszeitung* hat mit ihrem Tochterunternehmen früh auf die Herausforderungen und Chancen des Internets reagiert. Stichworte wie eGovernment und eVergabe sind zu nennen und werden künftig weiter an Bedeutung gewinnen. Nicht zuletzt ist die Staatszeitung zusammen mit anderen (Staatsanzeiger-)Verlagen Gesellschafterin der Verga-

Am Kiosk gibt es die *Bayerische Staatszeitung* mit dem *Bayerischen Staatsanzeiger* nach wie vor – sei es wie hier im Nürnberger Hauptbahnhof oder in der virtuellen Welt unter www.bsz.de und www.baysol.de. Präsenz zeigen die *BSZ* und ihre Tochter zudem auf einschlägigen Fachmessen, wie etwa der „Kommunale“.

be24 GmbH, die unter *www.vergabe24.de* eine bundesweite Plattform für Ausschreibung und Vergabe betreibt.

Auch wenn sich die Verbreitungswege von Informationen ebenso wie die Anforderungen ans Blattmachen und auch an die Angebote der *Bayerischen Staatszeitung* als Dienstleister weiter verändern werden: Die Notwendigkeit von Staatszeitung und Staatsanzeiger bleibt bestehen – für ihre Nutzer mit dem traditionsreichen Printprodukt und zusätzlich mit ihren digitalen Angeboten.

Das Team heute

Das Team der Bayerischen Staatszeitung

Brigitta Beckmann (Anzeigen)
Marion Birkenmaier (Anzeigen-, Vertriebsleitung)
Markus Brem (Vertrieb, Logistik)
Karin Dütsch (Kultur, Beilage *Unser Bayern*)
Jan Peter Gühlk (Geschäftsführung *Bayerische Staatszeitung* und *Staatsanzeiger Online Logistik*)
Dr. Friedrich Hettler (Bau & Architektur, Reise)
Claudia Höllt (Vertrieb, Logistik)
Angelika Kahl (Politik, Leben in Bayern)
Silvia Karrer-Taube (Anzeigen)
Kornelia von Kern (Handelsvertreterin, Anzeigenverkauf)
Alexandra Kournioti (freie Mitarbeiterin, Politik)
Susanne Leupoldt (Vertrieb, Logistik)
Liane Luther (Handelsvertreterin, Anzeigenverkauf)
André Paul (Kommunales, Wissenschaft)
Brunhilde Reitmeier-Zwick (Handelsvertreterin, Anzeigenverkauf)
Gabriele Rüth (Redaktionsassistentin)
Ralph Schweinfurth (Chefredakteur, Wirtschaft)
Waltraud Taschner-Kupka (Chefin vom Dienst, Politik)
Ramona Thanheiser (Anzeigen)
Yvonne Wagner (Assistentin der Geschäftsführung)

Das Team von Staatsanzeiger eServices

Klaus Dietheuer (Entwicklungsabteilung)
Manfred Jahr (Vertriebsleitung)
Gerhild Jenike (telefonische Kundenbetreuung, Schulungsleitung)
Gerhard Henschel (Abonnementverwaltung, telefonische Kundenbetreuung)
Thomas Neubauer (Systemadministrator)
Michaela Schäfer (Entwicklungsabteilung)
Peter Schöller (Geschäftsführung *Staatsanzeiger Online Logistik*)
Beatrice Schwarz (Sekretariat)
Nico Schwarz (Auszubildender)
Patrick Simon (Entwicklungsabteilung)
Sieglinde Tschischka (Abonnementverwaltung, Buchhaltung, Vertrieb)
Zinoviy Tubin (Entwicklungsleitung)
Alexandra Walter (Abonnementverwaltung, telefonische Kundenbetreuung)

Anmerkungen

Abkürzungen

BayHStA, Bayerisches Hauptstaatsarchiv
BK, *Bayerischer Kurier*
BSA, *Bayerischer Staatsanzeiger*
BSZ, *Bayerische Staatszeitung*
BWA, Bayerisches Wirtschaftsarchiv
CbIB, Churbaierisches Ingelligenzblatt
ChRIBl, Churbaierisches Regierungs- und Intelligenzblatt
GR, Generalregistratur
KbIBl, Königlich bayerisches Intelligenzblatt
IfZ, Institut für Zeitgeschichte
MA, Ministerium des Äußern
MAAZ, *München-Augsburger Abendzeitung*
MIBl, Ministerialblatt
MInn, Ministerium des Innern
MJu, Ministerium der Justiz
Mkr, Kriegsministerium
MNN, *Münchner Neueste Nachrichten*
MP, *Münchner Post*
StAM, **RA**, Staatsarchiv München, Regierungsakten
StAM, **WBI**, Staatsarchiv München, Wiedergutmachungsbehörde I
StK, Staatskanzlei

Vorwort, S. 7

1 Günther Zwick, Kulmain, 12. 10. 2011
2 Max Scharres Erinnerungsschrift „Das dritte Ohr" wird in der Diplomarbeit von Siegfried H. Mohm, *Die Geschichte der Bayerischen Staatszeitung* (Nürnberg 1959) zitiert, gilt inzwischen jedoch als verschollen

Kapitel: Vorläufer der Staatszeitung (Christoph Bachmann), S. 11 bis 18

1 Vgl. hierzu und zur Geschichte der Gesetzespublikationen: Timo Holzborn, *Die Geschichte der Gesetzespublikation – insbesondere von den Anfängen des Buchdrucks um 1450 bis zur Einführung von Gesetzesblättern im 19. Jahrhundert* (Juristische Reihe TENEA,www.jurawelt.com; Bd. 39), Berlin 2003, auch auf URL: http://www.jurawelt.com (Aufruf vom 21. 7. 2011); Maximilian Herberger, *Elektronische Publikation von Gesetzen – Eine Chance für die Gerechtigkeit?* URL: http://www.jurpc.de/aufsatz/20030340.htm (Aufruf vom 21. 7. 2011)
2 Armin Wolf, Publikation von Gesetzen, in: *Handwörterbuch zur deutschen Rechtsgeschichte IV*, Berlin 1990, Sp. 85 – 92
3 Bernd Wunder, Vom Intelligenzblatt zum Gesetzblatt. Zur Zentralisierung inner- und außeradministrativer Normkommunikation in Deutschland (18./19. Jahrhundert), in: *Jahrbuch für europäische Verwaltungsgeschichte 9* (1997), S. 29 – 82, hier S. 32 – 42
4 Holger Böning, *Pressewesen und Aufklärung – Intelligenzblätter und Volksaufklärer* (26. 7. 2004, in: Goethezeitportal. URL: <http://www.goethezeitportal.de/db/wiss/epoche/boening_pressewesen.pdf> (Aufruf vom 25. 7. 2011), S. 3
5 Michael Schaich, Churbaierisches Intelligenzblatt/Königlich Baierisches Intelligenzblatt, in: *Historisches Lexikon Bayerns*, URL: <http://www.historisches-lexikon-bayerns.de/artikel/artikel_45008> (8. 10. 2009)
6 BayHStA, Altbaierische Landschaft 2093; der Entwurf wird näher diskutiert bei: Karl Otmar Frhr. von Aretin, Die bayerische Landschaftsverordnung 1714 – 1777, in: Dietrich Gerhard (Hrsg.), *Ständische Vertretungen in Europa im 17. und 18. Jahrhundert* (Veröffentlichungen des Max-Planck-Instituts für Geschichte 27), Göttingen 1969, S. 208 – 246, hier S. 238 – 241
7 Chur-Baierische Mauth- und Accis-Ordnung: Zur allgemeinen Beobachtung vorgeschrieben, 1765, Art. 20 und 21; gedruckt in Kreittmayr, Generaliensammlung, München 1771, S. 356 – 357; digital unter: http://bavarica.digitale-sammlungen.de/de/fs1/object/display/bsb10376416_00005.html (Aufruf vom 21. 9. 2011)
8 BayHStA, GR Fasz. 796/49, pag. 1 – 4; auch: BayHStA, MInn 15759, Conv. I, fol. 17 – 18
9 Schaich, *Intelligenzblatt*
10 zu Kohlbrenner vgl.: Cornelia Oelwein, *Franz von Kohlbrenner (1728 – 1783) – ein berühmter Traunsteiner*. Traunstein 1996; Fritz Lindenberg, Johann Franz Seraph von Kohlbrenner, in: *Jahrbuch des Historischen Vereins für den Chiemgau zu Traunstein 8* (1996), 105 – 111; Cornelia Baumann, *Wie wenig sind, die dieses wagen! Franz von Kohlbrenner, Traunstein 1728 – München 1783. Ein bayerischer Wegbereiter ins 19. Jahrhundert*, Grabenstätt 1985
11 „Die Aufsicht über das Intelligenzblatt lag allerdings nicht bei der im allgemeinen eher großzügigen staatlichen Zensurbehörde, sondern wurde von der Regierung in Form einer Nachzensur geübt; ab 1775 besorgte sie Hofrat

Johann Caspar Lippert." Ludwig Hammermayer, *Geschichte der Bayerischen Akademie der Wissenschaften 1759 – 1807*, Bd. 2, München 1983, S. 75. Bereits im Februar 1766 bat Kohlbrenner um eine finanzielle Unterstützung, um die Unkosten für die Korrespondenz und die Drucklegung begleichen zu können. BayHStA, GR Fasz. 796/49, pag. 25 – 26. So erhielt Kohlbrenner wegen der „vielen Ausgaben und besonderen Bemühungen ... zu Aushaltung der Anfangs-Beschwerlichkeiten auf 2 Jahre jedes Mal dreyhundert Gulden aus denen Mauthgefällen" (BayHStA, GR Fasz. 796, pag. 24)

12 CbIBl 1773, S. 47, 82160, 200, 206, 223

13 Der Turnus beträgt nicht immer exakt zwei Wochen, sondern kann durchaus zwischen einer und drei Wochen variieren. Im Jahr erschienen jedoch 26 Ausgaben, so dass ein statistisches Mittel von zwei Wochen errechnet werden kann

14 Auch hier ist der Turnus nicht allzu wörtlich zu nehmen. Es erschienen in diesem Zeitraum in etwa 48 bis 52 Ausgaben pro Jahr

15 Schaich, *Intelligenzblatt*. Die Zahlen lassen sich nicht exakt nachvollziehen. Für das Jahr 1789 ist jedenfalls eine Rechnung für die zum Druck notwendigen Druckbögen überliefert, die von einer Auflagenhöhe von 1000 Stück ausgeht; BayHStA, GR Fasz. 796, Nr. 50

16 Schaich, *Staat und Öffentlichkeit*, S. 41

17 BayHStA, GR 796, Nr. 50

18 Zu Finauer vgl.: Eleonore Erxleben, *Münchner Zeitungsverleger von der Aufklärung bis zum Revolutionsjahr 1848* (Marburger Studien zur älteren deutschen Geschichte II. Reihe, Bd. 6) Marburg 1941, S. 14 – 21

19 BayHStA, MInn 15759/Convol. IV; auch: CbIBl 1773, S. 293

20 Zusätze zum Münchner Intelligenzblatte oder Lektüre verschiedenen Inhalts zum Unterricht, Vergnügen und zur Veredlung meiner Mitbürger, Vorrede; die „Zusätze" online unter: http://bavarica.digitale-sammlungen.de/de/fs1/object/display/bsb10333701_00004.html

21 Dies ließ sich auch schon allein deshalb nicht stringent durchhalten, da z. B. für das Jahr 1785 insgesamt 68 Nummern erschienen, 1786 erschienen 60 Nummern; rein rechnerisch hätte es 72 Ausgaben geben müssen. Erxleben, *Zeitungsverleger*, S. 18 nennt dies „periodische Erscheinung", dem so nicht gefolgt werden kann

22 Das bisher unbekannte genaue Todesdatum Finauers geht aus einem Gutachten der Münchner Hofkammer hervor, in dem dieses Datum genannt wird. BayHStA, MInn 15759, Conv. III, fol. 39

23 Es handelt sich hier um keine willkürlich festgelegte Summe, sondern um die Summe, die Kohlbrenner ursprünglich für die Lieferung der Freiexemplare an die staatlichen Einrichtungen zugestanden worden war. BayHStA, MInn 15759, Conv. I, fol. 56

24 BayHStA, MInn 15759, Convol. III, fol. 81

25 BayHStA, MInn 15759, Convol. III, fol. 96

26 MIBl 1795, S. 392

27 MIBl 1790, S. 66 – 68, 133 – 135, 158 – 159, 165 – 167: „Ueber den physischen Bürgerzustand im Allgemeinen" mit einer interessanten Darstellung zur Mortalität in der damaligen Bevölkerung; S. 154 – 156: „Von dem Richteramt eines Arztes"; S. 245 – 247: „Von dem Einflusse der Luft in die Seele und den Körper"; S. 261 – 264, 277 – 280, 294 – 295, 317 – 320, 326 – 328, 334 – 335, 340 – 344: „Ueber die Ruhr oder sogenannte rothe Ruhr"; MIBl 1792, S. 149, 157, 163, 171, 188, 195, 201: „Der Scheintod, geschichtlich und aus neuen Erfahrungen erwiesen"

28 BayHStA, MInn 15759, Convol. IV, fol. 35 – 46

29 ChRIBl 1801, Sp. 789 – 790

30 ChRIBl 1801, Sp. 790 – 793

31 Das Datum wird in einem Gutachten des Generalkreiskommissariats zu den Kreis-Intelligenz-Blättern genannt: BayHStA, MInn 46604 (Schreiben vom 20. Oktober 1812); in den Briefprotokollen des Kreis- und Stadtgerichts München, die im Stadtarchiv München verwahrt werden, ist der entsprechende Vertrag nicht überliefert

32 StAM RA 16341; dies gibt Fleischmann in einem Schreiben vom 21. November 1809 an das Kgl. Generalkreiskommissariat des Isarkreises an

33 StAM RA 16341

34 KbIBl 1812, Sp. 172 – 175: „Ueber Mozarts *Clemenza di Tito*"; Sp. 217 – 220: „Ueber J. Haydn's *Schöpfung*"; Sp. 281 – 285, 289 – 293: „Kritische Bemerkungen über die *Schöpfung* von J. Haydn"; KbIBl 1813, Sp. 417 – 422: „Kritische Bemerkungen über die *Hochzeit des Figaro*"

35 BayHStA, MInn 46604

Kapitel: Stürmischer Beginn (Gerhard Hetzer), S. 19 bis 48

1 „Die *Bayerische Staatszeitung* in der Vergangenheit", in: *Unser Bayern* 2 (1953) S. 6 – 7, hier S. 7

2 Für deren Vorgeschichte und Entwicklung weiterhin wichtig: Siegfried H. Mohm, *Die Geschichte der Bayerischen Staatszeitung*. Diplom-Arbeit, Nürnberg 1959. Zu den Staatsanzeigern in anderen deutschen Bundesstaaten und zu der Zeitspanne 1913 – 1934 in der Geschichte der *BSZ* auch die Einleitung bei Kersten Bassow, *Die Bayerische Staatszeitung von 1950 bis 1988*. Magisterarbeit, München 1988, S. 14 – 23

3 Mohm (wie Anm. 2), S. 17; zur Vorbesprechung des Antrags in der Zentrumsfraktion: Dieter Albrecht (Hrsg.), *Die Protokolle der Landtagsfraktion der bayerischen Zentrumspartei*, Bd. 2: 1899 – 1904, München 1989, S. 398 f.

4 Verhandlungen der Kammer der Abgeordneten

1903/1904, Sten. Berichte Bd. XIII, S. 1045

5 Hermann Grauert, Zum Regentenwechsel in Bayern, Teil III, in: *Hochland X* (1913), Bd. 2, S. 322 – 345, hier S. 332 f. Der Verfasser beschäftigte sich hierbei auch mit den Vorläufern der „Staatszeitung" seit 1799

6 Mohm (wie Anm. 2), S. 19 f.

7 Siehe das vertrauliche Schreiben des Kammerabgeordneten Konrad Frhr. von Malsen-Waldkirch an Max Frhrn. von Soden-Fraunhofen vom 24. 7. 1912. BayHStA, Familienarchiv Soden-Fraunhofen, vorl. Nr. 678

8 Zur Gründung und zu den Gesellschafterverhältnissen der *Bayerischen Staatszeitung* auch Paul Hoser, *Die politischen, wirtschaftlichen und sozialen Hintergründe der Münchner Tagespresse zwischen 1914 und 1934* (Europäische Hochschulschriften III/447), Frankfurt a. Main u. a. 1990, S. 97 – 100

9 Presseausschnittsammlungen zur *Bayerischen Staatszeitung* gab es grundsätzlich in allen Staatsministerien, je nach Beteiligung des Ressorts, am vollständigsten wohl im Außenministerium (nur im Aktenzusammenhang überliefert) und beim Innenministerium (dort gebunden für die Jahre 1912 – 1914 in BayHStA, MInn 74495)

10 Mohm (wie Anm. 2), S. 31

11 Originalurkunde (samt etlichen Entwürfen), unterschrieben von Oberregierungsrat von Aufseß vom Innenministerium und von Hans Oldenbourg, in BayHStA, MInn 74489; eine Abschrift bei Mohm (wie Anm. 2) im Anhang

12 Lebenslauf bei Hoser, *Tagespresse* (wie Anm. 8), S. 1107 f.

13 Heinrich Held an Soden-Fraunhofen (21. 11. 1912). BayHStA, FA Soden-Fraunhofen, vorl. Nr. 535

14 Der Korrespondent spielte dabei auf die 1898 in London veröffentlichten Aufzeichnungen des Publizisten Moritz Busch zu *Bismarck. Some Secret Pages of his History* an. Der Beitrag der *BSZ* erschien unter dem Titel „German Official Press Methods. Guidance of Public Opinion" in *The Times* vom 27. 12. 1912. Angeführt in den *MNN*, Nr. 660, vom 28. 12. 1912. Dieser Artikel wurde auch in der Debatte der Abgeordnetenkammer vom 28. 10. 1913 als Beweis für das internationale Aufsehen, das die Geschäftspraktiken der Staatszeitung hervorgerufen hätten, erwähnt

15 Abbildung bei Reinhard Wittmann, *Wissen für die Zukunft. 150 Jahre Oldenbourg Verlag*, München 2008, S. 65

16 Zitiert bei Mohm (wie Anm. 2), S. 52. Zu dieser Polemik siehe auch Friedrich Grauf, *Die deutschen Staatszeitungen und ihre Problematik*, Diss., Hochschule für Wirtschafts- und Sozialwissenschaften Nürnberg, 1951, S. 45

17 Abdruck der entsprechenden Dokumente bei Ernst Deuerlein (Hrsg.), *Briefwechsel Hertling – Lerchenfeld 1912 – 1917. Dienstliche Privatkorrespondenz zwischen dem bayerischen Ministerpräsidenten Georg Graf von Hertling und dem bayerischen Gesandten in Berlin Hugo Graf von und zu Lerchenfeld*, 1. Teil (Deutsche Geschichtsquellen des 19. und 20. Jahrhunderts, Boppard a. Rh. 1973, S. 196 – 220

18 Verband Bayerischer Zeitungsverleger (Hrsg.), *50 Jahre Verband Bayerischer Zeitungsverleger e. V. 1913 – 1963,* München 1963, S. 49 (Präsenz-Liste der Versammlung vom 5. 1. 1913), S. 60

19 Vorstandschaft Bayerischer Buchhändlerverein an Staatsministerium der Justiz (8. 1. 1913). BayHStA, MJu 17423

20 *Pfälzische Post*, Nr. 32, vom 7. 2. 1913, mit Bezug auf einen Beitrag der *MAAZ*

21 Zu den Maßnahmen zur Durchsetzung des Zwangsabonnements bei Gemeinden, BayHStA, MInn 74489, 74490

22 Mohm (wie Anm. 2), S. 55 f. Die *Neue Zürcher Zeitung* berichtete „Aus dem bayerischen Kirchenstaat" (Nr. 189, vom 10. 7. 1913)

23 Hierzu das Zitat aus unveröffentlichten Erinnerungen des Zeitungsmannes Cajetan Freund bei Paul Hoser, „Die Augsburger Abendzeitung und ihre Kritik an politischem Katholizismus und Kirche unter Cajetan Freund als politischem Redakteur (1897 – 1914), in: Dietmar Schiersner u. a. (Hrsg.), *Augsburg, Schwaben und der Rest der Welt. Neue Beiträge zur Landes- und Regionalgeschichte. Festschrift für Rolf Kießling zum 70. Geburtstag*, Augsburg 2011, S. 341 – 357, hier S. 349

24 Cajetan Freund, *Die München-Augsburger Abendzeitung. Ein kurzer Abriß ihrer mehr als 300jährigen Geschichte 1609 – 1914,* München 1914, S. 64

25 Protokollauszug zur Sitzung des Direktoriums der Abgeordnetenkammer vom 1. 10. 1913. BayHStA, Bayerischer Landtag 13116

26 Verhandlungen der Kammer der Abgeordneten 1913, Sten. Berichte Bd. VII, S. 458 – 481, 483 – 514; Mohm (wie Anm. 2), S. 57 f.

27 Notiz Hans Oldenbourg zum Gespräch mit Hertling vom 19. 9. 1913. BWA, F 5/935

28 Die Darstellung bei Wilhelm Patin, *Beiträge zur Geschichte der Deutsch-Vatikanischen Beziehungen in den letzten Jahrzehnten* (Quellen und Darstellungen zur politischen Kirche, Sonderband A), Berlin 1942, S. 15 – 89, bezieht sich vor allem auf Stockhammerns Tätigkeit ab Herbst 1914 und ist von weltanschaulicher Antipathie geprägt

29 Mohm (wie Anm. 2), S. 45 – 47; zur beruflichen Laufbahn Stockhammerns und Stengels: Walter Schärl, *Die Zusammensetzung der bayerischen Beamtenschaft von 1806 bis 1918* (Münchener Historische Studien. Abteilung Bayerische Geschichte I), Kallmünz 1955, S. 340

30 Karl Heyl, *Verzeichnis der in der Bayerischen Staatszeitung veröffentlichten kriegsrechtlichen Verordnungen* (1. VIII. 14 bis 1. VIII. 18), München 1918

31 *BSZ*-Verlag (Hans Oldenbourg) an Hertling (5. 1. 1915). BayHStA, MA 94776

32 Hoser, *Tagespresse* (wie Anm. 8), S. 797 – 801

33 Außenministerium (MA) an Kriegsministerium (MKr) (1. 3. 1916). BayHStA, MH 15843

34 Verzeichnisse der vom Pressereferat an andere Referate des Ministeriums oder andere Stellen überwiesenen Drucksachen; Ein- und Auslauf-

journal des Pressereferats von Oktober 1917 bis November 1918. BayHStA, Abt. IV, MKr 17159

35 MKr an *BSZ*-Verlag (9. 1. 1915). BWA, F 5/929

36 MKr, Armeeabteilung, an Redaktion *BSZ* (25. 10. 1916). Abdruck in: BayHStA, MA 94776

37 Vormerkung MKr, Armeeabteilung, mit Umlauf (22./28. 8. 1914). BayHStA, Abt. IV, MKr 66

38 Zumal die Verbreitung der *BSZ* „im Vergleich zu der unserer größten bayerischen Zeitungen sehr gering und oft nur auf die amtlichen Stellen beschränkt" sei. Vormerkung MKr, Armeeabteilung, Pressestelle (26. 10. 1914). BayHStA, Abt. IV, MKr 66

39 Frick an Hertling (21. 12. 1914). BayHStA, MA 94776/2. Der Beitrag Foersters in *BSZ*, Nr. 291, vom 11. 12. 1914 („Zur Frage der Gefangenenbehandlung")

40 Vormerkung MKr, Armeeabteilung, Pressestelle vom 29. 11. 1916. BayHStA, Abt. IV, MKr 66

41 Hierzu Doris Fischer, *Die Münchner Zensurstelle während des Ersten Weltkrieges. Alfons Falkner von Sonnenburg als Pressereferent im Bayerischen Kriegsministerium in den Jahren 1914 bis 1918/19*, Diss., München 1973

42 Hans Oldenbourg an Stengel (2. 2. 1916). BWA, F 5/926

43 Zur Vorbereitung dieser Richtigstellung in der *BSZ*, Nr. 293, vom 13. 12. 1914 diente ein Schriftwechsel zwischen Lerchenfeld und Hertling wenige Tage zuvor; der Wortlaut der Erklärung in der Staatszeitung bei Pius Dirr, *Bayerische Dokumente zum Kriegsausbruch und zum Versailler Schuldspruch*, 4. Aufl. München-Berlin 1928, S. 202 – 205; vgl. auch Deuerlein, *Briefwechsel* (wie Anm. 17), S. 369 – 375

44 In *BSZ*, Nr. 130, vom 8. 6. 1915

45 Karl-Heinz Janssen, *Macht und Verblendung. Kriegszielpolitik der deutschen Bundesstaaten 1914/18*. Göttingen 1963, S. 60 f., 244; Willy Albrecht, *Landtag und Regierung in Bayern am Vorabend der Revolution von 1918. Studien zur gesellschaftlichen und staatlichen Entwicklung Deutschlands von 1912 – 1918* (Beiträge zu einer historischen Strukturanalyse Bayerns im Industriezeitalter 2), Berlin 1968, S. 114 f., 155 f.

46 Ein Beispiel hierfür war der in der *BSZ*, Nr. 64, vom 17. 3. 1916 erschienene Beitrag „Einigkeit und Vertrauen" zur Frage des U-Boot-Einsatzes. Hierzu Fischer (wie Anm. 41), S. 143

47 Darunter auch der *BK*. In der Berliner Presse titelte die *Deutsche Tageszeitung*, Nr. 385, vom 29. 7. 1916 mit „Eine Entgleisung der *Bayerischen Staatszeitung*". Ähnliches verlautete in der *Täglichen Rundschau*. Die *MAAZ* sprach in ihrer Nummer 411 am gleichen Tag von einer „ganz ungeheuerlichen Anmaßlichkeit". Anerkennend äußerte sich die *MP*. Hierzu Albrecht (wie Anm. 45), S. 172 – 174, 176

48 Text der Eingabe vom 5. 8. 1916 bei Deuerlein, Briefwechsel (wie Anm. 17), S. 660 – 667, hier S. 666

49 Fischer (wie Anm. 41), S. 145; die *BSZ*, Nr. 181, vom 6. 8. 1916 berichtete, der König habe „zum Vertrauen in die verantwortlichen leitenden Stellen" gemahnt, „da verständnisvolles, einiges Zusammenwirken aller Stände und aller Parteien" unerlässlich sei. Er habe davor gewarnt, „Spaltungen in das deutsche Volk zu tragen, um nicht das Durchhalten bis zu einem ehrenvollen Frieden zu erschweren", eine Darstellung, die Proteste hervorrief

50 Albrecht (wie Anm. 45), S. 177 – 181

51 *BSZ*, Nr. 113, vom 16. 5. 1917 („Kleine politische Nachrichten"). Hierzu Janssen (wie Anm. 45), S. 263 f.

52 Die nationalliberale *Kölnische Zeitung* schrieb in ihrer Nr. 371 vom 12. 5. 1917 davon, man habe „ohne jede Veranlassung in taktlosester Weise jene Männer angerempelt, die von ernsten patriotischen Sorgen getrieben, in München zu einer Besprechung über die Frage der Deutschlands Zukunft dienenden Kriegsziele" zusammen gekommen seien

53 Frick an Hertling (31. 7. 1916). BayHStA, MA 94776/6; Mohm (wie Anm. 2), S. 39

54 Niederschriften der Gesellschafterversammlungen vom 26. 2. 1916 und 7. 7. 1916. BWA, F 5/922

55 Zum Lebenslauf: Hoser, *Tagespresse* (wie Anm. 8), S. 1106

56 *BSZ*-Verlag (Hans Oldenbourg) an Hertling (19. 7. 1916). BayHStA, MA 94776/6. Entwurf in BWA, F 5/935. Der Verleger sprach darin auch von einem einstimmigen Beschluss der Gesellschafter vom 7. 7. 1916, Frick mit festgelegter Frist zu kündigen, was so nicht von der Niederschrift gedeckt war

57 Scharre an Hans Oldenbourg (25. 9. 1918) anlässlich seiner vorzeitigen Vertragsverlängerung. BWA, F 5/936

58 *Augsburger Postzeitung*, Nr. 401, vom 2. 9. 1916; *Fränkische Tagespost*, Nr. 204, vom 31. 8. 1916; *MP*, Nr. 200, vom 29. 8. 1916; Nr. 205, vom 3. 9. 1916; Mohm (wie Anm. 2), S. 41

59 Text der Erklärung vom 22. 10. 1916 in BWA, F 5/936

60 Ein Manuskript Scharres mit dem Titel „Das Dritte Ohr. Erinnerungen eines Journalisten nach Tagebuchaufzeichnungen", 1937 abgefasst oder fertig gestellt, aus dem Mohm zitierte, gilt als verschollen

61 Hoser, *Tagespresse* (wie Anm. 8), S. 1107 f.; siehe auch Matthias Lau, *Pressepolitik als Chance. Staatliche Öffentlichkeitsarbeit in den Ländern der Weimarer Republik* (Beiträge zur Kommunikationsgeschichte 14), Stuttgart 2002, S. 65 f.

62 Eine wichtige Vorarbeit im Innenministerium leistete hierzu der nachmalige Amtschef und damalige Regierungsrat Karl Stützel; hierzu dessen Aktenvermerk vom 12. 4. 1918 in BayHStA, MInn 73822

63 *BSZ*, Nr. 122, vom 27. 5. 1917

64 MKr, Armeeabteilung, an *BSZ*-Schriftleitung (24. 3. 1917). BayHStA, MA 94776/3

65 Hoser, *Tagespresse* (wie Anm. 8), S. 99 f.

66 MKr an Innenministerium (MInn) (15. 10. 1917). BayHStA, MKr 66. Der Entwurf einer entsprechenden Weisung an die unmittelbar nachgeordneten militärischen Dienststellen lief dann „zur Sammlung weiterer Erfahrungen"

bis November 1918 nicht aus
67 Protokoll 7. Sitzung Finanz-Ausschuss vom 16. 10. 1917 (Auszug). BayHStA, Bayerischer Landtag 13116
68 Mohm (wie Anm. 2), S. 64, nach den Erinnerungen Scharres
69 *BSZ*, Nr. 12, vom 15. 1. 1918 mit dem Hinweis, der Entwurf zum Gesetz über die Haftung des Grundstücks für wiederkehrende öffentliche Lasten sei dem Landtag schon zugegangen. Ihre „Zwei tatsächlichen Feststellungen" zu den gegen sie erhobenen Vorwürfen in *BSZ*, Nr. 14, vom 17. 1. 1918
70 Aktenvormerkung des Regierungskommissars Zu Rhein vom 16. 1. 1918. BayHStA, MA 94776
71 *BK*, Nr. 147, vom 28. 5. 1918; Nr. 233, vom 12. 8. 1918
72 *Neues Münchener Tagblatt*, Nr. 240, vom 29. 8. 1918: „Vom Unglück verfolgt wird neuerdings die Bayer. Staatszeitung"
73 Protokoll der Besprechung vom 10. 9. 1917 in BayHStA, Abt. IV, MKr 66. Vertreten waren die Verlage des *BK* mit dem *Neuen Münchener Tagblatt*, der *MNN*, der *MAAZ*, der *MP* und der *MZ*
74 Text der Entschließung vom 2. 6. 1918 in BayHStA, MA 94776

Kapitel: Ein Instrument der Politik? (Paul Hoser), S. 49 bis 138

1 *BSZ* vom 18. 10. 1918
2 *BSZ* vom 6. 11. 1918
3 Mohm, *Staatszeitung*, S. 65
4 *BSZ* vom 9. 11. 1918
5 *BSZ* vom 10. 11. 1918
6 *BSZ* vom 13. 11. 1918
7 *BSZ* vom 17. 11. 1918
8 *BSZ* vom 4. 12. 1918
9 Bericht in BWA, F 5/933 und Mohm, *Staatszeitung*, S. 65
10 Fugger-Glött an Neckermann, 9. 12. 1918, BWA, F 5/923
11 Bericht in BWA, F 5/933
12 *Die Regierung Eisner*, S. 132
13 ebd., S. 163
14 Verlag der Bayerischen Staatszeitung an Eisner, 13. 12. 1918, BWA, F 5/928 und F 5/935
15 *Die Regierung Eisner*, S. 171, 176
16 *BSZ* vom 17. 11. 1918
17 Soden-Fraunhofen an Redaktion der *BSZ*, 31. 5. 1967, BayHStA, StK 15998
18 Soden-Fraunhofen an Goppel, 31. 5. 1967, BayHStA, StK 15998
19 Ministerialdirektor Dr. Baer an Soden-Fraunhofen, o. D., BayHStA, StK 15998
20 *BSZ* vom 3. 1. 1919
21 *BSZ* vom 19. 12. 1918
22 Mohm, *Staatszeitung*, S. 67
23 Scharre an Falkner, 4. 2. 1919, BWA, F 5/926
24 Scharre an den Verlag Oldenbourg, 20. 2. 1919, BWA, F 5/926
25 *BSZ* vom 25. 2. 1919
26 *BSZ* vom 7. 3. 1919. Dr. A. Weiß
27 *BSZ* vom 5. 4. 1919
28 *BSZ* vom 9. 4. 1919
29 *BSZ* vom 13. 4. 1919
30 *BSZ* vom 30. 4. 1919. Das im Zeitungskopf stehende Datum war jeweils nicht das des Erscheinungs-, sondern das des Folgetags
31 *BSZ* vom 4. 5. 1919
32 *BSZ* vom 7. 5. 1919
33 *BSZ* vom 5. 10. 1919. Dr. Gütermann
34 *BSZ* vom 8./9. 11. 1919
35 Dazu z. B. der Syndikus des Bayerischen Städtebundes und ehemalige Weidener Bürgermeister Knorr „Gegen Erzbergers Finanzpläne", *BSZ* vom 13. 11. 1919 und der Abgeordnete und Staatsrechtler Piloty „Der Einheitsstaat", *BSZ* vom 21. 12. 1919; ferner „Eine bayerische Lebensfrage", *BSZ* vom 31. 1. 1920
36 *BSZ* vom 23. 3. 1920
37 *BSZ* vom 23. 3. 1919
38 *BSZ* vom 14. 8. 1920
39 *BSZ* vom 15. 9. 1920
40 *BSZ* vom 12. 11. 1920
41 *BSZ* vom 17. 11. 1920
42 *BSZ* vom 22. 1. 1921
43 *BSZ* vom 9. 2. 1921
44 *BSZ* vom 1. 3. 1921
45 *BSZ* vom 15. 3. 1921
46 *BSZ* vom 15. 3. und 25. 5. 1921
47 *BSZ* vom 7. 6. 1921
48 Benz (Hrsg.), *Politik in Bayern* 1919 – 1933, S. 83
49 *BSZ* vom 14. 6. 1921
50 *BSZ* vom 15. 6. 1921
51 *BSZ* vom 16. 6. 1921
52 *BSZ* vom 19. 6. 1921
53 *BSZ* vom 21. 6. 1921
54 *BSZ* vom 26. 8. 1921
55 Hoser, *Tagespresse*, Bd. 1, S. 225 – 231
56 *BSZ* vom 13. 9. 1921
57 *BSZ* vom 19. 9. 1921
58 *BSZ* vom 21. 10. 1922
59 *BSZ* vom 3. 7. 1922
60 *BSZ* vom 19. 8. 1922
61 *BSZ* vom 7. 9. 1922
62 *BSZ* vom 3. 11. 1922
63 *BSZ* vom 27. 3. 1923
64 *BSZ* vom 4. 4. 1923
65 *BSZ* vom 4. 5. 1923
66 *BSZ* vom 27. 9. 1923
67 *BSZ* vom 28. 9. 1923
68 *BSZ* vom 10. 10. 1923
69 *BSZ* vom 20. 10. 1923
70 Knilling an Verlag Oldenbourg, 30. 11. 1923, in: Deuerlein (Hrsg.), *Hitlerputsch*, S. 455
71 Paul Oldenbourg an Scharre, 4. 2. 1933, BayHStA, MA 102737
72 Scharre an Paul Oldenbourg, 7. 12. 1923, BayHStA, MA 102737
73 *BSZ* vom 10. 11. 1923

74 Scharre an Kahr, 17. 11. 1923, in: Deuerlein Hrsg.), *Hitlerputsch*, S. 405
75 *BSZ* vom 10. 1. 1924
76 *BSZ* vom 12. 2. 1924
77 *BSZ* vom 11. 10. 1924
78 *BSZ* vom 21. 4. 1925
79 *BSZ* vom 28. 11. 1924
80 *BSZ* vom 19. 8. 1930. Curt Hotzel
81 *BSZ* vom 5. 11. 1924
82 Eisele an Hertling, 6. 7. 1916, BayHStA, MA 94766/3
83 Lau, *Pressepolitik*, S. 161 f.
84 *BSZ* vom 30. 6. 1925
85 *BSZ* vom 16. 1. 1924
86 *BSZ* vom 27. 10. 1926
87 Scharre an Königbauer, 12. 11. 1926, BayHStA, MA 102732
88 Scharre an Held, 12. 11. 1926, BayHStA, MA 102732
89 *BSZ* vom 11. 11. 1926
90 *BSZ* vom 18. 11. 1927
91 *BSZ* vom 21. 1. 1928
92 *BSZ* vom 3. 1. 1929
93 *BSZ* vom 17. 7. 1930
94 Ibscher an Paul Oldenbourg, 21. 3. 1931, BWA, F 5/930
95 Pfeiffer an Friedrich Oldenbourg, 1. 7. 1931, BWA, F 5/863
96 Aktennotiz Friedrich Oldenbourgs vom 16. 7. 1931, BWA, F 5/930
97 Bericht Scharres über die Unterredung mit Held vom 23. 7. 1931, BWA, F 5/930
98 Bericht Scharres über die Unterredung mit Stützel vom 31. 7. 1931, BWA, F 5/930
99 Scharre an Held, 25. 7. 1931, BWA, F 5/930
100 Aktennotiz Scharres vom 2. 9. 1931, BWA, F 5/930
101 Werner an Paul Oldenbourg, 11. 9. 1931, BWA, F 5/930
102 Werner an Held, 11. 9. 1931, BWA, F 5/930
103 Scharre an Paul Oldenbourg, 2. 10. 1931, BWA, F 5/930
104 *BSZ* vom 1./2. 1. 1930
105 *BSZ* vom 22. 7. 1930
106 *BSZ* vom 17. 9. 1930
107 *BSZ* vom 24. 4. 1925
108 *BSZ* vom 28. 1. 1932
109 *BSZ* vom 12. 3. 1932
110 *BSZ* vom 25. 2. 1932
111 *BSZ* vom 5. 4. 1932
112 *BSZ* vom 19./20. 6. 1932
113 Nach Vogelsang, *Reichswehr*, S. 218, Anm. 981, hatte es der *Völkische Beobachter* in die Welt gesetzt, nach Ziegler, *Das Kabinett Held IV*, S. 52, Anm. 4. dagegen die *Berliner Börsenzeitung*
114 *BSZ* vom 25. 6. 1932
115 *BSZ* vom 30. 6. 1932
116 *BSZ* vom 1. 7. 1932
117 *BSZ* vom 8. 11. 1932
118 *BSZ* vom 14. 12. 1932
119 *BSZ* vom 5. 1. 1933
120 *BSZ* vom 31. 1. 1933
121 *BSZ* vom 2. 2. 1933
122 *BSZ* vom 1. 3. 1933
123 *BSZ* vom 4. 3. 1933
124 *BSZ* vom 7. 3. 1933
125 *BSZ* vom 11. 3. 1933
126 *BSZ* vom 25. 3. 1933
127 *BSZ* vom 1. 4. 1933
128 *BSZ* vom 11. 4. 1933
129 *BSZ* vom 14./15. 4. 1933
130 *BSZ* vom 20. 4. 1933
131 *BSZ* vom 23. 5. 1933
132 *BSZ* vom 7. 11. 1933
133 *BSZ*-Verlag an Siebert, 13. 4. 1933, BWA, F 5/935
134 Scharre an Siebert, 17. 9. 1933, BayHStA, StK 6477
135 Meixner an Wagner, 18. 4. 1933, BayHStA, StK 6477
136 W. Oldenbourg an Siebert, 8. 5. 1934, BWA, F 5/605; Denkschrift vom 23. 5. 1934, BayHStA, StK 6478
137 Maurer an Esser, 15. 5. 1933, BayHStA, StK 6477
138 Meixner an Amann, 30. 5. 1933, BayHStA, StK 6478
139 Amann an Esser, 7. 6. 1933, BayHStA, StK 6478
140 Amann an Staatskanzlei, 23. 6. 1933, BayHStA, StK 6478
141 Friedrich Oldenbourg an Dr. Karl Eisenberger, 6. 8. 1934, BWA, F 5/863
142 Denkschrift vom 23. 5. 1934, BayHStA, StK 6478
143 Esser an Paul Oldenbourg, 16. 9. 1933
144 Scharre an Siebert, 27. 10. 1933, BayHStA, StK 6477 und Reichsstatthalter Epp 459
145 Paul Oldenbourg an Esser, 16. 9. 1933, BayHStA, StK 6477
146 Scharre an Esser, 16. 9. 1933, BayHStA, StK 6477
147 Scharre an Siebert, 27. 10. 1933, BayHStA, StK 6477 und Reichsstatthalter Epp 459
148 Maurer an Möhl, 4. 10. 1933, BWA, F 5/605
149 Maurer an Esser, 21. 9. 1933, BayHStA, StK 6477
150 Möhl an Siebert, 27. 9. 1933, BayHStA, StK 6477
151 Thum an Möhl, 28. 9. 1933, BayHStA, StK 6477
152 Siebert an Möhl, 10. 10. 1933, BayHStA, StK 6477
153 Scharre an Siebert, 27. 10. 1933, BayHStA, StK 6477 und Reichsstatthalter Epp 459
154 Möhl an Reichspropagandaministerium, 3. 11. 1933, BWA, F 5/605
155 Ehlers an Siebert, 24. 4. 1943, BayHStA, StK 6477
156 Siebert an Möhl, 27. 2. 1934, BayHStA, StK 6477
157 Möhl an Siebert 27. 2. 1934, BayHStA, StK 6477
158 Möhl an Schemm, 23. 11. 1933, BWA, F 5/605
159 Schemm an Möhl, 29. 11. 1933, BWA, F 5/605
160 Aufzeichnung Faulhabers vom 5. 1. 1934, in: Akten Kardinal Michael von Faulhabers 1917 – 1945, S. 835 f.
161 Ministerratssitzung vom 13. 3. 1934, BayHStA, StK 6478
162 Amann an Esser 17. 3. 1934, BayHStA, StK 6478
163 Paul Oldenbourg an Siebert, 20. 3. 1934, BayHStA, StK 6478
164 Redaktion der *BSZ* an Goebbels und an Dietrich, 23. 3. 1934, BWA, F 5/605
165 Möhl an Epp, 23. 3. 1934 und Möhl an Frank, 27. 3. 1934, BayHStA, StK 6478

166 Amann an Siebert 20. 4. 1934, BayHStA, StK 6478
167 Siebert an Amann, 24. 5. 1934, BayHStA, StK 6478
168 Siebert an Verlag der *BSZ*, 27. 4. 1934, BayHStA, StK 6477
169 Wilhelm Oldenbourg an Siebert, 6. 5. 1934, BayHStA, StK 6478
170 Friedrich Oldenbourg an Jung, 8. 5. 1934, BWA, F 5/863
171 Amann an Siebert, 22. 5. 1934, BayHStA, StK 6478
172 Siebert an Amann, 24. 5. 1934, BayHStA, StK 6478
173 Ministerratssitzung vom 12. 6. 1934, BayHStA, StK 6478
174 *BSZ* vom 30. 6. 1933
175 Ansprache Möhls vom 30. 6. 1934, BWA, F 5/938
176 Nähere Angaben über den Verlauf der Verfahren und die entsprechenden Urteile in BayHStA, StK 6479
177 Eidesstattliche Erklärung Max Zicks vom 30. 5. 1948, StAM, Spruchkammern K 1942, Wilhelm Weiß
178 Dülk, *Würzburgs Tagespresse 1900 – 1945*, Bd. I, S. 128 – 130
179 Rechtsanwalt H. an Zentralmeldeamt Bad Nauheim, 14. 12. 1948, BayHStA, StK 15991
180 Bayerisches Staatsministerium der Finanzen an Wiedergutmachungsbehörde I Oberbayern, 29. 3. 1950, StAM, WBI a 2811
181 Ministerratssitzung vom 16. 1. 1946, in: Das Kabinett Hoegner I., S. 234
182 Friedmann an Col. Ring, 20. 3. 1946; Pfeiffer an Ring, 2. 5. 1946, BayHStA, StK 15983
183 Schmid an Baer, 9. 6. 1948, BayHStA, StK 15983; Ministerratssitzungen vom 2. 5. 1946 und 17. 5. 1946, Das Kabinett Hoegner I, S. 483, 514 f.
184 Zu ihm: *BSZ* vom 11. 3. 1983
185 Schwend an Pflaum-Verlag, 30. 11. 1951, BayHStA, StK 15992
186 *BSA* vom 6. 7. und 13. 7. 1946
187 Ministerratssitzung vom 2. 8. 1946, in: Das Kabinett Hoegner I, Bd. 2, S. 695 f.
188 Singer an Schmid, 31. 1. 1950, BayHStA, StK 15983
189 Schmid an Singer, 6. 2. 1950, BayHStA, StK 15983
190 Singer an Schmid, 23. 2. 1950, BayHStA, StK 15983
191 *BSA*-Sondernummer vom 28. 10. 1966
192 Vertragstext im Anhang bei Bassow, *Staatszeitung*
193 *BSZ* vom 1. 7. 1950
194 Denkschrift in Anlage zu Mauerer an Schwend, 5. 2. 1951, BayHStA, StK 15992
195 Ernst Deuerlein, Bayerische Staatszeitung und Bayerischer Staatsanzeiger, 3. 3. 1954, BayHStA, StK 15995
196 *BSZ* vom 9. 5. 1958
197 *BSZ* vom 27. 1. 1951
198 *BSZ* vom 22. 12. 1951
199 Denkschrift in Anlage zu Mauerer an Schwend, 5. 2. 1951, BayHStA, StK 15992
200 *BSZ* vom 22. 12. 1951
201 *BSZ* vom 30. 10. 1954 an Deuerlein
202 Klepper war nicht im Konzentrationslager gewesen und auch nicht dort umgekommen, sondern war angesichts einer ihm und seiner Familie aussichtslos erscheinenden Lage gemeinsam mit Frau und Stieftochter aus dem Leben geschieden
203 *BSZ* vom 9. 1. 1954. mc
204 Dehler am 4. 2. 1954 vor dem Deutschen Bundestag; Verhandlungen des Deutschen Bundestags, 2, 1953/57. 1; *BSZ* vom 13. 2. 1954
205 Meldung des Bayerndienstes, Nr. 14, BayHStA, StK 15995
206 Vormerkung vom 16. 3. 1954, BayHStA, StK 15995
207 Ernst Deuerlein, Bayerische Staatszeitung und Bayerischer Staatsanzeiger, 3. 3. 1954, BayHStA, StK 15995
208 *BSZ* vom 30. 6. 1951. mr
209 *BSZ* vom 8. 12. 1951
210 Ministerratssitzung vom 21. 6. 1950, BayHStA, StK 15992
211 Ministerratssitzung vom 21. 6. 1955 und 1. 8. 1955, BayHStA, StK 15984
212 Mauerer an Brandt, 18. 7. 1955, BayHStA, StK 15984
213 Leusser an Hoegner, 3. 8. 1955, BayHStA, StK 15984
214 Mauerer an Kellner, 5. 8. 1955, BayHStA, StK 15984
215 Haas an Mauerer 12. 8. 1955, BayHStA, StK 15984
216 Ministerratssitzung vom 30. 8. 1955, BayHStA, StK 15984
217 Ministerratssitzung vom 27. 9. 1955, BayHStA, StK 15984
218 Ministerratssitzung vom 25. 10. 1955, BayHStA, StK 15984
219 Denkschrift Haas von 9. 8. 1955, BayHStA, StK 15984
220 Wortlaut des Vertrags bei Bassow, *Staatszeitung*, Anhang
221 Vorschläge zur Umgestaltung der *Bayerischen Staatszeitung*, BayHStA, StK 15984
222 *BSZ* vom 21. 9. 1957
223 *BSZ* vom 22. 9. 1967. Carl Nützel
224 *BSZ* vom 9. 2. 1957
225 *BSZ* vom 12. 10. 1957. se
226 Seidel an Dyroff, 4. 11. 1958, BayHStA, StK 15998
227 Dünnbier an Verlag *Bayerische Staatszeitung* GmbH, 23. 10. 1963, BayHStA, StK 15998
228 Riedel an Staatskanzlei, 22. 7. 1958, BayHStA, StK 15998
229 Baer an MInn, 9. 8. 1958, BayHStA, StK 15998
230 Lange an Baer, 14. 8. 1958, BayHStA, StK 15998
231 *BSZ* vom 12. 10. 1957
232 *BSZ* vom 29. 1. 1960. se
233 *BSZ* vom 2. 8. 1968. pp
234 *BSZ* vom 4. 7. 1969
235 *BSZ* vom 2. 9. 1970. mr
236 *BSZ* vom 3. 11. 1978. Lange
237 Krieger an Böck, 7. 10. 1968, BayHStA, StK 15998

238 Lange an Goppel, 22. 10. 1969, BayHStA, StK 15998
239 *BSZ* vom 6. 9. 1985. la
240 *BSZ* vom 7. 10. 1988
241 *BSZ* vom 19. 10. 1997
242 *BSZ* vom 3. 1. 1992
243 *BSZ* vom 28. 5. 1993
244 *BSZ* vom 21. 10. 1950
245 *BSZ* vom 30. 12. 1950. mr, Mauerer
246 *BSZ* vom 6. 10. 1951. r
247 *BSZ* vom 26. 7. 1952. mr
248 *BSZ* vom 12. 6. 1954, mr
249 *BSZ* vom 9. 9. 1960
250 Schäffer an Ehard, 19. 9. 1960, BayHStA, StK 15998
251 Ehard an Schäffer 29. 9. 1960, BayHStA, StK 15998
252 Lex an Heubl, 14. 10. 1960, BayHStA, StK 15998
253 Lange an Heubl, 25. 10. 1960, BayHStA, StK 15998
254 *BSZ* vom 2. 8. 1968. ag
255 *BSZ* vom 6. 2. 1954. mr
256 *BSZ* vom 6. 12. 1968. la
257 *BSZ* vom 27. 10. 1972
258 *BSZ* vom 11. 11. 1983
259 *BSZ* vom 16. 6. 1988
260 *BSZ* vom 1. 6. 1990. Kock
261 *BSZ* vom 29. 7. 1950. ed, Ernst Deuerlein
262 *BSZ* vom 23. 11. 1950. H, Arthur Hübscher
263 *BSZ* vom 2. 12. 1950
264 *BSZ* vom 4. 12. 1954. sr
265 Mauerer an Brandt, 18. 7. 1955, BayHStA, StK 15984
266 *BSZ* vom 4. 12. 1954. sr
267 *BSZ* vom 17. 12. 1971. hm
268 Bassow, *Staatszeitung*, S. 70 f.
269 Vormerkung vom 3. 9. 1970, BayHStA, StK 15998
270 *Der Spiegel* vom 21. 9. 1971, Nr. 39, S. 57 f.
271 *BSZ* vom 22. 10. 1971. ru
272 *BSZ* vom 26. 11. 1976
273 *BSZ* vom 14. 12. 1976. sr
274 Gemeint ist Franz Handlos
275 *BSZ* vom 22. 7. 1983
276 *BSZ* vom 19. 10. 1990
277 *BSZ* vom 26. 9. 2003
278 *BSZ* vom 13. 3. 1954. mr
279 *BSZ* vom 30. 11. 1962
280 *BSZ* vom 29. 10. 1971. ru
281 *BSZ* vom 15. 10. 1982
282 *BSZ* vom 13. 3. 1954. mr
283 *BSZ* vom 14. 11. 1953. mr
284 *BSZ* vom 17. 6. 1963. Emil Franzel
285 *BSZ* vom 17. 9. 1971. ru
286 Von Finck'sche Hauptverwaltung an Goppel, 24. 5. 1971, BayHStA, StK 15998
287 Staatskanzlei an Finck'sche Hauptverwaltung, 14. 6. 1971, BayHStA, StK 15998
288 *BSZ* vom 16. 7. 1982. pt
289 *BSZ* vom 11. 3. 1983
290 *BSZ* vom 17. 2. 1984. cn
291 *BSZ* vom 17. 10. 1986
292 *BSZ* vom 16. 4. 1987. cn
293 *BSZ* vom 21. 7. 2006. Kock
294 *BSZ* vom 19. 8. 1950
295 *BSZ* vom 25. 8. 1956. mr
296 *BSZ* vom 15. 4. 1977. la
297 *BSZ* vom 9. 7. 1977. la
298 *BSZ* vom 8. 12. 1989. Werner Birkenmaier
299 Regensburger *Tages-Anzeiger* vom 23./24. 9. 1967; zit. nach *Der Spiegel* vom 6. 5. 1968, S. 44
300 lfZ Nachlass Hoegner ED 120, Bd. 178
301 Brügel, *Wölfe*, S. 211 f.
302 *BSZ* vom 31. 12. 1970
303 *BSZ* vom 2. 5. 1969. la
304 *BSZ* vom 26. 7. 2007
305 *BSZ* vom 14. 8. 1987
306 *BSZ* vom 22. 1. 1971
307 *BSZ* vom 3. 5. 1968. kr, Hans Krieger
308 *BSZ* vom 12. 7. 1968. la
309 *BSZ* vom 17. 4. 1970. meu
310 *BSZ* vom 30. 6. 1972. r/r
311 *BSZ* vom 22. 12. 1972. sr
312 *BSZ* vom 26. 1. 1973. sr
313 *BSZ* vom 11. 8. 1995. Heinz Burghart
314 *BSZ* vom 24. 9. 1999
315 *BSZ* vom 31. 8. 1962
316 *Die Zeit* vom 7. 9. 1962
317 *Münchner Merkur* vom 28. 10. 1962
318 Betr. Veröffentlichungen der *Bayerischen Staatszeitung*, 15. 2. 1963, BayHStA, StK 15993
319 *BSZ* vom 23. 2. 68. kr
320 *BSZ* vom 17. 12. 1971. oe
321 *BSZ* vom 16. 3. 1973. la
322 *BSZ* vom 25. 7. 1980. la
323 *BSZ* vom 12. 2. 1982. en
324 *BSZ* vom 21. 3. 1986. la
325 *BSZ* vom 20. 6. 1986. cn
326 *BSZ* vom 30. 10. 1981. jen
327 *BSZ* vom 6. 4. 1984. la
328 *BSZ* vom 8. 2. 1985. la
329 *BSZ* vom 20. 12. 1985. la
330 *BSZ* vom 18. 7. 1986. la
331 Vertrag vom 6. 2. 1997, Redaktion *BSZ*
332 Gesprächsprotokoll, Payer, Gühlk, Rothenpieler, Redaktion *BSZ*
333 *BSZ* vom 8. 1. 2010
334 *BSZ* vom 22. 12. 2005
335 *BSZ* vom 7. 7. 2006
336 *BSZ* vom 5. 1. 2007
337 *BSZ* vom 19. 1. 2007
338 *BSZ* vom 21. 12. 2007
339 *BSZ* vom 2. 5. 2008
340 *BSZ* vom 26. 9. 2008
341 *BSZ* vom 2. 10. 2008. Michael Stiller
342 *BSZ* vom 2. 1. 2009
343 *BSZ* vom 2. 10. 2009. Waltraud Taschner
344 *BSZ* vom 16. 10. 2009. Jürgen Umlauft
345 *BSZ* vom 20. 11. 2009. Roswin Finkenzeller
346 *BSZ* vom 20. 12. 2010. Jürgen Umlauft
347 *BSZ* vom 3. 7. 2009. Roswin Finkenzeller
348 *BSZ* vom 25. 2. 2011. Waltraud Taschner
349 *BSZ* vom 1. 4. 2011. Waltraud Taschner
350 *BSZ* vom 20. 5. 2011. Roswin Finkenzeller
351 *BSZ* vom 3. 6. 2011. Waltraud Taschner
352 *BSZ* vom 4. 10. 2011
353 *BSZ* vom 6. 2. 2009. Jürgen Umlauft
354 *BSZ* vom 14. 8. 2009
355 *BSZ* vom 18. 6. 2010. Jürgen Umlauft
356 *BSZ* vom 9. 4. 2010

357 *BSZ* vom 18. 6. 2010. Jürgen Umlauft
358 *BSZ* vom 30. 7. 2010. Waltraud Taschner
359 *BSZ* vom 23. 12. 2005. Michael Stiller
360 *BSZ* vom 23. 6. 2006. Michael Stiller
361 *BSZ* vom 5. 10. 2007
362 *BSZ* vom 12. 6. 2009. Michael Stiller
363 *BSZ* vom 20. 11. 2009
364 *BSZ* vom 19. 10. 1990
365 *BSZ* vom 8. 9. 2006. Michael Stiller
366 *BSZ* vom 8. 5. 2009. Michael Stiller
367 *BSZ* vom 8. 4. 2011. Roswin Finkenzeller und Jürgen Umlauft
368 *BSZ* vom 19. 6. 2009
369 *BSZ* vom 19. 1. 2010
370 *BSZ* vom 11. 6. 2010; s. a. den Nachruf von Waltraud Taschner in *BSZ* vom 10. 8. 2010
371 *BSZ* vom 15. 10. 2010
372 *BSZ* vom 30. 10. 1987. la
373 *BSZ* vom 31. 3. 2006. Waltraud Taschner
374 *BSZ* vom 21. 1. 2011. Sebastian Winter
375 *BSZ* vom 29. 1. 2010. Alexandra Kournioti
376 *BSZ* vom 9. 7. 2010. Waltraud Taschner, Tobias Lill
377 *BSZ* vom 10. 7. 2009. Tobias Lill
378 *BSZ* vom 23. 1. 2008
379 *BSZ* vom 10. 7. 2009
380 *BSZ* vom 18. 3. 2011
381 Zitiert nach Wagner/Bassow, *Staatszeitung*, S. 86
382 Rede Stoibers zum 50-jährigen Bestehen der *Bayerischen Staatszeitung*, *BSZ* vom 7. 7. 2000

Kapitel: Die Chefredakteure (Petra Raschke), S. 179 bis 183

1 Mohm, Siegfried H.: *Die Geschichte der Bayerischen Staatszeitung*, Freie wissenschaftliche Arbeit zur Erlangung des akademischen Grades „Diplom-Kaufmann“ an der Hochschule für Wirtschafts- und Sozialwissenschaften in Nürnberg 1959, S. 34 – 37 bzw. Vertrag betreffend Gründung eines *Kgl. Bayer. Staatsanzeigers* im Anhang
2 biografische Angaben zu Philipp Frick, vgl. Mohm, S. 37 – 38
3 BWA, F5/66, Verkehr mit den Herren Gesellschaftern, 2. Bericht an die Herren Gesellschafter vom 13. 1. 1913
4 Mohm, S. 34
5 Mohm, S. 39
6 Biografisches zu Max Scharre, vgl. W. Zils: *Geistiges und künstlerisches München in Selbstbiographien*, Max Kellerers Verlag, München 1913, S. 317, bzw. Jahn, Bruno (Bearb.): *Die deutschsprachige Presse. Ein biographisch-bibliographisches Handbuch*. K. G. Saur, München 2005
7 Mohm, S. 42
8 BWA, F5/66, Max Scharre, Epilog 1936
9 Mohm, S. 45
10 vgl. Wittmann, Reinhard: *Wissen für die Zukunft. 150 Jahre Oldenbourg Verlag 1958 – 2008*, München 2008, S. 87 – 88
11 Piepenstock, Klaus: *Die Münchener Tagespresse 1918 – 1933. Ein Beitrag zur Physiognomie einer Stadt und zur Presse und öffentlichen Meinung der Weimarer Republik*. Inaugural-Dissertation zur Erlangung der Doktorwürde der Philosophischen Fakultät der Ludwig-Maximilians-Universität München 1955, S. 173 nach Max Scharre, Das Dritte Ohr, S. 160
12 biografische Angaben zu Friedrich Möhl, vgl. W. Zils, S. 240 – 241, bzw. Bayerische Landesbibliothek Online (http://www.bayerische-landesbibliothek-online.de/personen/person.html?PND=117080799)
13 *BSZ* vom 30. 6. 1934
14 Bayerische Staatsbibliothek, Abt. für Handschriften und alte Drucke, Nachlass Friedrich Möhl, Schreiben von Josef Maria Lutz an Möhl am 8. 10. 1955, siehe http://www.bsb-muenchen.de/Nachlaesse-L-Q.2225.0.html#c4844
15 biografische Angaben zu Josef H. Mauerer, vgl. Mohm, S. 90 – 91, bzw. Hanns-Seidl-Stiftung, Mediathek http://www.hss.de/mediathek/archiv-fuer-christlich-soziale-politik/nachlaesse/m.html
16 Balcar, Jaromír & Schlemmer, Thomas (Hrsg.): *An der Spitze der CSU. Die Führungsgremien der Christlich-Sozialen Union 1946 bis 1955*, Institut für Zeitgeschichte, Oldenbourg Wissenschaftsverlag München 2007, S. 611
17 Bassow, Kersten: *Die Bayerische Staatszeitung von 1950 bis 1988.* Freie wissenschaftliche Arbeit zur Erlangung des Grades eines Magister Artium (M.A.) der sozialwissenschaftlichen Fakultät der Ludwig-Maximilians-Universität München 1988, S. 37 – 40
18 biografische Angaben zu Karlheinz Lange, vgl. Bassow, *Staatszeitung*, S. 43
19 Drexl, Walter: *30 Jahre Bayerische Staatszeitung 15 Jahre Bayerische Chronik*, Verlag Bayerische Staatszeitung GmbH, München 1980, Vorwort, S. 4
20 *Der Bayernkurier* vom 5. 9. 1970
21 biografische Angaben zu Carl Schmöller nach persönlicher Mitteilung im März 2011
22 biografische Angaben zu Peter Jakob Kock nach persönlicher Mitteilung im Oktober 2011
23 biografische Angaben zu Ralph Schweinfurth nach persönlicher Mitteilung im September 2011

Kapitel: Das Wirtschaftsunternehmen (Petra Raschke), S. 186 bis 202

1 BWA, F5/65; Entwicklung des Vertrages o. D., lose Blättersammlung eingelegt in die Akte Staatszeitung, Verträge und Schriftverkehr mit der Staatszeitung
2 Mohm, Siegfried, Die Geschichte der *Bayerischen Staatszeitung*, unpubl. Diplomarbeit, Nürnberg 1959, VII Anhang, Vertrag betreffend Gründung eines K. Bayer. Staatsanzeigers
3 BWA, F5/65; Bekanntmachung in den *Münchner Neuesten Nachrichten* Nr. 611 vom 30. 11. 1912
4 zur Firmengeschichte der Fa. Oldenbourg: Wittmann, Reinhard, *Wissen für die Zukunft. 150 Jahre Oldenbourg Verlag*, München 2008, bzw. Hohlfeld, Johannes: *Werden und Wesen des Hauses R. Oldenbourg München, ein geschichtlicher Überblick 1858 – 1958*, Verlag Oldenbourg München 1958
5 vgl. Wesolowski, Tilmann: *Verleger und Verlagspolitik. Der Wissenschaftsverlag R. Oldenbourg zwischen Kaiserreich und Nationalsozialismus*, Martin Meidenbauer 2010, S. 67 – 68
6 BWA, F5/65; Entwicklung des Vertrages o. D, lose Blättersammlung eingelegt in die Akte Staatszeitung Verträge und Schriftverkehr mit der Staatszeitung, vgl. Mohm, S. 25 – 27
7 BWA, F5/65, Notarvertrag vom 9. 12. 1912
8 BWA, F5/65, Urkunde vom 28. 6. 1913
9 Wittmann, S. 64
10 Mohm, S. 48 – 49
11 siehe *BSZ* vom 4. 7. 1913 bzw. Mohm, S. 56
12 Mohm, S. 48 – 49
13 BWA, F5/67, Handschriftliche Bezieherliste, alphabetisch geordnet
14 vgl. zu den Möglichkeiten des Bezugs: Eigeninserat in der *BSZ* vom 8. 5. 1925
15 BWA, F5/65, Statistiken Staatszeitung, Gegenüberstellung von Maschinen- und Handsatzbetrieb
16 BWA, F5/67, handgeschriebene Statistiken Bayerischer Staatszeitungsverlag
17 *BSZ* vom 8. 3. 1913, Inserat Fa. Rudolf Mosse
18 BWA, F5/67, handgeschriebene Statistiken Bayerischer Staatszeitungsverlag
19 Mohm, S. 59 f.
20 BWA, F5/66, Neunter Bericht erstattet an die Gesellschafter-Versammlung vom 15. 2. 1915
21 *BSZ* vom 26. 9. 1914
22 Mohm, S. 76
23 BWA, F5/66, Schreiben der Geschäftsführung vom 13. 12. 1918 an die Herren Gesellschafter
24 BWA, F5/67, handgeschriebene Statistiken Bayer. Staatszeitungs-Verlag G.m.b.H.
25 ebd.
26 BWA, F5/66, Schreiben der Geschäftsführung vom 30. 6. 1924 an die Herren Gesellschafter zur Umstellung des Gesellschaftskapitals
27 BWA, F5/67, handgeschriebene Statistiken Bayer. Staatszeitungs-Verlag G.m.b.H.
28 Wesolowski, S. 69
29 BWA, F5/66, Gutachten der Süddeutschen Treuhand-Gesellschaft A.G. vom 29. Juni 1934
30 zum Ende der Staatszeitung während des NS-Regimes, vgl. Wittmann, S. 86 – 93 bzw. Wesolowski, S. 309 – 315
31 ebd.
32 Hein, Dieter, Hildebrand, Klaus & Schulz, Andreas: *Historie und Leben. Der Historiker als Wissenschaftler und Zeitgenosse*. Oldenbourg Verlag München 2006, S. 75
33 zitiert nach Wittmann, S. 91
34 *BSZ* vom 30. 6. 1934
35 vgl. Wittmann, S. 86 – 93 bzw. Wesolowski, S. 309 – 315
36 ebd.
37 Bassow, S. 23 – 26
38 *Bayerischer Staatsanzeiger* vom 1. 6. 1946
39 Wesolowski, S. 365
40 Balcar, Jaromír & Schlemmer, Thomas (Hrsg.): *An der Spitze der CSU. Die Führungsgremien der Christlich-Sozialen Union 1946 bis 1955*, Institut für Zeitgeschichte, Oldenbourg Wissenschaftsverlag München 2007, S. 615 – 616
41 siehe http://www.pflaum.de/index.html
42 Eigenwerbung, *BSZ* vom 8. 7. 1950
43 Bassow, Anhang „Vertrag über den Ausbau des Staatsanzeigers zu einer Staatszeitung“ vom 29. April 1950
44 ebd., S. 32, nach ABSTK, Akte des Richard-Pflaum-Verlags, Ergebnisberechnung 1950 bzw. Zeitungsumfang 1950
45 Bassow, S. 33 – 35
46 ebd., S. 37 – 39
47 ebd., Anhang Vertrag über Verlag, Druck und Vertrieb der *Bayerischen Staatszeitung* von 1955, vgl. auch Mohm, S. 91 – 97
48 *BSZ* vom 7. 1. 1956
49 Bassow, S. 45
50 persönliche Mitteilung Jan Peter Gühlk vom August 2011
51 Bassow, S. 46
52 *BSZ* vom 22. 4. 1960
53 Bassow, S. 45 bzw. S. 50 – 51
54 *BSZ* vom 7. 8. 1970
55 *BSZ* vom 28. 5. 1971
56 vgl. Vorstellung des neu gebauten Gymnasiums Neubiberg, *BSZ* vom 20. 10. 1978
57 vgl. aktuellen Fachthemenplan im Internet, http://www.bayerische-staatszeitung.de/fileadmin/imgs/Staatszeitung/Fachthemen/BSZ_Mediadaten_2012_web.pdf
58 ebd.
59 Bassow, S. 57
60 siehe http://www.ivw.de
61 vgl. http://www.bayerische-staatszeitung.de/fileadmin/imgs/Staatszeitung/Fachthemen/BSZ_Mediadaten_2012_web.pdf
62 vgl. http://www.bayerische-staatszeitung.de oder http://www.bsz.de
63 vgl. http://www.baysol.de
64 vgl. http://www.vergabe24.de

Quellen

Timo Holzborn, *Die Geschichte der Gesetzespublikation – insbesondere von den Anfängen des Buchdrucks um 1450 bis zur Einführung von Gesetzesblättern im 19. Jahrhundert* (Juristische Reihe TENEA/www.jurawelt.com; Bd. 39), Berlin 2003, auch auf URL: http://www.jurawelt.com (Aufruf vom 21. 7. 2011); Maximilian Herberger, Elektronische Publikation von Gesetzen – Eine Chance für die Gerechtigkeit? URL: http://www.jurpc.de/aufsatz/20030340.htm (Aufruf vom 21. 7. 2011)

Armin Wolf, Publikation von Gesetzen, in: *Handwörterbuch zur deutschen Rechtsgeschichte IV*, Berlin 1990, Sp. 85 – 92

Bernd Wunder, Vom Intelligenzblatt zum Gesetzblatt. Zur Zentralisierung inner- und außeradministrativer Normkommunikation in Deutschland (18./19. Jahrhundert), in: *Jahrbuch für europäische Verwaltungsgeschichte 9* (1997), S. 29 – 82, hier S. 32 – 42

Bayerisches Hauptstaatsarchiv Abt. I:
Altbaierische Landschaft 2093
Generalregistratur Fasz. 769/49

Bayerisches Hauptstaatsarchiv Abt II:
Ministerium des Äußern: MA 102136; 102732; 102737
Ministerium des Innern: 15759; 46604
Reichsstatthalter Epp 459
Staatskanzlei: StK 6477; 6478; 15983; 15984; 15991; 15992; 15995; 15998

Bayerisches Hauptstaatsarchiv Abt V:
Nachlass Ehard 1561

Staatsarchiv München:
Spruchkammern K 2037, Max Zick
Bayerisches Landesamt für Vermögensverwaltung und Wiedergutmachung
RA 16341
WBI a 2811

Bayerisches Wirtschaftsarchiv:
Oldenbourg Verlag: F 5/605; 5/863; 5/923; 5/924; 5/926; 5/928; 5/930; 5/933; 5/935; 5/936; 5/938

Institut für Zeitgeschichte:
Nachlass Hoegner ED 120, Bd. 178

Verlag Bayerische Staatszeitung:
Vereinbarung zwischen dem Freistaat Bayern und dem Verlag Bayerische Staatszeitung GmbH vom 6. 2. 1997
Gesprächsprotokoll: Franz Payer, Jan Peter Gühlk, Friedrich Wilhelm Rothenpieler

Zeitungen:
Der Freistaat, 8. 4. 1919 – 2. 6. 1919
Der Spiegel, 8. 12. 1965, Nr. 50, S. 48 – 50; 20. 9. 1971, Nr. 39, S. 44, 57 f.; 24. 7. 1978, Nr. 30, S. 36
Die Zeit, 7. 9. 1962
Münchner Merkur, 28. 10. 1962

Literatur

Akten Kardinal Michael von Faulhabers 1917 – 1945. Bearbeitet von Ludwig Volk, (Veröffentlichungen der Kommission für Zeitgeschichte, Reihe A, Bd. 17), Bd. I, Mainz 1975

Albrecht, Willy, Landtag und Regierung am Vorabend der Revolution von 1918. Studien zur gesellschaftlichen und staatlichen Entwicklung Deutschlands von 1912 – 1918 (Beiträge zu einer historischen Strukturanalyse Bayerns im Industriezeitalter, Bd. 2), Berlin 1968

Altendorfer, Otto, Fritz Schäffer als Politiker der Bayerischen Volkspartei 1888 – 1945 (Untersuchungen und Quellen zur Zeitgeschichte, Bd. 2/1 und 2/2), München 1993

Archiv der Gegenwart. Deutschland 1949 bis 1999, Bd. 1 – 10, Sankt Augustin 2000

Baer, Fritz, Die Ministerpräsidenten Bayerns 1945 – 1962 (Zeitschrift für bayerische Landesgeschichte, Beiheft 3, Reihe B), München 1971

Balcar Jaromir / **Schlemmer**, Thomas (Hrsg.), An der Spitze der CSU. Die Führungsgremien der Christlich-Sozialen Union 1946 bis 1955 (Quellen und Darstellungen zur Zeitgeschichte, Bd. 68), München 2007

Balke, Hilde, Die Präsidenten des Bayerischen Landtags von 1946 bis 1994, München 2001

Bassow, Kersten, Die *Bayerische Staatszeitung* von 1950 bis 1988, unpubl. Magisterarbeit, München 1988 (Exemplar Autor)

Bauer, Franz J. (Hrsg.), Die Regierung Eisner 1918/19. Ministerratsprotokolle und Dokumente (Quellen zur Geschichte des Parlamentarismus und der politischen Parteien, Reihe 1, Bd. 10), Düsseldorf 1987

Bauer, Franz J., Kabinett Eisner, 1918/19, in: Historisches Lexikon Bayerns, URL: <http://www.historisches-lexikon-bayerns.de/artikel/artikel_44329> (16. 4. 2009)

Beckenbauer, Alfons, Ludwig III. von Bayern 1845 – 1921. Ein König auf der Suche nach seinem Volk, Regensburg 1987, S. 105 – 121

Beckstein, Günther, Die zehn Gebote. Anspruch und Herausforderung, Holzgerlingen 2011

Benz, Wolfgang (Hrsg.), Politik in Bayern 1919 – 1933. Berichte des württembergischen Gesandten Moser v. Filseck (Schriftenreihe der Vierteljahreshefte für Zeitgeschichte, Nr. 22 /23), Stuttgart 1971

Benz, Wolfgang, Süddeutschland in der Weimarer Republik. Ein Beitrag zur deutschen Innenpolitik 1918 – 1923 (Beiträge zu einer historischen Strukturanalyse Bayerns im Industriezeitalter, Bd. 8), Berlin 1970

Bergmann, Hannsjörg, Der Bayerische Bauernbund und der Bayerische Christliche Bauernverein 1919 – 1928 (Schriftenreihe zur bayerischen Landesgeschichte, Bd. 81), München 1986

Bickerich, Wolfram, Franz Josef Strauß. Die Biographie, Düsseldorf 1996

Biermann, Werner, Strauß. Aufstieg und Fall einer Familie, Berlin 2006

Bocklet, Reinhold L., (Hrsg.), Das Regierungssystem des Freistaates Bayern, 3 Bde., München 1977 – 1982

Bosl, Karl (Hrsg.), Bayern im Umbruch. Die Revolution von 1918, ihre Voraussetzungen, ihr Verlauf und ihre Folgen, München, Wien 1969

Braun, Oliver, Alois Hundhammer. Konservative Existenz in der Moderne. Das politische Weltbild Alois Hundhammers (1900 – 1974), (Untersuchungen und Quellen zur Zeitgeschichte, Bd. 7), München 2006

Braun, Oliver, Bayerischer Bauernbund (BB), 1895 – 1933, in: Historisches Lexikon Bayerns, URL: <http://www.historisches-lexikon-bayerns.de/artikel/artikel_44430> (18. 3. 2011)

Broszat, Martin u. a., Bayern in der NS-Zeit, 6 Bde., München, Wien 1977 – 1983

Brügel, Johann Wolfgang, Wölfe im demokratischen Schafspelz, in: Gewerkschaftliche Monatshefte, April 1963, S. 210 – 212

Chronik der Stadt München 1945 – 1948, bearbeitet von Wolfram Selig, München 1980

Das Kabinett Held IV. Mai 1932 – März 1933. Bearbeitet von Walter Ziegler, München 2010

Das Kabinett Hoegner I. 28. September 1945 bis 21. Dezember 1946, bearbeitet von Karl-Ulrich Gelberg, Bd. 1 und 2, München 1997

Das Kabinett Hoffmann I. 17. März – 31. Mai 1919. Bearbeitet von Wolfgang Ehberger und Johannes Merz, München 2010

Deiß, Matthias, Die Führungsfrage, CDU und CSU im zwischenparteilichen Machtkampf (Schriftenreihe der Forschungsgruppe Deutschland, Bd. 14), München 2003

Der Bayerische Senat. Biographisch-statistisches Handbuch 1974 – 1997. Bearbeitet von Helga Schmöger (Handbücher zur Geschichte des Parlamentarismus und der politischen Parteien, Bd. 10), Düsseldorf 1998

Deuerlein, Ernst (Hrsg.), Der Hitlerputsch. Bayerische Dokumente zum 8./9. November 1923 (Quellen und Darstellungen zur Zeitgeschichte, Bd. 9), Stuttgart 1962

Die CSU 1945 – 1948. Protokolle und Materialien zur Frühgeschichte der Christlich-Sozialen Union (Texte und Materialien für Zeitgeschichte, Bd. 4), Bd. 1, München 1993

Domröse, Ortwin, Der NS-Staat in Bayern von der Machtergreifung bis zum Röhm-Putsch (Miscellanea Bavarica Monacensia, Bd. 47), München 1974

Drexl, Walter, 30 Jahre Bayerische Staatszeitung 15 Jahre Bayerische Chronik, Verlag Bayerische Staatszeitung GmbH, München 1980

Dülk, Franz, Würzburgs Tagespresse 1900 – 1945, Diss. ms, Bd. I, Würzburg 1955

Ebert, Wilhelm, Mein Leben für eine pädagogische

Schule, Im Spannungsfeld von Wissen, Weltanschauung und Politik, Bd.2/2, Bad Heilbrunn 2009
Erxleben, Eleonore, Münchner Zeitungsverleger von der Aufklärung bis zum Revolutionsjahr 1848 (Marburger Studien zur älteren deutschen Geschichte II. Reihe, Bd. 6) Marburg 1941
Fait, Barbara / **Mintzel** Alf (Hrsg.), Die CSU 1945 – 1948. Protokolle und Materialien zur Frühgeschichte der Christlich-Sozialen Union, Bd. 3 (Texte und Materialien zur Zeitgeschichte, Bd. 4), München 1993
Fenske, Hans, Konservativismus und Rechtsradikalismus in Bayern nach 1918, Bad Homburg v. d. H. u. a. 1969
Finger, Stefan, Franz Josef Strauß. Ein politisches Leben, München 2005
Fischer, Max, Max Fischer – Bayerns heimlicher Außenminister. Von ihm erzählt und aufgeschrieben von seiner Tochter Michaela, 2. Aufl., Regensburg 2001
Franzel, Emil, Gegen den Wind der Zeit. Erinnerungen eines Unbequemen, München 1983
Friemberger, Claudia, Alfons Goppel. Vom Kommunalpolitiker zum Bayerischen Ministerpräsidenten (Untersuchungen und Quellen zur Zeitgeschichte, Bd. 5), München 2001
Fürmetz, Gerhard (Hrsg.), „Schwabinger Krawalle". Protest, Polizei und Öffentlichkeit zu Beginn der 60er Jahre, Essen 2006
Fürmetz, Gerhard, Protest oder „Störung"? Studenten und Staatsmacht in München um 1968 (Staatliche Archive Bayerns, Kleine Ausstellungen, Nr. 12), München 1999
Fürst, Thomas, Karl Stützel. Ein Lebensweg in Umbrüchen: Vom Königlichen Beamten zum Bayerischen Innenminister der Weimarer Zeit (1924 – 1933) (Mainzer Studien zur Neueren Geschichte, Bd. 19), Frankfurt a. M. u. a. 2007
Gelberg, Karl-Ulrich, Ausblick. Bayern 1978 – 1998, in: Schmid, Alois (Hg.), Handbuch der bayerischen Geschichte, Bd. IV/1, 2. Aufl., München 2003, S. 957 – 1008
Gelberg, Karl-Ulrich, Föderalismus, in: Historisches Lexikon Bayerns, URL: <http://www.historisches-lexikon-bayerns.de/artikel/artikel_44491> (24. 3. 2011)
Gelberg, Karl-Ulrich, Hans Ehard. Die föderalistische Politik des bayerischen Ministerpräsidenten 1946 – 1954 (Forschungen und Quellen zur Zeitgeschichte, Bd. 18), Düsseldorf 1992
Gelberg, Karl-Ulrich, Vom Kriegsende bis zum Ausgang der Ära Goppel (1945 – 1978), in: Schmid, Alois (Hg.), Handbuch der bayerischen Geschichte, Bd. IV/1, 2. Aufl., München 2003, S. 635 – 956
Geschichte des Bayerischen Parlaments 1819 – 2003 (CD-ROM, Haus der Bayerischen Geschichte)
Geschichte einer Volkspartei. 50 Jahre CSU. 1945 – 1995, München 1995
Gordon jr., Harold, Hitlerputsch 1923. Machtkampf in Bayern 1923 – 1924, Frankfurt am Main 1971
Götschmann, Dirk, Landtagswahlen (Weimarer Republik), in: Historisches Lexikon Bayerns, URL: <http://www.historisches-lexikon-bayerns.de/artikel/artikel_44640> (27. 1. 2010)
Grasser, Walter / **Hettler**, Friedrich H., Der „rote Schorsch". Georg Kronawitter – ein bayerischer Politiker, Wallmoden 1998
Grau, Bernhard, Kurt Eisner 1867 – 1919. Eine Biographie, München 2001
Grau, Bernhard, Bayerische Dokumente zum Kriegsausbruch und zum Versailler Schuldspruch, 1922, in: Historisches Lexikon Bayerns, URL: <http://www.historisches-lexikon-bayerns.de/artikel/artikel_44419> (18. 3. 2011)
Greiner, Bernd, Die Morgenthau-Legende. Zur Geschichte eines umstrittenen Plans, Hamburg 1995
Groß, Hans Ferdinand, Hanns Seidel 1901 – 1961. Eine politische Biographie (Untersuchungen und Quellen zur Zeitgeschichte, Bd. 1), München 1992
Hale, Oron J., Presse in der Zwangsjacke 1933 – 1945, Düsseldorf 1965
Hein, Dieter, **Hildebrand**, Klaus & **Schulz**, Andreas, Historie und Leben. Der Historiker als Wissenschaftler und Zeitgenosse. Oldenbourg Verlag München 2006
Hennig, Diethard, Johannes Hoffmann. Sozialdemokrat und Bayerischer Ministerpräsident. Biographie (Schriftenreihe der Georg-von-Vollmar-Akademie, Bd. 3), München u. a. 1990
Henzler, Christoph, Fritz Schäffer, Der erste bayerische Nachkriegs-Ministerpräsident und erste Finanzminister der Bundesrepublik Deutschland 1945 – 1967. Eine biographische Studie (Untersuchungen und Quellen zur Zeitgeschichte, Bd. 3), München 1994
Hettler, Friedrich Hermann, Josef Müller („Ochsensepp"). Mann des Widerstandes und erster CSU-Vorsitzender (Miscellanea Bavarica Monacensia, Bd. 155), München 1991
Hettler, Friedrich Hermann/**Sing**, Achim (Hrsg.), Die Münchner Oberbürgermeister. 200 Jahre gelebte Stadtgeschichte, München 2008
Hillmayer, Heinrich, Roter und Weißer Terror in Bayern nach 1918. Ursachen Erscheinungsformen und Folgen der Gewalttätigkeiten im Verlauf der revolutionären Ereignisse nach dem Ende des Ersten Weltkrieges, München 1974
Hirschberg, Max, Jude und Demokrat. Erinnerungen eines Münchner Rechtsanwalts 1883 bis 1939 (Biographische Quellen zur Zeitgeschichte, Bd. 20), München 1998, S. 157 – 187
Hofmann, Ulrike Claudia, „Verräter verfallen der Feme". Fememorde in Bayern in den zwanziger Jahren, Köln 2000
Hohlfeld, Johannes: Werden und Wesen des Hauses R. Oldenbourg München, ein geschichtlicher Überblick 1858 – 1958, Verlag Oldenbourg München 1958
Hoser, Paul, Die politischen, wirtschaftlichen und sozialen Hintergründe der Münchner Tagespresse zwischen 1914 und 1934 (Europäische Hochschulschriften Reihe III, Bd. 447), Bd. 1 und 2, Frankfurt am Main u. a. 1990 (zugl. Diss. München 1988)
Hoser, Paul, Josef Schwalber (1902 – 1969) – eine

politische Biographie – Bürgermeister, MdL, Staatssekretär, Kultusminister und Landrat, in: Amperland, 46 Jg. (2010), Heft 1, S. 9 – 15; Heft 2, S. 68 – 75, Heft 3, S. 103 – 109, Heft 4, S. 149 – 155

Hoser, Paul, Nationalsozialistische Deutsche Arbeiterpartei (NSDAP), 1920 – 1923/1925 – 1945, in: Historisches Lexikon Bayerns, URL: <http://www.historisches-lexikon-bayerns.de/artikel/artikel_44553> (24. 3. 2011)

Hoser, Paul, Rechtsextremismus (20. Jahrhundert), in: Historisches Lexikon Bayerns, URL: <http://www.historisches-lexikon-bayerns.de/artikel/artikel_44576> (25. 2. 2011)

Hübscher, Arthur, erlebt – gedacht – vollbracht, Erinnerungen an ein Jahrhundert, Bonn 1983

Hürten, Heinz, Kabinett Knilling, 1922 – 1924, in: Historisches Lexikon Bayerns, URL: <http://www.historisches-lexikon-bayerns.de/artikel/artikel_44521> (24. 3. 2011)

Hürten, Heinz, Kabinett Lerchenfeld, 1921/22, in: Historisches Lexikon Bayerns, URL: <http://www.historisches-lexikon-bayerns.de/artikel/artikel_44522> (24. 3. 2011)

Hürten, Heinz, Revolution und Zeit der Weimarer Republik, in: Schmid, Alois (Hg.), Handbuch der bayerischen Geschichte, Bd. IV/1, 2. Aufl., München 2003, S. 440 – 499

Jäckel, Eberhard (Hrsg.), Hitler. Sämtliche Aufzeichnungen 1905 – 1924 (Quellen und Darstellungen zur Zeitgeschichte, Bd. 21), Stuttgart 1980

Jahn, Bruno (Bearb.): Die deutschsprachige Presse. Ein biographisch-bibliographisches Handbuch. K. G. Saur, München 2005

Janßen, Karl-Heinz, Macht und Verblendung. Kriegszielpolitik der deutschen Bundesstaaten 1913 – 1918, Berlin u. a. 1963

Jelic, Stefan, Uniformverbot, 1930 – 1932, in: Historisches Lexikon Bayerns, URL: <http://www.historisches-lexikon-bayerns.de/artikel/artikel_44631> (28. 2. 2011)

Kießling, Andreas, Die CSU. Machterhalt und Machterneuerung, Wiesbaden 2004

Kiiskinen, Elina, Die Deutschnationale Volkspartei in Bayern (Bayerische Volkspartei) in der Regierungspolitik des Freistaats während der Weimarer Zeit (Schriftenreihe zur bayerischen Landesgeschichte, Bd. 145), München 2005

Klenner, Jochen, Verhältnis von Partei und Staat 1933 – 1945. Dargestellt am Beispiel Bayerns (Miscellanea Bavarica Monacensia, Bd. 54), München 1974

Kock, Peter Jakob, Bayern nach dem Zweiten Weltkrieg, in: Manfred Treml (Hrsg.), Geschichte des modernen Bayern. Königreich und Freistaat, 3. Aufl., München 2006, S. 391 – 545

Kock, Peter Jakob, Der Bayerische Landtag. Eine Chronik, 5. Aufl., München 2006

Köglmeier, Georg, Die zentralen Rätegremien in Bayern 1918/19. Legitimation – Organisation – Funktion (Schriftenreihe zur Bayerischen Landesgeschichte, Bd. 135), München 2001

Kral, Herbert, Die Landespolitik der SPD in Bayern von 1924 bis 1933 (Miscellanea Bavarica Monacensia, Heft 134), München 1985

Kratzer, Isabella, Der Bayerische Ministerpräsident. Bedeutungswandel des Amtes im Spiegel der Geschäftsordnungen der Staatsregierung (1918 – 2001) (Forschungen zur Landes- und Regionalgeschichte, Bd. 10), St. Ottilien 2003

Krauss, Marita (Hrsg.), Rechte Karrieren in München. Von der Weimarer Zeit bis in die Nachkriegsjahre, München 2010

Krenn, Dorit-Maria, Endlich Pressefreiheit. Die Wiederbegründung des *Straubinger Tagblatts* 1949, in: Cl. Attenkofer'sche Buch- und Kunstdruckerei von 1860 bis 2010. 150 Jahre *Straubinger Tagblatt*. Eine Chronik, Straubing 2010, S. 149 – 172

Kretschmer, Winfried, Wackersdorf: Wiederaufarbeitung im Widerstreit, in: Von der Bittschrift zur Platzbesetzung, Berlin, Bonn 1988, S. 165 – 218

Krieger, Wolfgang, Franz Josef Strauß. Der barocke Demokrat in Bayern (Persönlichkeit und Geschichte, Bd. 150), Göttingen, Zürich 1995

Kritzer, Peter, Die bayerische Sozialdemokratie und die bayerische Politik in den Jahren 1918 bis 1923 (Miscellanea Bavarica Monacensia, Heft 20), München 1969

Kritzer, Peter, Wilhelm Hoegner. Politische Biographie eines bayerischen Sozialdemokraten, München 1979

Kronawitter, Georg, Mit aller Leidenschaft. 20 Jahre Politik für München, München 2001

Kronawitter, Georg, Was ich denke, München 1996

Landau Peter / **Rieß** Rolf (Hrsg.), Recht und Politik in Bayern zwischen Prinzregentenzeit und Nationalsozialismus. Die Erinnerungen von Philipp Loewenfeld (Münchener Universitätsschriften. Juristische Fakultät. Abhandlungen zur rechtswissenschaftlichen Grundlagenforschung, Bd. 91), Ebelsbach 2004

Lanzinner, Maximilian, Zwischen Sternenbanner und Bundesadler. Bayern im Wiederaufbau 1945 – 1958, Regensburg 1996

Lau, Matthias, Pressepolitik als Chance. Staatliche Öffentlichkeitsarbeit in den Ländern der Weimarer Republik (Beiträge zur Kommunikationsgeschichte, Bd. 14), Stuttgart 2003, S. 161

Lilla, Joachim, Der Bayerische Landtag 1918/19 bis 1933. Wahlvorschläge – Zusammensetzung – Biographien (Materialien zur bayerischen Landesgeschichte, Bd. 21), München 2008

Löffler, Bernhard, Kabinett Hoffmann II, 1919/20, in: Historisches Lexikon Bayerns, URL: <http://www.historisches-lexikon-bayerns.de/artikel/artikel_44518> (8. 9. 2010)

Maget, Franz / **Radermacher**, Karin, Mit Leidenschaft für Demokratie. 110 Jahre SPD-Landtagsfraktion in Bayern, München 2003

Mecklenburg, Jens (Hrsg.), Handbuch deutscher Rechtsextremismus, Berlin 1996

Mehringer, Hartmut (Hrsg.), Von der Klassenbewegung zur Volkspartei. Wegmarken der bayerischen Sozialdemokratie 1892 – 1992 (Schriftenreihe der Georg-von-Vollmar-Akademie, Bd. 5), München u. a. 1992

Menges, Franz, Hans Schmelzle. Bayerischer Staatsrat im Ministerium des Äußern und

Finanzminister. Eine politische Biographie mit Quellenanhang (Zeitschrift für bayerische Landesgeschichte, Beiheft 1, Reihe B), München 1972

Menges, Franz, Vom Freistaat zur Reichsprovinz (1918 – 1933), in: Manfred Treml (Hrsg.), Geschichte des modernen Bayern. Königreich und Freistaat, 3. Aufl., München 2006, S. 161 – 286

Merk, Bruno, Klarstellungen (Heimatkundliche Schriftenreihe für den Landkreis Günzburg, Bd. 18), Günzburg 1996

Merz, Johannes, Kabinett Hoffmann I, 1919, in: Historisches Lexikon Bayerns, URL: <http://www.historisches-lexikon-bayerns.de/artikel/artikel_44517> (26. 1. 2010)

Merz, Johannes, Kabinett Segitz, 1919, in: Historisches Lexikon Bayerns, URL: <http://www.historisches-lexikon-bayerns.de/artikel/artikel_44733> (26. 1. 2010)

Mintzel, Alf, Die CSU. Anatomie einer konservativen Partei 1945 – 1972 (Schriften des Zentralinstituts für sozialwissenschaftliche Forschung der Freien Universität Berlin, Bd. 26), Opladen 1975

Mitchell, Allan, Revolution in Bayern 1918/19, München 1967

Mohm, Siegfried, Die Geschichte der *Bayerischen Staatszeitung*, unpubl. Diplomarbeit, Nürnberg 1959

Mühldorfer, Friedbert, Linksextremismus und Linksradikalismus (20. Jahrhundert), in: Historisches Lexikon Bayerns, URL: <http://www.historisches-lexikon-bayerns.de/artikel/artikel_44760> (27. 1. 2010)

Müller, Kay, Schwierige Machtverhältnisse. Die CSU nach Strauß, Göttingen 2004

Nußer, Horst. G. W., Konservative Wehrverbände in Bayern, Preußen und Österreich 1918 – 1933 (Moderne Geschichte, Bd. 1), München 1973

Piepenstock, Klaus, Die Münchener Tagespresse 1918 – 1933. Ein Beitrag zur Physiognomie einer Stadt und zur Presse und öffentlichen Meinung der Weimarer Republik. Inaugural-Dissertation zur Erlangung der Doktorwürde der Philosophischen Fakultät der Ludwig-Maximilians-Universität München, 1955

Pöhlmann, Barbara, Heinrich Held als Bayerischer Ministerpräsident (1924 – 1933). Eine Studie zu 9 Jahren bayerischer Staatspolitik, München 1996

Pridham, Geoffrey, Hitler's Rise to Power. The Nazi Movement in Bavaria 1923 – 33, London 1973

Quellen zur politischen Geschichte Bayerns in der Nachkriegszeit, Bd. I, (bearbeitet von Karl-Ulrich Gelberg) München 2002, Bd. 2, München 2005

Reuter, Christiane, Graue Eminenz der bayerischen Politik. Eine politische Biographie Anton Pfeiffers (1888 – 1957) (Miscellanea Bavarica Monacensia, Heft 117), München 1987

Rösch, Mathias, Die Münchner NSDAP 1925 – 1933. Eine Untersuchung zur inneren Struktur der NSDAP in der Weimarer Republik (Studien zur Zeitgeschichte, Bd. 63), München 2002

Roth, Rainer A., Politische Landeskunde. Freistaat Bayern, 4. Aufl., München 2008

Rumschöttel, Hermann / **Ziegler**, Walter (Hrsg.), Staat und Gaue in der NS-Zeit. Bayern 1933 – 1945 (Zeitschrift für Bayerische Landesgeschichte, Beiheft 21, Reihe B), München 2004

Schaich, Michael, Churbaierisches Intelligenzblatt/Königlich Baierisches Intelligenzblatt, in: Historisches Lexikon Bayerns, URL: <http://www.historisches-lexikon-bayerns.de/artikel/artikel_45008> (8. 10. 2009)

Schlemmer, Thomas, Aufbruch, Krise und Erneuerung. Die Christlich-Soziale Union 1945 bis 1955 (Quellen und Darstellungen zur Zeitgeschichte, Bd. 41), München 1998

Schmitz-Berning, Cornelia, Vokabular des Nationalsozialismus, Berlin 2000

Schönhoven, Klaus, Die Bayerische Volkspartei 1924 – 1932 (Beiträge zur Geschichte des Parlamentarismus und der politischen Parteien, Bd. 46), Düsseldorf 1972

Schueler, Hermann, Auf der Flucht erschossen. Felix Fechenbach 1894 – 1933, Taschenbuchausgabe, Frankfurt am Main u. a. 1984

Schulz, Gerhard, Zwischen Demokratie und Diktatur, Bd. 1, 2. Aufl., Berlin, New York, 1987

Schwend, Karl, Bayern zwischen Monarchie und Diktatur. Beiträge zur bayerischen Frage in der Zeit von 1918 bis 1933, München 1954

Taubenberger, Bernhard, Licht übers Land. Die bayerische Viererkoalition 1954 – 1957, München 2002

Tavernaro, Thomas, Der Verlag Hitlers und der NSDAP. Die Franz Eher Nachfolger GmbH, Wien 2004

Thoß, Bruno, Einwohnerwehren, 1919 – 1921, in: Historisches Lexikon Bayerns, URL: <http://www.historisches-lexikon-bayerns.de/artikel/artikel_44363> (14. 10. 2009)

Thränhardt, Dietrich, Wahlen und politische Strukturen in Bayern 1848 – 1953 (Beiträge zur Geschichte des Parlamentarismus und der politischen Parteien, Bd. 51), Düsseldorf 1973

Unger, Ilse, Die Bayernpartei. Geschichte und Struktur 1945 – 1957 (Studien zur Zeitgeschichte, Bd. 16), Stuttgart 1979

Verhandlungen des Bayerischen Landtags, IV. Tagung 1949/1950, Stenographische Berichte, V. Band, München 1950, S. 212 – 215

Verhandlungen des Deutschen Bundestags, 2, 1953/57. 1; 4. 2. 1954

Vogelsang, Thilo, Reichswehr, Staat und NSDAP. Beiträge zur deutschen Geschichte 1930 – 1932 (Quellen und Darstellungen zur Zeitgeschichte, Bd. 11), Stuttgart 1962, S. 216

Wagenhöfer, Werner / **Zink**, Robert (Hrsg.), Räterepublik oder parlamentarische Demokratie. Die „Bamberger" Verfassung 1919 (Veröffentlichungen des Stadtarchivs Bamberg, Nr. 10), Bamberg 1999

Wagner, Hans / **Bassow**, Kersten, Unverwechselbare Stimme Bayerns. Die *Bayerische Staatszeitung*, in: Hans Wagner/Ursula E. Koch/Patricia Schmidt-Fischbach (Hrsg.), Enzyklopädie der bayerischen Tagespresse, München 1990, S. 73 – 86

Walther, Christoph, Jakob Fischbacher und die Bayernpartei. Biografische Studien 1886 bis 1972 (Geschichtswissenschaften, Bd. 14), München 2006

Weber, Petra, Föderalismus und Lobbyismus. Die CSU-Landesgruppe zwischen Bundes- und Landespolitik 1949 bis 1969, in: Thomas Schlemmer/Hans Woller /(Hrsg.), Bayern im Bund, Bd. 3 Politik und Kultur im föderativen Staat 1949 bis 1973 (Quellen und Darstellungen zur Zeitgeschichte, Bd. 54), München 2004, S. 23 – 116

Weigand, Wolf Volker, Bayern in der NS-Zeit (1933 – 1945), in: Manfred Treml (Hrsg.), Geschichte des modernen Bayern. Königreich und Freistaat, 3. Aufl., München 2006, S. 287 – 390

Weiß, Dieter J., Kronprinz Rupprecht von Bayern (1869 – 1955). Eine politische Biographie, Regensburg 2007

Weiß, Dieter, Monarchismus, in: Historisches Lexikon Bayerns, URL: <http://www.historisches-lexikon-bayerns.de/artikel/artikel_44550> (24. 3. 2011)

Wengst, Udo, Thomas Dehler 1897 – 1967. Eine politische Biographie, München 1997

Wer schreibt worüber? Journalisten-Handbuch 1956, Bad Godesberg 1956

Wesolowski, Tilmann, Verleger und Verlagspolitik. Der Wissenschaftsverlag R. Oldenbourg zwischen Kaiserreich und Nationalsozialismus (Studien zur modernen Verlagsgeschichte und Wissensproduktion, Bd. 1), München 2010, S. 309 – 315

Wiesemann, Falk, Die Vorgeschichte der nationalsozialistischen Machtübernahme in Bayern 1932/1933 (Beiträge zu einer historischen Strukturanalyse Bayerns im Industriezeitalter, Bd. 12), Berlin 1975

Wittmann, Reinhard, Wissen für die Zukunft. 150 Jahre Oldenbourg Verlag, München 2008

Wolf, Konstanze, CSU und Bayernpartei. Ein besonderes Konkurrenzverhältnis, Köln 1982

Woller, Hans, Die Loritz-Partei. Geschichte, Struktur und Politik der Wirtschaftlichen Aufbau-Vereinigung (WAV) 1945 – 1955 (Studien zur Zeitgeschichte, Bd. 19), Stuttgart 1982

Ziegler, Walter, „Machtergreifung“, 9. März 1933, in: Historisches Lexikon Bayerns, URL: <http://www.historisches-lexikon-bayerns.de/artikel/artikel_44543> (11. 3. 2011)

Ziegler, Walter, Bayern im NS-Staat 1933 bis 1945, in: Schmid, Alois (Hg.), Handbuch der bayerischen Geschichte, Bd. IV/1, 2. Aufl., München 2003, S. 500 – 634

Ziegler, Walter, Hitlerputsch, 8./9. November 1923, in: Historisches Lexikon Bayerns, URL: <http://www.historisches-lexikon-bayerns.de/artikel/artikel_44511> (25. 3. 2010)

Ziegler, Walter, Kabinett Held IV, 1932 – 1933, in: Historisches Lexikon Bayerns, URL: <http://www.historisches-lexikon-bayerns.de/artikel/artikel_46018> (22. 3. 2011)

Zils, Wilhelm. Geistiges und künstlerisches München in Selbstbiographien, Max Kellerers Verlag, München 1913

Zorn, Wolfgang, Bayerns Geschichte seit 1960, Regensburg 2007

Zorn, Wolfgang, Bayerns Geschichte im 20. Jahrhundert, München 1986

Personenregister

Bildquellen

Bayerische Schlösserverwaltung: 16 (li.)

Bayerische Staatsbibliothek, Fotoarchiv:
Porträt- und Ansichtensammlung: 12 (o.), 15, 16 (re. o., u.), 19 (o.), 24 (u. li.), 25, 26 (Karikatur von Olaf Gulbransson / VG Bild-Kunst, Bonn), 27 (Karikatur von Thomas Theodor Heine / VG Bild-Kunst, Bonn), 28, 29, 34, 36, 40 (2. Reihe re., u.), 41, 42, 51 (o.), 54 (Mi. klein), 61 (u. re.), 68 (u.), 71 (2.), 74 (1., 2.), 79 (u. 2.), 141 (u. li.), 144, 180
Fotoarchiv Hoffmann: 40 (1., 2. Reihe li.), 50 (li.), 54 (2.), 57, 58, 59 (3.), 60, 61 (o. re.), 64, 65, 70, 71 (1., 3.), 72, 74 (3.), 77 (o.), 79 (o., Mi.), 80, 82 (li.), 83, 89 (2., 3.), 90 (o. li., Mi., u. 1./2./3./4.), 91 (Mi. li.), 95 (u.), 192 (1., 3.)
Fotoarchiv Johannes: 71 (4.), 76 (2.)
Fotoarchiv Fruhstorfer: 91 (Mi. re.), 94 (1.)
Fotoarchiv Walz: 95 (2.)
Fotoarchiv Timpe: 100

Bayerisches Hauptstaatsarchiv: 11, 12 (u.), 13, 14, 22, 37

Bayerisches Wirtschaftsarchiv: 21, 51 (u.), 175 (Mi.), 190, 191, 194

BSZ Archiv: 182, 183 (o.), 198

Bürger: 20

Die Grünen: 117

Dütsch: 23, 155 (2. Reihe 2) 183 (u.), 184, 185, 192 (2. o.), 206, 207

Getty Images Deutschland: 24 (o. 1.), 30 (3., 4.), 39 (li.), 44, 45 (1., 2.), 47, 49, 52 (1., 3.), 59 (1., 4.), 62, 63, 76 (3.), 90 (u. 5.), 91 (o. re., u. li.), 94 (u.), 95 (3.), 98 (4.), 103, 110 (1., 4.), 112 (li.), 125, 127 (u. 1.), 128, 129 (u.), 130 (u.), 131, 155 (außer 2. Reihe 2), 193

Jahr: 205 (5.), 207

Kielas: Umschlag

Krebs: 185

Museen der Stadt Nürnberg: 91 (u. re.)

Schweinfurth: 205 (1.)

Spitzbergen: 130 (o. 2.)

Stadtarchiv Kassel A.-c)-STR+PL: 151 (li.)

Stadtarchiv München: 167, 168, 169, 174, 175 (o.)

Stadt Nürnberg: 130 (o. 1.)

Stadt Wallenfels: 173

Süddeutsche Zeitung Photo:
17, 19 (u.), 24 (2., u. re.), 30 (1., 2.), 31, 39 (re.), 43, 45 (o. 3.), 50 (re.), 52 (2., 4.), 54 (1., 3.), 55, 56, 59 (2.), 66, 67, 68 (o.), 69, 73, 75, 76 (1.), 77 (u.), 79 (u. 2., 3.), 82 (re), 84, 85, 86, 89 (1.), 90 (o. re., u. re.), 91 (o. li.), 94 (2., 3.), 95 (1.), 96, 97, 98 (1., 2., 3., 5.), 99, 101, 102, 104, 105, 106, 107, 110 (2. Reihe re. und li., 3., 5.), 111, 112 (re.), 113, 114, 115, 116, 118, 121, 122, 123, 124, 126, 127 (o., u. 2./3.), 129 (o.), 130 (o. 3.), 132, 134, 135, 136, 137, 141 (u. re.), 145, 147, 148, 150 (1., 2., 4.), 151 (re.), 160, 163, 175 (u.), 192 (4./5.), 196, 199

Volkswagen Akiengesellschaft: 150 (3.)

Volk Verlag: 185

ZDF: 108

Autoren

Dr. Christoph **Bachmann** (* 1963), Archivdirektor, Bayerisches Hauptstaatsarchiv, Abteilung II neuere und neueste Bestände
Karin **Dütsch** (* 1960), Redakteurin (Feuilleton und Beilage *Unser Bayern*) der *Bayerischen Staatszeitung*
Dr. Karl-Ulrich **Gelberg** (* 1962), Geschäftsführer der Historischen Kommission bei der Bayerischen Akademie der Wissenschaften und des Historischen Kollegs
Jan Peter **Gühlk** (* 1958), Assessor, Geschäftsführer Verlag Bayerische Staatszeitung GmbH und Staatsanzeiger Online Logistik
Dr. Gerhard **Hetzer** (* 1952), Direktor des Hauptstaatsarchivs
Dr. Paul **Hoser** (* 1947), freier Historiker
Dr. Rudolf **Neumaier** (* 1971), Redakteur (Feuilleton) der *Süddeutschen Zeitung*
Dr. Petra **Raschke** (* 1959), freie Autorin und Rechercheurin historischer Themen
Dr. Michael **Stephan** (* 1954), Stadtdirektor, Leiter des Stadtarchivs München